꼬마 소선지서

꼬마 소선지서

1판 1쇄 인쇄 2021년 4월 20일
1판 1쇄 발행 2021년 4월 26일

지은이 김서택
발행인 한동인
펴낸곳 (주)씨뿌리는사람

등록번호 제2006-4호
주   소 경기도 이천시 경충대로 2096-4
            (서울사무소) T. 741-5181, 4 F. 744-1634

책값은 뒤표지에 있습니다.

ISBN 978-89-90342-52-2

Web www.kclp.co.kr

"천국은 마치 사람이 자기 밭에 갖다 심은 겨자씨 한 알 같으니
이는 모든 씨보다 작은 것이로되 자란 후에는 나물보다 커서 나무가 되매
공중의 새들이 와서 그 가지에 깃들이느니라"(마 13:31-32)

공급처 기독교문사 도매부 T. 741-5181~3 F. 762-2234

꼬마 소선지서

| 요엘 오바댜 요나 나훔 하박국 스바냐 학개 말라기 |

김서택

씨뿌리는사람

프롤로그
Prologue

구약성경 마지막 부분에는 12개의 아름다운 소예언서들이 있습니다. 그 하나하나가 너무나도 아름답고 색깔이 영롱하여서 어떤 학자는 열두 개의 보석이라고 말하기도 합니다. 그런데 그중에서도 특히 분량이 작은 소선지서들이 있습니다. 모두 8개인데 너무 메시지가 분명하고 강력한 것이 특징입니다.

그래서 저는 그 8개의 소선지서(요엘, 오바댜, 요나, 나훔, 하박국, 스바냐, 학개, 말라기)의 이름을 '꼬마 소선지서'라고 이름을 지었습니다. 어느 날 설교에 대하여 묵상하다가 꼬마 소선지서만 설교를 해야겠다는 영감이 떠올랐습니다. 그 결과는 대성공이었습니다. 교인들 모두 큰 은혜를 받았고 하나님의 말씀은 더 선명하게 우리 가슴에 새겨지게 되었습니다. 주일 오전예배 때 설교를 했는데도 모든 성도가 하나님의 말씀을 잘 알아들을 수 있었습니다.

언제나 제 부족한 설교집을 책으로 내어서 많은 교역자와 성도들과 나눌 수 있도록 귀한 문서사역에 헌신하시는 〈씨뿌리는 사람〉의 한동인 사장님께 깊이 감사드립니다. 그리고 늘 귀한 말씀의 동역자 되는 대구동부교회 성도님들께도 감사드립니다.

　　　　　　　　　　　　　　　대구 수성교 옆에서
　　　　　　　　　　　　　　　　김서택 목사

차 례
Contents

요엘 오바댜 요나 나훔 하박국 스바냐 학개 말라기

		프롤로그		04
요엘	01	재앙의 시대	욜 1:1-14	10
	02	재앙 때의 자세	욜 1:15-2:14	22
	03	기도의 결과	욜 2:15-32	35
	04	여호와의 심판	욜 3:1-21	46
오바댜	01	인생의 가시	옵 1:1-21	58
요나	01	말씀만 믿고 가라	욘 1:1-17	70
	02	절망 중의 기도	욘 2:1-10	82
	03	니느웨의 부흥	욘 3:1-10	94
	04	선지자의 분노	욘 4:1-11	105
나훔	01	악한 나라의 운명	나 1:1-15	118
	02	공격당하는 니느웨	나 2:1-13	130
	03	악한 강대국의 멸망	나 3:1-19	142
하박국	01	하나님의 침묵	합 1:1-17	154
	02	의인은 믿음으로	합 2:1-4	165
	03	하나님은 계획이 있었다	합 3:1-19	178

스바냐	01	마지막 불꽃	습 1:1-18	194
	02	기회는 있다	습 1:12-2:3	207
	03	유아독존	습 2:4-15	218
	04	하나님이 함께 계심	습 3:14-20	230
학개	01	자신의 행위를 보라	학 1:1-15	244
	02	진동하리라	학 2:1-9	256
	03	학개의 수수께끼	학 2:10-23	266
말라기	01	성전 문을 닫으라	말 1:1-14	278
	02	생명의 약속	말 2:1-9	289
	03	정결한 영	말 2:10-17	299
	04	하나님의 오심	말 3:1-6	311
	05	하나님의 큰 그림	말 3:7-12	322
	06	예배의 증거	말 3:13-18	332
	07	치료하는 광선	말 4:1-6	346

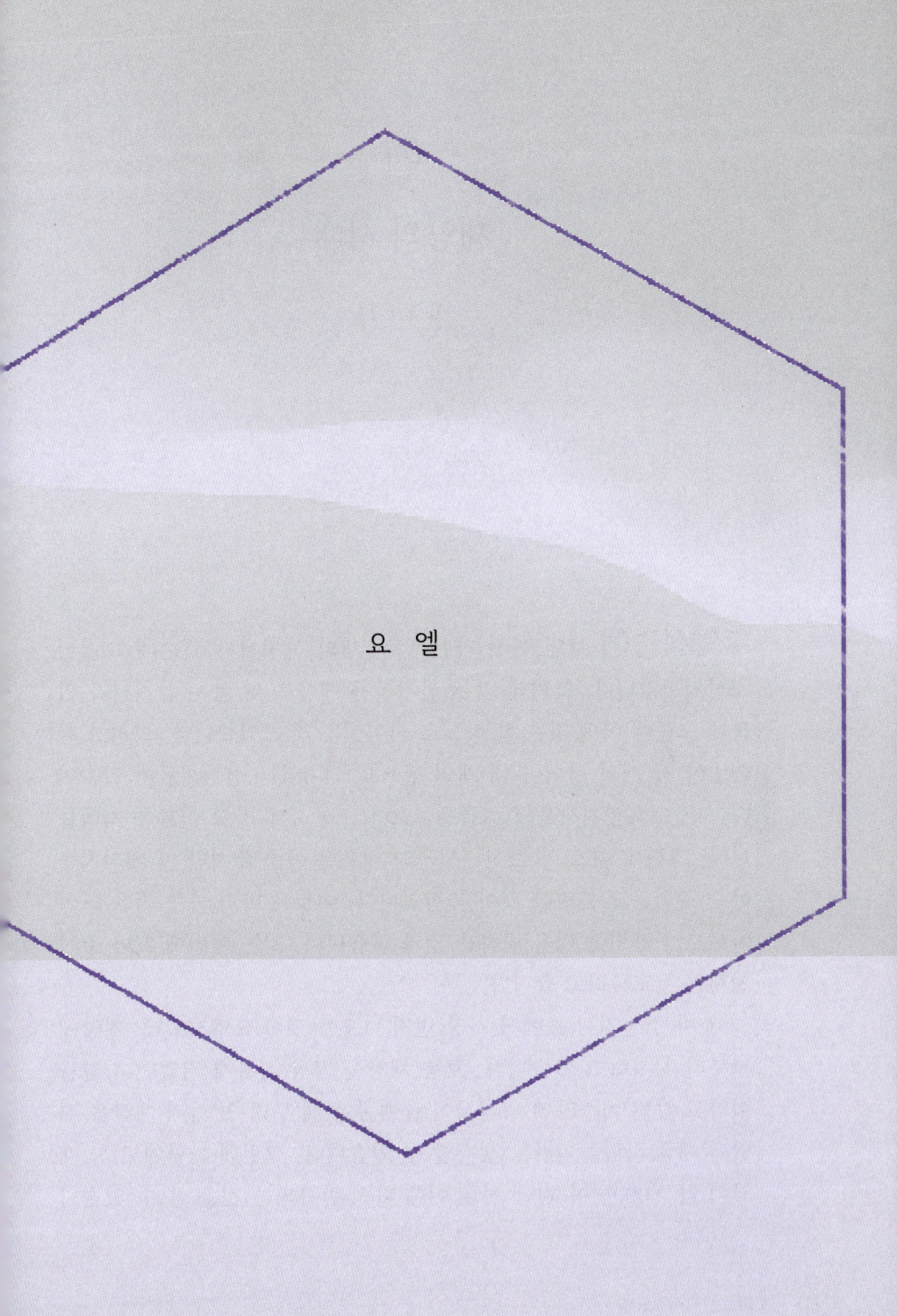

요 엘

01

재앙의 시대

욜 1:1-14

구약성경에 보면 아주 작은 열두 개의 선지서가 있는데 그것이 소선지서입니다. 그런데 그 소선지서 중에서도 꽤 짧은 선지서가 있는데 그중에 어떤 것은 한 장으로 되어있는 것도 있습니다. 그리고 길어봐야 세 개의 장이나 네 개의 장으로 되어있는 선지서들이 있습니다. 저는 그 선지서들의 이름을 '꼬마 소선지서'라고 이름을 지었습니다. 그런데 이 꼬마 소선지서들의 내용은 아주 짧지만 그 메시지는 아주 강력하고 분명한 것이 특징입니다. 이것은 마치 아주 작은 다이아몬드가 강력한 빛을 발하는 것과 같습니다. 저는 이번에 꼬마 소선지서를 설교하려고 합니다.

　꼬마 소선지서 중에서 가장 먼저 나오는 것이 요엘서인데, 재앙에서부터 시작하고 있습니다. 보통 재앙을 가장 심하게 겪었던 사람들이라고 하면 이스라엘 백성들이 출애굽할 때 무려 열 가지 재앙을 겪었던 애굽 사람들이라고 생각할 수 있습니다. 그런데 놀랍게도 그 재앙이 약 4,000년이 지난 지금 이때 다시 반복되는 것을 볼 수 있습니다. 우리는 출애굽기에서 가축 재앙을 보았습니다. 우리는 그 가축재앙을 잘 알지 못했지만 몇 년 전에 광우병이나 구제역 등으로 수백만 마리의 소나 돼지가 산 채로 땅에 파묻히는 것을 보고 이 가축재앙이 얼마나 무서운지 비로소 알게 되었습니다. 우리는 '조류독감'이라고 하면 새들도 감기에 걸리는가 정도로 생각했는데 우리나라 농가에 조류독감이 퍼지니까 양계장의 닭을 삼천만 마리나 땅에 파묻었다고 합니다. 애굽에 내린 재앙이 놀랍게 현대에 와서 다시 일어나고 있습니다.

요즘 우리는 재앙의 한가운데 살아가고 있습니다. '코로나19' 바이러스는 정말 인류가 한 번도 겪어보지 못한 일들을 만들어내고 있습니다. 학교도 개학하지 못하고 교회도 모이지 못하고 미국이나 이탈리아나 스페인에서는 수십만 명의 사람들이 죽고 심지어 항공모함조차도 승무원이 코로나바이러스에 감염되어 작전을 하지 못하는 지경이 되었습니다. 이런 가운데 제 아내는 코로나 때문에 인터넷으로 예배를 드리니까 장점이 많다고 했습니다. 그것이 무엇이냐 물어보니까 며칠 동안 머리를 감지 않아도 되고 화장을 하지 않아도 되고 커피를 마셔가면서 예배를 드리는 장점이 있다고 했습니다.

사실 코로나바이러스는 인류 역사상 전례에 없었던 기록을 남기고 있습니다. 미국은 4주 동안 실업자가 이천오백만 명이 생겼고, 중국에서는 수많은 시체를 태우지 못해서 들판에서 시체를 태우기도 했습니다. 일본의 야구선수들도 마스크를 쓰지 않고 경기하다가 다 코로나바이러스에 감염되었고, 어느 합창단에서는 마스크 쓰지 않고 연습하다가 단원 모두 코로나바이러스에 감염이 되었습니다. 케냐에서는 어떤 여자가 기침한다고 사람들이 돌을 던져 죽였다고 합니다. 작은 교회들은 월세를 내지 못하니까 큰 교회들이 도와주게 되었습니다. 교인들이 모이지 못하니까 헌금이 걷히지 않는 것입니다.

그러나 이것으로 재앙의 끝이 아닙니다. 지금은 또 아프리카에서 시작된 어마어마한 메뚜기 재앙이 중국을 향하여 오고 있고, 우리나라에도 올 가능성이 있다고 합니다. 그 메뚜기의 수는 무려 4천억 마리입니다. 여기서 비만 한번 오면 메뚜기의 수는 네 배나 다섯 배로 늘어서 2조 마리가 될 것이라고 합니다. 우리는 메뚜기 재앙을 《대지》라는 책이나 영화에서 봤지 실제로는 보지 못했습니다. 그러나 이번에 보게 될지도 모르겠습니다. 이 메뚜기들은 이미 아프리카를 초토화했고 지금은 파키스탄과 아프가니스탄까지 와 있는데 중국은 거기에 대비해서 십만 마리의 오리를 준비해 놓고 있다고 합니다. 그렇게 되면 오리가 이기느냐 메뚜기가 이기느냐의 대결이 될 것입니다.

이번에 메뚜기 재앙에 대하여 알게 된 사실이 있습니다. 메뚜기들은 숫자가 많아져서 서로 부딪치게 되면 몸에서 세로토닌이라는 호르몬이 분비된다고 합니다. 그러면 평소의 녹색이 갈색으로 변하고 다리도 짧아지고 날개는 길어지며 엄청나게 숫자가 불어나게 된다고 합니다. 아프리카에 그동안 비가 오지 않다가 얼마 전에 폭우가 쏟아졌는데 그때 어마어마한 메뚜기 떼들이 만들어졌습니다. 이 메뚜기의 수명이 보통 6개월 정도 된다고 하는데 자꾸 알을 까고 또 생겨나고 또 생겨나기 때문에 도저히 없앨 수가 없다고 합니다. 아프리카에서는 비행기로 방역 약을 뿌렸는데도 아무 소용이 없었다고 합니다.

이 메뚜기 떼들은 아주 작은 유충 때부터 식물을 갉아 먹기 시작하는데 그것을 '팥중이'라고 합니다. 이것이 점점 자라면서 '메뚜기'가 되고 '느치'가 되고 더 늙으면 '황충'이 된다고 합니다. 이 아프리카 메뚜기가 홍해를 날아서 건너지는 못하다가 해변을 따라서 아프가니스탄까지 왔다고 합니다. 만약에 이 메뚜기 떼들이 중국까지 오면 서해를 바로 건너지 못하고 서해안을 따라서 북한을 거쳐 남한으로 내려올지도 모릅니다. 그리고 이 메뚜기 떼들이 중국이나 북한, 한국까지 온다면 양식이나 과일, 채소 같은 것까지 다 갉아 먹어서 인류의 반 정도가 굶주려서 죽게 될지도 모릅니다.

요엘 선지는 언제 이 하나님 예언의 말씀을 전했는지 알 수 없습니다. 그러나 분명한 것은 이때 유다의 부흥의 불은 꺼져 있었고 성전에서 제사를 드리고 있었지만 완전히 형식적인 예배만 남아 있었다는 사실입니다. 그 대신에 유다 백성들은 풍부한 포도주로 만족하고 성전의 제사장들도 백성들이 갖다 바치는 많은 곡식으로 배를 불리면서 살았던 것 같습니다.

이때 요엘 선지는 지금까지 전혀 듣지도 보지도 못했던 어마어마한 메뚜기 재앙이 유다를 덮칠 것이라고 예언하고 있습니다. 만약 이것이 사실이라면 유다 백성들은 어떻게 해야 할까요? 유다 백성들도 중국 정부처럼 십만 마리의 오리를 준비해야 할까요, 아니면 포도나무나 밀 이삭 위에 그물을 펴서 메뚜기가 다 먹어치우지 못하도록 대비해야 할까요. 그러나 요엘 선지는 모든 제사장이나 백성들은 성전에 모여서 부르짖으며 기도하라고 했습니다.

1. 재앙 시대의 사람들

요엘 선지는 유다 백성들에게 얼마 있지 않아서 그때까지 유다에 한 번도 없었던 메뚜기 재앙이 올 것이라고 예고를 했습니다.

> 욜 1:1-3, "브두엘의 아들 요엘에게 임한 여호와의 말씀이라 늙은 자들아 너희는 이것을 들을지어다 땅의 모든 주민들아 너희는 귀를 기울일지어다 너희의 날에나 너희 조상들의 날에 이런 일이 있었느냐 너희는 이 일을 너희 자녀에게 말하고 너희 자녀는 자기 자녀에게 말하고 그 자녀는 후세에 말할 것이니라"

과거 중세 때 유럽 전역에 '페스트'가 퍼졌습니다. 그때 얼마나 페스트가 많이 퍼졌던지 유럽 인구의 삼분의 일이 페스트로 죽었다고 합니다. 제가 좋아하는 소설 중에 헤르만 헤세의 작품 《골드문트와 나르시스》가 있습니다. 주인공 골드문트가 신부가 되려고 학교를 다니다가 자기 정욕을 이기지 못해서 타락의 길로 빠져서 많이 방황하는데, 그가 가는 동네마다 사람들이 페스트로 많이 죽어있는 것을 보게 됩니다. 중세 때의 페스트는 몽고군이 가져왔다는 말이 있는데, 실크로드에서 몽고군이 지나갔던 나라는 전부 페스트가 퍼지게 됩니다. 그래서 페스트라고 하면 중세이고 중세의 페스트는 지금까지도 사람들의 머릿속에 각인되어 있습니다.

그리고 후에 포르투갈 군인들이 중남미를 공격할 때 그들의 숫자는 많지 않았습니다. 그러나 그들은 자기들도 모르게 '천연두'라는 병균을 가지고 갔습니다. 본토인들은 천연두에 걸려서 제대로 싸워보지도 못하고 대부분이 죽었습니다. 또 일차대전이 시작되기 전인 1910년경에 '스페인 독감'이라는 전염병이 세계적으로 돌았을 때 약 일억 명의 사람이 이 독감으로 죽은 것으로 기록이 남아 있습니다.

그런데 이번 유행하는 코로나19 바이러스는 정말 옛날에는 경험하지 못한 전염병으로 '메르스'나 '사스'에 비해 사망률은 낮지만 전파 속도는 천 배 정도 빠르다고 합니다. 그리고 한 명의 환자가 있으면 한순간에 40명이나 50명을 감염시킬 수 있다고 합니다. 이 코로나바이러스로 인해 한 번도 문을 닫은 적이 없었던 모든 예배가 폐쇄되었습니다. 이것은 어떤 노인에게 물어봐도 전에 그런 일이 없었다고 할 것입니다. 그리고 이것은 자녀에게도 이야기하고 또 그들이 자라서 자녀를 낳으면 그 자녀에게도 이야기할 거리가 될 것입니다.

이것은 요엘 때 유다 백성에게도 마찬가지였습니다. 그때 얼마나 많은 메뚜기 떼들이 와서 가지도 않고 또 알을 까고 또 알을 까고 또 오고 또 오고 하면서 그 땅에 있는 모든 포도나무와 밀과 식물을 다 갉아 먹는 바람에 유다 백성들은 먹을 것이 없었고 심지어는 하나님께

소제로 바칠 밀이 없어서 제사가 중단되는 일이 벌어졌던 것입니다.

이런 현상은 지금의 한국도 마찬가지입니다. 우리나라 교회는 예배당만 크게 지어놓고 목회만 잘하면 교인들이 꾸역꾸역 모여들어서 헌금을 바치기 때문에 물질적인 어려움을 당하리라고는 꿈에도 생각하지 못했던 것입니다. 그러나 아예 예배 자체를 드리지 못하게 되니까 헌금이 거의 걷히지 않게 되고 건물에 세 들어 예배드리는 작은 교회들은 세를 낼 수 없는 지경에 이르게 된 것입니다.

그리고 아예 사람들이 거리에 나오지 않으니까 장사하는 사람들의 수입이 없어지게 되었습니다. 그리고 학생들이 학교에 오면 코로나가 퍼질지 모르니까 아예 개학하지 못하고 인터넷으로 수업하고 있습니다. 그런데 교실에 잡아 놓고 선생님이 지켜보고 있어도 엎드려 잠을 자는 아이들이 인터넷 앞에서 과연 몇 분이나 붙어 있겠습니까? 요엘 선지는 이런 경험은 그냥 한번 겪고 끝날 것이 아니라 자녀들과 그 자녀들과 또 그 자녀들에게 계속 이야기해 주어서 중세의 페스트같이 모두 다 기억하게 하라고 강조하고 있습니다.

우리의 이 시대에는 유독 이런 재앙이 많이 일어나고 있습니다. 구제역으로 백만 마리가 넘는 돼지나 소가 땅에 파묻히고 조류독감으로 3천만 마리의 닭이 땅에 파묻혔습니다. 그리고 아프리카 돼지열병으로 많은 돼지가 죽을 뻔하다가 경기도 쪽에서 멈추었습니다. 방역 관계자들은 만약 이 돼지열병이 경기도의 화성 쪽으로까지 가면 남한의 돼지들은 거의 다 죽는다고 보면 된다고 합니다. 왜냐하면 그곳에서 양돈을 가장 많이 하기 때문입니다. 북한에는 평안북도나 남도에는 돼지가 한 마리도 없이 다 죽었다고 합니다.

2. 이 재앙은 왜 일어나는가?

　사람들은 이런 재앙이 일어나는 이유에 대하여 비위생적이기 때문에 일어난다고 주장합니다. 즉 생활환경이 깨끗하지 못하고 더럽기 때문에 일어난다는 것입니다. 예를 들어서 중세 때 유럽에는 화장실이 제대로 없어서 배설물들을 그냥 길에 버렸다고 합니다. 그래서 거리에서는 악취가 나서 제대로 걸을 수가 없고, 여성들은 특히 치마가 끌려서 온통 길에 배설물들이 깔려 있으니까 피하기 위해 높은 구두를 신게 되었다고 합니다. 또 중국 사람들은 다리가 네 개인 것은 책상과 의자 빼놓고는 박쥐나 들고양이 같은 것도 다 먹기 때문에 사스나 코로나 같은 심각한 질병이 생긴다고 합니다. 사실 콜레라 같은 전염병은 오염된 더러운 물을 마시기 때문에 생기는 것은 사실입니다. 옛날에 장티푸스 같은 경우에는 이가 많아서 옮기기도 했습니다. 이 모든 질병은 환경이 깨끗하지 못하기 때문에 생기는 것입니다.
　특히 한때는 유럽에 매독이 많이 퍼져서 사람들이 많이 죽기도 했습니다. 이것은 무분별한 성행위로 병이 옮는 것입니다. 그래서 니체 같은 유명한 철학자도 매독에 걸렸고 정신병으로 십 년 정도 병원에서 식물인간같이 지내다가 죽었습니다. 특히 요즘 와서는 동성애가 많아지면서 에이즈라는 병이 많이 퍼지고 있습니다. 북한에도 외국 근로자들을 통해서 매독이라든지 에이즈가 많이 퍼지고 있다고 합니다. 미국에는 동성애자가 많아서 에이즈 환자가 많고 아프리카에서는 매년 수백만 명이 에이즈로 죽어가고 있습니다. 그런데 재앙은 전염병만 있는 것이 아니라 지진과 화산폭발도 있고 산불도 있습니다. 사람들은 이 모든 원인이 지구온난화와 밀접한 관계가 있다고 주장하고 있습니다.
　그런데 정확하게 말해서 우리는 이런 재앙의 원인을 알지 못합니다. 지진만 해도 인간은 지진이 일어날 것을 정확하게 예측하지 못합니다. 화산폭발도 폭발 가능성은 있다고 하지만 정확하게 언제 어떤 규모로 폭발할지는 과학자들도 모르는 것입니다. 그런데 지금 아프리카나 인도와 파키스탄 일대를 초토화하고 있는 메뚜기 재앙은 지구 온난화와 관계가 있는 것 같습니다. 그 이유는 아프리카 일대에 몇 년 동안 비가 전혀 오지 않다가 한꺼번에 엄청난 비가 쏟아졌을 때 메뚜기가 엄청나게 번식하게 되었기 때문입니다.

요엘 선지는 유다 백성들에게 한번 찾아온 메뚜기들은 빨리 다른 데로 옮겨가지 않고 오랫동안 유다 땅에 머물러 있으면서 알을 까고 또 알을 까면서 모든 식물을 다 먹어 치울 것이라고 예언하고 있습니다.

> 욜 1:4, "팥중이가 남긴 것을 메뚜기가 먹고 메뚜기가 남긴 것을 느치가 먹고 느치가 남긴 것을 황충이 먹었도다"

'팥중이'는 아주 작은 새끼 메뚜기를 말하는데 메뚜기의 유충입니다. 이것들이 땅에서 올라와서 식물을 먹기 시작하는데 '메뚜기'가 될 때까지 남아 있습니다. 그리고 '느치'는 좀 더 큰 메뚜기를 말하는데 느치가 되어도 물러가지 않고 계속 먹어치웁니다. '황충'은 아주 큰 메뚜기인데 그때까지도 알을 까고 새끼를 낳으면서 계속 유다를 초토화하고 있다는 것입니다.

여기에 요엘 선지는 조금 더 설명을 하고 있습니다.

> 욜 1:6-7, "다른 한 민족이 내 땅에 올라왔음이로다 그들은 강하고 수가 많으며 그 이빨은 사자의 이빨 같고 그 어금니는 암사자의 어금니 같도다 그들이 내 포도나무를 멸하며 내 무화과나무를 긁어 말갛게 벗겨서 버리니 그 모든 가지가 하얗게 되었도다"

이 세상에 재앙이 터지는 것은 무슨 이유입니까? 인간으로 하여금 자신이 하나님 앞에서 얼마나 무력하며 아무것도 아닌 존재인지 깨닫게 하기 위해 하나님께서 한 번씩 천지를 진동시키시는 것입니다. 그 동안 인간은 권력이 최고이고 돈이 최고인 줄 알고 그것만 믿고 큰소리를 치면서 살았습니다. 그런데 하나님은 우리 인간이 이 작은 벌레나 병균들 앞에서 얼마나 무력한 존재인지 재앙을 통하여 깨닫게 하시는 것입니다. 메뚜기는 얼마나 보잘것없습니까? 그러나 메뚜기가 한번 성을 내게 되면 숫자가 몇천억 마리로 늘어나게 됩니다. 그리고 대단히 공격적이 되고 이 이빨은 사자의 이빨같이 강해서 웬만한 것은 다 씹어서 먹어버리는 것입니다. 지진이 일어나면 산이 무너져 바다에 빠지는 일이 일어나게 됩니다. 화산이 폭발하면 불덩어리 돌이 머리 위에 떨어지고 화산재나 가스로 많은 사람이 죽게 됩니다.

그러나 유다 백성들은 이런 재앙의 원인을 알아야 했습니다. 그 이유는 유다 백성들이 하나님을 믿는다고 하지만 그것은 형식에 불과하고 오로지 이 세상에서 나는 포도나 양식을 의지해서 살아가고 제사장들도 종교 행위를 통하여 자기 배만 채우는 것을 생각했기 때문입니다.

욜 1:5, "취하는 자들아 너희는 깨어 울지어다 포도주를 마시는 자들아 너희는 울지어다 이는 단 포도주가 너희 입에서 끊어졌음이니"

이때 유다는 포도 농사가 가장 잘 되었던 것 같습니다. 더욱이 이스라엘의 포도는 그 단맛으로 아주 유명했던 것 같습니다. 그러나 이 때 이미 유다에는 부흥의 불이 꺼져 있었고, 유다 백성들의 마음속에는 하나님에 대한 열망이 없었습니다. 그들은 오직 세상의 영광과 성공과 자랑에만 도취되어 있었습니다. 유다 백성들은 부흥의 불이 꺼지고 기도의 불이 꺼졌는데도 불구하고 그들은 아무 생각이 없었습니다. 그들은 전혀 위기의식을 느끼지 못하고 있었습니다. 왜냐하면 종교 행위만 직업적으로 행하고 있었기 때문입니다.

그래서 하나님은 말라기 선지를 통해서 누군가가 성전 문을 닫아서 제사를 드리지 못하게 했으면 좋겠다고 말씀하셨습니다(말 1:10). 하나님은 너희들의 예배가 지겹다고 말씀하시는 것입니다. 그래서 지금의 한국 교회에도 하나님은 코로나를 통해서 예배당 문을 전국적으로 다 닫아 버리셨다고 생각합니다. 이것을 보고 깨달아야 합니다.

제사장은 언제 울면서 기도를 드립니까? 사람들이 성전에 곡식이나 포도주를 바치지 못해서 제사를 못 드릴 때 울게 됩니다. 그리고 성전 안에도 메뚜기들이 너무 많이 들어와서 모두 방 안에 숨어있을 때, 즉 격리되어 있을 때 슬퍼하게 되는 것입니다.

욜 1:9, "소제와 전제가 여호와의 성전에서 끊어졌고 여호와께 수종드는 제사장은 슬퍼하도다"

하나님의 종들은 종교가 직업이 되어서는 결코 안 됩니다. 이 직무는 하나님께 온전히 자신의 삶을 헌신하는 것입니다. 그러나 이것이 직업이 되어버리면 하나님은 더 이상 직업이 되지 못하게 하시는 것입니다. 왜냐하면 하나님께 드릴 제물이 없으면 바치지 못하는 제사장은 있으나 마나 하기 때문입니다.

3. 하나님이 원하시는 것

지금 유다를 향하여 메뚜기 떼들이 몰려오고 있습니다. 이것은 틀림이 없습니다. 그리고 이 메뚜기 떼들은 한번 오면 상당한 기간 떠나지 않고 계속 알을 까면서 유다 땅을 황폐하게 할 것입니다. 그리고 이것은 한 번으로 그치는 것이 아니라 계속해서 또 다른 메뚜기들이 오고 또 다른 메뚜기 떼들이 올 것입니다. 이때 이스라엘 백성들이 해야 할 것은 무엇입니까? 오리를 십만 마리 준비하거나 메뚜기들을 태울 짚을 준비하거나 빗자루를 많이 준비해서 두들겨 잡는 것이 아닙니다.

이때 하나님께서 유다 백성들에게 요구하신 것은 이 세상에서 가장 어리석다고 생각되는 것이었습니다. 그것은 모든 유다 백성들이 성전에 모여서 회개하는 기도를 하라는 것이었습니다.

욜 1:14, "너희는 금식일을 정하고 성회를 소집하여 장로들과 이 땅의 모든 주민들을 너희 하나님 여호와의 성전으로 모으고 여호와께 부르짖을지어다"

사람들은 메뚜기들 때문에 집 밖으로 나가지 못하고 있습니다. 그리고 성전에 가도 모두 뜰에 있어야 하기 때문에 메뚜기들에게 물리거나 괴롭힘을 당할 것입니다. 그러나 하나님은 유다 백성들에게 메뚜기 떼를 뚫고 모두 성전에 모여서 부르짖으라고 말씀하셨습니다.

요엘 2장 16-17절에는 이를 좀 더 구체적으로 설명하고 있습니다. "백성을 모아 그 모임을 거룩하게 하고 장로들을 모으며 어린이와 젖 먹는 자를 모으며 신랑을 그 방에서 나오게 하며 신부도 그 신방에서 나오게 하고 여호와를 섬기는 제사장들은 낭실과 제단 사이에서 울며 이르기를 여호와여 주의 백성을 불쌍히 여기소서 주의 기업을 욕되게 하여 나라들로 그들을 관할하지 못하게 하옵소서 어찌하여 이방인으로 그들의 하나님이 어디 있느냐 말하게 하겠나이까 할지어다"

메뚜기들이 수천억 마리나 몰려온다면 집 안에 격리되어 있어야 안전할 것입니다. 백성들이 성전에 몰려와도 그곳은 실내가 아니기 때문에 메뚜기 떼들에게 공격당해서 큰 피해를 볼 것입니다. 여기에서 "장로"들은 장로를 말하기도 하고 노인을 말하기도 합니다. 노인들은 메뚜기들이 있는데 나가면 넘어질 수도 있습니다. 메뚜기가 눈에 들어갈 수도 있습니다. 더욱이 어린아이나 젖 먹는 아이들은 엄청나게 위험할 것입니다. 신랑과 신부가 신혼여행을 가지 못하고 기도하러 나온다면 온갖 불평의 소리를 들을 것입니다.

그러나 지금은 그럴 때가 아닙니다. 왜냐하면 유다에 부흥의 불이 꺼졌기 때문입니다. 유다에 부흥의 불이 꺼지면 무저갱에서 사탄의 영이 무더기로 기어 나와서 모든 악행을 다 하게 됩니다. 사람들은 자살하고 미치고 병에 걸리고 음행을 하고 귀신이 들리고 정치는 광적으로 될 것입니다. 하나님께서 재앙을 주시는 것은 하나님의 백성들로 하여금 기도하러 모이라는 경고의 목소리입니다. 왜냐하면 부흥의 불이 메뚜기들을 태우고 코로나바이러스를 태우고 핵무기를 태우기 때문입니다. 이번에 놀라운 것은 미국이나 프랑스의 항공모함이 코로나바이러스 앞에서 꼼짝하지 못했다는 사실입니다. 전 세계가 열광하는 올림픽도 하지 못하고 미국의 야구나 유럽의 축구도 제대로 하지 못했습니다. 전 세계가 망해버린 것입니다.

하나님은 우리에게 기도의 용광로를 주셨습니다. 아직 이 용광로는 식지 않았습니다. 우리 성도들은 이 엄청난 재앙을 너무 겁내지 마시기 바랍니다. 우리가 다시 모여서 부흥의 불을 일으키면 재앙은 다 성령의 불에 타버릴 것이고 하나님의 축복의 시대가 꼭 올 것이기 때문입니다.

02

재앙 때의 자세

욜 1:15-2:14

이차대전 때 미군은 아무도 모르게 무시무시한 폭탄 두 개를 준비하고 있었습니다. 그 폭탄은 '리틀 보이'라는 원자폭탄이었습니다. 일본군은 이 사실을 알지 못했습니다. 드디어 그 폭탄을 떨어뜨리는 날이 되었을 때 그냥 평범하게 보이는 미군 비행기 두 대가 하나는 히로시마 쪽으로, 다른 하나는 나가사키 쪽으로 비행을 했습니다. 그리고 폭탄을 하나씩 떨어트렸습니다. 그러나 그 결과는 엄청났습니다. 히로시마는 반경 10킬로 이내에 있는 모든 건물이 파괴되었고 10만 명이 순식간에 죽임을 당했고, 나가사키는 8만 명이 순식간에 죽고 도시 대부분은 파괴되어 없어졌습니다.

저는 나가사키에서 원자폭탄이 떨어졌던 현장에 가보았습니다. 거기에는 엄청나게 큰 구멍이 있었고 철도는 엿가락같이 휘어 있었으며 사람들이 타서 새카맣게 된 사진들이 있었습니다. 만약 일본 천황이 이 무서운 원자폭탄이 떨어진다는 사실을 미리 알았더라면 폭탄이 떨어지기 전에 항복해서 많은 사람을 살렸을 것입니다.

최근 전 세계적으로 퍼진 코로나바이러스 때문에 20만 명 이상의 사람이 죽었습니다. 그리고 중국이나 북한은 얼마나 많은 사람이 죽었는지 알 수 없습니다. 병이 이렇게 무서운 줄 알았더라면 정부에서는 일체 외국 사람들의 출입을 금지하고 마스크를 준비했을 것입니다. 그러나 우리나라 정부도 이 병을 별로 대수롭지 않다고 생각했기 때문에 외국인들을 마음대로 들어오게 하고 마스크를 오히려 중국에 수출해서 마스크 대란이 일어나기도 했습니다. 일본은 올림픽 하려고 코로나 체크를 하지도 않고 발병해도 숫자를 줄이는 데만 신경을 썼습니다. 그 결과 코로나바이러스가 많이 퍼졌고 올림픽도 연기하게 되었습니다. 이 병이 얼마나 무서운지 미리 알았더라면 모든 행사를 취소하고 사람들은 자택에 격리하고 외국 여행을 철저히 금지했을 것입니다.

유다의 요엘 선지 때 바로 이런 메뚜기 떼의 재앙이 있었습니다. 요엘 선지는 이런 메뚜기 떼의 재앙은 옛날에도 없었고 앞으로도 없을 엄청난 재앙이 될 것이라고 예언했습니다. 지금까지 유다 백성들은 포도 농사가 너무 잘 되고 밀 농사도 너무 잘 되고 풀도 잘 자라서 목축도 엄청나게 잘 되었습니다. 그 결과 그들은 포도주에 취했고 돈에 만족하면서 살았습니다. 제사장들은 백성들이 많은 포도주와 밀과 양들을 바치니까 아무 부족함 없이 살고 있었습니다. 그런데 어느 날 갑자기 요엘 선지는 유다에 메뚜기의 대재앙이 와서 백성들은 먹을 것이 없어서 알거지가 되고, 제사장들은 제물이 없어서 있으나 마나 한 존재가 될 것이라고 예언하고 있습니다.

그 원인이 어디에 있습니까? 유다 백성들이 먹고사는 데 정신이 팔려서 하나님의 불 곧 성령의 불을 꺼버렸기 때문입니다. 그러므로 유다 백성들이 메뚜기 재앙을 앞두고 준비해야 할 것은 무엇입니까? 메뚜기를 잡을 빗자루나 오리 10만 마리나 메뚜기를 태울 기름이 아니었습니다. 그것은 하나님 앞에서 자신들의 잘못된 신앙을 회개하는 것이었습니다.

1. 재앙의 예고

아랍 사람들은 이상한 땅에 살고 있다고 말할 수 있습니다. 그들의 땅은 물도 없고 기름지지도 않고 덥기만 한 불모의 땅이었습니다. 그래서 아랍 사람들은 수천 년 동안 가난하게 살아야만 했습니다. 그런데 그 척박한 땅 저 밑에는 엄청난 석유가 매장되어 있었습니다. 유럽에 산업혁명이 일어나면서 기름이 많이 필요하게 되니까 아랍은 전 세계의 돈을 좌지우지하는 아주 중요한 나라가 되었습니다. 사우디, 이라크, 이란 전부 석유가 많이 나는 나라들입니다.

그런데 이스라엘 백성들도 이상한 땅에 살고 있었습니다. 그것은 이스라엘 백성들이 하나님 율법의 말씀을 잘 지키고 순종해서 살기만 하면 이른 비와 늦은 비가 잘 내리고 가축도 죽지 않고 병충해나 낙태도 되지 않고 적도 침략하지 않는 곳이었습니다. 그러나 이스라엘 백성들이 하나님 율법의 말씀을 버리고 다른 신을 섬기고 타락한 삶을 살면 그 땅은 비가 내리지 않고 병충해가 생기고 전염병이 일어나고 나중에는 전쟁까지 벌어지는 이상한 곳이었습니다. 이스라엘 백성들은 자기들이 특별한 땅에 살고 있다는 것을 잊어버리고 자꾸 세상의 다른 나라를 따라가려고 했습니다.

그때 이스라엘에는 이미 좋지 않은 징조가 나타나고 있었습니다. 그것은 땅에 씨를 뿌리는데 씨가 땅속에서 썩어버리는 것입니다.

욜 1:17, "씨가 흙덩이 아래에서 썩어졌고 창고가 비었고 곳간이 무너졌으니 이는 곡식이 시들었음이로다"

씨를 뿌리면 어느 정도 시간이 지난 후에 싹이 나야 하는데 싹이 나지 않았습니다. 그래서 이상하다고 생각해서 농부들이 땅을 파 보니까 뿌린 씨들이 전부 땅속에서 썩어버린 것입니다. 또 어쩌다가 싹이 나더라도 열매가 맺히지 않고 모두 쭉정이가 맺혀버렸습니다. 그래서 유다 백성들의 곡식 창고는 텅 비게 되었고 많은 집의 곳간이 허물어지게 되었습니다. 왜냐하면 곡식 창고를 오랫동안 돌볼 수 없었기 때문입니다.

그런 데다가 이스라엘 백성들은 그동안 목축이 잘 되었는데 어느 날부터 가축과 소 떼들이 울부짖기 시작했습니다. 왜냐하면 비가 오지 않아서 땅에 먹을 풀이 없었기 때문입니다.

욜 1:18, "가축이 울부짖고 소 떼가 소란하니 이는 꼴이 없음이라 양 떼도 피곤하도다"

사실 양 떼나 소 떼는 풀이 있는 곳에 데려다 놓으면 자기들이 알아서 풀을 뜯어 먹고 또 물 마실 때가 되면 우물이나 시냇가에 몰고 가서 마시게 하면 됩니다. 그러나 유다에 비가 오지 않아서 풀이 없으니까 꼴이 있는 곳을 찾아서 아주 며칠씩을 가야만 했습니다. 그러니까 소 떼나 양 떼도 아주 피곤했습니다. 꼴을 많이 먹어야 하는데 멀리 이동해도 조금 밖에 없으니까 늘 배가 고팠습니다. 더욱이 물이 있는 웅덩이가 다 말라버리니까 소 떼나 양 떼는 목이 말라서 미쳐가고 있었습니다.

거기에다가 들판에는 들불이 붙기 시작했습니다. 몇 년 동안 비가 오지 않으니까 들판이 완전히 말라 있어서 불쏘시개가 되어있었습니다. 그러다가 번개가 한번 치거나 나무들이 바람에 서로 비비게 되면 거기서 불이 붙었던 것입니다. 그런데 물이 없어서 풀이나 나무가 너무 말라 있으므로 그야말로 불이 폭탄같이 날아다녔기 때문에 그 불은 끌 수 없었습니다. 마치 호주에서 난 산불이 몇 달 동안 타면서 코알라와 캥거루와 산토끼 등 2억 마리의 동물들을 다 태워 죽였듯이 그 땅에 이 들불이 붙었던 것입니다.

욜 1:19-20, "여호와여 내가 주께 부르짖으오니 불이 목장의 풀을 살랐고 불꽃이 들의 모든 나무를 살랐음이니이다 들짐승도 주를 향하여 헐떡거리오니 시내가 다 말랐고 들의 풀이 불에 탔음이니이다"

호주에서는 사람들이 자전거를 타고 가면 코알라들이 길가까지 와서 물을 달라고 해서 사람들이 물을 먹이는 사진들이 신문에 실렸습니다. 그리고 캥거루가 새끼를 배에 넣고 불을 피해서 뛰는데 새끼가 주머니에서 빠지는 바람에 불에 타 죽게 된 것을 구조대가 구해서 화상 입은 발에는 붕대를 감고 누워서 우유병을 빨고 있는 사진도 있었습니다. 우리는 지금 성경에서 나오는 이야기들을 현실의 삶 가운데 다 보고 있습니다. 웅덩이가 다 말라버리니까 들소나 들개나 들고양이나 전부 비명을 지르고 있었습니다. 실제로 동물들이 많이 불에 타 죽었고 굶어 죽었습니다. 이 모든 원인은 바로 유다 백성들이 자신들이 특별한 땅에 살고 있다는 것을 알지 못했기 때문에 생긴 일이었습니다.

욜 2:3, "불이 그들의 앞을 사르며 불꽃이 그들의 뒤를 태우니 그들의 예전의 땅은 에덴 동산 같았으나 그들의 나중의 땅은 황폐한 들 같으니 그것을 피한 자가 없도다"

바람이 세게 부는 날 산불 끄는 사람들이 불을 끄려고 산에 올라가면 불덩이가 하늘을 날아다니는 것을 보게 됩니다. 앞에도 불이 있고 뒤에도 불이 있는데 잘못하면 불에 포위되어서 산불 진압대원들이 그 불에 타 죽게 됩니다. 그래서 산불을 도저히 사람의 힘으로 끌 수 없을 때 마지막으로 쓰는 방법이 맞불 작전입니다. 즉 불이 오는데 거기에 불을 붙이는 것입니다. 그러면 두 불이 합쳐지게 되는데, 엄청나게 큰불이 맞붙으면서 산소가 없어져서 순간적으로 그 불이 꺼지게 됩니다. 그런데 산불 끄는 사람들에게 가장 중요한 것은 기도일 것입니다. 사람의 힘으로 아무리 불을 끄려고 해서 안 되는데 합심해서 기도했을 때 갑자기 비가 쏟아지면서 불이 꺼져버리는 것입니다. 그때 모든 산불대원들은 두 손을 들고 '할렐루야!' 소리를 지르면서 하나님을 찬양하게 됩니다.

몇 년 전 동남아시아에 산불이 붙었습니다. 그 산불은 아무리 비행기에서 불을 퍼부어도 끌 수 없었습니다. 왜냐하면 산불이 나무뿌리까지 태워서 땅속 뿌리에 불이 그대로 살아 있었기 때문입니다. 그때 소방대원들은 기도하기 시작했습니다. "하나님, 이 불은 아무도 끌 수 없습니다. 하나님, 비를 내려서 이 불을 꺼주시기 바랍니다." 기도를 마쳤을 때 갑자기 소나기가 내리면서 나무뿌리에 있는 불까지 다 꺼져버렸습니다. 그때 소방대원들은 모두 두 손을 높이 들고 '할렐루야!'를 외쳤습니다.

그런데 요엘 선지는 지금 일어나고 있는 재앙이나 앞으로 올 메뚜기 재앙은 모두 하나님으로부터 오는 것이라고 강조했습니다.

욜 1:15, "슬프다 그 날이여 여호와의 날이 가까웠나니 곧 멸망 같이 전능자에게로부터 이르리로다"

여기서 "여호와의 날"이라는 것은 하나님이 벼르고 또 벼르신 날이라는 뜻입니다. 즉 하나님께서 참고 또 참으시다가 드디어 더 참지 못하고 터뜨리신 날이라는 것입니다.

그래서 옛날에는 에덴동산같이 비옥했던 유다 땅이 황폐한 땅이 되고 만 것입니다. 그동안 우리나라도 여러 가지 재앙들이 찾아왔습니다. 메르스도 오고 구제역과 조류독감도 오고 돼지열병도 왔습니다. 그러나 우리나라 사람들은 이 병을 막는 데만 급급했지 왜 이 병이 오는지 그 이유를 알지 못했습니다.

2. 드디어 찾아오는 메뚜기 재앙

옛날에는 원자폭탄이라는 무기가 없었습니다. 그래서 옛날에는 가장 무서운 재앙이 전쟁이었고, 그다음이 메뚜기 재앙이었습니다. 메뚜기 재앙은 사람의 목숨만 죽이지 않을 뿐 사람이 가지고 있는 들판의 양식이나 나무나 풀은 하나도 남기지 않고 다 갉아먹어 치워버리는 끔찍한 재앙이었습니다. 하나님께서는 요엘 선지를 통해서 유다에 전쟁 바로 다음 급의 재앙이 터질 것이라고 말씀하셨습니다. 그것은 바로 메뚜기 재앙이었습니다.

태풍도 몇 급 몇 급 하는 식으로 급수가 있습니다. 그리고 지진도 강도 7, 강도 8 하는 식으로 표시를 합니다. 하나님께서 유다에 내리신 재앙은 급수로 치면 전쟁 바로 다음의 2급이 되는 것입니다. 지금 우리나라에 닥친 코로나도 전쟁 다음 가는 2급 재앙이라고 할 수 있습니다. 만일 1급 재앙이 터진다면 핵무기가 터지고 장거리포를 쏘고 비행기가 폭탄을 떨어뜨리고 사람들이 죽어 나자빠지는 전쟁이라는 대재앙이 일어나게 될 것입니다.

> 욜 2:4-6, "그의 모양은 말 같고 그 달리는 것은 기병 같으며 그들이 산꼭대기에서 뛰는 소리는 병거 소리와도 같고 불꽃이 검불을 사르는 소리와도 같으며 강한 군사가 줄을 벌이고 싸우는 것 같으니 그 앞에서 백성들이 질리고, 무리의 낯빛이 하얘졌도다"

메뚜기가 생긴 것을 보면 정말 작은 말같이 보이긴 합니다. 또 다리가 길어서 뛸 수도 있습니다. 그러나 사람들을 질리게 만드는 것은 그 수억 마리가 내는 날개에서 내는 소리입니다. 메뚜기 수억 마리가 날면서 날개 소리를 내면 그것은 수레바퀴 소리로도 비교할 수 없고 귀를 틀어막아도 안 되는 굉장한 굉음을 내는 것입니다. 예를 들어서 여름에 매미 한 마리가 내는 소리는 지하철 달리는 소리와 거의 같은 소음을 낸다고 합니다. 그런데 그런 매미 수억 마리가 같이 울어댄다면 아마 듣는 사람들은 견디지 못해서 귀를 틀어막고 미치려고 할 것입니다. 메뚜기 날개가 서로 부딪치는 소리가 그렇게 엄청나다고 합니다. 하나님께서 메뚜기의 공격을 이렇게 실감 나게 말씀하시는 이유는 이 재앙이 거의 전쟁이 일어난 것과 같을 것이라는 뜻입니다.

욜 2:7-9, "그들이 용사 같이 달리며 무사 같이 성을 기어오르며 각기 자기의 길로 나아가되 그 줄을 이탈하지 아니하며 피차에 부딪치지 아니하고 각기 자기의 길로 나아가며 무기를 돌파하고 나아가나 상하지 아니하며 성중에 뛰어 들어가며 성 위에 달리며 집에 기어오르며 도둑 같이 창으로 들어가니"

메뚜기 떼의 놀라운 점은 그 수많은 메뚜기가 전부 일정한 방향으로 나아간다는 점입니다. 이것은 지금까지도 미스터리입니다. 전부 다 똑같은 방향으로 벽을 기어오르고 지붕을 넘는데 모두 다 똑같은 방향으로 갑니다. 그리고 앞에 물웅덩이가 있으면 물에 빠져 죽으면서도 똑같은 방향으로 간다는 것입니다.

그런데 얼마나 메뚜기 떼가 많은지 땅이 진동하고 해가 어두워집니다.

욜 2:10, "그 앞에서 땅이 진동하며 하늘이 떨며 해와 달이 캄캄하며 별들이 빛을 거두도다"

메뚜기의 날개 치는 소리에 땅이 울립니다. 그리고 해가 캄캄해지고 몇 날 며칠을 날아오기 때문에 달과 별도 보이지 않습니다. 그러나 이 모든 것은 우연한 자연현상이 아니라 하나님이 내리시는 경고입니다. 이 모든 원인은 유다 백성들의 신앙에 있었습니다. 그들이 하나님을 사랑하지 않고 세상을 사랑하고 우상숭배하고 동성애를 하고 교만하기 때문에 생기는 재앙입니다.

만약 이 재앙이 자연현상이거나 우연이라면 인간적인 방법으로 최선을 다해서 방어해야 할 것입니다. 즉 우선 구덩이를 많이 파고 갈대를 쌓아서 불붙일 준비해야 할 것입니다. 양식은 전부 땅속에 파묻고 가축을 피신시키고 메뚜기를 잡을 빗자루 같은 것을 많이 준비해야 할 것입니다. 그래서 메뚜기가 오면 갈대에 불을 질러서 메뚜기를 태우고 꽹과리 소리를 내어서 메뚜기를 망 안으로 들어가게 한 후 빗자루 같은 것으로 때려서 땅에 떨어뜨리고 자루에 쓸어 담아야 할 것입니다. 그러나 이 메뚜기 재앙은 하나님으로부터 오는 것이었습니다. 그리고 한 번은 어떻게 막을지 있을지 몰라도 앞으로 얼마나 많이 올지 모릅니다.

욜 2:11, "여호와께서 그의 군대 앞에서 소리를 지르시고 그의 진영은 심히 크고 그의 명령을 행하는 자는 강하니 여호와의 날이 크고 심히 두렵도다 당할 자가 누구이랴"

여호와 하나님께서 메뚜기 떼 앞에서 소리를 지르시며 진두지휘를 하시니까 메뚜기들이 얼마나 신이 나겠습니까? 그리고 하나님께서 메뚜기들에게 마음껏 다 뜯어 먹으라고 명령하시니까 메뚜기 떼는 더 확신을 가지고 모든 것을 다 먹어 치워버리는 것입니다. 아무도 이 메뚜기 떼를 감당하지 못한다고 했습니다.

3. 재앙을 앞둔 백성의 자세

왜 하나님께서는 포도와 밀과 무화과나 양과 소가 풍족해서 에덴동산같이 살고 있는 유다 백성에게 이렇게 망하게 하시는 재앙을 내리실까요? 그것은 하나님께서 유다 백성들이 미워서 그렇게 하시는 것이 아니라 이제 세상을 그만 사랑하고 기도하라고 경고하시는 것입니다.

그러므로 이제 유다 백성들이 첫 번째로 해야 할 일은 '동작 그만!' 입니다.

욜 2:1, "시온에서 나팔을 불며 나의 거룩한 산에서 경고의 소리를 질러 이 땅 주민들로 다 떨게 할지니 이는 여호와의 날이 이르게 됨이니라 이제 임박하였으니"

일본에서는 지진이나 쓰나미가 일어나면 경고의 사이렌을 울립니다. 그러면 하던 일을 중단하고 모두 대피해야 합니다. 일본은 유치원이나 직장에서 대피 훈련도 하는데 지진 경보가 울리면 어린이는 물론 어른들도 모두 질서 있게 머리에 방석 같은 것을 올리고 대피합니다. 그때 공부를 더 하려고 하거나 일을 더 하려고 하는 것은 미친 짓입니다. 서구나 미국에서는 화재를 대비한 대피 훈련을 합니다. 그러나 우리나라는 이런 대피 훈련을 잘 하지 않기 때문에 불이 났을 때 소방차가 진입하지 못하거나 건물 입구에 사람들이 몰려서 질식해서 무더기로 죽는 경우가 많습니다.

하나님께서는 우리의 모든 성공 계획이나 먹고 살 계획을 다 중단하고 하나님께 대피할 훈련을 하라고 경고하셨습니다. 실제로 유럽에서는 공습경보가 울리면 사람들은 지하대피소로 대피를 합니다. 재앙이 일어나려고 할 때는 개인적인 계획이나 단체가 어디에 놀러 갈 행사 같은 것들은 다 취소해야 합니다. 그래서 일본은 어쩔 수 없이 올림픽을 연기한다고 했습니다. 그러나 벚꽃 놀이도 하고 하다카 마쓰리라고 해서 알몸으로 물에 뛰어드는 행사도 해서 사회적으로 물의를 일으켰습니다. 그런 것을 두고 '죽어도 말을 안 듣는다'고 하는 것입니다.

모든 행사는 취소하고 집에서 격리를 해서 다음 하나님의 말씀을 듣는 것입니다. 어떤 분은 코로나로 집에 격리되어 있으면서 성경을 세 번을 읽었다고 합니다. 모든 행동을 중단해야 하는 이유는 지금 우리가 성공을 향해서 가는 것을 하나님은 기뻐하시지 않기 때문입니다. 그것이 멸망의 길이기 때문입니다. 그 모든 계획을 중단하고 우리는 살아야 하는 것입니다.

두 번째는 애통하고 울면서 하나님께 돌아오라고 말씀하고 있습니다.

욜 2:12, "여호와의 말씀에 너희는 이제라도 금식하고 울며 애통하고 마음을 다하여 내게로 돌아오라 하셨나니"

여기서 애통하며 울라고 하는 것은 농사를 망치고 직장에서 해고되고 돈이 없어서 우는 것이 아니라 하나님을 사랑하지 못했기 때문에 울라는 말씀입니다. 하나님이 얼마나 우리를 사랑하셨고 얼마나 복을 주셨습니까? 그러나 우리는 너무 이기적으로 살았습니다. 우리는 하나님을 사랑하지 않고 나 자신이나 자식만 사랑했습니다. 우리가 하나님을 사랑하는 것을 잊어버린 것이 축복의 길을 잃고 재앙의 길로 간 이유입니다. 우리는 따뜻한 집으로 가는 길을 잃고 깡패들이 우글거리는 소굴로 들어간 것입니다. 우리는 감정이 메마른 사람처럼 가만히 있지 말고 어떻게 하면 하나님을 사랑할 수 있는지, 어떻게 하면 울 수 있을지, 나 자신의 처지에 대하여 안타까운 생각을 가져야 합니다.

그리고 세 번째는 드디어 가슴을 찢고 하나님께 돌아오는 것입니다.

욜 2:13, "너희는 옷을 찢지 말고 마음을 찢고 너희 하나님 여호와께로 돌아올지어다 그는 은혜로우시며 자비로우시며 노하기를 더디하시며 인애가 크시사 뜻을 돌이켜 재앙을 내리지 아니하시나니"

예를 들어서 어떤 사람이 가슴에 큰 고름 덩어리를 가지고 있으면서 자꾸 좋은 옷으로 그 고름이 든 종기를 감추려고 했습니다. 그러나 고름 종기는 없어지지 않고 더 커져서 나중에는 그 고름 종기가 아이 머리만큼 커지게 되었습니다. 그럼에도 불구하고 그는 자존심 때문에 주위 사람에게 말하지 않았습니다. 그런데 이제는 너무 아파서 더 이상 견딜 수 없게 되었습니다. 그리고 그것을 치료해줄 의사도 없었습니다. 어느 날 이 사람은 골방에 들어가서 문을 잠그고 칼을 빼내어서 자기가 그 고름 종기를 찢었습니다. 칼로 찢었을 때 너무 아파서 소리를 질렀고 그 안에 있는 고름 덩어리를 짜낼 때 너무 아파서 뒹굴고 울었습니다. 그런데 고름 덩어리를 힘을 다해서 누르니까 커다란 덩어리가 빠져 나오는데 그렇게 속이 시원할 수 없었습니다.

하나님은 형식적인 예배로 고름을 짜낼 수 없다고 말씀하십니다. 우리는 스스로 칼을 가지고 가슴에 있는 큰 종기를 잘라서 고름을 빼내어야 살 수 있는 것입니다. 이것을 깨닫지 못하니까 모든 재앙이 다 찾아온 것입니다. 그러니까 내가 주인공입니다. 하나님은 여전히 나를 사랑하고 계십니다. 만일 우리가 고름을 짜내기만 하면 하나님은 자비로우시고 은혜로우시고 노하기를 더디 하시는 하나님으로 만날 수 있습니다. 우리 모두 가슴에 칼을 대고 세상의 체면과 명예를 다 버리고 고름을 잘라내어서 마음이 시원해지고 새로운 하나님을 만나는 성도들이 되시기 바랍니다.

03

기도의 결과

욜 2:15-32

예전에 우리나라에 제법 유명하고 연기를 잘하던 탤런트가 있었습니다. 그런데 이분이 어느 날 갑자기 텔레비전 프로에서 사라져버렸습니다. 그러다가 몇 년 후에 다시 텔레비전의 토크쇼 프로그램에 나왔는데, 그때는 이분이 중풍병자에다 맹인이 되어있었습니다. 그래서 사회자가 그동안 어떻게 지내셨느냐고 하니까 그동안 자신에게 있었던 일을 풀어놓았습니다. 자기가 텔레비전 드라마로 돈을 많이 벌었을 때 술을 엄청나게 마셨는데 단 하루도 술을 마시지 않는 날이 없을 정도로 많이 마시고 다른 동료들의 술값도 많이 내주었다고 했습니다. 그러다가 어느 날 뇌졸중으로 쓰러지게 되었고 그 후에는 반신불수가 되었다고 합니다. 거기에다가 당뇨까지 심하게 오는 바람에 앞을 보지 못하게 되었다고 했습니다. 그러면서 자기가 이렇게 될 줄 알았더라면 술도 끊고 음식도 조절해서 그런 고생을 하지 않았을 텐데 돈을 많이 번다고 기분을 내느라고 술을 너무 많이 마시는 바람에 이렇게 인생을 망치게 되었다고 고백했습니다.

우리가 때때로 병에 걸려서 입원하거나 혹은 시험에 떨어져서 재수를 하거나 혹은 직장을 잃고 실업자로 지내는 것이 반드시 나쁜 것은 아닐 때가 있습니다. 왜냐하면 그런 고난의 기간을 통해서 자신을 돌아보게 되고, 그것을 통해서 그동안 잘못되었던 인생관이나 생활방식을 고치고 다시 재기할 수 있기 때문입니다.

만일 우리가 잘 아는 슈바이처 박사가 자신의 대학 교수직이나 수입에 만족했더라면 이 세상에 어느 누구도 그 유명한 슈바이처의 이름을 알지 못했을 것입니다. 그는 어느 교회에서 부자와 거지 나사로의 설교를 듣게 되었고 자기가 부자라는 사실을 깨닫게 되었다고 합니다. 그리고 그는 천국에 가기 위하여 거지 나사로가 되기로 결심을 했습니다. 그는 이미 독일의 유명한 철학 교수였고 베를린 필의 오르간 연주자였습니다. 그러나 그 모든 것을 포기하고 의대에 다시 입학해서 의사가 되었고, 아프리카 감비아에 있는 어느 마을에 들어가서 양계장을 고쳐 병원으로 만들어 원주민들을 돌보기 시작했습니다.

그는 수입이 없었습니다. 그래서 고향에서 보내주는 선교비에 의존해야 했습니다. 그는 오르간을 칠 수 없었고 철학을 연구할 수도 없었습니다. 거기에다가 세계 일차대전이 벌어지면서 프랑스에서는 그를 간첩이라고 해서 수용소에 몇 년간 가두었습니다. 그는 감옥에서 나오자마자 다시 옛날 동네에 가서 양계장을 고쳐 병원을 다시 열었습니다. 사역을 하면서 그는 《물과 원시림 사이에서》라는 책을 썼는데 베스트셀러가 되었습니다. 베를린 필에서는 열대지방의 습기와 열에 견딜 수 있는 특수 오르간을 만들어 보내주었습니다. 그곳에서의 업적을 높이 평가하여 그는 드디어 노벨상을 받았고 세계적으로 유명한 의사가 되었습니다. 그가 한 것을 본받아서 지금도 얼마나 많은 의료인이 열악한 곳에서 환자들을 돌보고 있는지 모릅니다.

열악했던 우리나라 1960년대에 소록도에 있는 한센병 환자를 돌보기 위해서 오스트리아에서 백인 수녀 간호사 두 사람이 들어왔습니다(마리안느, 마르가레트). 이들은 40년 이상 한평생을 소록도에서 한센병 환자들을 돌보다가 할머니가 되어서 고향으로 조용히 돌아갔습니다. 그러나 소록도는 그들을 잊지 않았고 그분들을 다시 한국에 초청해서 감사하는 시간을 가졌다는 소식을 들었습니다.

유다 백성들은 이상한 땅에 살고 있었습니다. 그 땅은 그들이 하나님의 율법의 말씀을 지키면서 살면 자동적으로 복을 받지만, 만일 그들이 하나님의 율법을 버리고 세상을 따라가면 재앙이 오는 땅이었습니다. 그러나 유다 백성들은 이것을 믿을 수 없었습니다. 땅에 눈이 달린 것도 아니고 발이 달린 것이 아니고 인간이 어떻게 살든지 땅이 어떻게 알겠습니까? 그런데 그때 이스라엘은 풍족하게 살았습니다. 포도 농사는 물론 밀 농사나 목축업도 잘 되었습니다. 그러니까 유다 백성들은 매일 포도주를 마시고 빵을 배 터지도록 먹고 양 고기나 소 고기를 구워 먹었습니다.

그런데 어느 날 하나님의 선지자 요엘이 나타나서 곧 어마어마한 메뚜기 떼가 올 것이라고 예언했습니다. 거의 몇천억 마리의 메뚜기 떼가 몰려와서 모든 밀과 포도와 가축이 먹는 풀을 깡그리 다 뜯어 먹을 것이라고 했습니다. 어마어마한 메뚜기 떼가 몰려올 때 유다 백성들이 해야 할 일이 무엇일까요? 아마도 메뚜기 떼를 퇴치할 불을 붙일 수 있는 마른 밀 짚단 같은 것이라든지 수십만 개의 빗자루라든지 아니면 오리 수십만 마리를 키우든지 하여 대비해야 할지 모르겠습니다.

그런데 요엘 선지는 모든 이스라엘 백성들에게 "너희는 옷을 찢지 말고 마음을 찢고 기도하라"고 했습니다. 이것은 형식적인 예배로 만족하지 말라는 것입니다. 마음속에 있는 고름 덩어리를 칼로 찔러서 고름을 짜내라는 뜻이었습니다. 메뚜기 떼가 몰려오는 것과 기도하는 것은 아무 상관이 없는 것 같습니다. 마음속에 난 고름을 짜낸다고 해서 메뚜기가 그것을 알고 돌아가겠습니까? 그러나 요엘 선지는 메뚜기가 돌아간다고 했습니다. 왜냐하면 기도는 하나님 성령의 용광로 불을 만들고 모든 재앙을 물리치고 하나님의 축복을 회복시키는 능력이 있기 때문입니다.

1. 재앙은 기도할 때이다

우리는 기도한다고 하지만 사실 평안할 때는 기도가 잘 되지 않습니다. 왜냐하면 기도할 것이 없기 때문입니다. 돈도 잘 벌고 아이들도 잘 크고 공부도 잘하기 때문에 기도할 것이 없는 것처럼 보입니다. 그래서 보통 기도한다고 해도 식사할 때 얼른 기도를 하든지, 아니면 대표기도를 할 때 기도를 하든지 하는 정도입니다. 그런데 가족이 병들거나 회사에 어려움이 생기거나 자신에게 나쁜 일이 생기면 그 일이 해결되도록 간절히 기도하게 됩니다.

마찬가지로 유다 백성들도 농사가 잘되고 포도도 잘 열리고 목축도 잘 되니까 기도할 것이 없었습니다. 그래서 그들은 세상을 따라갔고 더 욕심을 채우려고 했고 이방인과 어울리려고 했습니다. 그때 그 틈을 노리고 공격한 것이 어마어마한 메뚜기 재앙이었던 것입니다. 이 메뚜기는 한 번 오고는 가지 않았습니다. 새끼 메뚜기가 먹고 남은 것을 좀 더 큰 메뚜기가 먹고, 좀 더 큰 메뚜기가 먹고 남긴 것을 더 큰 메뚜기가 먹고, 그다음에는 아주 늙은 메뚜기까지 남아서 전부 다 깡그리 갉아 먹었습니다. 풀 한 포기 남기지 않았고 포도나무 한 그루 남기지 않았습니다. 유다는 갑자기 알거지가 되었습니다. 그런데 요엘 선지는 앞으로 메뚜기 떼가 몇 차례 더 올 것이라고 예언했습니다.

이때 유다 백성들이 해야 할 것이 무엇이겠습니까? 남녀노소 구별 없이 모두 모여서 울면서 기도하는 것이었습니다.

욜 2:12-13, "여호와의 말씀에 너희는 이제라도 금식하고 울며 애통하고 마음을 다하여 내게로 돌아오라 하셨나니 너희는 옷을 찢지 말고 마음을 찢고 너희 하나님 여호와께로 돌아올지어다 그는 은혜로우시며 자비로우시며 노하기를 더디하시며 인애가 크시사 뜻을 돌이켜 재앙을 내리지 아니하시나니"

하나님께서 유다 백성들에게 "울며 애통하고 마음을 다하여 내게로 돌아오라"고 하신 명령은 메뚜기 떼로 인해 입은 손해 때문에 울라는 것이 아닙니다. 하나님이 울라고 하신 것은 그들이 마땅히 하나님의 백성으로 누려야 할 복과 존귀함을 잃어버린 것 때문에 애통하고 울라는 것이었습니다. 그들이 만일 하나님의 말씀대로 살았더라면 지금쯤 어마어마한 하나님의 비밀을 발견하고 복도 받았을 텐데, 쓸데없이 세상의 돈이나 잘 사는 것에 만족하는 바람에 하나님의 복을 다 놓쳐버리고 말았던 것입니다.

그리고 가슴에는 전부 고름 덩어리들이 있는데 좋은 옷으로 그것을 감추면서 살아왔던 것입니다. 하나님은 이제 형식적인 예배나 제사는 의미가 없다고 말씀하셨습니다. 하나님께서는 칼로 가슴속에 있는 고름을 짜내고 그 아픔을 하나님께 부르짖으라고 하셨습니다. 하나님은 두 개의 성품을 가지고 계십니다. 하나는 철저하게 심판하시고 진노하시는 성품이고, 다른 하나는 노하기를 더디 하시고 인애가 크신 성품입니다. 우리가 형식적인 신앙으로 만족하지 않고 진심으로 고름을 짜낼 때 하나님은 우리를 향한 성품을 바꾸시는 것입니다.

욜 2:16, "백성을 모아 그 모임을 거룩하게 하고 장로들을 모으며 어린이와 젖 먹는 자를 모으며 신랑을 그 방에서 나오게 하며 신부도 그 신방에서 나오게 하고"

그래서 교회마다 정규 예배 모임 외에 특별한 기도의 모임을 해야 합니다. 그때는 어른이나 아이나 장로나 평신도나 할 것 없이 모여서 말씀과 기도에 전념해야 하고 눈이 오나 비가 오나 추우나 더우나 기도의 불길을 꺼뜨리지 말아야 합니다. 그때 하나님이 우리를 극진히 사랑하셔서 재앙을 물리치시고 불쌍히 여기시고 회복시켜주실 것입니다.

욜 2:18, "그 때에 여호와께서 자기의 땅을 극진히 사랑하시어 그의 백성을 불쌍히 여기실 것이라"

하나님께서 우리를 극진히 사랑하여 주십니다. 그리고 하나님은 우리의 아픔을 헤아리시고 불쌍히 여겨주시는 것입니다. 하나님께서 우리를 불쌍히 여기시기만 하면 우리의 모든 어려움은 다 해결되는 것입니다.

2. 기도의 능력

하나님 백성들의 합심기도는 용광로의 불과 같습니다. 그래서 우리가 하나님을 향하여 손을 들고 부르짖을 때 성령의 용광로에는 불이 타오르게 됩니다. 그때 하나님의 땅에 들어왔던 모든 메뚜기 떼나 재앙들이 전부 다 성령의 불에 타서 죽게 됩니다.

며칠 전에 강원도에서 난 산불을 텔레비전에서 봤습니다. 그때 그곳에는 바람이 거의 태풍 수준으로 불었습니다. 산불이 마치 폭탄이 터지는 것처럼 불이 붙는 장면을 보았습니다. 이와 마찬가지로 기도는 하나님의 불을 붙게 하는데 강한 바람이 같이 불게 됩니다. 그때 가장 먼저 일어나는 일이 무엇입니까? 그렇게 없애려고 해도 없어지지 않던 메뚜기들이 다 사라지는 것입니다.

욜 2:20, "내가 북쪽 군대를 너희에게서 멀리 떠나게 하여 메마르고 적막한 땅으로 쫓아내리니 그 앞의 부대는 동해로, 그 뒤의 부대는 서해로 들어갈 것이라 상한 냄새가 일어나고 악취가 오르리니 이는 큰 일을 행하였음이니라 하시리라"

유다 백성들이 형식적인 예배나 제사로 만족하지 않고 자기 안에 있는 고름 덩어리를 짜내면서 하나님께 기도할 때 메뚜기 떼들이 움직이기 시작했습니다. 지금 유다 땅에 와 있는 메뚜기 떼들은 북쪽에서 온 것이었는데 기도를 하니까 어느 날 이 메뚜기 떼들이 전부 날개를 펴더니 어디론가 다 날아가 버렸습니다. 그곳은 메마르고 적막한 사막 땅이었습니다. 그리고 지금 두 개의 또 큰 메뚜기 떼들이 오고 있었습니다. 하나는 서쪽에서 오고 다른 하나는 동쪽에서 오는 메뚜기 떼였습니다. 아마도 서쪽은 사하라 사막에서 생긴 메뚜기 떼인 것 같고, 동쪽은 아라비아 사막에서 생긴 메뚜기 떼들인 것 같습니다.

그런데 유다 백성들 가운데 기도 운동이 일어나기 시작하니까 서쪽에서 오던 메뚜기 떼들이 모두 방향을 틀더니 지중해 바다에 모두 빠져 죽어버렸습니다. 그런데 얼마나 많은 메뚜기 떼들이 바다에 빠져 죽었는지 썩은 냄새가 진동했습니다. 그러나 이 썩은 냄새는 정말 고마운 냄새였습니다. 그리고 동쪽에서 오던 메뚜기 떼들도 또 방향을 틀더니 모두 홍해에 빠져 죽어버렸습니다. 그래서 홍해에 메뚜기 떼의 시체가 덮이고 썩은 냄새가 진동했습니다. 기도가 재앙을 물리쳤던 것입니다. 그래서 유다 백성들이나 교회는 항상 기도의 용광로에 불을 붙여 놓아야 합니다. 많은 경우에 재앙이 닥치고 난 후에 기도하려고 하고 무슨 운동을 하려고 하는데 그때는 이미 늦은 것입니다.

그래서 요엘 선지는 백성들의 기도가 시작되자마자 "땅들아 두려워하지 말고 기뻐하라"고 말하고 있습니다.

욜 2:21상, "땅이여 두려워하지 말고 기뻐하며 즐거워할지어다"

땅들도 메뚜기 떼 때문에 너무 두렵고 힘들었는데 기도가 이 재앙을 물리치니까 기뻐한다는 것입니다. 들짐승들도 기뻐하고 무화과나무와 포도나무도 힘을 낸다고 했습니다. 더욱 중요한 것은 시온의 자녀들 즉 하나님의 백성들이 기뻐한다는 것입니다. 왜냐하면 이제는 메뚜기 떼도 없어지고 비가 정확하게 내려서 엄청난 곡식이 맺히기 때문입니다(23절).

욜 2:19, "여호와께서 그들에게 응답하여 이르시기를 내가 너희에게 곡식과 새 포도주와 기름을 주리니 너희가 이로 말미암아 흡족하리라 내가 다시는 너희가 나라들 가운데에서 욕을 당하지 않게 할 것이며"

메뚜기 떼가 가고 난 후에 하나님이 이스라엘에 풍년을 주기 시작하시는데 곡식과 새 포도주와 올리브 기름이 넘칠 것이라고 말씀하셨습니다. 그전에 유다는 다른 나라의 비웃음과 욕을 먹었습니다. 즉 유다는 메뚜기 나라라든지 재앙의 나라라는 것과 같은 욕을 먹었던 것입니다. 그러나 이제는 더 이상 욕을 먹지 않을 것입니다.
처음 코로나가 우리나라에 맹렬히 퍼졌을 때 우리나라는 다른 나라로부터 출입금지 국가가 되었습니다. 우리나라에서 왔다고 하면 입국이 금지되기도 했습니다. 그래서 많은 사람이 사업을 할 수 없었습니다. 사람이 왕래해야지 물건을 팔 수 있는데 사람 자체가 집에만 있으니까 장사를 할 수 없었습니다. 수입이 없는 사람들이 수두룩했습니다. 그러나 기도가 시작되면서 유다 백성들의 그 모든 어려움은 해결되기 시작했습니다.

욜 2:24, "마당에는 밀이 가득하고 독에는 새 포도주와 기름이 넘치리로

다"

얼마나 밀 농사가 잘되는지 마당에 밀을 쌓아놓고 새 포도주를 독마다 채워놓았습니다. 기름도 넘쳤습니다.
그리고 하나님이 주신 놀라운 약속은 무엇입니까?

욜 2:25, "내가 전에 너희에게 보낸 큰 군대 곧 메뚜기와 느치와 황충과 팥중이가 먹은 햇수대로 너희에게 갚아 주리니"

하나님께서 유다 백성들이나 성도들을 사랑하시기만 하면 과거에 손해를 보았던 모든 것을 다 갚아주신다고 말씀하셨습니다. 그래서 유다 백성들은 풍족히 먹고 놀라운 일을 행하신 하나님을 찬송하며, 하나님의 백성은 영원히 수치를 당하지 않는다고 말씀하셨습니다.

3. 하나님의 성령을 부어주심

이 세상에서 돈을 많이 벌고 공부를 잘하고 성공해서 높은 자리에 올라가면 더 이상 필요한 것이 없을 것 같습니다. 그래서 사람들은 하나님의 복을 받으면 받을수록 더 복에 집착하고 세상을 따라가려고 합니다. 그러나 하나님께서 우리에게 주실 복 중에서 최고의 복은 더 있습니다. 예를 들어서 학생들이 공부를 잘해서 1등 하는 것도 중요하지만 그것은 교수가 노벨상을 받는 것과는 비교가 되지 않을 것입니다. 또 옛날에 방을 밝히는 데 등불이 중요했지만 전기가 들어온 후에는 세상이 아주 달라지게 되었습니다.
이와 마찬가지로 하나님이 우리에게 주실 최종적인 복은 따로 있습니다. 그것은 단순히 메뚜기가 없어지거나 밀 부자가 되고 포도주 부자가 되는 것이 아닙니다. 이 복은 하나님의 성령이 우리에게 물 붓듯이 부어지는 것입니다. 하나님께서 결국 유다 백성들을 메뚜기 재앙으로 고통스럽고 가난하게 만드신 것은 그들이 더 기도해서 성령을 받아 성령의 사람들이 되게 하기 위함입니다.

> 욜 2:28, "그 후에 내가 내 영을 만민에게 부어 주리니 너희 자녀들이 장래 일을 말할 것이며 너희 늙은이는 꿈을 꾸며 너희 젊은이는 이상을 볼 것이며"

여기서 "부어준다"라는 것은 '뿌려준다'는 것과 엄청난 차이가 있습니다. 물을 뿌려준다는 것은 머리나 몸에 물기가 있도록 물을 조금 흩어서 주는 것을 말합니다. 그러면 우리는 그대로 있고 그 대신 머리나 몸에 물기가 있게 됩니다. 그러나 '부어준다'는 것은 양동이 같은 것으로 물을 잔뜩 담아서 한꺼번에 쏟아붓는 것을 말합니다. 그러면 물이 그대로 머리나 몸을 타고 땅에 떨어지게 되고 물과 우리의 몸은 하나가 되는 것입니다.

옛날 사람들은 수백 년에 한 번씩 이런 사람들을 보았습니다. 그 중에 대표적인 사람이 모세와 엘리야였습니다. 모세는 하나님의 영에 충만하여 하나님과 만나서 대화를 나누었고 그 얼굴에서 빛이 났습니다. 그는 열 가지 재앙을 직접 자기 지팡이로 일어나게 했고 홍해를 갈라지게 했습니다. 엘리야는 하늘에서 비가 오지 않게 했고 또 기도해서 삼 년 반 후에 비가 쏟아지게 했습니다. 엘리사 같은 경우에는 죽은 아이도 살렸고 하나님의 불 말과 불 병거도 보았고 적장이었던 나아만 장군의 한센병도 낫게 했습니다. 성령이 쏟아지면 우리는 다윗처럼 하나님의 시를 말하게 되고, 솔로몬같이 지혜롭게 됩니다.

하나님께서 남종과 여종에게 성령을 부어주시면 자녀들은 장래 일을 말하며 노인은 꿈을 꾸며 젊은이는 환상을 볼 것이라고 했습니다. 이것은 하나님의 말씀이 입에서 쉬지 않고 나오며 풍성하게 되는 것을 말합니다. 이것이 신약시대 오순절 다락방에서 이루어졌습니다. 즉 갈릴리의 무식한 사람들의 입에서 전 세계 사람들이 들어야 할 진리가 쏟아져 나왔던 것입니다. 우리 입에서 하나님의 진리가 쏟아져 나올 때 우리는 하나님의 최고의 복을 받는 것입니다.

이 세상에서 아무리 큰 능력이라고 하더라도 하나님의 능력보다 더 큰 것은 없습니다. 하나님은 수천억 마리의 메뚜기 떼도 바람으로 흩으실 수 있고, 어마어마한 핵무기도 못쓰게 하실 수 있습니다. 우리는 인간에 대한 두려움을 버리고 기도로 하나님의 능력을 받는 성도들이 다 되시기 바랍니다.

04

여호와의 심판

욜 3:1-21

어렸을 때 본 어떤 영화의 한 장면이 기억납니다. 로마 군인들이 전쟁에서 진 나라의 패잔병들을 붙잡아 두 손을 뒤로 묶어 절벽 끝에 쭉 세워놓고 창끝으로 밀어서 떨어뜨려 죽이는 장면이었습니다. 절벽에서 떨어진 사람들은 몸이나 머리가 부서져서 다 죽었습니다. 이것이 전쟁 끝난 후에 일어났던 그 당시의 심판이었습니다. 자기들에게 빨리 항복하고 협력한 사람들은 살려주지만 끝까지 항복하지 않고 저항한 사람들은 십자가에 못을 박든지 아니면 절벽에서 떨어트려 죽였던 것입니다.

요세푸스가 쓴 《유대전쟁사》를 보면 로마가 이스라엘에 쳐들어와서 먼저 갈릴리 땅을 정복합니다. 그때 살아남은 사람들은 자결하기로 하여 서로 찔러 죽이기도 하지만 요세푸스는 맨 끝에 죽겠다고 해놓고 로마에 항복합니다. 그때 로마의 베스파시아누스 장군은 요세푸스를 죽이려고 하지만, 요세푸스는 자기에게 예언의 은사가 있다고 하면서 베스파시아누스와 그의 아들 티투스가 로마 황제가 될 것이라고 예언합니다. 그래서 베스파시아누스는 요세푸스의 말이 믿어지지는 않았지만 실제로 자기가 황제가 되는지 안 되는지 보기 위하여 요세푸스를 살려둡니다. 그런데 그는 얼마 후 실제로 황제가 되었습니다. 그래서 요세푸스는 살게 됩니다.

요즘 우리나라에서는 전 정권에서 고위직에 있었던 많은 사람이 대통령부터 시작해서 대법원장이나 안보실장을 지냈던 이들까지 모두 무슨 죄를 지었다고 해서 감옥에 갇혀 있습니다. 또 한때 우리나라에서 가장 높은 자리에 있고 세계를 마음대로 다니면서 일하던 이들이 철장 안에 갇혀서 아무것도 하지 못하고 죄수로 있어야 한다는 사실은 보통 힘든 일이 아닐 것입니다. 하여튼 우리가 이 세상에서 어떤 삶을 살면 그 자체로 끝나는 것이 아니라 그 삶에 대한 조사가 있고 심판이 있다는 것입니다.

요엘 선지는 곧 유다 나라에 닥칠 어마어마한 메뚜기 재앙을 예언하고 있습니다. 그러나 이 메뚜기 재앙은 유다 백성들을 망하게 하고 죽이는 것이 목적이 아니라 기도하게 하는 것이 하나님의 목적이었던 것입니다. 유다 백성들이 형식적인 예배나 형식적인 기도를 중지하고 가슴 속에 있는 독 덩어리를 칼로 찢어내는 진정한 기도를 드릴 때, 요엘 선지는 메뚜기 떼가 다 물러갈 것이라고 예언했습니다. 그뿐만 아니라 하나님은 다시 풍성한 곡식과 포도주를 주실 것이며, 하나님의 영을 남종과 여종에게 부어주시는 대부흥이 일어날 것이라고 약속하셨습니다. 그런데 하나님께서는 하나님의 백성에게 대부흥이 일어나면 그것으로 끝나는 것이 아니라 온 세계 민족을 하나님의 골짜기에 모아놓고 심판하는 일이 일어날 것이라고 말씀하셨습니다.

1. 여호사밧의 골짜기

　　무서운 메뚜기 재앙을 보면서 하나님의 백성들이 모든 형식적인 신앙을 버리고 가슴을 찢으면서 회개하면 하나님은 유다 백성들에게 대부흥을 주시겠다고 약속하셨습니다. 즉 우리에게 큰 전염병이나 어려움이 생기는 것은 망하라고 주신 것이 아니라 기도하라고 주신 것입니다. 그리고 형식적인 신앙을 버리고 참 신앙으로 돌아오라고 하는 것입니다. 찰흙이나 석고 같은 것은 처음에 물을 부었을 때는 말랑말랑하지만 시간이 지나면 굳어져서 돌같이 단단해지게 됩니다. 다리나 손의 뼈가 부러져서 깁스를 하게 되면 그 석고는 나중에는 돌같이 단단해져서 움직여지지도 않고 방망이 같은 것으로 때려도 깨어지지 않습니다. 결국 의사는 전기톱으로 잘라서 깁스를 해체하게 되는 것입니다.

　　이것은 신앙도 마찬가지입니다. 처음 믿을 때는 말랑말랑해서 하나님의 말씀이 잘 들어가지만 믿은 지 오래될수록 단단해져서 나중에는 망치로 때려도 깨어지지 않게 됩니다. 그러면 그것은 신앙이 아니라 하나의 의식이 되고 계급이 되어버리고 나중에는 직업이 되어버리고 맙니다. 그때 하나님은 메뚜기 떼나 조류독감이나 코로나바이러스 같은 것을 보내서 회개하게 하시는 것입니다.

　　그러므로 하나님의 백성들이 깨닫고 회개하기만 하면 재앙은 얼마든지 복이 될 수 있습니다. 하나님은 메뚜기가 갉아먹은 것을 햇수대로 다 갚아주실 뿐 아니라 밀이나 포도주가 넘치게 하시고 하나님의 영을 부어주셔서 대부흥을 주시겠다고 약속하셨습니다. 그러나 그때까지 하나님을 무시하고 세상의 돈이나 권력을 믿고 산 사람들은 여호사밧의 골짜기에 모두 끌고 가서 하나님이 심판하시게 될 것입니다.

욜 3:1-2, "보라 그 날 곧 내가 유다와 예루살렘 가운데에서 사로잡힌 자를 돌아오게 할 그 때에 내가 만국을 모아 데리고 여호사밧 골짜기에 내려가서 내 백성 곧 내 기업인 이스라엘을 위하여 거기에서 그들을 심문하리니 이는 그들이 이스라엘을 나라들 가운데에 흩어 버리고 나의 땅을 나누었음이며"

여기서 중요한 것은 "여호사밧 골짜기"라는 말입니다. 여호사밧은 두 가지 의미가 있는데, 하나는 유다 왕 중에서 하나님을 잘 믿었던 왕의 이름입니다. 그리고 또 다른 하나는 '하나님의 심판'이라는 의미가 있습니다. 여호사밧은 하나님을 잘 믿는 왕이었는데, 어느 날 어마어마한 암몬 족속과 모압 족속이 연합하여 쳐들어오게 됩니다. 이에 대한 상황이 역대하 20장에 자세히 나와 있습니다. 정말 메뚜기 떼만큼이나 많은 이방 민족이 유다를 망하게 하려고 쳐들어온 것입니다. 그때 유다는 이들을 물리칠 힘이 전혀 없었습니다.

이에 여호사밧은 하나님 앞에 무릎을 꿇고 "하나님, 우리는 이 많은 이방민족을 물리칠 수 없습니다. 하나님께서 우리를 구원해주셔야 하겠습니다"라고 기도했을 때, 하나님은 한 선지자를 통해서 "너희들은 싸울 필요조차 없다. 내가 싸우는 것을 구경만 하라"고 말씀하셨습니다. 여호사밧은 이 하나님의 말씀을 믿고 군대 대신에 찬양대를 만들어 전쟁터로 갔습니다. 이것도 정말 대단한 믿음이 아닐 수 없습니다. 전쟁을 해야 하는데 군인들이 창과 칼과 방패를 들고 가야 하는데 하나님의 말씀만 믿고 찬양대 뒤를 백성들이 따라서 큰 들판으로 간 것입니다. 그런데 놀라운 것은 산 위에서 들판을 바로 보니까 적들은 전부 시체가 되어 있었습니다. 왜냐하면 암몬 족속과 모압 족속이 서로 오해해서 자기들끼리 싸우는 바람에 한 사람도 남지 않고 모두 다 죽여 버렸기 때문입니다. 그때 여호사밧은 온 힘을 다해서 살아계신 하나님을 찬양했습니다.

이것은 오늘날도 마찬가지입니다. 우리에게 가장 무서운 것은 우리의 신앙이 오래될수록 굳어져 간다는 것입니다. 그래서 우리가 칼로 단단한 암 덩어리를 잘라내듯이 하나님께 진심으로 기도하면 하나님은 적을 미치게 하셔서 자기들끼리 망하게 하시는 것입니다. 이때 놀라운 일이 일어나는데 그것은 이스라엘 백성 중에 전쟁에 져서 포로로 붙들려간 사람들이 많이 있었는데 그들이 무더기로 돌아오게 된다는 것입니다. 요즘으로 치면 사람들이 알카에다에 납치가 되고 해적에게 인질로 잡히고 독재정권에 노예가 된 사람들이 다 풀려나게 되는 것입니다.

이때 유다나 이스라엘 백성들이 얼마나 비참하게 팔려갔는지 알게 됩니다.

욜 3:3-4, "또 제비 뽑아 내 백성을 끌어 가서 소년을 기생과 바꾸며 소녀를 술과 바꾸어 마셨음이니라 두로와 시돈과 블레셋 사방아 너희가 나와 무슨 상관이 있느냐 너희가 내게 보복하겠느냐 만일 내게 보복하면 너희가 보복하는 것을 내가 신속히 너희 머리에 돌리리니"

유다와 이스라엘을 공격한 나라들은 이스라엘 백성들을 모아놓고 제비를 뽑아서 잡아갔습니다. 그런데 소년은 기생과 잠을 자는 값으로 주었고 여자아이들은 술값 대신 팔았던 것입니다. 옛날에 아주 나쁜 아버지들은 딸이 많으면 노름빚으로 딸을 주기도 했습니다. '두로와 시돈'은 무역을 했기 때문에 돈이 많았습니다. '블레셋' 사람들은 힘이 세었기 때문에 힘을 믿었습니다. 이들은 모두 돈을 믿고 힘을 믿는 나라들이었습니다.

그런데 유다나 이스라엘은 하나님을 믿는 백성들인데 신앙이 굳어져 버리니까 아무 힘이 없었습니다. 팔이나 다리가 깁스를 한 것처럼 되어버렸습니다. 그들의 심장은 굳어 있었습니다. 결국 자식과 딸도 빼앗기고 성전에 있는 금과 모든 보물을 다 빼앗겼던 것입니다. 그러나 유다 백성들이 형식적인 신앙을 버리고 진심으로 하나님께 돌아가기만 하면 하나님은 우선 포로 된 자들을 자발적으로 돌아오게 하시고 이방 나라들이 다 망하게 될 것이라고 약속하셨습니다.

그러나 두로와 시돈과 블레셋이 망하는 것은 맛보기에 불과했습니다. 하나님은 온 세상이 다 무장을 해서 하나님의 백성들을 치러 오라고 말씀하십니다. 왜냐하면 세상의 교만이 너무 꽉 차서 하나님의 백성들을 우습게 알고 하나님의 교회를 대적하려고 하기 때문입니다.

욜 3:9, "너희는 모든 민족에게 이렇게 널리 선포할지어다 너희는 전쟁을 준비하고 용사를 격려하고 병사로 다 가까이 나아와서 올라오게 할지어다"

하나님은 온 세상의 힘을 가진 자들이 다 하나님과 싸우기 위하여 나아오라고 말씀하셨습니다. 그들은 모두 용사들이고 병사들이었습니다.
하나님은 온 세상 사람들에게 이렇게 명령하셨습니다.

욜 3:10, "너희는 보습을 쳐서 칼을 만들지어다 낫을 쳐서 창을 만들지어다 약한 자도 이르기를 나는 강하다 할지어다"

세상이 말세가 되면 사람들이 교만해져서 평소에는 삽으로 농사 짓던 사람들도 다 군인이 되어서 삽으로 칼을 만들고 낫으로 창을 만들어 하나님의 교회나 믿는 자들을 말살시키기 위하여 모여들 것입니다. 요즘으로 말하면 모든 돈을 다 쏟아부어서 핵무기를 만들고 미사일을 만들고 잠수함과 대포를 만드는 것입니다. 그리고 약한 자들도 큰소리를 칩니다. '나는 강하다'고 말입니다. 사실 인간은 모두 약함니다. 그러나 권력을 잡으면 스스로 강하다고 믿습니다. 이 세상 사람들은 모두 창을 가지고 있고 칼을 가지고 있는데 하나님의 백성들은 무엇으로 그런 자들을 상대로 싸우겠습니까? 하나님의 백성들은 바로 하늘의 부대로 싸우는 것입니다.

욜 3:11, "사면의 민족들아 너희는 속히 와서 모일지어다 여호와여 주의 용사들로 그리로 내려오게 하옵소서"

온 세상 사람들이 하나님의 진리를 대적하고 하나님의 백성들을 미워할 때 하나님은 주의 용사 곧 하나님의 천사들을 보내서 그들을 짓밟으시는 것입니다.

욜 3:13, "너희는 낫을 쓰라 곡식이 익었도다 와서 밟을지어다 포도주 틀이 가득히 차고 포도주 독이 넘치니 그들의 악이 큼이로다"

곡식이 다 익으면 농부는 낫을 가지고 추수를 하게 됩니다. 그러나 이 세상의 곡식은 죄가 가득한 곡식입니다. 죄가 익을 대로 익었고 포도주도 마찬가지입니다. 세상의 욕심이고 음란이나 교만입니다. 이들의 죄가 익을 대로 익었기 때문에 하나님께서는 밟아서 터트리시는 것입니다.

2. 하나님의 외치는 소리

하나님의 심판은 두 가지 특징이 있습니다.
그 하나는 이 세상에 엄청나게 많은 사람이 하나님의 심판을 받게 된다는 것입니다.

욜 3:14, "사람이 많음이여, 심판의 골짜기에 사람이 많음이여, 심판의 골짜기에 여호와의 날이 가까움이로다"

이 세상 모든 사람이 하나님의 심판을 받기 때문에 하나님 심판의 골짜기에는 어마어마하게 많은 사람이 심판을 받으러 모여들게 됩니다. 그날이 가깝다고 했습니다. 그때 사람들은 확진과 음성으로 나누어지게 될 것입니다. 즉 죄 씻음을 받은 자와 죄가 남아 있는 자로 나누어지게 되는 것입니다.

보통 건강검진 받을 때 가장 힘들어하는 것이 대장내시경입니다. 대장내시경을 받으려고 하면 미리 설사약을 먹어서 대장 안에 있는 모든 찌꺼기를 설사로 다 빼내어야 합니다. 요즘은 2리터의 물을 마시지만 옛날에는 4리터의 물에 설사약을 타서 마셨습니다. 그때 저는 한 컵 마시고는 '주여!' 하면서 또 마시고 밤새도록 설사를 하면서 물을 마셨습니다. 그래야 대장내시경을 할 때 암이 있는지 없는지 잘 보이는 것입니다. 그렇지 않고 속에 음식 찌꺼기를 잔뜩 두고 내시경을 보면 봐도 이것이 암인지 찌꺼기인지 분별이 되지 않는 것입니다. 마찬가지로 세상 죄의 찌꺼기가 있는 사람들은 모두 절벽에서 떨어지게 됩니다. 그 대신 깨끗한 사람들은 떨어지지 않습니다.

하나님 심판의 또 하나의 특징은 해와 달과 별들이 도움이 되지 않는다는 것입니다. 사람들은 자연은 영원할 것이라고 생각합니다. 그래서 땅 부자는 영원히 자기가 부자이고 별이나 달을 믿는 신앙도 도움이 될 것이라고 생각합니다. 그러나 이 세상 어떤 것도 죄 씻음 받는 데는 도움이 되지 않습니다. 해도 캄캄해지고 달도 캄캄해지고 별들도 그 빛을 거두게 됩니다.

그런데 중요한 것은 이 심판 때에 하나님께서 큰 소리로 부르짖으신다는 것입니다.

욜 3:16, "여호와께서 시온에서 부르짖고 예루살렘에서 목소리를 내시리니 하늘과 땅이 진동하리로다 그러나 여호와께서 그의 백성의 피난처, 이스라엘 자손의 산성이 되시리로다"

하나님이 크게 부르짖는 소리는 바로 복음의 소리입니다. 하나님께서는 하늘과 땅이 진동하는 소리로 하나님이 세상을 사랑하시며 독생자를 보내셨다고 부르짖으십니다. 그때 누구든지 예수를 믿고 복음을 믿는 자는 이스라엘 백성이 되고 유대 백성이 됩니다. 또 하나님이 피난처가 되시고 산성이 되십니다. 왜 하나님의 백성들이 이것을 믿지 못하고 세상 사람들을 보고 벌벌 떨고 세상의 사상에 미치지 못해서 난리를 치는지 모르겠습니다.

욜 3:17, "그런즉 너희가 나는 내 성산 시온에 사는 너희 하나님 여호와인 줄 알 것이라 예루살렘이 거룩하리니 다시는 이방 사람이 그 가운데로 통행하지 못하리로다"

여기서 말하는 시온과 예루살렘은 교회를 말하고 하나님의 백성들을 말합니다. 하나님은 우리 가운데 살고 계십니다. 우리가 살려고 어디로 가며 목숨을 건지기 위하여 어디로 가겠습니까? 정치인들이 무엇을 알며 세상 사람들이 무엇을 안다고 그들의 말만 믿고 따라가려고 합니까? 하나님은 거룩하시기 때문에 악한 것들은 들어오지 못합니다. 하나님의 백성들을 괴롭게 하는 이방인들은 그 가운데로 통과하지 못하게 됩니다.

3. 달라지는 운명

하나님께서는 딱딱한 마음을 가진 유다 백성이 아니라 부드러운 마음을 가진 유다 백성들을 원하십니다. 그래서 유다 백성들의 상태를 보여주는 것이 메뚜기 재앙이었고, 이방 나라의 공격이었습니다. 그래서 참 신앙은 모험을 포함하고 있습니다. 신앙은 단순한 프로그램이나 직분이 아닙니다. 내 목숨을 걸고 하나님을 믿는 것입니다. 내 모든 미래가 하나님의 기쁘신 뜻대로 될 줄을 믿고 염려를 이기는 것입니다.

그때 하나님께서는 믿는 자들에게는 새로운 음료와 양식을 주실 것입니다.

> 욜 3:18, "그 날에 산들이 단 포도주를 떨어뜨릴 것이며 작은 산들이 젖을 흘릴 것이며 유다 모든 시내가 물을 흘릴 것이며 여호와의 성전에서 샘이 흘러 나와서 싯딤 골짜기에 대리라"

유다 백성들은 마실 물이 없는데 주위를 보니까 산에서 흘러내리는 시내가 모두 아주 단 포도주입니다. 유다 백성들 즉 하나님의 백성들은 자기들이 농사짓지 않은 하나님의 포도주를 마시게 됩니다. 그것은 바로 예수님의 보혈이고 하나님의 말씀입니다. 그들은 우유를 먹고 싶습니다. 그런데 소가 어디에 있습니까? 그러나 작은 산에서 우유가 흘러내리는 것입니다. 그것을 자세히 보니까 '소화 잘 되는 우유' 이렇게 적혀 있습니다.

유다와 모든 작은 시내가 물이 흐르는데 마른 시내가 없습니다. 성령의 강이 시내같이 흐르는데 모든 피부병이 낫고 모든 암이 낫고 당뇨와 두통이 낫고 우울증이 낫는 것입니다. 하나님의 성전에서 생수가 흐르는 예언은 에스겔서에도 나옵니다. 그 물이 죽은 세상을 다 살리는 것입니다. 싯딤 골짜기는 이스라엘 백성들이 요단강을 건너기 전에 모였던 장소로 아카시아가 많은 곳입니다. 아카시아는 꽃이 아름답고 향기가 좋지만 나무 자체는 그리 좋지 못합니다. 그러나 그런 못된 나무들도 백향목처럼 변하는 것입니다.

그러나 세상은 운명이 달라지게 됩니다. 애굽은 황무지가 됩니다. 옛날 애굽은 세계 밀 생산량이 최고였습니다. 그러나 지금 이집트는 사막이 되어있습니다. 가나안 땅도 젖과 꿀이 흐르는 땅이라고 하지만 지금 가보면 물이 없는 삭막한 땅으로 변해있습니다. 옛날에는 호수였던 땅이 지금은 모래땅으로 변한 곳이 많이 있습니다. 사람들은 이 세상이 영원할 줄 알고 있습니다. 그러나 한때는 번창했던 곳이 폐허로 변할 것입니다. 지금 우리도 각성해야 합니다. 세계적으로 유행하고 있는 코로나바이러스는 세계의 모습을 바꿀 것이며 교회의 모습도 이렇게 바꿀 것입니다.

욜 3:19-20, "그러나 애굽은 황무지가 되겠고 에돔은 황무한 들이 되리니 이는 그들이 유다 자손에게 포악을 행하여 무죄한 피를 그 땅에서 흘렸음이니라 유다는 영원히 있겠고 예루살렘은 대대로 있으리라"

세상은 복음 이후 달라지게 됩니다. 세상은 그 황무함이 드러나게 될 것입니다. 에돔은 요즘으로 치면 높은 고층빌딩을 가진 자와 같습니다. 그러나 고층빌딩도 폐허가 될 것입니다. 오직 하나님의 백성들만 영원히 남을 것입니다. 우리가 이 말씀을 건성으로 들으면 안 됩니다. 이 말씀을 실제로 믿으셔야 합니다. 그래서 하나님의 심판에 옳다 인정함을 받으시고 모든 하나님의 복을 회복하는 성도들이 되시기 바랍니다.

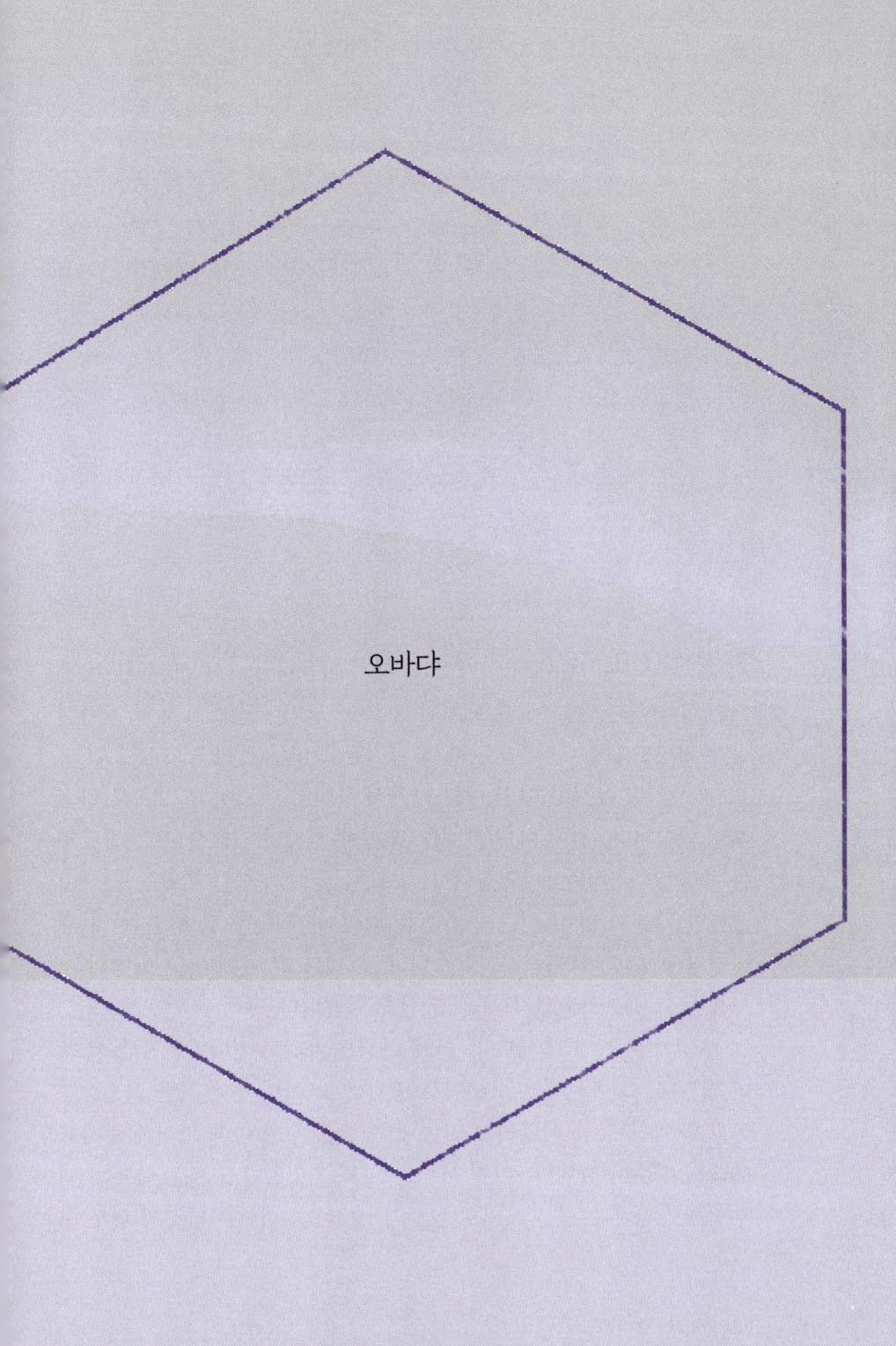

오바댜

01

인생의 가시

옵 1:1-21

가끔 손이나 발에 가시가 박힐 때가 있습니다. 그런데 박힌 이 가시는 아주 작아서 눈에 잘 보이지 않고 또 보인다고 해도 너무 작아서 잘 빠지지도 않습니다. 그런데 그 가시를 그대로 몸에 두고 있으면 아프기도 할 뿐 아니라 어떤 때는 그곳이 부어서 나중에 큰 상처로 커질 때도 있습니다. 전에 어떤 자매는 위 안에 가시가 있었습니다. 상당히 큰 종양인데 암은 아니었습니다. 그래서 굳이 수술할 필요는 없다고 했지만 그것이 암이 되는지 확인을 해야 하니까 한 달에 한 번씩 위내시경을 해야 한다는 것이었습니다. 그래도 그 자매는 그 육체의 가시를 두고서도 결혼해서 지금 잘 살고 있습니다.

우리가 아는 분 중에도 몸 안에 가시를 가지고 살아가는 이들이 많이 있는데, 그것은 바로 그분의 지병입니다. 어떤 분은 심한 뇌수술을 하고 난 후 두통에 시달리고 있는데, 일주일에 한 번씩 머리에 주사를 30대씩 맞아야 합니다. 어떤 아이는 자폐증이나 간질 또는 아토피 피부염으로 많은 고생을 하기도 합니다. 또 어떤 여인은 남편이 너무 사람이 좋아서 결혼했는데 시어머니가 너무 강한 분이어서 사사건건 부딪치고 간섭하시는 바람에 우울증이 생겼습니다. 시어머니가 자신의 아들을 너무 아끼는 바람에 며느리를 미워해서 못살게 하는 경우도 있습니다. 남편이 알코올 중독이 되어서 술만 마시면 사람이 괴팍해지고 돈도 벌지 않고 가족을 괴롭히기만 해서 집안의 큰 가시 노릇을 하는 경우도 있습니다.

저희 교회에도 술만 마시면 교회에 와서 술 냄새를 풍기면서 먼저 교역자실에 들러서 한바탕 잔소리를 하고 난 후에 예배시간에 올라와 앉아있든지 아니면 예배 시작하기 전에 가버리는 사람이 있었습니다. 그분의 형은 목사이고 참 착실한 사람인데 군대에서 술을 잘못 배웠는지 결혼해서 중학생 딸까지 있다고 하는데 완전히 사람이 개판입니다. 그런데 교회에 오면서 조금씩 좋아지기는 했습니다. 어느 날부터 교회가 조용해졌습니다. 그 주정뱅이가 오지 않게 되었기 때문입니다. 그래서 궁금해서 알아보니 다른 사람과 크게 싸웠는지 교도소에 가 있다고 했습니다.

우리나라도 큰 가시가 있습니다. 그중 가장 큰 가시는 북한의 핵무기입니다. 이 핵무기만 없으면 미국이나 일본이나 우리나라나 아무 문제가 없을 텐데, 북한이 핵무기를 가지고 전쟁한다고 위협을 하니까 늘 불안한 것입니다. 어떤 때는 일본과의 관계가 좋을 때도 있는데 얼마 전에는 가시 노릇을 하기도 했습니다. 반도체에 반드시 사용해야 하는 불화수소 등의 주요품목을 수출하지 못하게 해서 나라 전체가 긴장하기도 했습니다.

그런데 놀라운 것은 성경에서도 하나님의 백성들에게는 늘 가시가 있다는 점입니다. 사도 바울에게는 가시가 있었는데 그것은 그의 병이었습니다(고후 12:7-10). 무슨 병인지 모르겠지만 사도 바울은 세 번이나 그 병이 없어지기를 주님께 간절히 간구했지만 주님은 그 병을 없애주지 아니하셨습니다. 주님은 사도 바울에게 그 병이 없어지면 너는 너무 교만해져서 망하게 된다고 하시면서 더 이상 그 병을 두고 간구하지 말라고 하셨습니다. 다윗에게도 가시가 있었는데, 그것은 밤낮 그를 죽이려고 쫓아다니는 사울 왕이었습니다. 우리는 이런 가시들 때문에 쫓겨나기도 하고 육체적인 고통을 받기도 하고 생명의 위협을 받을 때도 있지만, 하나님은 여러 가지 이유로 우리에게 가시가 있게 하시는 것입니다.

이스라엘 백성에게도 그런 가시 같은 나라가 있었습니다. 그들은 바로 에돔 족속이었습니다. 에돔은 바위로 된 튼튼한 곳에 살면서 기회가 있는 대로 유다나 이스라엘을 공격해서 사람들을 잡아가고 양과 소와 가축을 빼앗아가고 잡은 아이들은 노예로 팔아먹곤 했습니다. 요즘으로 치면 소말리아의 해적 같은 존재였던 것입니다.

에돔은 페트라라는 곳을 중심으로 사해 남동쪽에 자리를 잡고 있었는데, 학자들은 페트라의 존재를 믿지 않았습니다. 왜냐하면 성경에는 페트라나 에돔이 많이 나오지만 실제 흔적이 고고학적으로 발견되지 않았기 때문입니다. 그러나 아주 집념이 강한 한 학자에 의하여 페트라가 발견되었습니다. 우리는 가끔 사진에서 엄청나게 큰 바위를 파서 왕궁처럼 만들어놓은 건물을 본 적이 있을 것입니다. 그 건물은 영화 인디아나 존스의 〈최후의 성전〉에서도 나오는 유명한 곳입니다.

그런데 그곳은 마치 길이 없는 것 같은 수많은 바위 속을 꼬불꼬불 들어가야만 나옵니다. 밖에서 보면 전부 바위산이기 때문에 그 입구를 찾을 수 없게 되어있습니다. 아마 그 바위를 파서 만든 왕궁은 일종의 신전이었던 것 같습니다. 그 안에는 방도 여러 개 있고 몇 개의 층으로 되어있는데 기둥이 엄청나게 멋있게 깎아져 있습니다. 그리고 그 안으로 들어가면 아주 넓은 도시가 있고 밭도 있는데 게벨 무사라고 모세의 샘이라는 못에서 흘러나오는 물을 끌어서 사용하고 있었습니다. 지금도 게벨 무사는 남아 있고 물을 끌어들였던 돌로 된 수로도 남아 있습니다.

이렇게 에돔은 바위에 집이나 성을 파고 지었기 때문에 난공불락의 성이었고 그곳 사람들은 아주 성격이 포학했습니다. 그렇지만 이들이 드디어 다윗 때 정복이 되었고 나중 어느 순간에 완전히 멸망해서 그곳에 사는 사람들이 없어지게 되었습니다. 그런데 이들은 이스라엘과는 어떻게 보면 형제나 마찬가지였는데, 실제로는 철천지원수였던 것입니다.

1. 에돔의 교만

원래 에돔은 에서의 또 다른 별명이었습니다. 에돔은 '붉다'는 뜻인데, 에서가 야곱에게 속아서 붉은 팥죽 한 그릇을 받고 장자권을 판 데서 유래했다고 생각됩니다. 에돔 족속이 있는 곳의 흙은 온통 붉은색이었습니다. 에서는 야곱과 쌍둥이 형제였지만 성격이나 외모가 너무 달랐습니다. 에서는 태어날 때부터 마치 아기가 밍크 털옷을 입은 것처럼 털로 덮여서 태어났는데 아기가 아니라 곰 새끼 태어나듯이 털이 많았습니다. 그에 비하여 쌍둥이였던 야곱은 털이 없었고 그 대신 형에게 지기 싫어서 형의 발뒤꿈치를 잡고 태어났습니다. 그래서 발뒤꿈치라는 뜻의 이름인 야곱이 된 것입니다.

그런데 이들은 신앙이나 성격도 완전히 달랐습니다. 에서는 활동적이어서 돌아다니면서 사냥을 좋아했기 때문에 거의 집에 붙어있는 시간이 없었습니다. 그러나 야곱은 집에 있는 것을 좋아해서 늘 집에 있으면서 집안일을 돕고 집안 이야기를 듣다가 자기 집의 놀라운 비밀을 알게 됩니다. 그것은 바로 자기 집이 하나님의 복을 받은 집이고 하나님의 복이 상속되는 집이라는 비밀을 알게 된 것입니다. 야곱과 에서는 아버지 이삭의 축복을 받기 위하여 치열한 경쟁을 하게 되는

데, 결국 아버지의 축복을 받은 사람은 야곱이었습니다. 야곱은 어머니와 짜고 형 에서인 것처럼 행동하여 아버지를 속였기 때문입니다.

그 후 에서와 그의 후손은 요단강을 건너 사해 동쪽으로 내려가서 일찌감치 그 땅을 정복하고 에돔이라는 나라를 세웠습니다. 그러나 야곱은 애굽으로 내려가서 그 후손인 이스라엘 백성들은 무려 사백 년 동안 떠돌이 생활과 종살이를 하게 됩니다.

에돔 족속은 페트라에 정착해서 도시를 만들었을 뿐 아니라 그곳은 지정학적으로도 아주 유리한 곳에 있었습니다. 즉 왼쪽에는 사해가 있고 오른쪽에는 사막이 있고 그 아래에는 황무지나 홍해가 있어서 거의 공격을 해 올 수 없는 난공불락의 성이었습니다. 거기에 비해 이스라엘 백성들은 사백오십 년이나 늦게 애굽에서 풀려났고, 또 광야에서 사십 년이나 돌아다녔고, 간신히 가나안 땅을 정복하게 되었습니다. 그리고 가나안 땅은 사방이 다 뚫려 있어서 어느 쪽에서도 적들의 공격을 받을 수 있는 곳이었습니다.

이러니 에돔은 자기 나라가 지정학적으로 유리했기 때문에 상당히 교만한 마음을 가지고 있었습니다.

옵 1:3-4, "너의 마음의 교만이 너를 속였도다 바위 틈에 거주하며 높은 곳에 사는 자여 네가 마음에 이르기를 누가 능히 나를 땅에 끌어내리겠느냐 하니 네가 독수리처럼 높이 오르며 별 사이에 깃들일지라도 내가 거기에서 너를 끌어내리리라 여호와의 말씀이니라"

우리가 일본을 보면 지정학적으로 참 유리한 곳에 있다는 사실을 알게 됩니다. 일본은 오른쪽으로 태평양이 있어서 쳐들어올 나라가 없고, 왼쪽에도 바다가 있지만 그 건너에는 순하디순한 한국 사람들이 있기 때문에 외적의 침략 걱정이 없는 나라라고 할 수 있습니다. 그래서 일본은 어떻게 하면 한국을 잡아먹고 중국과 대결해서 이기고 세계적인 국가가 될 것인가 하는 것만 연구하는 것 같습니다. 그런데 불행하게도 일본이 스포츠로 세계 일등이 되고 싶어도 축구나 배구나 한국에 가로막힐 때가 많습니다. 한국 선수들은 다른 나라에는 져도 일본에는 무조건 이겨야 한다는 마음을 가지고 있기 때문입니다. 일본은 한국전쟁 때문에 이차대전의 패전국가에서 군수산업이 일어나서 경제로 세계 2위국이 되었습니다. 그래서 걸림돌이 되는 한국이 못마땅할 때가 많고 어떻게 해서든지 이기려고 난리인 것입니다.

에돔도 이와 비슷했습니다. 에돔이 이 안전한 곳에 나라를 세워서 잘살고 있으면 되는데 이웃인 이스라엘에 대하여 그렇게 시기와 질투가 많았습니다. 그래서 에돔은 기회가 있는 대로 이스라엘이나 유다를 침략해서 강도질을 했습니다. 사람들을 잡아 와서 팔기도 하고 소나 양도 잡아 오기도 하고 사람을 죽이기도 하고 심지어는 예루살렘을 공격해서 망하게 하려고 한 적도 있었습니다. 이렇게 에돔은 이스라엘의 가시였고 암 덩어리와 같은 존재였습니다. 그렇다고 해서 이스라엘은 형제 나라인 에돔만 상대해서 싸울 수도 없었고 그렇다고 해서 싸워서 이길 힘도 없었고 늘 고통만 당하고 있을 뿐이었습니다.

에돔은 이스라엘이 다른 나라에 공격을 당할 때도 도와주기는커녕 구경만 했고 나중에는 같이 따라 들어가서 약탈하는 악한 일까지도 서슴지 않고 했던 것입니다.

옵 1:11-14, "네가 멀리 섰던 날 곧 이방인이 그의 재물을 빼앗아 가며 외국인이 그의 성문에 들어가서 예루살렘을 얻기 위하여 제비 뽑던 날에 너도 그들 중 한 사람 같았느니라 네가 형제의 날 곧 그 재앙의 날에 방관할 것이 아니며 유다 자손이 패망하는 날에 기뻐할 것이 아니며 그 고난의 날에 네가 입을 크게 벌릴 것이 아니며 내 백성이 환난을 당하는 날에 네가 그 성문에 들어가지 않을 것이며 환난을 당하는 날에 네가 그 고난을 방관하지 않을 것이며 환난을 당하는 날에 네가 그 재물에 손을 대지 않을 것이며 네거리에 서서 그 도망하는 자를 막지 않을 것이며 고

난의 날에 그 남은 자를 원수에게 넘기지 않을 것이니라"

옛날에 어떤 사람이 '계'라는 것을 했습니다. 이것은 옛날에 목돈 마련을 위해서 계주를 중심으로 가까운 사람들끼리 매달 조금씩 모아서 자기 순서가 되면 목돈을 타는 방법이었습니다. 그래서 이 계 회원들은 이웃 사람들이거나 친척들이거나 가까운 사람들이 많았습니다. 그러나 계주가 돈을 보면 돈 욕심이 생겨서 돈을 마구 쓰는 바람에 그 계가 '펑크' 나는 경우가 많았습니다. 그러면 가입한 사람들이 전부 우르르 몰려와서 '내 돈 내놔라'고 멱살을 잡기도 하고 바닥을 치면서 통곡하기도 하는 장면을 많이 봤습니다. 제가 아는 어떤 분이 계를 모았는데 그만 그 계 모임이 펑크 나게 되었습니다. 그랬더니 가입한 사람들이 그 집에 몰려와서 난리를 치고 돈이 될 만한 물건을 하나씩 들고 가는데 그중에서 가장 심하게 대한 사람이 친척이더라는 것입니다. 사촌이나 조카 되는 사람이 와서 집안을 철저하게 뒤져서 다 가져 가더라고 말하는 것을 들은 적이 있습니다.

그런데 하나님이 여기서 강조하시는 것은 돈놀이를 하지 말라는 문제를 떠나서 하나님의 백성들에게는 누구에게나 다 끔찍한 가시가 있다는 것입니다. 그것이 병일 수도 있고 사람일 수도 있고 직장의 상사일 수도 있고 교인일 수도 있다는 것입니다. 학생 중에서는 학교에 가기만 하면 괴롭히는 힘이 센 학생일 수도 있고 동네 깡패일 수도 있는 것입니다.

2. 왜 하나님은 가시를 허락하시는가?

가시라고 하는 것은 매우 조심해야 합니다. 가시는 잘 뽑히지 않기 때문입니다. 어떤 사람은 무리하게 가시를 뽑으려고 하다가 죽는 경우도 있습니다. 예를 들어서 몸 안에 있는 암을 잘못 수술하면 수술 자체는 잘 되었다고 하지만 숨어있던 암이 퍼지면서 결국 죽는 수도 있는 것입니다. 또 가시 같은 사람이 자기보다 높은 사람일 때에는 없앨 수 없습니다. 예를 들어서 직장의 상사인데 늘 볼 때마다 자존심 상하는 말을 한다든지 또는 시어머니가 음식을 먹을 때마다 짜다든지 싱겁다든지 또 자꾸 오라고 한다든지 했다고 해서 그분이 돌아가시라고 기도할 수는 없는 것입니다. 전에 제 외할머니는 머느리가 너무나도 가시 노릇을 하고 신앙생활도 하지 않으니까 "머느리의 죄를 폭발시켜 주시옵소서"라고 기도하시는 것을 들은 적이 있습니다.

특히 오늘날은 이러한 것이 스트레스가 되면서 소리 없는 암살자가 되는 경우가 많이 있습니다. 사람이 스트레스를 받으면서 계속 일을 하다가 어느 날 이것이 갑자기 터지면서 심장병이 되기도 하고 심근경색이 되기도 하고 어떤 때는 돌연사를 하거나 자살하기도 하는 원인이 되는 것입니다. 사람이 스트레스를 계속 받으면 삶의 의욕이 현저하게 떨어지게 되고 이때 자칫 잘못하면 극단적인 선택을 하게 되는 것입니다.

그런데 왜 에돔 같은 사람들은 이스라엘의 친척이면서 이스라엘 백성들을 이유도 없이 미워하는 것일까요? 그것은 사실 이유가 없는 것이 아닙니다. 이스라엘 백성들은 에돔 족속들이 보기에는 아무것도 아닙니다. 사실 이스라엘 백성들은 애굽에서 사백 년 동안 노예살이 하다가 나왔고 광야의 떠돌이 백성에 불과한 것입니다. 그런데 놀라운 것은 그들에게는 자기들이 알지 못하는 가치를 지니고 있다는 사실입니다. 에돔 족속들이 가치 있게 생각하는 것은 돈이나 금밖에 없었습니다.

그러나 이스라엘 백성들에게는 기쁨이라는 것이 있었고 자기들이 모르는 하나님에 대한 지식이 있었고 영광이 있었습니다. 하나님을 믿는 사람들에게는 세상 사람들이 이해할 수 없는 당당함이 있는데 그들은 아첨을 할 줄 모르는 것입니다. 이 세상 사람들은 성공한 사람들이나 돈이 있는 사람들을 보면 아첨을 하고 칭찬을 하고 인정을 해주는데 하나님의 백성들은 마치 그것이 아무것도 아닌 것처럼 행동을 하는 것입니다. 이 세상에서 돈 버는 것이 얼마나 어렵고 높은 자리에 올라가는 것이 얼마나 어렵습니까? 이것은 정말 대단한 것입니다. 그러나 하나님의 백성들은 그것을 알아주지 않고 아첨을 하지 않는 것입니다. 그래서 애돔 족속들은 '너희들이 잘났으면 얼마나 잘났느냐?'고 하면서 기회가 있을 때마다 그들을 공격하고 마음에 상처를 주려고 하는 것입니다.

그런데 이런 가시를 주신 분은 하나님이십니다. 우리는 하나님을 아는 것만 해도 대단한데 하나님의 말씀을 가졌고 하나님의 영광이 우리의 얼굴에 있습니다. 그런데 우리는 너무 욕심이 많아서 세상에 있는 것까지 다 가지려고 하고 싹쓸이를 하려고 하는 것입니다. 우리는 믿음 때문에 세상을 너무 우습게 생각할 수 있고 내가 마음만 먹으면 모든 것이 다 될 것처럼 비현실적인 생각을 가질 때도 있습니다. 기도만 하면 맹인이 눈을 뜨고 하나님의 말씀을 가지고 외치기만 하면 삼천 명씩 회개하고 믿음으로 나가기만 하면 좋은 학교에 합격하고 취직도 되고 결혼도 잘 될 줄 생각합니다.

그래서 하나님은 우리의 현실이 그렇게 마음대로 되지 않는다는 것을 가르쳐주시기 위해서 가시를 주시는 것입니다. 즉 하나님은 우리가 교만하지 못하게 겸손한 마음을 가지도록 가시를 주시는 것입니다. 그래서 우리에게 가시가 있는 것은 아프기는 하지만 안전한 길이 되는 것입니다. 왜냐하면 가시가 없으면 우리는 자기 욕망을 향하여 걷잡을 수 없이 달려가서 패망하기 때문입니다.

그러나 우리가 가시를 이길 수 있는 최선의 방법은 가시를 위해서 기도하는 것입니다. 그래서 예수님은 원수를 위해서 기도하고 나를 미워하는 자를 위해서도 기도하라고 하셨습니다. 왜냐하면 그들은 내가 교만해서 죄짓지 못하도록 수고하는 사람들이기 때문입니다.

3. 가시를 이기는 비결

하나님께서는 드디어 이스라엘의 가시인 에돔을 향하여 일어나 싸우자고 말씀하십니다.

> 옵 1:1, "주 여호와께서 에돔에 대하여 이와 같이 말씀하시니라 우리가 여호와께로 말미암아 소식을 들었나니 곧 사자가 나라들 가운데에 보내심을 받고 이르기를 너희는 일어날지어다 우리가 일어나서 그와 싸우자 하는 것이니라"

하나님께서 때가 되었을 때 이스라엘에 있는 이 가시를 빼주셨습니다. 그래서 이제는 더 이상 아프지도 않고 괴롭힘을 당하지도 않고 기쁘게 살 수 있었습니다. 그때가 일차적으로는 다윗의 때였습니다. 사무엘하 8장입니다. 그때 에돔은 너무나도 교만하고 다윗을 우습게 알아서 소금 골짜기로 싸우러 나왔습니다. 에돔 족속이 바위 성에 숨어있었으면 아무리 다윗이라도 이기기 힘들었을 텐데, 그들이 교만하여 무리수를 두었던 것입니다. 그때 에돔은 다윗에게 패해서 소금 골짜기에서 만 팔천 명이나 죽습니다. 하나님께서는 에돔을 향하여 싸우자고 하셨습니다. 너희들이 그동안 충분히 이스라엘을 괴롭혔기 때문에 숨어있지만 말고 당당히 나와서 싸우자고 했더니 만팔 천 명이나 죽었던 것입니다.

하나님은 에돔이 아무리 바위산에 있어도 끌어낼 것이라고 하셨습니다. 심지어는 높은 별 사이에 있어도 땅으로 끌어낼 것이며 독수리같이 높이 올라가서 성공해도 인간은 무리하기 때문에 망하는 것입니다.

그런데 이스라엘이 에돔을 이기는 방법은 에돔을 상대로 해서 싸우는 것이 아닙니다. 이스라엘이 하나님의 말씀을 중심으로 해서 순종하고 기도할 때 부흥의 불이 일어나면서 에돔을 태우게 되는 것입니다.

옵 1:18, "야곱 족속은 불이 될 것이며 요셉 족속은 불꽃이 될 것이요 에서 족속은 지푸라기가 될 것이라 그들이 그들 위에 붙어서 그들을 불사를 것인즉 에서 족속에 남은 자가 없으리니 여호와께서 말씀하셨음이라"

이스라엘 백성들이 자신들의 가치를 깨닫고 하나님께 기도하고 말씀 붙들고 살 때 그들은 불이 되고 맙니다. 그리고 요셉 족속들은 불꽃이 될 것입니다. 그리고 그렇게 강력하게 보이던 에돔 족속들은 지푸라기가 되는데 거기에 부흥의 불이 붙으면서 에돔은 맥을 추지 못하게 되는 것입니다. 그러므로 우리가 때때로 북한의 핵무기가 겁이 나고 주위의 강대국이 겁이 나고 심지어는 위정자들의 정책이 걱정된다면 바로 그들과 싸우려고 할 것이 아니라 부흥의 불을 일으켜야 하는 것입니다.

우리 성도 한 사람 한 사람이 하나님의 말씀에 충만하면 기름덩이가 됩니다. 이 기름덩이는 핵무기보다 더 강하고 세계 어느 강대국보다 강하고 어떤 전염병보다 강합니다. 하나님이 우리의 가시를 빼주시는 날에 암이 낫고 괴롭히는 사람이 없어지고 빚이 청산되고 어려움이 없어질 것입니다. 그러면 공중에 날아가고 싶을 정도로 기쁜 날이 될 것입니다. 가시가 없으면 얼마나 기쁘고 행복한지 모릅니다. 그러나 가시가 없으면 교만한 마음이 생겨서 또 죄에 빠질 가능성이 있습니다. 성령의 불로 우리의 모든 가시를 불태우고 승리하는 성도들이 다 되시기 바랍니다.

요 나

01

말씀만 믿고 가라

욘 1:1-17

미국의 오토 윔비어라는 청년이 북한을 여행하던 중에 체포되었습니다. 그의 죄명은 간첩죄이고 민족 반역죄였습니다. 나중에 그 이유를 알고 보니까 이 청년이 북한 평양의 한 호텔에서 벽에 붙어 있는 포스트를 하나 떼어서 가방에 넣었는데 그것이 간첩죄가 되고 민족 반역죄가 되었던 것입니다. 이 청년은 체포되어서 얼마나 고문을 당하고 정신적인 충격을 당했던지 거의 초주검이 되어서 풀려났고, 풀려난 지 사흘 만에 죽고 말았습니다.

우리는 인천공항에서 이 청년이 두 사람의 부축을 받으면서 축 늘어져 내리는 장면을 본 적이 있습니다. 지금 윔비어의 부모는 전 세계에서 북한의 재산을 찾아서 동결하고 자녀의 생명에 대한 보상을 요구하고 있습니다. 우리는 모두 윔비어의 부모가 하는 행동을 보고 참 정의롭고 용감하다고 생각할 것입니다. 자기 자녀가 다른 나라에 가서 억울한 누명을 쓰고 죽었는데 그 부모가 용서한다는 말을 한다든지 도와주어야 한다는 말을 한다면, 사람들은 오히려 그 부모가 비겁

하다고 말을 할지도 모릅니다.

　만일 어떤 학생이 학교 주위에서 늘 불량배들에게 붙들려서 매를 맞기도 하고 돈도 뺏기기도 하고 정신적인 스트레스를 엄청나게 받고 있는데, 어느 날 하나님이 그 피해 학생에게 나타나 "너는 내일 너를 때린 불량배들을 찾아가서 너희들이 회개하지 않으면 하나님이 너희 모두 죽게 할 것이라고 전해라."고 말씀하신다면, 그 학생은 하나님의 그 명령을 이해할 수 없을 것입니다. 그 학생은 '지금 내가 이 폭력배들로부터 얼마나 고통받고 있으며 자살까지 생각하고 있는데, 하나님은 왜 나에게 이런 명령을 하시는가? 하나님이 이들을 죽이려고 하시면 당장 죽이시지 왜 또 나를 보내어 조롱과 수치를 당하게 하시는가?'라고 생각하게 될 것입니다. 만일 이 학생이 하나님의 말씀에 순종해서 불량배들을 찾아가서 "너희들이 회개하지 않으면 하나님이 너희들을 죽이신대."라고 말을 전한다면 그들은 회개하기는커녕 이 학생을 조롱하고 얼굴에 침을 뱉고 몽둥이로 때려서 반쯤 죽여 놓을 것입니다.

　옛날 이스라엘이 남북으로 나누어져 있을 때, 그 당시 세계를 지배하고 있던 나라는 '앗수르'였습니다. 그 나라는 주위에 너무 악행을 많이 한 나라였습니다. 앗수르는 주위의 수많은 나라를 멸망시키고 사람들을 죽였고 재물을 빼앗았는데, 이스라엘의 많은 사람은 앗수르에 의해서 노예로 붙들려갔습니다. 앗수르는 요즘으로 치면 알카에다나 북한 같은 나라였습니다. 그리고 나중에 실제로 이스라엘은 앗수르에 의해서 나라가 멸망하고 맙니다. 대영박물관에 가면 그 당시 앗수르가 이스라엘의 수도 사마리아를 함락시키는 장면을 벽에 새겨놓은 부조물이 있습니다. 제가 그 장면을 보니까 사람들의 머리를 베고 껍질을 벗기고 온갖 잔인한 방법으로 죽이는 장면이 새겨져 있었습니다.

　그런데 그 앗수르의 수도가 니느웨였는데, 하나님께서는 요나 선지자에게 바로 그 악한 나라에 가서 하나님의 명령을 전하라고 말씀하셨습니다. 그 명령은 니느웨 사람들이 회개하지 않으면 사십일 후에 하나님이 니느웨를 멸망시키겠다는 것이었습니다. 요나는 고민에 빠졌습니다. 요나는 니느웨가 망하기를 간절히 원하는 사람이었습니다. 그러므로 그런 명령을 전하지 않고 그냥 내버려 두면 사십일이 지난 후에 저절로 앗수르는 멸망하고 이스라엘은 망하지 않을 것입니다. 그런데 만일 요나가 앗수르에 가서 하나님의 명령을 전한다면 그들은 요나를 잡아서 고문하고 껍질을 벗기고 죽일지도 모릅니다. 그런데 만일 그들에게 하나님의 은혜가 임해서 회개라도 한다면 니느웨는 멀쩡하게 살게 되고 또 이스라엘을 위협하고 괴롭힐 것입니다.

이스라엘 나라가 망하기 전에 하나님은 요나라는 한 선지자에게 그 악한 나라의 수도 니느웨에 가서 하나님의 말씀을 전하라고 명령하셨습니다. 그 명령은 "니느웨 사람들이 회개하지 않으면 사십일 후에는 망한다"는 말씀이었습니다. 그런데 실제로 먼저 망한 나라는 이스라엘이었습니다. 이스라엘이 앗수르에 의해 철저하게 멸망하고 많은 이스라엘 백성은 죽고 노예로 붙들려갔습니다. 그 이유는 이스라엘 백성들이 하나님을 섬긴다고 했지만 실제로는 번영의 신인 금송아지 신을 섬겼기 때문입니다.

이번에 우리나라에 코로나바이러스가 퍼지면서 학교나 시장이나 대기업이나 중소기업이나 자영업자나 병원이나 여행업이나 항공업이나 모두 큰 피해를 입었습니다. 그러나 큰 피해를 입은 집단 중에는 교회도 있습니다. 왜냐하면 교회는 많은 사람이 밀집되게 모이므로 전염병이 퍼지는 온상이 될 수 있기 때문입니다. 그래서 전국의 교회들이 몇 달이 넘도록 문을 닫았습니다. 수만 명 모이던 거대한 교회에 교인들이 없었습니다. 오직 인터넷 설교 동영상을 찍는다고 몇 명만 모였을 뿐입니다. 그리고 사회적 거리를 유지해야 하니까 교인들이 교회에 들어올 수 없었고 또 혹시 병에 걸릴까 싶어서 몸이 약한 분은 오지도 않았습니다.

　오늘 우리나라가 이렇게 북한에게 위협을 당하고 핵무기를 머리에 이고 살고 코로나의 큰 피해를 입은 이유는 한국 교회가 하나님을 믿는다고 하지만 실제로는 번영과 성공의 신을 믿었기 때문입니다. 이것은 북한보다 더 큰 죄를 짓고 있는 것입니다. 교회에는 하나님의 말씀만 있어야 합니다. 그러나 인간적인 방법으로 헌금을 많이 내게 하고 큰 교회를 짓고 예배당마다 사람들로 꽉꽉 채우고 세상에서 성공한 것을 축복이라고 가르치는 것은 바로 우상숭배를 하고 있는 죄인 것입니다.

1. 도망치는 선지자

　어느 날 요나 선지는 하나님으로부터 악한 성 니느웨에 가서 하나님의 말씀을 전하라는 명령을 받았습니다.

> 욘 1:1-2, "여호와의 말씀이 아밋대의 아들 요나에게 임하니라 이르시되 너는 일어나 저 큰 성읍 니느웨로 가서 그것을 향하여 외치라 그 악독이 내 앞에 상달되었음이니라 하시니라"

　요나는 이스라엘 여로보암 2세 때 선지자였습니다. 이때 하나님은 이스라엘을 물질적으로 축복하셨습니다. 그래서 이때 이스라엘의 영토는 솔로몬 때만큼 커지고 물질적으로도 번영했습니다. 그러나 얼마 가지 않아서 이스라엘은 멸망하고 맙니다. 그 이유는 이스라엘이 정신적으로 썩을 대로 썩었고 특히 하나님의 말씀은 버리고 금송아지를 하나님이라고 하면서 섬겼기 때문입니다. 이스라엘은 하나님의 축복도 믿고 세상의 성공도 믿었습니다. 그러니까 이것이 시너지효과를 가져오면서 이스라엘은 엄청나게 번영한 것처럼 보였습니다. 하나님의 말씀만 믿는다는 것은 너무나도 따분하고 시대에 뒤떨어지는 것처럼 보이는 데 비해 세상의 좋은 것은 다 받아들이면서 하나님도 믿으면 훨씬 더 신앙이 역동적이고 더 성공하게 되는 것처럼 보였던 것입니다. 그러나 이것은 우상숭배였습니다.

어떤 목사님은 병이 낫고 복 받는 것을 강조하며 설교해서 최고로 큰 교회를 만들었습니다. 그리고 우리나라 대부분 교인과 목회자들은 그 길을 제자훈련이니 축복이니 하면서 추종하고 있습니다. 사실 수천 명이나 수만 명 모이는 교회를 보면 그 영광이 얼마나 대단하고 교인 중에 성공한 사람들이 얼마나 많은지 그렇게 되고 싶지 않은 목사나 교인이 없을 것입니다. 옛날에 제가 학생 때 서울의 어느 유명한 교회는 외국학위 박사만 수백 명이 다닌다고 했습니다. 그러나 그 존경받고 성공한 목사님이 금송아지를 숭배하고 있고 하나님 앞에 무서운 죄인인지는 아무도 모르고 무작정 따라가고 있는 것입니다.

북한이 핵을 만든 것이 죄라면 남한 교회가 세상의 번영을 따라간 것은 하나님 앞에서 더 무서운 죄입니다. 이 조류는 미국의 영향을 받은 것이라고 생각합니다. 미국의 수정으로 만든 교회는 이미 망해서 천주교에 예배당이 팔렸고, 수만 명 모이던 그 교회 목사는 여신도 성폭행으로 어디에 숨어있다고 합니다. 하나님은 그 많은 사람을 죽이고 멸망시킨 니느웨보다 하나님의 말씀을 버리고 번영을 따라간 이스라엘이 더 큰 죄인이라는 것을 깨닫게 하시기 위하여 요나 선지를 니느웨로 가라고 명령하신 것입니다.

하나님께서 니느웨의 악독이 하나님 앞에 '상달' 되었다고 하신 것은 그들의 죄가 꽉 찼다는 뜻입니다. 즉 니느웨의 죄는 세상을 다 채우고 하나님 아래까지 꽉 찬 것입니다. 좋은 예는 아니지만 옛날 재래식 화장실에 오물이 꽉 차면 사람이 앉아있는 데까지 올라오게 되는 것입니다. 하나님은 요나에게 빨리 퍼내지 않으면 너희들은 오물

천지가 되어서 망한다고 하시면서, 니느웨에 알려주러 가라고 말씀하신 것입니다.

그런데 요나가 생각을 해보니까 정말 자기나 자기 나라 사람들이 망하기를 그렇게 고대하는 니느웨는 그냥 두기만 하면 망하는데, 자기가 그곳에 가서 굳이 깨우칠 필요가 뭐 있겠습니까? 그리고 자기가 가면 그들에게 잡혀서 수치와 고문을 당하고 심지어 죽임을 당할지도 모릅니다. 그래서 요나는 니느웨가 저절로 망하도록 하나님의 말씀을 전하지 않고 도망치기로 결정했습니다.

욘 1:3, "그러나 요나가 여호와의 얼굴을 피하려고 일어나 다시스로 도망하려 하여 욥바로 내려갔더니 마침 다시스로 가는 배를 만난지라 여호와의 얼굴을 피하여 그들과 함께 다시스로 가려고 배삯을 주고 배에 올랐더라"

여기에 보면 "여호와의 얼굴을 피하려고"라고 했는데, 이것은 하나님의 말씀을 피하는 것을 의미합니다. 요나가 이스라엘에 계속 있으면 하나님의 말씀이 또 임할 것입니다. 그래서 요나는 아예 하나님의 말씀을 듣지 않으려고 먼 스페인으로 가려고 했던 것입니다.

요나의 생각은 하나님의 말씀만 가지고 가는 것은 죽으러 가는 것과 같다는 것이었습니다. 요나가 무장한 군인 만 명을 데리고 가라고 해도 가기 싫을 형편인데, 하나님의 말씀만 가지고 가면 아무 힘이 없지 않겠습니까? 이것은 죽으러 가는 것과 같으므로 하나님의 말씀이 없는 곳으로 도망을 친 것입니다.

2. 큰 바람을 일으키신 하나님

요나는 하나님의 말씀을 거역하고 듣지 않으려고 먼 다시스로 가는 배를 타게 됩니다. 앗수르는 사십일 후면 저절로 망할 것이고 자기는 하나님의 말씀을 듣지 않아서 좋을 것만 같았습니다. 그리고 바람도 순풍이었기 때문에 요나는 아무도 자기를 알아보지 못하도록 배 밑창에 들어가서 깊이 잠들어 있었습니다.

> 욘 1:4, "여호와께서 큰 바람을 바다 위에 내리시매 바다 가운데에 큰 폭풍이 일어나 배가 거의 깨지게 된지라"

그런데 놀라운 것은 요나에게 말씀을 주신 그 하나님께서 바다에 엄청난 폭풍이 일어나게 하신 것입니다. 바다에 일어난 엄청난 폭풍을 폭탄에 비유하면 아마 원자폭탄 정도의 위력일 것입니다. 우리가 듣는 이 하나님의 말씀은 아무 힘도 없는 것 같지만 사실 이 안에는 핵무기 백만 개의 위력이 있는 것입니다. 그리고 그 안에는 코로나바이러스 백만 배의 위력이 있는 것입니다.

요나는 처음에 모든 신경을 다 끄고 오직 잠만 자고 있었기 때문에 이렇게 큰 폭풍이 온 줄 몰랐습니다. 자녀들도 부모가 원치 않는 게 이 바라든지 원치 않는 곳에 놀러 갈 때는 스마트폰 전원을 꺼버리기 때문에 아무리 전화를 걸어도 '전원이 꺼져 있사오니 삐 소리가 난 후에 소리샘으로 연결됩니다' 라는 안내문만 나오는 것입니다.

그러나 그 배의 선장과 선원들은 예상하지 못했던 이 엄청난 폭풍이 일어나 배가 거의 깨지는 것을 보고 큰일이 났다고 생각했습니다. 그래서 사공들은 겁이 너무 나서 모두 자기 신을 부르고 배에 탔던 사람들은 이리 쏠리고 저리 쏠리면서 울고 소리를 질렀습니다. 그래도 안 되니까 선장은 모든 화물을 바다에 다 던져서 배를 조금이라도 가볍게 하라고 명령을 내렸습니다. 그래서 사람들은 그 아까운 모든 화물을 전부 바다에 던졌습니다. 그래도 바다는 더 사나워지기만 했습니다.

그때 선장이 우연히 배 밑창에 가보니까 어떤 사람이 잠을 자고 있었습니다. 선장은 너무 화가 나서 "지금 배는 폭풍에 다 깨지게 되었는데 당신은 어떻게 해서 태평스럽게 잠을 자고 있느냐?"고 책망하면서 당신도 빨리 갑판에 올라가서 당신 신에게 기도해 보라고 했습니다. 여기서 선지자는 졸지에 잠만 자는 자가 되었습니다. 그리고 선장으로부터 기도하라는 책망을 받았습니다.

어떤 때는 아이가 부모보다 신앙이 좋을 때가 있습니다. 부모가 돈이 없고 병원비가 없고 등록금이 없다고 한숨을 푹푹 쉬면서 걱정하면, 유년부나 유치부 다니는 어린이들이 '엄마 기도해 보세요!' 라고 말을 할 때가 있습니다. 요나 선지도 하나님을 믿지 않는 이방인 선장에게 기도나 해보라는 책망을 받았습니다. 아마 요나는 처음에는 하나님께 죄송해서 기도를 하지 못했을 것입니다. 왜냐하면 불순종하고 도망쳤기 때문입니다. 그러나 그는 기도하지 않을 수 없었습니다. 자기나 다른 사람들이 다 죽게 되었기 때문입니다.

요나 선지가 하나님의 말씀을 듣기 싫어서 도망친 것이 바로 금송아지 신앙에 물든 것입니다. 사람이 금송아지를 믿으면 듣기 좋은 말만 믿고 듣기 싫은 말은 안 듣고 도망쳐 버립니다.

욘 1:7, "그들이 서로 이르되, 자 우리가 제비를 뽑아 이 재앙이 누구로 말미암아 우리에게 임하였나 알아 보자 하고 곧 제비를 뽑으니 제비가 요나에게 뽑힌지라"

그래도 폭풍은 멈추지 않았습니다. 그래서 선원들은 "바다가 이렇게 노하는 것을 보니까 우리 가운데 신을 노엽게 했든지 살인한 사람이 있다. 우리가 그를 찾아내어서 심판해야 한다"고 생각해서 그 죄인을 찾느라고 모두 제비를 뽑게 했습니다. 그 제비가 요나에게 뽑혔습니다. 요나는 신을 노엽게 한 자이고 살인자로 모든 사람 앞에 서게 되었습니다.

요나는 도망친다고 했는데 하나님의 손에 걸려들게 되었습니다. 그리고 요나는 자기가 하나님의 말씀에서 도망친 죄인이며 자기는 죽어야 한다는 것을 알았습니다.

요나는 배에 있는 사람들에게 고백했습니다. "나는 천지와 바다를 지으신 여호와 하나님을 믿는 선지자요. 이렇게 폭풍이 일어난 것을 내가 하나님의 말씀을 피하여 도망쳤기 때문이오."(1:9-10). 그러나 그들은 요나의 말을 이해할 수 없었습니다. 선지자가 하나님의 말씀을 피해서 도망쳤다고 해서 이런 폭풍으로 그를 죽이려 한다는 것은 말도 안 되는 것이라고 생각했던 것입니다. 왜냐하면 그들은 매일 하는 것이 하나님의 말씀을 안 듣고 죄짓는 것이기 때문입니다. 그래서 사람들은 "그것은 죄도 아니다"라고 하면서 그대로 가려고 하니까 바다는 더 미친 듯이 날뛰었습니다. 이제는 정말 배가 깨지고 배에 탄 사람들은 다 죽게 생겼습니다.

요나는 하나님의 말씀이 원자탄 수백만 개의 위력이 있다는 것을 생각하지 못했습니다. 그러나 바다에 큰 폭풍이 일어나는 것을 보고 하나님의 말씀은 아무것도 아닌 것이 아니라는 것을 알았습니다. 그리고 하나님의 백성들이 설사 세상 사람들같이 죄를 짓지는 않는다 하더라도 하나님의 말씀을 피하고 세상의 성공과 번영을 사랑하는 것은 우상숭배라는 것을 알게 된 것입니다. 요나는 그동안 하나님의 말씀이 원자탄 백만 개의 위력이 있다는 것을 생각하지 못했습니다. 그냥 적당하게 잘 사는 것이 신앙이라고 생각했던 것입니다.

3. 나를 들어 바다에 던지라

　요나는 아마 처음에는 선장의 말대로 하나님께 살려달라고 기도했을 것입니다. 그리고 요나는 자기가 하나님의 말씀에 불순종한 것이 죄이고 하나님의 말씀에서 도망쳤기 때문에 배에 탄 사람들이 다 죽게 되었다는 사실을 깨닫게 되었습니다. 그때 이제 그의 선택은 모든 배에 탄 사람들이 다 죽느냐 아니면 나만 죽고 배에 탄 사람들을 살리느냐 하는 문제라는 것을 알게 되었습니다. 이때 요나는 깨달았습니다. 내가 죽으면 배에 탄 사람들은 하나님이 살려주실지도 모르겠다는 생각을 하게 되었습니다.
　그래서 요나는 선원에게 "나를 들어서 바다에 던지라"고 했습니다. 어차피 한 사람이 죽느냐 아니면 모두 다 죽느냐의 문제이기 때문입니다. 그래도 선원들은 이 사람이 살인자도 아니고 신성 모독을 한 것도 아닌데 바다에 던져 죽였다가 바다의 신이 더 진노할지 모른다고 생각해서 요나를 살리려고 열심히 노를 저었습니다. 그러나 바다는 점점 더 흉용했습니다. 드디어 선원들은 하나님께 애원했습니다. "하나님, 이제 어쩔 수 없이 이 사람을 바다에 던져야 하겠는데 이 사람의 죽음 때문에 우리를 다 죽이지 말아 주십시오."라고 소리 지르고는 요나를 들어 바다에 던져버렸습니다. 그랬더니 놀랍게도 바다가 갑자기 잔잔해졌습니다. 이 폭풍은 하나님이 일으키신 폭풍이었습니다. 그리고 이 폭풍의 위력은 하나님 말씀의 위력과 같았습니다.
　여기서 놀라운 것은 요나가 자기를 바다에 던지라고 하면서 자기를 던지면 바다가 잔잔할 것이라고 했는데, 그것을 어떻게 요나가 알았을까 하는 점입니다.

　욘 1:12, "그가 대답하되 나를 들어 바다에 던지라 그리하면 바다가 너희를 위하여 잔잔하리라 너희가 이 큰 폭풍을 만난 것이 나 때문인 줄을 내가 아노라 하니라"

요나는 바다가 잔잔해질 것을 어떻게 알았을까요? 비로소 이때 요나가 핸드폰의 전원을 켰기 때문입니다. 그래서 요나는 하나님의 음성의 일부를 들을 수 있었습니다. "너를 바다에 던지라고 해라. 그러면 배에 탄 사람들은 살릴 수 있을 것이다." 이런 음성을 들은 것입니다. 요나는 마지막으로 자기가 죽고 배에 탄 사람들을 살리기를 원했습니다.

그런데 놀라운 것은 요나를 바다에 던지자마자 바다가 잔잔해진 것이었습니다.

욘 1:15, "요나를 들어 바다에 던지매 바다가 뛰노는 것이 곧 그친지라"

하나님이 너무나도 참고 계시니까 인간이 죄짓는데 겁을 내지 않습니다. 그런데 하나님이 한번 움직이시니까 어마어마한 일들이 일어나고 하나님의 말씀대로 모든 것이 이루어지는 것입니다.

이번에 코로나바이러스 중에서도 하나님은 우리의 교회를 위로하신 것이 있습니다. 코로나바이러스가 우리나라에 마치 폭탄같이 터졌는데, 최초로 퍼진 곳이 신천지에서 터졌습니다. 하나님은 신천지를 싫어하십니다. 그리고 코로나는 클럽에서 유행처럼 터졌습니다. 하나님은 게이 클럽을 싫어하십니다. 이것은 하나님이 아직 한국 교회를 버리지 않고 지키신다는 증거인 것입니다.

그렇게 해서 요나는 지중해 한복판에 빠졌지만 죽지 않았습니다. 왜냐하면 엄청나게 큰 물고기가 요나를 삼켰는데, 요나는 그 물고기 뱃속에서 아직은 죽지 않은 상태로 있었기 때문입니다.

우리는 하나님께서 교회에 대하여 진노하고 계신 사실을 알아야 합니다. 교회가 성공이나 번영을 추구하는 것은 우상숭배입니다. 하나님의 말씀은 핵무기 백만 배의 위력이 있습니다. 하나님의 말씀을 가볍게 생각하지 마시고 도망치지 마시기 바랍니다. 내가 죽으리라는 각오로 하나님의 말씀에 순종한다면 바다도 잔잔해지고 바이러스도 없어지고 핵무기의 문제도 해결될 줄로 믿습니다.

02

절망중의 기도

욘 2:1-10

얼마 전 동영상에서 어느 아프리카 마을의 큰 우물에 빠진 암사자를 구출하는 장면을 보았습니다. 그 우물은 우리나라에서 보던 규모의 몇 개 정도로 큰 우물인데 그 안에 암사자가 빠져서 나오지 못하고 헤엄치고 다니고 있었습니다. 사람이 그 안에 들어가서 암사자를 꺼내 올 수도 없고 암사자가 벽을 타고 올라올 수도 없었습니다. 그때 전문가들이 연락을 받고 와서 우선 사자가 들어갈 수 있는 철망으로 된 큰 상자를 준비해놓고, 긴 밧줄 두 개를 넣어서 기술적으로 앞부분과 뒷부분을 걸었습니다. 그리고는 밧줄을 조심스럽게 당겨서 사자가 우물 밖으로 나왔을 때 사람을 물지 못하도록 그대로 철장으로 집어넣어서 암사자를 구출하는 데 성공했습니다. 사자는 죽을 수밖에 없었는데 구조대가 꼭 필요한 도구와 기술을 가지고 와서 건져내는 데 성공했던 것입니다.

또 동남아시아 같은 곳은 비가 한꺼번에 많이 쏟아지기 때문에 늪으로 된 땅이 곳곳에 있습니다. 어떤 사람이 모르고 늪으로 된 곳에 빠지게 되었는데, 자기 힘으로는 도저히 거기서 나올 수 없었습니다. 주위에 있는 사람들이 밧줄 같은 것을 던져주어도 너무나도 흙이 진득해서 빠져나올 수 없었습니다. 그런데 마침 가까운 곳에 건설 공사를 하는 포클레인이 있었는데, 그것을 동원해서 흙과 사람을 같이 떠서 꺼내니까 늪에서 빠져나올 수 있었습니다.

우리는 때때로 이 세상에 살면서 이럴 수도 저럴 수도 없이 꼼짝 못 하는 경우에 빠져 죽음을 향하여 조금씩 빨려들 때가 있습니다. 이때 우리 힘만으로는 그 위기에서 벗어날 수가 없습니다. 예를 들어서 등산을 갔다가 절벽에서 떨어져서 뼈가 부서지게 되었는데 목숨은 살아있다든지, 아니면 건물에서 화재가 났는데 도저히 어디로 빠져나가야 할지 알 수 없다든지, 혹은 경제적으로 큰 어려움에 빠졌는데 빠져나갈 길이 보이지 않는다든지 하면 절망할 수밖에 없을 것입니다.

특히 우리 예수 믿는 사람들에게는 아무리 절망적인 경우를 당한다고 해도 다 살길이 있습니다. 그러나 우리의 고집과 불신앙으로 그 좋은 기회를 놓치고 마는 일이 허다합니다. 성경에 보면 예수님과 제자들이 배를 타고 갈릴리 호수를 건너가다가 큰 돌풍과 파도를 만나서 배가 깨지게 되었는데, 제자들이 죽는다고 소리 지르면서 예수님을 깨웠을 때 예수님은 깨셔서 바람과 바다를 꾸짖어 잔잔하게 하셨습니다. 그는 창조자이시기 때문입니다. 또 예수님은 야이로라는 회당장의 딸이 죽었을 때도 "두려워하지 말고 믿기만 하라"고 하시면서 죽은 아이를 일으켜 살리셨습니다. 왜냐하면 그는 창조자이시기 때문입니다. 예수님은 "두세 사람이 내 이름으로 모인 곳에는 나도 그들 중에 있느니라"(마 18:20)고 하셨고, "내가 너희를 고아와 같이 버려두지 아니하고 너희에게로 오리라"(요 14:18)고 말씀하셨습니다.

지금 우리는 빙하기를 만난 것처럼 경제나 모든 사회 활동이 얼어붙어 있습니다. 그러나 코로나바이러스 때문에 좋은 것 하나는 거의 모든 클럽이라든지 술집이나 사창가가 문을 닫았다는 것입니다. 이제는 사람들이 술을 마시거나 더러운 짓을 하러 오지 않는다는 것입니다. 이런 가운데 우리 믿는 자들은 어떻게 살길을 찾아야 할까요? 우리는 지중해 한가운데 빠진 선지자에게서 그 길을 찾아야 할 것입니다.

1. 우연인가 하나님의 손인가?

요나는 악한 나라 앗수르로 가서 하나님의 말씀을 전하라고 하시는 하나님의 명령을 거역하고, 하나님의 얼굴을 피해서 정반대되는 곳으로 도망을 쳤습니다. 그는 앗수르에 가서 말씀을 전하고 싶지 않았습니다. 왜냐하면 그런 악한 나라는 망해야 하고, 잘못하면 도리어 자기가 잡혀서 고문당하고 죽을지도 모르기 때문입니다.

그런데 요나 선지자 잘못 생각하고 있던 것이 있습니다. 하나님의 말씀은 참고로 하시는 말씀이 아니라 절대적인 명령이라는 것을 몰랐던 것입니다. 예를 들어서 어떤 장군이 말을 타고 가다가 '워워' 하면서 서라고 할 때 말은 반드시 서야 하고, '이랴' 하면서 가라고 하면 가야 합니다. 만일 장군이 말에게 서라고 해도 가고 가라고 해도 자기 마음대로 선다든지 하면 그는 말을 죽일지 모릅니다. 그런데 요나는 자기 멋대로 행동을 했습니다. 요나는 하나님께서 니느웨로 가라고 하시는데도 스페인 쪽으로 갔습니다. 그리고 배 밑창에 들어가서 잠을 잤습니다.

그런데 배를 타고 가는 중에 어마어마한 폭풍을 만나게 된 것입니다. 요나는 이것도 모르고 잠만 자고 있는데 선장이 밑창까지 내려와서 요나를 깨웠습니다. 그리고 선원들은 바다가 이 만큼 노하는 것은 우리 중에 신을 노엽게 하거나 살인자가 있다고 하면서 제비를 뽑아서 찾아내자고 했는데, 그 제비에 요나가 걸렸습니다. 요나는 선원들에게 자기를 들어서 바다에 던지면 바다가 잔잔할 것이라고 했는데도, 선원들은 하나님의 말씀에 불순종한 것은 죄로 생각하지 않았습니다. 그래서 요나를 그냥 두려고 하는데 바다가 더 미친 듯이 날뛰었습니다. 선원들은 어쩔 수 없어서 요나를 바다에 던지자 바다는 즉시 잔잔해지고 요나는 큰 물고기 뱃속에 들어가 있게 되었습니다.

이제 요나는 생각해야만 했습니다. 그것은 이 모든 것이 우연히 일어난 일이냐 아니면 하나님께서 하신 일이냐 하는 것이었습니다. 즉 우연히 폭풍이 일어나고, 우연히 제비에 뽑히고, 우연히 물고기 뱃속에 들어가게 되었느냐, 아니면 하나님께서 도망치는 선지자를 잡으시려고 폭풍을 일으키시고 제비에 뽑히게 하시고 바다에 빠뜨리신 후 물고기 뱃속에 들어가게 하셨느냐 하는 것입니다. 만약 이 모든 것이 우연히 일어난 일이라면 요나는 마땅히 고기밥이 되어서 죽어야 합니다. 그런데 만일 이 모든 일이 살아계신 하나님이 일으키신 일이라면 요나에게는 소망이 있을 것입니다. 왜냐하면 하나님만 붙잡으면 하나님의 말씀 한마디로 살길이 열리기 때문입니다.

요나는 사실 하나님을 과소평가했습니다. 요나는 자기만 이스라엘에서 빠져나오면 하나님은 속수무책일 것이라고 생각했던 것입니다. 그리고 외국에 가는 배를 타고 배 밑창에 들어가 숨어있으면 하나님이 자기를 찾지 못할 것으로 생각했던 것입니다. 그러나 하나님은 하늘과 바다를 만드신 분입니다. 하나님은 고요한 바다에 엄청난 폭풍을 일으키셨고, 요나가 탄 배를 깨트리려고 하셨고, 요나를 바다에 빠지게 한 후 큰 물고기로 요나를 삼키게 하셨던 것입니다.

과연 이것이 우연히 일어난 일일까요, 하나님이 일으키신 일일까요? 아마 하나님을 믿지 않는 사람들은 모두 다 우연히 일어난 일이라고 말할 것입니다. 그래서 하나님을 믿지 않는 사람들에게는 소망이 없습니다. 그들에게는 재앙도, 기적도, 좋은 일도 우연이기 때문에 어려운 일을 당하면 소망이 없는 것입니다.

그런데 하나님의 백성들에게는 이 세상에 우연이라고는 없습니다. 우리에게 일어나는 모든 일은 다 하나님께서 일으키시는 것입니다. 단지 우리가 하나님의 뜻을 깨닫지 못할 뿐입니다. 우리가 고집을 부리고 하나님을 인정하지 않기 때문에 어려움에서 빠져나오지 못하고 있는 것뿐입니다.

요나는 물고기 뱃속에서 생각해보았습니다. '지금 내가 물고기 뱃속에 있는 것이 우연인가 아니면 하나님께서 하신 일인가?' 요나는 이 모든 일이 우연이라고 하기에는 너무나도 많은 일이 우연히 일어나야만 했습니다. 어떻게 우연히 폭풍이 일어나고, 우연히 선장이 숨어있는 자기를 발견하고, 우연히 자기가 제비에 뽑혀 바다에 빠지고, 우연히 물고기가 자기를 삼켰다는 것은 말이 되지 않았습니다. 이것은 하나님께서 하신 일이었습니다. 만약 하나님이 이 모든 일을 하셨다면 요나에게는 희망이 있었습니다. 그것은 하나님이 말씀하시기만 하면 자기는 살 수 있는 것이었습니다. 그래서 요나는 하나님께 기도하기 시작했습니다.

이것은 우리도 마찬가지입니다. 지금 우리에게 일어난 일들이 전부 우연히 일어난 일일까요? 그러면 우리의 미래에는 소망이 없습니다. 내가 잘못해서 망한 것이고 내가 잘못해서 죽는 것입니다. 그러나 만일 나에게 일어난 일이 하나님께서 하신 일이라면 내가 잘했든 못했든 내가 책임질 일은 없습니다. 그냥 하나님을 붙들고 기도하면 되는 것입니다. 우리는 복잡하게 생각할 필요가 없습니다. 그냥 하나님을 믿고 기도하고 기다리면 되는 것입니다.

2. 요나의 사정

우리는 물고기 뱃속이 어떤지 알지 못합니다. 일단 물고기 뱃속은 빛이 없이 캄캄합니다. 정말 물고기 뱃속에서는 보이는 것이 없습니다. 그리고 공기도 거의 없습니다. 아마 요나는 숨을 제대로 쉴 수도 없었을 것입니다. 그리고 그 큰 물고기가 입을 벌릴 때마다 어마어마한 바닷물이 뱃속으로 들어오니 곧 물에 빠져 죽을 것만 같았을 것입니다. 그리고 그곳은 엄청난 비린내가 나는 곳이었습니다. 왜냐하면 물고기가 삼킨 물고기나 새우가 다 거기서 썩기 때문입니다. 그리고 거기에는 마실 물이 없었습니다. 그러면 물고기 뱃속은 움직일 수 있는 공간이 있었겠습니까? 그 안에서는 마음대로 움직일 수도 없었습니다.

그 물고기 뱃속에서 요나가 할 수 있는 일은 무엇일까요? 요나가 물고기 배를 더듬어서 밖으로 기어 나오면 어떨까요? 불가능합니다. 요나는 밖으로 기어 나올 수도 없을뿐더러 나와 봐야 지중해 깊은 바닷속이었습니다. 그러면 거기서 주위 사람들에게 살려 달라고 소리를 질러야 할까요? 불가능합니다. 요나가 소리를 질러봐야 그의 소리를 들어줄 사람은 아무도 없었습니다. 요나는 육지로 치면 깊은 땅에 생매장된 것이나 마찬가지입니다. 그는 숨도 제대로 쉴 수 없고 움직일 수도 없고 소리를 질러봐야 아무도 들어주는 사람이 없었습니다. 그런데 요나가 그 희망 없는 물고기 뱃속에서 할 수 있는 것이 하나 있었습니다. 그것은 바로 하나님께 기도하는 것이었습니다.

욘 2:1, "요나가 물고기 뱃속에서 그의 하나님 여호와께 기도하여"

우리 성도들이 어려울 때 기도하는 것은 하나님께 무전 연락을 하는 것과 같습니다. 어떤 사람이 우물에 빠졌어도 핸드폰이 된다면 구급대에 연락해서 구출 받을 수 있을 것입니다. 어떤 사람은 절벽에서 사진을 찍다가 떨어져서 나무에 걸렸습니다. 한국이 어떤 나라입니까? IT 강국 아닙니까? 그 사람은 나무에 걸린 상태에서 구급대에 전화해서 하나도 다치지 않고 살았습니다.

단지 요나를 삼킨 물고기는 자꾸 움직이기 때문에 위치를 잡는 것이 어려운 것은 사실입니다. 천사들도 요나의 기도를 듣고는 '지금 물체가 물속에서 자꾸 움직이는데 도저히 위치를 잡을 수가 없습니다' 라고 말할지도 모릅니다. 요나를 건지려고 하면 고기 잡는 사람들을 출동해서 그 물고기를 잡아야 하고 그 배를 열어야 할 것입니다. 그러나 우리는 기도할 수 있습니다. 이것은 믿지 않는 사람들의 기도와는 다릅니다. 우리의 기도는 하나님께 직통이 되는 무전기와 같기 때문입니다.

그러면 요나는 하나님께 무슨 기도를 드렸을까요? 요나의 기도는 전부 시편으로 되어있습니다. 즉 다윗의 기도였던 것입니다. 시편의 기도는 다윗이 하나님의 말씀을 받아서 한번 소화해서 내뱉은 것입니다. 그래서 마치 꿀과 같습니다. 이것은 바로 효력이 있는 것입니다.

욘 2:2, "이르되 내가 받는 고난으로 말미암아 여호와께 불러 아뢰었더니 주께서 내게 대답하셨고 내가 스올의 뱃속에서 부르짖었더니 주께서 내 음성을 들으셨나이다"

사실 우리가 어려운 일을 닥치면 모두 다 기도를 합니다. 그러나 어떤 기도는 응답이 되고 어떤 기도는 응답이 되지 않습니다. 예수님도 성전에 올라가서 기도하는데 바리새인의 기도는 하나님이 응답하지 않으시고 세리의 기도는 의롭다고 하셨다고 말씀하셨습니다(눅 18:10-13). 하나님은 멋지고 뻔지르르한 기도보다는 못해도 좋으니까 솔직한 기도를 좋아하십니다.

여기 "스올의 뱃속"은 음부를 말하기도 하고 무덤 속을 말하기도 합니다. 예를 들어서 어떤 사람이 산채로 땅에 생매장을 당한다면 아무리 땅속에서 소리를 지르고 구해달라고 외친다 하더라도 아무도 들지 못할 것입니다. 그러다가 그 사람은 결국 죽게 되는 것입니다.

그런데 요나는 하나님께서 자기 기도를 들으셨다고 고백하고 있습니다. 즉 하나님과 소통이 된 것입니다. 대개 사람들이 사고가 났을 때 아무리 전화를 해도 삐삐 소리만 나고 통화되지 않을 때가 많습니다. 그런데 요나는 하나님과 통화하는 데 성공했습니다. 그 이유가 무엇일까요? 시편처럼 기도했기 때문입니다. 즉 하나님의 말씀을 생각해서 그것을 소화하고 되새겨서 기도했기 때문입니다.

우리가 외국에 갔을 때도 많은 여행객 사이에서 한국 사람들이 하는 말은 귀에 잘 들어오게 되어있습니다. 일본의 하코네라는 온천으로 유명한 곳에서는 유황 냄새가 나고 지열에 계란을 구워서 팔기도 합니다. 거기에 갔더니 어떤 여자가 '아휴 힘들어!' 라고 하는데 그것은 한국말이었습니다. 한국말은 금방 한국 사람의 귀에 들어오게 되어있습니다.

얼마 전에 카드를 하나 받았는데 그것을 보낸 분은 의료인이었습니다. 이분은 코로나 중에 병원에서 아마 굉장히 힘들었던 것 같습니다. 그런데 그는 우리 교회에서 나오는 시편 말씀을 듣고 살았다고 간증했습니다. 교인 중에서도 시편 말씀으로 살았다는 분들이 여러 명 있었습니다. 그러나 어떤 분들은 시편을 무시하는 분들이 있는 것 같습니다. 그들은 시편의 위력을 모릅니다.

요나는 하나님께서 자기를 깊은 바다에 던지셨다고 고백하고 있습니다.

욘 2:3상, "주께서 나를 깊음 속 바다 가운데에 던지셨으므로"

아마 골프를 치는 사람은 비거리라고 해서 얼마나 멀리 치는가 하는 것으로 힘자랑을 하는 것 같습니다. 야구에서도 홈런 타자는 한번 제대로 치면 야구장 밖까지 공이 날아갈 때가 있습니다. 그런데 하나님께서 요나의 발을 잡고 던지시니까 얼마나 멀리 날아가는지, 요나는 엄청나게 멀리 날아가서 깊은 바다 한가운데 빠지게 되었고 거기서도 깊은 바다 가운데에 빠지게 되었습니다. 그래서 요나의 머리 위에는 하나님의 파도와 큰물이 넘치고 있었기 때문에 요나는 바다 저 깊은 곳에 빠지게 되었습니다. 요나는 산의 뿌리까지 내려가게 되었습니다. 즉 산 밑바닥까지 내려간 것입니다. 그리고 그가 다시는 땅 위로 올라오지 못하도록 하나님은 빗장을 질러 놓으셨습니다.

그리고 하나님은 요나의 뇌를 바닷물로 채우기 시작하셨습니다. 요나는 너무나도 인간적으로 머리가 잘 돌아갔기 때문에 하나님의 말씀에 순종할 수 없었습니다. 그래서 하나님은 요나의 머리를 바닷물로 채우시고 바다 풀이 요나의 머리를 감쌌다고 말씀하고 있습니다(5절). 요나는 자기가 하기 싫은 것은 하지 않고 도망치는 미꾸라지와 같은 사람이었습니다. 대개 신앙이 좋다고 하는 사람들도 미꾸라지가 많이 있습니다. 그래서 그들은 자기가 하고 싶은 일이나 남들이 알아주는 일은 열심히 하지만 하기 싫은 일은 절대로 하지 않고 말만 번지르르하게 하고 도망쳐 버리는 것입니다.

예수님은 "누구든지 나를 따라오려거든 자기를 부인하고 자기 십자가를 지고 나를 따를 것이니라"(마 16:24)고 말씀하셨지만 사람들은 절대로 자기를 부인하지 않습니다. 그럴 때 하나님은 그런 사람을 멀리 던져버리시고 스올에 집어넣어서 관에 들어가 있는 기분을 체험하게 하시는 것입니다.

우리가 죽어야 하나님께서 일을 하실 텐데 우리는 쉽게 잘 죽지 않습니다. 큰 교회에서는 절대로 죽지 않습니다. 그러나 광야로 가서 길을 잃으면 내가 죽을 수도 있구나 하는 생각이 들게 됩니다. 광야의 그 뜨거운 데서 기진맥진해서 쓰러져서 의식이 가물가물하고 힘은 하나도 없고 입은 말라서 혀가 쩍쩍 달라붙을 때 죽어가는 소리로 하나님을 부르게 됩니다. 그 때 "한 번만 살려주시면 말씀대로 살겠습니다"라는 간구와 고백이 나오게 됩니다. 그때는 체면도 자존심도 없고 살려주시기만 하면 충성하겠다는 고백이 나오게 되는 것입니다. 지금 우리가 살아 있다는 것이 얼마나 대단한지 모릅니다. 요나도 살아 있기 때문에 하나님과 통신할 수 있었던 것입니다.

3. 기도의 결과

　요나는 물고기 뱃속에서 기도하면서 이미 하나님께서 내 음성을 들으셨다고 고백하고 있습니다. 즉 요나는 이미 하나님과 교신을 하는 데 성공한 것입니다. 요나는 하나님과 통신에 성공한 것을 어떻게 알 수 있었을까요? 요나는 물고기 뱃속에서 '하나님! 제 말 잘 들리십니까? 오버!' 라고 했을까요? 아니면 '지금 제 위치는 찰리 오메가 알파입니다. 헬기도 보내주시고 잠수함도 보내주세요' 라고 통신을 했을까요?
　요나는 사실 하나님과 통신을 하지 않으려고 그 먼 스페인 쪽으로 도망을 치고 있었고, 하나님이 찾지 못하도록 배 밑창에 숨어있었습니다. 그런데 요나는 어떻게 하나님과 통신을 하게 되었을까요? 아마 제비에 뽑혀서 죽게 되었을 때 다시 하나님의 음성을 듣게 된 것 같습니다. 하나님께서 그때 '네가 살고 싶으면 죽어야 한다' 라고 말씀하셨던 것 같습니다. '너와 배에 탄 사람들이 살고 싶으면 너를 바다에 던져달라고 해라' 는 음성이 들렸던 것입니다.
　그리고 요나는 바다에 빠졌습니다. 요나는 바다에 빠지면서 죽는 줄 알았습니다. 숨을 쉴 수도 없었고 정신을 차릴 수도 없었습니다. 그러나 요나는 어디에 들어가는 것 같았는데 거기가 바로 물고기 뱃속이었던 것입니다. 하나님은 물고기 뱃속에서 요나에게 뭐라고 말씀하셨겠습니까? '너는 산다. 너는 죽지 않는다' 라고 말씀하셨던 것입니다. 그래서 요나는 "주께서 내 음성을 들으셨다"고 고백한 것입니다. 요나는 자기가 "주의 목전에서 쫓겨났지만 다시 주의 성전을 바라볼 것이며 내가 산의 밑바닥까지 내려갔지만 하나님은 내 생명을 구덩이에서 건지셨다"고 고백했습니다(4-6절).

하나님께서 우리의 기도를 들으셨다는 것을 어떻게 알 수 있을까요? 그것은 우리의 마음이 뜨거워지는 것입니다. 우리가 기도를 하면 마음이 평안해지는 것은 그 기도가 하나님의 뜻과 맞는 것이며, 우리 마음이 뜨거워질 때 하나님께서 우리를 살리시는 것입니다.

욘 2:7, "내 영혼이 내 속에서 피곤할 때에 내가 여호와를 생각하였더니 내 기도가 주께 이르렀사오며 주의 성전에 미쳤나이다"

여기서 요나는 자기 영혼이 피곤하다고 고백합니다. 요나가 하나님의 말씀에 불순종하고 도망치면 속이 후련해질 줄 알았는데 그것이 바로 고난의 연속이었고 엄청나게 피곤한 길이었습니다. 우리는 내가 생각하고 있는 것을 놓아버리는 것이 사는 길입니다. 그렇게 되면 모든 것이 될 대로 되라고 자포자기하는 것이 아니냐고 말할지 모릅니다. 그러나 자포자기하는 것과 하나님을 기다리는 것은 다릅니다. 우리는 자기 고집이나 욕망을 가지고 끝까지 고집부리는 것이 아니라, 하나님께 소망을 두고 하나님을 기다리는 것입니다.

요나는 삼 일을 물고기 뱃속에 있었습니다. 그는 사람들에게는 죽어 있었지만 하나님 앞에서는 살아 있었습니다. 하나님은 드디어 물고기에게 명령을 내리셨습니다. '물고기야, 최대한 육지 가까운 곳으로 가라. 그리고 네 뱃속에 들어있는 놈은 네가 잘못 먹은 것이다. 소화도 안 되고 괴롭기만 할 것이니까 토해버려라.'고 말씀하셨습니다. 그 물고기는 요나를 육지에 토해버렸습니다. 그래서 요나는 그 깊은 지중해에서 구조를 받게 되었습니다. 그러나 그는 전의 요나가 아니었습니다. 그는 한번 죽었다 살아났고 이제는 자기 뜻에 싫어도 하나님의 말씀에 순종할 수 있는 사람이 되었던 것입니다.

우리 자아가 죽는 것은 쉽지 않습니다. 그런데 한번 죽을병에 걸렸다가 살아나면 순종이 됩니다. 왜냐하면 사람이 죽어버리면 아무것도 아니기 때문입니다. 죽으면 돈도 명예도 소용이 없습니다. 우리가 살아있는 동안 하나님의 말씀이 들리면 그것이 최고의 복입니다. 하나님의 말씀을 듣고 가슴이 뜨거워지셔서 우상숭배자 같이 살지 말고 하나님의 뜻대로 움직이시는 성도들이 다 되시기 바랍니다.

03

니느웨의 부흥

욘 3:1-10

저는 어렸을때 서울에 올라왔기 때문에 초등학교 친구들을 몇 명밖에 기억하지 못합니다. 그런데 한번은 옛날 초등학교 때 친구가 저에게 전화했습니다. 그러면서 한번 만나자는 것입니다. 그래서 내가 있는 곳을 어떻게 알게 되었느냐고 물으니까 우연히 기독교 서점에서 책을 보다가 제 이름을 보았다는 것입니다. 그래서 출판사에 전화해서 제 전화번호를 알게 되었다고 했습니다. 그래서 그 친구를 만났는데 얼굴은 전혀 기억나지 않지만 옛날 그 친구는 맞았습니다. 담임선생님에게 맞은 이야기를 하는 것을 보니까 그 친구가 맞았습니다.

그래서 그에게 예수 믿느냐고 하니까 그렇다고 대답했습니다. 어떻게 예수 믿게 되었느냐 물으니까 어떤 친구가 자기에게 전도하면서 하나님이 택한 사람은 꼭 예수 믿게 하신다고 말하더라는 것입니다. 자기는 엄청 고난을 많이 받았는데 그때 그 '택한 백성'이라는 말이 생각이 나서 예수를 믿게 되었다고 합니다. 하나님은 악한 자라도 택한 자는 꼭 예수 믿게 하시고 복을 받게 하십니다. 우리 예수 믿는 사람들이 코로나와 같은 어려움을 당해도 예수를 더 잘 믿으면 하나님은 더 큰 복을 주시는 것입니다.

제 장인은 포항 부근 청하에 미남리라는 곳에 사셨는데 원래 그 집은 과수원을 가진 부잣집이었습니다. 그런데 일본에 유학까지 갔던 동생 부부가 골수 공산주의자인 바람에 동생 부부는 총살당하고 장인은 빨갱이 가족이라고 해서 시간만 나면 경찰서에 끌려가서 고문을 당하고 왔습니다. 할 수 없어서 장인은 부인을 데리고 맨손으로 부산에 가서 장사하였는데 부인은 남편에게 당신은 예수 믿지 않으면 이 고문당한 몸으로 곧 죽을 거라고 하면서 교회를 가야 산다고 했습니다.

그래서 장인은 고민 고민을 하다가 어느 날부터 성경책을 들고 교회를 나가기 시작했습니다. 그 후로 하나님은 그 집을 축복하셔서 딸이 아주 많았는데 전부 다 미인이었습니다(한 사람 빼고). 그리고 장로가 되셔서 예수를 철저하게 믿으셨는데 교회를 두 번인가 세 번인가 개척하셨고 마지막으로 개척한 교회가 주례교회였습니다. 그분은 장사가 그렇게 잘 되었는데 예배당을 짓기 위해서 장사한 돈을 헤아리지도 않고 자루에 넣어서 교회에 가지고 가서 예배당을 짓는 데 썼다고 합니다. 그 교회에서는 제가 서울에 교회를 개척할 때 많이 도와주었습니다. 하나님께서 하시는 일은 참 놀랍습니다. 그 딸 중의 다섯째 딸이 서울에서 저와 만나 그 주례교회에서 결혼식을 올렸습니다.

우리나라 사람들은 조상 때부터 제사 지내고 미신을 믿는 사람들이었습니다. 그러나 왕은 무능하고 관리들은 탐욕스럽고 나라는 일본에 의해서 망해갈 때 우리나라 국민을 사랑하는 사람은 전 세계에서 한 명도 없었습니다. 그때 눈이 파란 서양 선교사들이 우리나라에 들어와서 "천지를 만드신 하나님이 여러분을 사랑하셔서 독생자 예수를 죽게 하셨다"고 외치며 전도했습니다. 그때 우리나라 남자들은 긴

장죽으로 담배를 피우고 돈 많은 사람은 첩을 두고 하늘 천 따지나 외우고 백정을 인간 취급도 하지 않고 살고 있었습니다. 그런데 어떤 선교사는 인간 대접을 못 받던 병든 백정을 치료해주었고, 어떤 여 선교사는 나병환자들을 정성껏 치료했습니다.

그때 우리나라 사람들은 누군가가 자기를 사랑한다는 말을 처음 들었습니다. 그래서 우리나라 사람들은 예수를 믿기 시작했고 일제강점기에 대부흥이 일어났습니다. 나라는 잃어버렸지만 대부흥은 일어나고 결국 우리나라는 독립을 했습니다. 그리고 전쟁의 잿더미 위에서 세계적인 경제대국이 되었고 세계적인 교회도 많이 생겨나게 되었습니다.

이와 같이 어려운 일을 당했을 때 비록 악한 자라 하더라도 하나님을 믿는 것은 굉장히 귀한 일입니다. 하나님은 그들을 버리지 아니하시고 반드시 살리실 것이고 축복하실 것입니다. 이런 악한 자들이라도 어려운 일을 당해서 하나님을 믿고 축복을 받는다면, 이미 하나님을 믿는 사람들이 어려움을 당했을 때 그동안의 잘못을 회개하고 하나님을 더욱 의지한다면 하나님은 더 축복해주시고 더 잘 되게 하실 것입니다. 우리에게는 지금이 바로 그 기회입니다.

요나 선지는 하나님으로부터 악한 성 니느웨에 가서 하나님의 말씀을 전하라는 명령을 받았습니다. 요나는 니느웨 사람들은 악하기 때문에 자기가 전도해도 믿지 않을 것이고 그런 사람들은 망해야 한다고 생각해서 하나님의 말씀을 거역하고 정반대되는 스페인 쪽으로 배를 타고 도망을 쳤습니다. 요나는 하나님의 능력을 과소평가했습니다. 하나님은 이스라엘에서 도망을 쳐서 하나님의 말씀을 듣지 않으면 아무것도 못하는 분으로 요나는 생각을 했던 것입니다. 그러나 하나님은 요나가 배를 타고 도망가던 그 바다에 엄청난 폭풍을 일어나게 하셨습니다. 하나님은 요나를 바다에 빠지게 하신 후에 큰 물고기로 하여금 요나를 삼키게 하셨습니다. 그리고 요나로 하여금 물고기 뱃속에서 회개하게 하시고 그가 하나님의 어떤 말씀이든지 순종하게 되었을 때, 하나님은 물고기에게 요나를 다시 육지로 뱉어내라고 명령하셨습니다. 요나는 기적적으로 살아나게 되었습니다.

하나님은 기적적으로 다시 살아난 요나에게 집에 가서 푹 쉬라고 말씀하시지 않고 다시 니느웨에 가서 하나님의 말씀을 전하라고 명령하셨습니다. 우리가 이것을 보면 하나님도 인간을 구원하시는 데 있어서는 얼마나 지독하신지 알 수 있습니다.

1. 요나의 니느웨 전도

니느웨 성은 옛날 앗수르 제국의 수도였습니다. 그런데 앗수르는 그야말로 아주 포학한 나라로 유명했습니다. 앗수르는 주위의 많은 나라를 멸망시키고 백성들을 죽이고 포로로 잡아서 아주 먼 곳까지 끌고 갔습니다. 그야말로 폭력을 믿고 금을 믿는 악한 나라였습니다. 니느웨는 그 당시 세계에서 가장 큰 이 악한 앗수르 제국의 성이었습니다. 그런데 하나님은 요나에게 그 악한 성에 가서 하나님의 말씀을 전하라고 명령하셨습니다.

> 욘 3:1-2, "여호와의 말씀이 두 번째로 요나에게 임하니라 이르시되 일어나 저 큰 성읍 니느웨로 가서 내가 네게 명한 바를 그들에게 선포하라 하신지라"

하나님께서 요나에게 니느웨 성읍에 가서 전하라고 하신 말씀이 무엇이었을까요? 그것은 바로 니느웨 성이 사람들을 많이 죽이고 악한 짓을 많이 했기 때문에 사십 일이 지나면 망한다는 것이었습니다. 그렇지만 하나님은 이 악한 성 니느웨를 사랑하신다는 것이었습니다.

이 당시 니느웨 성이 얼마나 컸는가 하면, 니느웨 이쪽 끝에서 저쪽 끝까지 걸어가는 데 삼 일이 걸린다고 했습니다(3:3). 그리고 니느웨는 성 위에서 마차가 달릴 수 있을 정도로 크고 튼튼한 성이었다고 합니다. 옛날에 대구에도 성이 있었습니다. 그 흔적이 지금 동성로와 서성로에 남아 있는데, 옛날에 성이라고 해 봐야 걸어서 한 시간도 채 걸리지 않았을 것입니다. 서울도 옛날에는 성이 있었는데 남대문, 서대문, 동대문 해봐야 이쪽 끝에서 저쪽 끝까지 걷는데 반나절이면 충분했을 것입니다. 그런데 이 당시 니느웨 성이 얼마나 컸던지 한쪽 끝에서 다른 쪽 끝까지 가는 데 사흘이나 걸렸습니다. 주민도 어린이만 십이만 명이었다고 하니까(4:11) 어른까지 합치면 몇 백만 명이나 되었을 것입니다.

이때 요나의 모습이 어떠했겠습니까? 요나는 물고기 뱃속에서 나온 모습 그대로였을 것입니다. 몸에서 비린내가 진동하고 모래투성이였을 것입니다. 정말 거지도 그런 거지는 없을 것입니다. 그런 요나가 그 거대한 성읍 니느웨에 가서 기가 죽지도 않고 우레 같은 소리로 외치기 시작했습니다.

욘 3:4, "요나가 그 성읍에 들어가서 하루 동안 다니며 외쳐 이르되 사십 일이 지나면 니느웨가 무너지리라 하였더니"

요나는 그 어마어마한 성에 들어가서 이쪽 끝에서 저쪽 끝까지 가지도 않고 하루 동안 거리를 다니면서 외쳤습니다. 그가 외친 내용은 "사십 일이 지나면 니느웨가 무너지리라"는 것이었습니다. 즉 '그동안 수많은 사람을 죽이고 재물을 빼앗고 백성을 포로로 잡아간 니느웨는 하나님 진노의 심판으로 사십 일이 지나면 무너지리라'는 것이었습니다.

아마 어떤 사람이 백 층이 넘는 롯데 건물에 들어가서 한 층 한 층 올라가면서 하나님의 진노로 이 건물이 사십 일 후에는 무너질 것이라고 소리를 지른다면, 당장 경비가 쫓아와서 입을 틀어막으면서 잡아갈 것입니다. 요나도 언제 군인들이 나타나서 자기를 잡아갈 것인가 긴장하면서 큰 소리로 사십 일이 지나면 니느웨가 무너질 것이라고 외치면서 가는데 아무도 그를 잡아가는 사람이 없었습니다. 아마 사람들은 처음에는 어떤 미친 사람이 나타나서 소리를 지르면서 다닌다고 생각했을 것입니다. 그러나 요나는 이 이야기만 한 것이 아니었습니다. 요나는 사람들에게 하나님의 사랑을 이야기했습니다.

 '나는 도무지 이해가 되지 않는데 하나님이 이 니느웨 성을 사랑하신단 말이요. 그래서 하나님은 얼마든지 그냥 니느웨를 멸망시킬 수 있지만 나를 보내어 미리 알리라고 하셨소. 나는 니느웨가 망하도록 하나님의 말씀을 거역하고 도망쳤지만 하나님은 나를 붙잡아서 도로 여기에 보내었단 말이요. 물고기 뱃속에 들어갔던 내 몸에서 나는 비린내가 그 증거요.'

 니느웨 사람들은 자기들이 너무나도 악하고 이기적으로 살았기 때문에 누군가가 자기들을 사랑한다는 것을 믿을 수 없었습니다. 더욱이 천지를 창조하신 하나님께서 우상숭배나 하고 폭력이나 믿고 살던 자기들을 사랑하신다는 말을 믿을 수 없었습니다. 니느웨 사람들은 언제든지 죽을 각오가 되어있었고 멸망당할 준비가 되어있었습니다. 그런데 하나님은 자기들을 살리기를 원하셨고 그들을 사랑하시는 것이 분명했습니다. 왜냐하면 도망치는 선지자의 목덜미를 잡아서 바다에 빠트려 물고기 뱃속에 들어가게 하시고 다시 토해내어서 보내실 정도로 자기들을 사랑하신다는 것을 보았기 때문입니다. 이 선지자의 비린내 나는 옷과 더러운 모습이 그 증거였습니다.

 그렇게 악하던 니느웨 사람들도 하나님이 선지자를 바다에 빠트려 죽이게 하실 정도로 자기들을 사랑하신다는 말에 그 완악했던 마음이 녹기 시작했습니다. 그래서 니느웨 성읍은 한두 사람씩 회개하고 하나님의 말씀을 믿기 시작하더니 어느 순간에 위대한 부흥이 일어나게 되었습니다. 부흥이라고 하는 것은 많은 사람이 한꺼번에 회개하고 하나님께 돌아오는 것을 말합니다. 요나가 한번 바다에 빠져서 죽는 체험을 하고 초라한 모습으로 와서 하나님의 말씀을 성령의 능력으로 전했을 때 그곳에 대부흥이 일어나게 되었습니다.

2. 니느웨 성에 일어났던 대부흥

우리 인간은 하나님이 눈에 보이지 않기 때문에 눈에 보이지 않는 하나님을 믿는다는 것은 불가능한 일입니다. 더욱이 이 세상에서 많은 것을 가지고 있는 사람들은 이 세상만 보고 살아가기 때문에 하나님을 제대로 믿을 수 없습니다. 왜냐하면 이 세상에 있는 돈이나 무기나 권력은 당장 써먹을 수 있지만 하나님은 있는지 없는지 보이지도 않고 하나님을 믿는다고 해서 당장 무슨 혜택이 주어지는 것도 아니기 때문입니다.

그러나 하나님이 이 세상 사람들에게 주시는 가장 위대한 선물은 부흥입니다. 하나님의 말씀이 능력있게 선포되고 성령이 모든 사람의 마음속에 부어지듯이 임하면 사람들이 변하게 됩니다. 하나님의 사랑을 믿게 되고 그 독생자의 사랑을 믿게 되며 천국의 축복을 소망하게 됩니다. 우리는 이 세상에서 재물이 있고 똑똑하고 성공했기 때문에 대단하다고 생각합니다. 그러나 하나님은 이 우주를 만드신 분입니다. 이 광대한 우주 가운데 지구는 얼마나 작은 별이며, 거기에 있는 많은 인간 중에서 우리는 얼마나 별 볼 일 없는 존재입니까?

얼마 전 신문을 보니까 천왕성에 대하여 연구한 기사가 실렸습니다. 천왕성은 낮이 42년이고 밤이 42년입니다. 그리고 거기에는 달이 27개가 있습니다. 우리 지구가 있는 곳이 태양계인데, 미국 나사에서 발사한 우주선이 총알 속도로 날아가는데 30년 만에 태양계의 경계선에 도착했다고 합니다. 그런데 우주에는 이런 태양계 같은 우주가 수억만 개 있다고 합니다.

하나님은 이 우주를 만드신 창조주이십니다. 그런데 그 하나님께서 그 엄청난 우주 중에서 우리 지구를 사랑하시고 우리 인간, 특히 나를 사랑하신다는 것입니다. 그리고 그 광대한 우주에서 보석 중의 보석이 하나님의 아들 예수입니다. 예수님이 우리를 위해서 인간이 되시고 우리의 영생을 위하여 죽으셨습니다. 이 하나님의 사랑에 마음이 녹지 않으면 그 사람은 인간 자격도 없는 것입니다.

니느웨 왕은 요나의 소문을 듣고 하나님이 우리 니느웨를 사랑하는 것이 틀림없다고 믿었습니다. 니느웨 왕은 지금이라도 우리가 구원을 받으려면 살인이나 도둑질이나 모든 악한 음란을 버리고 하나님 앞에서 용서를 구해야 한다고 생각했습니다. 그래서 니느웨 성은 왕부터 하나님의 말씀을 듣고 왕의 보좌에서 일어나 맨땅에 앉아 하나님께 금식하면서 회개를 했습니다.

> 욘 3:6, "그 일이 니느웨 왕에게 들리매 왕이 보좌에서 일어나 왕복을 벗고 굵은 베 옷을 입고 재 위에 앉으니라"

왕이 하나님의 말씀을 믿고 베 옷을 입고 재 위에 앉아서 회개하니까 신하들도 회개하고 장군들도 회개하고 나중에는 온 백성들이 다 회개하게 되었습니다. 왕은 이번에 우리가 철저하게 회개해서 망하지 말아야 한다고 생각해서 조서를 내렸습니다. 그래서 니느웨의 모든 사람은 물론 짐승이나 소 떼나 양 떼도 아무것도 먹지 말고 물도 마시지 말고 하나님께 회개하라고 했습니다. 더욱이 양이나 소에게도 베 옷을 입히고 전부 하나님께 부르짖으며 회개하고 악한 길에서 떠나고 손으로 행한 모든 폭력에서 떠나라고 명령을 내렸습니다.

요즘 길거리에서 애완견을 유모차에 실어서 데려가는 모습을 간혹 볼 수 있습니다. 또 겨울이 되면 애완견에게 예쁜 옷을 입히고 신발까지 신겨서 데리고 가는 것을 볼 수 있습니다. 그러나 니느웨는 이와 정반대였습니다. 소나 양이나 개나 짐승에게 가장 좋지 못한 옷을 입혔고, 배가 고파서 울부짖으면 더 울부짖으라고 하면서 금식을 시켰고, 주인들도 하나님 앞에서 부르짖으면서 회개했습니다. 이 악한 성 니느웨가 하나님의 말씀을 듣고 회개한 것은 세계 최고의 기적입니다. 이것이야말로 하나님이 주시는 최고의 선물인 것입니다.

부흥이 일어나면 술꾼들이 술을 끊습니다. 영국의 마틴 로이드 존스 목사의 설교를 듣고 술을 마시던 사람들이 술을 끊었습니다. 그들은 남은 술을 목사님에게 갖다 바쳐서 목사님의 서재는 술병으로 가득 찼다고 합니다. 남편들이 술을 마시지 않고 번 돈을 아내에게 주니까 아내들은 좋아했고, 남편이 아이들을 때리지 않으니까 아이들이 좋아했고, 아이들은 깨끗한 옷을 입고 교회로 몰려왔습니다.

3. 뜻을 돌이키시는 하나님

하나님의 뜻은 사십 일이 지나면 무조건 니느웨 성이 무너지고 멸망한다는 것이었습니다. 그러나 니느웨 사람들이 하나님의 말씀 앞에 돌이켜 회개했을 때 하나님은 뜻을 돌이키셔서 니느웨를 멸망시키지 않으셨습니다.

욘 3:10, "하나님이 그들이 행한 것 곧 그 악한 길에서 돌이켜 떠난 것을 보시고 하나님이 뜻을 돌이키사 그들에게 내리리라고 말씀하신 재앙을 내리지 아니하시니라"

우리에게 궁금한 것은 어떻게 그 악하고 교만한 니느웨 사람들이 보잘것없는 모습의 요나가 가서 하나님의 말씀을 외쳤다고 해서 왕부터 시작해서 신하나 장군이나 짐승들까지 회개할 수 있었겠느냐 하는 것입니다. 아마 학자들은 이때 니느웨가 우리의 지금처럼 전염병이 돌았을 것이라고 생각하기도 합니다. 어떤 사람들은 작은 지진이 여러 차례 계속 있었을 것이라고 생각합니다. 혹은 흉년이 들었거나 가축까지 회개한 것을 보면 가축 전염병도 돌았을 것이라고 생각합니다. 사람들이 어려움을 당했을 때 하나님의 말씀을 듣고 믿으면 스파크가 일어나면서 믿음이 생기게 되고 부흥이 일어나게 됩니다.

하나님은 그 뜻을 돌이키셨습니다. 하나님은 우리가 누구든지 회개하고 부르짖으면 뜻을 돌이키시는 분이십니다. 하나님이 니느웨를 이렇게 회개시킨 것은 이렇게 악한 니느웨 성 사람들도 회개하니까 하나님이 용서하시고 축복하시는데, 하물며 이스라엘 백성들이 금송아지 우상을 버리고 회개하면 하나님이 얼마나 더 사랑하시고 축복하시겠느냐 하는 것입니다. 그런데 놀라운 것은 니느웨는 회개했는데 이스라엘은 회개하지 않았다는 것입니다. 그래서 결국 이스라엘은 이 앗수르에 의해 멸망하게 됩니다.

오래 믿은 사람들에게는 고집이 있는 것 같습니다. 그것은 자기가 믿는 방식을 포기하지 않는다는 것입니다. 누가 뭐라고 해도 자기 방식대로 믿는 것입니다. 그리고 하나님이 아무리 말씀하셔도 듣지 않는다는 것입니다. 그래서 예수님께서는 마지막 날에 니느웨 성 사람들이 이스라엘 사람들을 정죄할 것이라고 말씀하셨습니다(마 12:41). 그들은 요나의 설교를 듣고 회개했는데 이스라엘 사람들은 예수님의 말씀을 듣고서도 회개하지 않았기 때문입니다.

지금은 우리에게 기회입니다. 하나님은 구한말에도 우리를 사랑하셨고 일제강점기에도 사랑하셨습니다. 우리가 지금 한 번 더 하나님의 말씀을 믿고 겸손하면 하나님은 우리에게 엄청난 복을 더해주실 것입니다. 이것을 믿으시기 바랍니다. 지금까지 잘 믿었다고 생각하지 마시고 세상을 사랑하고 돈을 사랑하고 명예를 사랑하는 마음을 버리시고 하나님께 부르짖으면서 그 사랑을 믿고 모든 생각이나 삶을 바꾸는 성도들이 되시기 바랍니다.

04

선지자의 분노

욘 4:1-11

이 세상을 살아가면서 아주 사소한 일에 분노할 때가 종종 있습니다. 예를 들어서 앞차가 교통질서를 지키지 않고 깜빡이를 켜지 않고 끼어들기를 한다든지 혹은 줄을 서서 기다려야 하는데 새치기를 한다든지 하면 이것은 옳지 않은 일이기 때문에 바로잡으려고 하거나 따질 때가 있습니다. 그러면서도 동시에 사회적인 정의나 정치인들의 비리에 대하여 격분할 때가 있습니다. 그런데 우리가 정말 어떤 큰일을 해내려고 하면 이러한 사소한 분노는 버리고 큰 것에 집중해야 큰일을 해낼 수 있습니다. 아무리 경기에 자신이 있고 실력이 있다 하더라도 중요한 경기를 앞두고는 술 마시거나 패싸움 하는 것은 삼가야 경기를 제대로 할 수 있는 것입니다.

설교자에게 가장 큰 영광은 자신의 설교를 통해서 듣는 이들이 은혜를 받고 큰 부흥이 일어나는 것입니다. 이것은 하나님께서 설교를 듣는 회중을 찾아오시는 것이고, 그들을 만나주시고 축복해주시는 것이고, 하나님께서 설교자를 사용하시는 것입니다. 이것은 운동선수가 올림픽 금메달을 따는 것보다 더 큰 영광이고 학자가 노벨상을 타는 것보다 더 큰 영광일 수 있습니다. 그러나 어떤 설교자는 많은 사람이 설교에 은혜를 받고 회개하는 것보다는 설교 마친 후 받는 사례에 더 관심을 가질 수도 있습니다. 그러나 중요한 것은 수고한 대가로 받는 사례가 아니라 사람의 생명이고 하나님의 말씀에 은혜받는 일입니다.

최근에 사회적으로 지위가 높은 사람들의 사회적인 불의에 대하여 엄청나게 분노하고 있습니다. 스펙을 쌓기 위해서 엉터리 상을 받기도 하고, 하지도 않은 인턴을 했다고 써내고, 쓰지도 않은 논문의 저자가 되어서 좋은 학교에 입학하고 장학금도 받았습니다. 이러한 것들이 다른 많은 성실한 학생들에게 상실감을 주고 있다고 해서 그 불의를 저지른 가족들을 향해 무차별 공격을 했습니다. 그런데 우리는 이런 사실이 밝혀진 것으로 만족하는 것이 아니라 반드시 이들을 처벌해야 한다고 생각한다는 것입니다.

그런데 하나님은 우리에게 그러한 것이 그 사람의 생명보다 더 귀할 수 있느냐고 질문하십니다. 그러면 우리는 때때로 하나님을 향해 화를 내면서 정의는 사람의 생명보다 더 귀할 수 있다고 대답을 하곤 합니다. 그러나 하나님은 이 세상의 최고의 정의는 악한 자가 죄에서 돌이켜서 구원받는 것이고, 죽을 사람이 누구든지 간에 죽지 않고 사는 것이라고 말씀하셨습니다. 그것을 위해서 하나님은 기다리시고 또 기다리신다는 것입니다.

1. 요나의 정의감

예를 들어서 어떤 의사가 총에 맞은 환자를 수술해야 하는데, 그 환자가 여러 사람을 죽인 연쇄살인범이라고 합시다. 그 사람은 경찰 총에 맞아서 피를 많이 흘려서 죽어가고 있습니다. 이때 의사는 그 악인을 살려야 할까요, 아니면 또 사람을 죽이고 못된 짓을 할 것이니까 모른 체하고 죽도록 내버려 두어야 할까요? 또 어떤 사람이 갑자기 배에서 떨어져 허우적거리는데 그 사람이 평소에 나를 때리고 괴롭히는 자라고 한다면 내가 뛰어들어서 그 사람을 건져내어 살려야 할까요, 아니면 평소에 나를 괴롭힌 사람이니까 죽도록 구경만 하고 있어야 할까요?

모든 사람의 마음속에는 정의감이 있습니다. 이 정의감은 옳은 것은 옳다고 하고 틀린 것은 틀렸다고 해야 직성이 풀리는 마음입니다. 물론 이 정의감은 하나님께서 우리 인간에게 주신 성품 중 하나입니다. 그래서 우리는 정의로운 일을 행한 사람은 마땅히 칭찬과 존경을 받아야 하고, 악한 일을 행한 사람은 응분의 비난이나 처벌을 받아야 세상이 깨끗해진다고 생각합니다. 그런데 어느 사회든지 힘을 가진 자가 불의를 행하기 때문에 사람들의 마음이 그것에 억눌려 있습니다.

미국도 얼마나 불의가 판을 치고 있는지 모릅니다. 대낮에 백인 경찰이 흑인 청년을 무릎으로 목을 눌러서 폭력을 행사하는 바람에 죽었습니다. 그래서 흑인들이 화가 나서 데모하고 폭동을 일으키는 바람에 주방위군까지 동원되는 사태가 벌어지기도 했습니다.

고대사회에서 세계적으로 악한 나라 중의 악한 나라는 앗수르였습니다. 그 수도가 니느웨입니다. 이들은 악당 중의 악당이었습니다. 니느웨 성읍은 주위에 있는 대부분 나라를 멸망시키고 은과 금과 양식을 빼앗았고, 정복한 백성들을 그냥 죽인 것이 아니라 임신부의 배를 가르고 사람의 껍질을 벗기고 목을 잘라서 죽일 정도로 잔인했습니다. 이스라엘 백성들도 앗수르에 의해서 많은 폭행과 살인을 당했고 많은 사람이 포로로 붙들려갔습니다. 그런데 요나 선지는 하나님으로부터 아주 반가운 말씀을 듣게 되었습니다. 그것은 하나님께서 니느웨의 이런 악한 행동을 도저히 더 이상 지켜볼 수 없어서 사십 일 후에 멸망시키려고 하니까, 네가 니느웨에 가서 그 사실을 좀 알려주어서 니느웨가 멸망하지 않도록 하라는 명령의 말씀이었습니다. 이때 요나는 매우 싫어했습니다.

   욘 4:1, "요나가 매우 싫어하고 성내며"

요나는 마음속에 정의감을 가지고 있었습니다. 그것은 이 세상에서 악한 짓을 한 사람은 비난받아야 하고, 그가 한 행동에 대하여 응분의 심판을 받아야 한다는 것이었습니다. 다시 말해서 니느웨 사람들이 이스라엘의 죄 없는 사람을 죽였으면 그들도 그렇게 죽어야 공평하다는 생각이었습니다. 그런데 요나는 도무지 이해가 되지 않는 것이 있었습니다. 하나님은 니느웨를 멸망시킬 계획을 가지고 계시면서도 그것을 니느웨 사람들에게 미리 알려주어서 할 수 있으면 망하지 않게 하라고 말씀하셨다는 것입니다. 하나님이 다른 사람에게 이 임무를 주어서 보내신다고 해도 요나는 말릴 텐데 하필이면 요나에게 그 사명을 주신 것입니다. 그래서 요나는 너무 싫어하고 화를 내었습니다. 왜 하나님은 니느웨의 악한 행동을 눈감으시려고 하는가 하는 일종의 정의로운 분노였습니다.

  요나는 하나님께서 얼마나 오래 참으시고 얼마나 은혜로우시며 얼마나 노하기를 더디 하시는지를 잘 알고 있었습니다.

   욘 4:2, "여호와께 기도하여 이르되 여호와여 내가 고국에 있을 때에 이러하겠다고 말씀하지 아니하였나이까 그러므로 내가 빨리 다시스로 도망하였사오니 주께서는 은혜로우시며 자비로우시며 노하기를 더디하시며 인애가 크시사 뜻을 돌이켜 재앙을 내리지 아니하시는 하나님이신 줄을 내가 알았음이니이다"

요나의 의문은 사십 일만 어영부영 보내면 자동적으로 니느웨가 망하게 되어있는데, 왜 굳이 자기가 니느웨에 가서 그 성이 망한다고 알려주어서 니느웨를 살릴 필요가 어디에 있느냐는 것이었습니다.

예를 들어서 어떤 의사가 살인자를 수술할 때 이미 그 환자가 피를 많이 흘렸기 때문에 그냥 시간만 보내면 저절로 죽게 되었는데 굳이 수혈하고 심폐소생을 해서 다시 살려서 그 악한 짓을 또 하게 할 필요가 있는가 하는 의문과 같은 것이었습니다. 그래서 요나는 이것은 자기가 죽는 것보다 더 싫은 일이라고 했습니다.

욘 4:3, "여호와여 원하건대 이제 내 생명을 거두어 가소서 사는 것보다 죽는 것이 내게 나음이니이다 하니"

요나는 악한 니느웨가 사는 것보다는 차라리 자기가 죽는 것이 더 낫다고 했습니다. 왜냐하면 요나는 그 악한 니느웨가 망하지 않고 다시 사는 것이 너무 보기가 싫었고, 또 그냥 두면 망하게 되는 니느웨를 다시 살린 것이 자기라는 사실이 견딜 수 없었기 때문입니다.

그런데 하나님은 요나에게 이렇게 말씀하셨습니다.

욘 4:4, "여호와께서 이르시되 네가 성내는 것이 옳으냐 하시니라"

니느웨 사람들이 악하기 때문에 요나가 하나님의 말씀을 전해도 우습게 알고 안 듣겠지만 혹시라도 이들이 하나님의 말씀을 듣고 회개한다면 그들은 다 사는 것입니다. 왜냐하면 하나님은 약간의 가능성만 있어도 멸망시키지 않고 살리시는 분이시기 때문입니다.

하나님은 요나에게 "네가 니느웨가 사는 것에 대하여 이렇게 성을 내는 것이 옳으냐?"고 물으셨습니다. 요나는 "내가 성을 내서 죽는 한이 있어도 이것만큼은 옳은 것이라"고 대답했습니다. 요나는 정의로운 사람이었습니다. 요나는 악한 자는 망해야 하고 정의로운 자는 사는 것이 옳다고 생각했습니다. 요나는 얼마나 정의감이 강했는지 죽어도 옳은 것은 옳은 것이고 틀린 것은 틀린 것이라고 대답했습니다.

요즘은 이런 정의감이 사라지고 자기 인기와 이익을 채우는데 급급한 것을 볼 수 있습니다. 언젠가 미국 뉴욕의 지하철에서 흑인이 백인 여자를 밀어서 철로에 떨어트리려고 했습니다. 그것을 보고 한국인이 화가 나서 말렸는데 그 흑인은 한국인을 밀어서 철로에 떨어지게 했습니다. 한국인이 플랫폼에 기어오르는데 열차가 오고 있었습니다. 그러나 그때 아무도 그를 끌어올려 주지 않고 오히려 스마트폰으로 동영상을 찍고 있었습니다. 그리고 그 한국인은 열차에 치여 죽었습니다. 우리나라 부정행위 중에는 요구하지 않았어도 알아서 해주는 경우가 많습니다. 즉 상대방이 권력의 자리에 있기 때문에 요구하지 않아도 자기가 알아서 그 자녀들에게 혜택을 주고 나중에 그 대가를 받는 것입니다. 그런데 요나는 죽으면 죽었지 불의한 자들을 살릴 수 없다고 하면서 화를 내었습니다.

2. 요나의 이기심

요나는 니느웨에서 설교하면서 이미 니느웨는 살았다는 것을 알았습니다. 왜냐하면 설교자는 나타나는 회중의 반응이나 성령의 역사를 보고 결과를 알 수 있기 때문입니다. 예를 들어서 설교하는데 강한 성령의 역사가 나타나고 사람들이 집중해서 말씀을 듣고 얼굴색이 변하고 기쁨이 일어나면 이미 그들은 하나님의 말씀을 믿고 살아난 것입니다. 그래서 설교자는 굳이 설교가 끝난 후에 나타나는 결과를 보지 않아도 설교를 듣는 사람들에게 어떤 일이 일어날지 미리 알 수 있습니다.

그러나 요나는 니느웨 성에서 일어나고 있는 회개를 믿지 않으려고 했습니다. 요나는 니느웨의 회개가 위선적인 회개여서 하나님의 용서를 받지 못하고 사십 일 후에는 망하기를 바라는 마음이 더 강했던 것입니다.

사실 요나는 니느웨 성에서 하나님의 말씀을 전한 후 그들이 회개하고 부흥이 일어나는 것을 보고 거기에 더 있으면 안 되는 것입니다. 그는 즉시 이스라엘로 돌아가서 이스라엘 사람들에게 "내가 니느웨에 가서 하나님의 말씀을 전하니까 회개가 일어나더라. 왕부터 짐승까지 모두 다 회개하던데 우리도 하나님의 말씀을 듣고 회개해서 부흥을 일으키자. 우리도 금송아지 우상 다 버리고 하나님의 말씀대로 한번 살아보자"고 외쳤으면 사마리아에서도 부흥이 또 일어날 수 있었을 것입니다. 사실 하나님께서 니느웨를 살리신 것은 니느웨가 목적이 아니었습니다. 하나님이 이렇게 악한 자들까지 살리시는 것을 보면 이스라엘 백성들은 회개하기만 하면 얼마든지 살 수 있다는 것을 보여주시는 것입니다. 즉 하나님의 백성들에게 어려운 환란은 환란이 아니라 축복을 받을 기회입니다.

그런데 요나는 니느웨가 꼭 망해야 한다고 생각해서 니느웨가 망하는 것에 집착했습니다. 그래서 요나는 니느웨가 회개하고 니느웨 사람들이 하나님과 요나에게 감사하고 기뻐함에도 불구하고, 요나는 니느웨가 망하는 것을 자기 눈으로 꼭 봐야 하겠다고 생각해서 이스라엘로 돌아가지 않았습니다. 요나는 니느웨 성읍 밖으로 나가서 거기에 초막 같은 것을 하나 짓고 니느웨 성읍이 망하는 광경을 기다렸습니다.

욘 4:5, "요나가 성읍에서 나가서 그 성읍 동쪽에 앉아 거기서 자기를 위하여 초막을 짓고 그 성읍에 무슨 일이 일어나는가를 보려고 그 그늘 아래에 앉았더라"

우리가 이것을 보면 요나의 애국심이나 정의감이 얼마나 대단한지 알 수 있습니다. 요나는 지금까지 무수한 악을 행한 니느웨 사람들이 이렇게 쉽게 용서를 받아서는 안 된다고 생각했습니다. 그들의 회개는 아마 엉터리일 것이고 하나님은 니느웨를 멸망시킬 것이라고 생각한 것 같습니다. 그래서 요나는 니느웨에서 실컷 설교하고 부흥을 일으킨 후에 니느웨가 망하기를 기다리고 있었습니다.

그때 하나님은 요나를 깨우치기 위해서 박넝쿨 하나를 준비하셨습니다.

욘 4:6, "하나님 여호와께서 박넝쿨을 예비하사 요나를 가리게 하셨으니 이는 그의 머리를 위하여 그늘이 지게 하며 그의 괴로움을 면하게 하려 하심이었더라 요나가 박넝쿨로 말미암아 크게 기뻐하였더니"

여기에 박넝쿨로 번역된 말은 원어로 '키카욘'이라고 하는데, 다른 곳에서는 이 단어가 쓰인 적이 없기 때문에 정확히 무엇인지 알 수는 없습니다. 단지 잎이 아주 넓은 식물인 것을 알 수 있습니다. 우리나라의 오동나무 같은 것은 잎이 아주 크기 때문에 얼마든지 그늘을 만들어줄 수 있습니다. 사실 우리가 땡볕에 앉아있는 것과 시원한 나무 그늘에 앉아있는 것 사이에는 엄청난 차이가 있습니다. 요나는 그 넝쿨이 하루 만에 쑥쑥 자라더니 자기 머리 위에 시원한 그늘을 만들어주니까 너무나도 기뻤습니다. 요나는 이 넝쿨 덕분에 시원하게 얼마든지 거기에 앉아서 기다릴 수 있었습니다.

그런데 하나님은 다른 것을 또 준비하셨습니다. 그것은 바로 이 박넝쿨을 갉아 먹는 벌레였습니다. 하나님께서 준비하신 벌레는 요나가 잠자는 새벽에 이 넝쿨의 줄기를 갉아 먹어서 그만 시들어버렸습니다. 그리고 하나님은 사막에서 부는 아주 뜨거운 바람을 준비하셨습니다.

욘 4:8, "해가 뜰 때에 하나님이 뜨거운 동풍을 예비하셨고 해는 요나의 머리에 쪼이매 요나가 혼미하여 스스로 죽기를 구하여 이르되 사는 것보다 죽는 것이 내게 나으니이다 하니라"

요나가 아침에 일어나보니 자기가 그렇게 좋아하고 고마워했던 박넝쿨이 말라서 죽어버렸습니다. 요나가 자세히 보니까 벌레가 박넝쿨의 줄기를 갉아 먹은 것이었습니다. 그리고 그날따라 하나님은 사막에서 아주 뜨거운 열풍이 불게 하셨습니다. 아마 성지순례를 하면서 시내산 휴게소에서 버스에서 내려보신 분은 아실 것입니다. 버스에서 내리면 얼마나 뜨거운 바람이 부는지 숨을 쉴 수 없을 정도입니다.

요나가 초막을 짓고 앉아있는 그곳에 그늘이 없어져 버렸습니다. 그 뜨거운 사막의 태양이 직사광선으로 요나의 머리 위를 내리쬐고 있었고 숨을 쉴 수 없는 뜨거운 바람이 불어왔습니다. 요나는 너무 괴로우니까 저절로 입에서 욕이 나왔습니다. 요나가 저주한 것은 바로 자기가 아낀 박넝쿨을 갉아먹은 벌레였습니다. 이어서 뜨거운 바람도 욕하고 태양도 욕하고 모든 것을 향해 다 욕했습니다. 요나는 너무 뜨거워서 견딜 수 없으니까 입에서 저절로 '미치겠네' 소리가 나오고 '빌어먹을'이라는 소리가 나오고 '죽어버려야겠어'라는 소리가 나왔던 것입니다. 요나는 박넝쿨을 갉아먹은 벌레를 너무너무 미워해서 아마 큰 소리로 '이 세상의 모든 벌레는 다 미워. 다 죽어버려'라고 소리를 질렀을 것입니다.

이때 하나님은 요나에게 물어보셨습니다.

욘 4:9, "하나님이 요나에게 이르시되 네가 이 박넝쿨로 말미암아 성내는 것이 어찌 옳으냐 하시니 그가 대답하되 내가 성내어 죽기까지 할지라도 옳으니이다 하니라"

요나는 하나님께 항의했습니다. "하나님, 저는 제 박넝쿨을 도둑

맞았습니다. 제가 어젯밤에 자는 동안에 벌레라는 놈이 와서 박넝쿨의 줄기를 갉아먹어 죽이고 갔습니다. 하나님, 벌레에게 복수해주시기 바랍니다. 이것이 정의입니다." 하나님은 요나에게 물었습니다. "그 박넝쿨이 네 것이냐?" 요나는 대답했습니다. "하나님, 그 박넝쿨은 틀림없이 제 것입니다. 제가 가장 먼저 발견했고 늘 제 옆에 있었고 제가 아끼는 것이었기 때문에 제 것이 틀림없습니다. 저는 제 박넝쿨을 죽인 벌레를 찾아 죽일 때까지 참을 수 없습니다. 하나님, 저는 화가 나서 죽고 싶습니다. 저는 오늘 모든 것이 제 뜻대로 안 되는군요."

요나가 정말 정의로운 사람이었다면 자기의 작은 이익 같은 것에는 상관하지 말아야 옳을 것입니다. 한 민족의 살고 죽는 것을 따지는 사람이 그늘 하나 가지고 다툰다면 그는 정의를 말할 자격이 없는 것입니다. 그러나 이것이 바로 인간이 가지는 이중성입니다. 다른 사람에 대해서는 정의라는 거창한 이야기를 하지만 자기 자신을 위해서는 주차하는 것이나 계산하는 것을 기다리지 못하거나 전기가 끊어진 것에 소리를 지르고 죽으려고 하는 한심한 사람인 것입니다. 그래서 작년에 가장 유행했던 말이 '내로남불'이었습니다. '내가 하면 로맨스이고 남이 하면 불륜' 이라는 것입니다. 자기는 조금도 불편한 것을 참지 못하면서 다른 사람에게는 희생을 요구하고 정의를 요구하고 바른 사회를 요구한다는 것입니다.

3. 하나님의 사랑

우리 모두에게는 자기의 것은 무한히 아끼면서도 다른 사람들은 모두 정의롭게 행동해주기를 바라는 마음이 있습니다. 그리고 하나님께서는 이 세상에 악한 자들을 빨리 죽게 하시거나 망하게 하셔서 이 사회가 좀 더 정의로운 사회가 되기를 바라는 마음을 가지고 있습니다.

    요나는 한 도시 전체가 멸망하기를 바라면서 자기 자신은 주머니에도 넣지 못하는 작은 것을 아끼는 마음을 가지고 있었습니다. 즉 요나는 니느웨에 있는 왕이나 어린아이나 여자나 모두 하나님의 심판으로 비참하게 죽기를 기다리고 있으면서, 자기가 키우지도 않은 작은 박넝쿨 하나를 엄청나게 아끼고 있었습니다.

    하나님은 요나가 자기의 것을 아끼는 것을 나쁘다고 말씀하지는 않으셨습니다. 사람은 누구든지 자기 것은 다 아끼게 되어있습니다. 하나님은 요나에게 물어보셨습니다.

    욘 4:10, "여호와께서 이르시되 네가 수고도 아니하였고 재배도 아니하였고 하룻밤에 났다가 하룻밤에 말라 버린 이 박넝쿨을 아꼈거든"

    요나가 박넝쿨을 발견하게 된 것은 그야말로 우연이었습니다. 요나는 박넝쿨을 심지도 않았고 키우려고 물을 주지도 않았습니다. 박넝쿨은 우연히 요나 옆에서 자라나서 요나에게 그늘을 만들어주었던 것입니다. 요나가 박넝쿨을 사랑했던 것은 지금 자기에게 그늘이 필요했기 때문입니다.

    우리는 흔히 필요할 때는 무엇을 찾아도 없다고 말을 합니다. 예를 들어서 집에서 칼에 손을 베어서 연고와 밴드를 찾으면 없을 때가 많습니다. 평소에는 그렇게 흔하게 돌아다니던 못도 액자 하나 박으려고 찾으려니까 아무리 찾아도 없는 것입니다. 그러다가 우연히 약이나 못이 보이면 굉장히 기뻐하면서 좋아하는 것입니다. 그런데 우리는 윗집에 쿵쿵거리는 아이들은 여전히 미워하고, 내가 주차할 자리를 빼앗아버리는 아저씨는 없어졌으면 좋겠다고 생각하고, 계단에서 담배 피우는 사람을 경찰에 고소하고 싶은 마음이 없어지지 않는 것입니다.

하나님은 그런 마음이 나쁜 것은 아니라고 말씀하셨습니다. 그런데 "너는 하나님의 마음을 너무 생각하지 못한다"고 말씀하시고 계십니다.

욘 4:11, "하물며 이 큰 성읍 니느웨에는 좌우를 분변하지 못하는 자가 십이만여 명이요 가축도 많이 있나니 내가 어찌 아끼지 아니하겠느냐 하시니라"

요나가 자기에게 필요한 것을 아끼듯이, 하나님은 사람이나 동물의 생명을 아끼시는 것입니다. "너는 오늘 있다가 내일 없어질 벌레에게 죽는 박넝쿨을 아끼는데 비록 악하지만 니느웨에는 좌우를 분변하지 못하는 어린아이들이 십이만 명이나 있고 소나 양이나 나귀도 많이 있는데 할 수 있으면 살려야 하지 않겠느냐?"고 말씀하시는 것입니다. 하나님이 니느웨를 살려주시는 것은 니느웨가 있어도 얼마든지 이스라엘을 지키실 자신이 있으시기 때문입니다. 하나님이 북한의 핵무기를 그냥 두시는 것은 핵무기가 있어도 얼마든지 우리를 지키실 자신이 있으시기 때문입니다.

하나님은 악한 자들도 회개하면 살리시는 분이십니다. 하나님은 하나님의 백성들이 회개하면 백배, 천배로 기뻐하시고 살려주십니다. 우리는 하나님의 오래 참으심과 사랑을 믿고, 하나님의 자신감을 믿고, 영혼을 가장 중요하게 생각하면서 사는 성도들이 되시기 바랍니다.

나훔

01

악한 나라의 운명

나 1:1-15

얼마 전 일본 도쿄에 큰 지진이 일어났을 때 고층건물이 흔들리고 아스팔트가 춤을 추듯이 움직였습니다. 그때 일본 한 식당에서 식사하던 손님들이 모두 피신했는데, 그들은 지진이 끝난 후 다 돌아와서 음식값을 내더라는 것입니다. 한국 사람들 같으면 이것이야말로 하나님의 뜻이라고 해서 모두 음식값을 안 내고 집으로 갔을지도 모릅니다.

일본 만숀에는 옆집 사이에 모두 얇은 합판 같은 것으로 막혀 있지 벽돌로 막지 못하게 되어 있습니다. 왜냐하면 지진이 일어나면 문이 비틀어져서 열리지 않기 때문에 옆집을 통해서 탈출할 수 있도록 발로 차기만 하면 뚫리는 얇은 판으로 막아 놓은 것입니다. 그래서 한 한국 사람이 친한 일본 사람에게 이렇게 자주 지진이 일어나는데 불안해서 어떻게 사느냐고 물으니까 일본 사람들은 지진을 일종의 운명처럼 받아들인다고 대답했다고 합니다. 그들은 지진이 일어나면 무너진 부분을 복구하고 또 지진이 일어나면 또 복구하면서 살아간다는 것입니다.

그러면서 그 일본 사람은 오히려 한국 친구에게 북한의 김정은이 핵무기를 개발해서 언제 쏠지 모르는데 도대체 불안해서 어떻게 사느냐, 우리 같으면 한국이 오히려 불안해서 더 살지 못하겠다고 묻더라는 것입니다. 북한이라는 나라는 확실히 악한 나라입니다. 북한은 공산당 간부 1프로에게는 천국이겠지만 나머지는 모두 헐벗고 굶주림 가운데 살아가고 있습니다. 틈만 있으면 남한을 공격하려고 노리고 있고, 성경을 가지고 있으면 무조건 강제수용소에 잡혀가서 고문을 당하고 정치적으로 반대하면 공개처형을 하든지 정치범 수용소에 가두는 악한 나라입니다. 그런데 그런 나라가 핵무기와 미사일까지 개발해서 미국을 포함해 전 세계와 우리나라를 상대로 위협하고 있습니다.

이차대전 때 독일은 독일민족이야말로 가장 우수하고 똑똑하다고 해서 열등한 민족을 말살시키는 엄청난 일을 벌였습니다. 그래서 유대인 600만 명을 이유도 없이 가스실에서 죽였습니다. 처음에 사람들은 이 사실을 믿지 않았습니다. 그런데 미군이 폴란드를 조사해보니까 이상한 곳이 있었습니다. 사람들이 철조망 안에 있는데 도저히 사람이라고 볼 수 없을 정도로 말라 있었고 그 옆에는 시체들이 쌓여 있는데 그런 곳이 여러 곳에 있었습니다. 그곳이 바로 악명 높은 독일 나치의 유대인 수용소였던 것입니다.

일본 사람들은 중국의 난징(남경)을 공격할 때 20만 명 이상을 학살했습니다. 그곳의 중국 여자들을 강간해서 죽였고, 일본군들이 자기 힘을 자랑한다고 칼로 목을 잘라서 머리만 쌓아놓고 사진을 찍기도 했습니다. 우리나라 위안부들은 종전 후 필리핀에서 미군에게 발견되었는데, 그중의 한 여인은 임신해서 배가 불러 있었고 모두 일본군의 성 대상이 되느라고 피폐해져 있었습니다. 일본의 군함도는 군함같이 생겼다고 해서 붙여진 이름인데, 그 밑에서 강제로 동원된 사람들이 그 좁은 갱도에 들어가서 석탄을 캐내었고 또 많은 사람이 죽기도 했습니다. 학도병으로 끌려간 학생들은 일본 군복을 입고 일본군에게 무지무지하게 두들겨 맞고 죽기도 하고 그들로부터 도망치기도 했습니다.

우리에게 도무지 이해되지 않는 것은, 왜 하나님이 살아계시는데 이 세상에 이런 악한 나라들이 있어서 사람들을 벌레보다 못하게 죽이면서 자기들은 온갖 사치와 권력을 다 누리고 있는데 그냥 내버려 두시느냐는 것입니다. 이것은 우리에게 마지막 남은 가장 어려운 문제일 것입니다.

아마 우리에게 북한에 가서 살라고 하면 살 수 있는 사람은 아무도 없을 것입니다. 우선 북한에서는 위대한 위원장 동무가 연설할 때 열렬하게 손뼉 쳐야 살 수 있는데 우리 가운데 그렇게 할 수 있는 사람은 아무도 없을 것입니다. 또 그들은 만수대에 가서 김일성과 김정일 동상에 90도로 절을 해야 합니다. 그렇게 하지 않으면 정치범 수용소에 잡혀가서 죽도록 두들겨 맞을 것입니다. 지금 우리나라에는 탈북자들이 3만 명 넘게 북한에서 도망쳐 와 정착해서 살고 있습니다. 그들의 이야기를 들어보면 훨씬 북한을 잘 이해할 수 있습니다. 그런데 왜 하나님은 이런 악한 나라들을 그냥 내버려 두고 계시는 것일까요?

나훔서는 앗수르가 가장 전성기였을 때 선지자 나훔이 앗수르의 멸망에 대하여 예언한 내용입니다. 1장 1절에 보면 "엘고스 사람 나훔의 묵시"라고 했는데 '엘고스'는 갈릴리 해변의 한 마을로 짐작하고 있습니다. 어떤 학자는 가버나움이 엘고스일 것이라고 주장합니다. 왜냐하면 가버나움이 나훔의 마을이라는 뜻을 가지고 있기 때문입니다.

나훔이 이 예언을 전할 때 앗수르는 그야말로 전성기였습니다. 앗수르라는 나라는 힘이 정의였습니다. 그래서 힘을 가진 사람이 약한 나라나 사람들을 벌레같이 죽여도 죄가 되지 않았습니다. 이때 나훔은 사람들을 모아서 앗수르 왕을 암살할 특공대를 조직하지도 않았고, 앗수르가 악한 나라라고 데모하지도 않았습니다. 그는 오직 하나님의 엄중한 예언의 말씀을 대언하기만 했습니다. 하나님을 무시하고 힘을 자기 신으로 삼는 자들에게 선지자의 말씀이 무슨 의미가 있겠습니까? 선지자의 예언은 아무 힘이 없는 것 같았습니다.

1. 하나님은 존재하신다

나훔이 가장 먼저 예언한 것은 비록 하나님이 사람들의 눈에 보이지 않는 것 같고 없는 것 같지만, 하나님은 분명히 살아계신다는 것이었습니다.

> 나 1:2, "여호와는 질투하시며 보복하시는 하나님이시니라 여호와는 보복하시며 진노하시되 자기를 거스르는 자에게 여호와는 보복하시며 자기를 대적하는 자에게 진노를 품으시며"

이 세상에는 최고의 권력을 가진 사람이 사람들을 죽일 수도 있고 살릴 수도 있는 힘을 가지고 있는 것 같습니다. 그러나 이 세상 최고 꼭대기에는 하나님이 계신데, 그분은 질투하시며 보복하시는 하나님이라고 말씀하고 있습니다. 질투하신다는 것은 자신이 누군가를 사랑하는데 그가 다른 사람을 자기보다 더 사랑하면 화가 나는 것을 가리킵니다. 거기에 비해 보복하신다는 것은 하나님이 누군가를 사랑하시는데 어떤 힘센 나라 사람이 공격해서 피해를 주면 보복해야 직성이 풀리는 성품을 말하는 것입니다. 한마디로 말하면 하나님은 이 세상 그 어떤 것보다 자기 백성들을 사랑하시고 아끼는 분이십니다. 그럼에도 불구하고 하나님은 앗수르 같은 아주 힘만 센 나라를 일으키셔서 이스라엘 사람들의 재물과 생명을 빼앗아가도 내버려 두시고 또 많은 사람을 노예로 잡아가도 내버려 두셨습니다. 이것을 이스라엘 백성들이나 유다 백성들은 도저히 이해할 수 없었습니다.

우리가 생각하기에는 악한 나라는 생기지 말아야 하고, 하나님은 그런 악을 막아주셔야 할 것 같습니다. 그래야 사람들이 조금이라도 덜 죽고 또 힘없는 사람들이 덜 고통을 받을 것입니다. 그러나 하나님은 이 세상에 악한 나라들이 힘을 가지는 것을 내버려 두시며 어떤 때는 큰 전쟁을 일으켜서 수많은 사람을 죽게 해도 가만히 지켜보고만 계신 것 같습니다. 이것이 우리에게는 이해가 되지 않습니다.

왜 하나님은 전쟁을 허용하시며 왜 하나님은 악한 강대국이 일어나도록 내버려 두시는 것일까요? 그리고 그때 우리가 할 수 있는 것이 무엇이겠습니까? 하나님만 믿고 기도만 하면 되는 것일까요, 아니면 우리도 전력을 다해서 무기를 개발하고 이 강한 나라를 물리칠 준비를 해야 할까요?

우선 우리가 생각해야 할 것은 결코 이 세상은 천국이 아니라는 사실입니다. 우리는 할 수 있는 한 이 세상을 도덕적으로 완전하고 상식과 윤리가 통하는 나라로 만들려고 노력하지만 인간의 마음속에 죄가 있는 이상 이 세상은 이상적인 나라가 될 수 없습니다. 우리는 이 세상이 조금이라도 더 도덕적이고 깨끗한 나라가 되도록 노력해야 합니다. 왜냐하면 이것이 하나님이 우리에게 주신 사명이기 때문입니다.

그리고 아무리 하나님의 백성이라 하더라도 하나님의 말씀이 없으면 악한 사람이 되게 됩니다. 본문에 보면 하나님을 이중적으로 말씀하고 있는데 "질투하시며 보복하시는 하나님"이라고 했습니다. '질투하신다'는 것은 하나님의 백성들이 하나님을 버리고 다른 신을 섬기는 것을 의미합니다. 이스라엘의 불행은 이방신을 따라가는 데 있었습니다. 하나님의 백성들에게는 하나님의 백성들의 길이 있고 복이 있는데, 그들은 세상의 영광이 너무 좋아 보여서 세상처럼 살아갈 때 하나님은 질투하셔서서 그들을 미워하시는 것입니다.

그때 하나님은 앗수르를 이스라엘과 온 세상을 때리는 몽둥이로 사용하시는 것입니다. 그래서 우리는 이런 악한 나라나 악한 사람들 때문에 엄청나게 고민하게 됩니다. 어떤 때는 도무지 살길이 없는데 살아야 되겠고 길이 없는데 가야 하니까 생각을 하는 것입니다. 그러면서 조금씩 생각이 트이게 되고 현실을 깨닫게 되고 겸손하게 됩니다.

하나님의 백성들이 정신을 차리고 하나님을 진심으로 믿을 때 하나님은 악한 나라를 심판하시는 것입니다. 그런데 문제는 하나님이 질투하셨다가 이것이 보복하시는 하나님으로 바뀌는데 수십 년의 시간이 걸린다는 것입니다. 즉 인간이 정신을 차리고 자기 죄를 깨닫는데 수십 년이 걸리는 것입니다.

나훔 선지는 하나님의 능력이 조금도 줄어들지 않았다고 강조하고 있습니다.

> 나 1:3상-4, "권능이 크시며 벌 받을 자를 결코 내버려두지 아니하시느니라 여호와의 길은 회오리바람과 광풍에 있고 구름은 그의 발의 티끌이로다 그는 바다를 꾸짖어 그것을 말리시며 모든 강을 말리시나니 바산과 갈멜이 쇠하며 레바논의 꽃이 시드는도다"

하나님의 능력은 조금도 시들지 않았습니다. 하나님은 권능이 아주 크시다고 했습니다. 그는 벌 받을 자를 결코 내버려 두지 아니하십니다. 하나님의 길은 회오리바람이기 때문에 어디로 불지 모르고 그 바람은 광풍입니다. 하나님의 능력은 변함이 없습니다. 하나님은 지금도 바다를 가르시고 강을 마르게 하실 수 있는 분이십니다. 그런데 우리가 이것을 깨닫는데 너무 오랜 시간이 걸리는 것입니다.

01 악한 나라의 운명

옛날 리비아에 카다피가 통치하고 있을 때 그는 정말 대단한 사람이었습니다. 그는 어마어마한 돈을 외국 은행에 두고 있었고 친위대를 탱크와 폭격기로 무장했고 여군들이 경호를 맡았습니다. 그는 어디를 가든지 화려한 텐트를 치고 그 안에서 잠을 잤고 돈도 어마어마하게 많았습니다. 그의 딸들은 금으로 만든 욕조에서 목욕했고 금으로 만든 권총을 차고 다녔습니다. 그러나 하나님의 회오리바람이 아랍에 불기 시작하니까 카다피의 돈은 미국에 의해서 다 묶여 버렸습니다. 그리고 도망치다가 시민군의 총에 맞아 죽었는데 그 시체를 정육점 고기 창고 안에 넣어두었습니다. 그것은 그의 시체는 돼지나 소와 다를 바 없다는 뜻이었습니다.

이라크의 사담 후세인은 미국을 물리칠 수 있다고 큰소리치면서 자기는 옛날의 느부갓네살이라고 했습니다. 그런데 미국과의 전쟁이 터지니까 땅굴 속에 숨어있다가 붙들려 나왔습니다. 미군은 수염이 덥수룩한 그의 입을 일부러 벌려 보고는 이런 형편없는 노인이 어떻게 전 세계를 향하여 큰소리를 쳤는지 이해되지 않는다고 했습니다. 사담 후세인은 사형판결을 받고 죽었습니다. 왜냐하면 그들은 모두 용도가 다 끝난 하나님의 몽둥이였기 때문입니다.

그러나 하나님은 자신을 믿는 자들의 산성이 되어주십니다.

나 1:7, "여호와는 선하시며 환난 날에 산성이시라 그는 자기에게 피하는 자들을 아시느니라"

여기서 '선하시다'는 것은 모든 좋을 것을 다 주시며 모든 도움을 다 주시는 것을 의미합니다. 하나님은 환난 날에 산성이시고 토치카이시고 벙커가 되시기 때문에 아무리 큰 폭탄이 터져도 죽지 않는 것입니다. 그리고 하나님은 하나님을 의지하는 사람은 한 사람 한 사람 모두 다 아신다고 하셨습니다.

2. 앗수르의 전성기

　앗수르는 악으로 만들어진 나라였습니다. 그래서 앗수르는 주위 나라를 공격해서 사람들을 죽이는 것을 예사로 생각했고, 사람을 고통스럽게 죽이는 것을 조금도 이상하게 생각하지 않았습니다. 앗수르의 전성기 때는 얼마나 강했던지 수리아와 이스라엘을 동시에 멸망시켰을 정도였습니다. 그때 유다 왕은 아하스였고 선지자는 이사야 선지였습니다. 이때 유다는 이스라엘 나라 하나만 쳐들어와도 감당할 수 없었습니다. 그래서 유다는 이스라엘과 전쟁하다가 하루에 십만 명이 죽고 이십만 명이 노예로 붙들려가게 됩니다.
　그런데 그 정도로 끝난 것이 아니라 이스라엘과 수리아가 동맹을 맺어서 유다를 쳐들어왔습니다. 이때 유다 사람들의 마음은 모두 사시나무 떨듯이 떨었다고 말하고 있습니다. 그리고 유다가 얼마나 심하게 망가졌던지 머리 꼭대기부터 발바닥까지 성한 데가 없었다고 말씀하고 있습니다. 그리고 유다 땅에 남아 있는 곳은 오직 예루살렘뿐이었는데, 그것도 마치 가을에 수박밭에서 수박을 다 거두고 그 밭을 지키는 원두막만 처량하게 남아 있는 것과 같았습니다.
　옛날에 일제강점기 때 일본 순사에게 붙들려가면 몽둥이로 머리 꼭대기부터 발바닥까지 성한 데가 없도록 맞습니다. 그리고 인두로 살을 지지는데 온몸에 화상을 입히고 펜치 같은 것으로 살을 집어서 피투성이로 만듭니다. 그래서 어떤 몸이 좀 약한 사람들은 고문당하고 나면 죽어버립니다. 그런데 그 당시 예루살렘이 그러했습니다. 완전히 상처투성이가 되었는데 거기에다가 매춘이나 동성애와 우상숭배가 들끓었습니다. 그래서 이사야 선지는 한때는 참 거룩한 성이었는데 어떻게 소돔이 되고 고모라 백성이 되었는고 탄식했습니다. 그때 이사야 선지는 예루살렘 사람들에게 "여호와께서 말씀하시되 오라 우리가 서로 변론하자 너희의 죄가 주홍 같을지라도 눈과 같이 희어질 것이요 진홍 같이 붉을지라도 양털 같이 희게 되리라"(사 1:18)고 담대하게 말했습니다.

그리고 이때 수리아와 이스라엘이 연합하여 예루살렘에 마지막 일격을 날리려고 쳐들어오는데, 하나님은 이사야 선지를 아하스 왕에게 보내서 절대로 두려워하지 말라고 격려하시면서 하나님만 믿으라고 말씀하셨습니다. 그러나 아하스는 신앙이 좋은 체하며 자기는 하나님을 시험하지 않겠다고 하면서 앗수르 왕에게 엄청난 금을 보내서 수리아와 이스라엘을 공격해 달라고 부탁했습니다. 앗수르 왕은 그렇지 않아도 수리아와 이스라엘을 공격하고 싶었는데 금까지 갖다 바치니까 공격해서 수리아를 멸망시키고 사람들을 포로로 잡아갔습니다. 그리고 앗수르 왕은 이스라엘을 멸망시켜서 다 죽이고 남은 사람들은 포로로 잡아가고, 유다까지 공격해서 완전히 폐허로 만들어버렸습니다. 우리가 이것을 보면 눈에 보이지 않는 하나님을 믿는 것이 얼마나 어려운지 알 수 있습니다.

하나님은 이렇게 말씀하셨습니다.

나 1:9-10, "너희는 여호와께 대하여 무엇을 꾀하느냐 그가 온전히 멸하시리니 재난이 다시 일어나지 아니하리라 가시덤불 같이 엉크러졌고 술을 마신 것 같이 취한 그들은 마른 지푸라기 같이 모두 탈 것이거늘"

나 1:12상, "여호와께서 이같이 말씀하시기를 그들이 비록 강하고 많을지라도 반드시 멸절을 당하리니 그가 없어지리라"

하나님은 앗수르의 계획을 다 알고 계셨습니다. 그들이 유다의 돈을 받고 수리아와 이스라엘을 멸망시키고 유다까지 멸망시킬 것을 알고 계셨던 것입니다. 유다는 하나님을 믿고 기다리면 수리아와 이스라엘이 망하게 되어있는데, 하나님의 말씀을 믿지 못해서 앗수르에게

금까지 갖다 바치고 자기 나라까지 거의 망하기 직전까지 이르게 되었던 것입니다. 그러나 하나님의 눈에는 아무리 앗수르 군대가 강하고 숫자가 많아도 헝클어진 덤불 같아서 불만 갖다 대면 다 타버리고, 술 취한 사람들 같아서 제대로 힘을 쓰지 못할 것입니다.

3. 하나님의 능력을 믿는 사람

하나님을 믿는다고 말하면서도 실제로는 그것을 하나의 정신적인 지주로 생각하거나 교양적인 지침으로 생각할 때가 많습니다. 하나님을 믿는다고 하면서도 실제로 하나님이 능력을 행하시고 적을 물리치는 분으로 생각하지 못한다는 것입니다.

하나님의 가장 놀라운 성품은 본문 3절에 나타나 있습니다. 그것은 "여호와는 노하기를 더디하시는 것" 입니다. 만일 하나님이 우리같이 성질이 급하셨다면 우리 중 한 사람도 살아남지 못했을 것입니다. 하나님은 우리 한 사람 한 사람에 대해서도 상상할 수 없을 정도로 수십 년간 참으셔서 하나님의 백성으로 만드셨습니다. 마찬가지로 하나님께서는 악한 나라나 왕이나 지도자에 대해서도 상상할 수 없을 정도로 오래 참으십니다. 왜냐하면 그들을 멸망시키는 것은 너무나도 간단한 일이기 때문입니다. 하나님은 사람을 죽이는 것은 얼마든지 순식간에 하실 수 있습니다. 그러나 하나님은 오래오래 참으셔서 도저히 안 되겠다고 판단되실 때까지 참으시는 것입니다.

유다 백성들은 만신창이가 되고 예루살렘 사람들의 마음은 앗수르 왕 앞에서 사시나무 떨듯이 떨고 있을 때 그중에 하나님을 믿는 사람이 있었습니다. 이것은 정말 미친 것 아니면 기적이었습니다.

하나님은 유다에 대하여 이렇게 말씀하셨습니다.

나 1:15, "볼지어다 아름다운 소식을 알리고 화평을 전하는 자의 발이 산 위에 있도다 유다야 네 절기를 지키고 네 서원을 갚을지어다 악인이 진멸되었으니 그가 다시는 네 가운데로 통행하지 아니하리로다"

물론 아직 앗수르는 망하지 않았습니다. 오히려 앗수르는 더 많은 군대를 끌고 예루살렘을 멸망시키려고 몰려왔습니다. 그런데 예루살렘 산 위에는 아름다운 복음의 소식을 전하고 평화의 소식을 전하는 자의 발이 있었습니다.

북쪽 이스라엘은 남쪽 유다보다 다섯 배에서 열 배 정도 군사적으로나 물질적으로 강했습니다. 거기에다가 수리아도 그 정도 되었습니다. 그런 두 나라가 앗수르에 의해 완전히 사라져버렸습니다. 앗수르 왕은 사마리아 성에 있는 돌들을 전부 산 아래로 굴려서 사마리아 성의 흔적이 사라지게 했습니다. 그런 세계 최강의 군대가 예루살렘으로 몰려와서 항복하지 않는다고 욕이란 욕은 다 했습니다. "너희들은 너희 오줌을 마실 것이며 너희들은 너희 대변을 먹을 것이며 하나님은 절대로 너희를 지켜주지 못한다"고 수치스런 말을 했습니다.

그때 유다 왕은 하나님의 말씀을 믿는 왕이었습니다. 그는 히스기야 왕인데 그는 미친 사람 아니면 이상한 사람이었습니다. 그는 산 위에서 외치는 하나님의 종의 말씀을 들었습니다. 그리고 그는 앗수르 왕이 보낸 신하의 욕설에 아무런 대구도 하지 않았습니다. 그 대신 그는 앗수르 왕이 보낸 모욕적인 편지를 하나님의 성전에 가지고 가서 하나님 앞에 펼쳐 놓고 "하나님, 이렇게 욕을 하고 있습니다. 하나님, 이 모욕적인 편지를 한번 읽어 보십시오."라고 했습니다. 그리고 이사야 선지에게 하나님께 기도 좀 해 달라고 하면서 "오늘은 환난과 징벌과 모욕의 날이라 아이를 낳을 때가 되었으나 해산할 힘이 없도다."고 했습니다.

그때 이사야 선지는 앗수르를 두려워하지 말라고 했습니다. 왜냐하면 그들은 하나님의 눈에는 다 죽은 자들이기 때문입니다. "너는 하나님을 의지하기만 하라"고 했습니다. 그때 앗수르 군사 십팔만 오천 명이 예루살렘 성을 포위하고 있었는데, 그날 밤에 천사 한 명이 내려와서 십팔만 오천 명을 다 죽였습니다. 아침에 일어나보니까 전부 시체들뿐이었습니다. 결국 앗수르 왕은 몇 명만 데리고 자기 나라로 도망쳤습니다.

지금도 바로 그 하나님은 살아계십니다. 하나님의 능력으로 적을 죽이는 것은 너무 쉬운 일입니다. 그러나 우리가 하나님을 믿는 것은 너무나도 어려운 일입니다. 우리나라 전체가 코로나 전염병으로 상처를 입고 있습니다. 교회도 큰 교회나 작은 교회 할 것 없이 상처를 입었습니다. 하나님은 거룩한 성이 창녀가 되었다고 말씀하고 있습니다. 예수님은 만민이 기도하는 집이 강도의 소굴이 되었다고 말씀하셨습니다(마 21:13). 교회 안에서 성적인 범죄가 엄청 많아지게 되었고 목회자들의 성적인 범죄도 많아졌습니다. 교회도 오직 헌금만 밝혀서 하나님의 일을 한다고 난리를 치고 있습니다.

이때 우리에게는 원자폭탄 같은 무기가 있습니다. 그것은 바로 성도들이 모여서 기도하는 것입니다. 기도 모임이 원자폭탄입니다. 우리는 이 기도의 불을 더욱 키우고, 성령의 기름을 더 많이 받아서 사탄의 모든 세력을 다 태우고 승리하시기를 바랍니다.

02

공격당하는 니느웨

나 2:1-13

우리 인류의 역사는 어떤 의미에서 보면 전쟁의 역사라고 말할 수 있을 것입니다. 세계 문화사라고 해서 읽어 보면 문화사가 아니라 전쟁사인 것을 볼 수 있습니다. 그 이유는 전쟁이 인류의 국경이나 삶의 방식이나 제도를 근본적으로 바꾸기 때문입니다. 인류가 벌인 전쟁 중에 좋은 전쟁이라고 하는 것은 없습니다. 전부 악한 전쟁이나 다른 나라의 땅이나 재물을 빼앗으려고 하는 전쟁입니다. 그리고 이런 전쟁 때에는 온 세계를 자기 것으로 만들려고 하는 거의 과대망상증에 빠진 왕이나 지도자가 등장하게 되어있습니다. 우리는 그것이 이해가 잘 안 됩니다. 왜 하나님께서는 평화로운 이 세상에 거의 정신병자나 미친 사람 같은 독재자를 일으켜서 그 수많은 사람을 죽게 할까 하는 것입니다.

우리나라는 최근 70년 동안 전쟁을 겪어 본 적이 없는 나라입니다. 우리나라는 전쟁만 일어나지 않는다면 얼마나 살기 좋은 나라인지 모릅니다. 70년간 우리나라에 전쟁이 일어나지 않았다고 하는 것은 기적 중의 기적이고 하나님의 특별한 지키심이 아니면 불가능한 일일 것입니다.

  이 세상에는 전쟁으로 수백만 명 이상을 죽인 사람들이 있습니다. 우선 나폴레옹을 들 수 있는데, 그는 처음에 많은 사람에게 기대를 주었습니다. 그러나 그는 전 유럽을 장악하기 위하여 이태리, 이집트, 스페인 등과 전투를 했는데 전투에서는 이겼지만 병사들은 죽어갔습니다. 그리고 나중에는 러시아와 전쟁을 벌였는데 모스크바까지 쳐들어갔지만 결국 겨울의 추위가 오는 바람에 후퇴하다가 러시아에게 큰 패배를 당하고 나중에 영국 군대에 의하여 패배해서 엘바섬에 유배 가게 됩니다. 그때 겨울 추위를 이용하여 프랑스군을 물리친 러시아 사령관은 쿠투조프라는 크리스천이었습니다. 그는 프랑스가 후퇴를 시작했다는 정보를 듣고 그 자리에서 무릎을 꿇고 "주여, 러시아를 구원해주서서 감사합니다."라고 기도를 드렸다고 합니다. 그때부터 나오게 된 말이 '겨울 동장군'이었습니다.

  나치 독일의 히틀러도 그중 한 사람입니다. 그는 착착 전쟁 준비를 하면서도 겉으로는 영국이나 프랑스나 다른 나라들을 향해서 독일은 절대로 전쟁을 일으키지 않을 것이라고 장담하면서 안심을 시켰습니다. 그러나 나치 독일은 갑자기 이웃인 체코와 폴란드를 공격하면서 전쟁을 시작했는데 나중에는 유럽에 영국만 남았습니다. 항복하기만 하면 되는 영국에 불독이 하나 나타났는데, 바로 윈스턴 처칠이었습니다. 처칠은 우리가 항복하면 자유가 아니라 노예가 된다고 하면서 끝까지 독일과 싸웠습니다. 히틀러는 너무 오만해서 러시아와 싸우고 영국과도 싸우는 전략상 두 군데에서 큰 전쟁을 벌였습니다. 히틀러는 스탈린그라드를 차지하기 위해서 강력한 전차부대를 투입했는데 러시아도 수많은 젊은이를 보내어서 한 도시에서만 천만 명 이상이 죽게 됩니다. 히틀러나 나치 친위대가 하는 짓들을 보면 전부 정신병자 같다는 생각이 듭니다. 그러나 그들이 무기를 가지고 있고 전쟁을 좋아해서 그렇게 많은 사람이 죽은 것입니다.

　일본 제국주의자들은 조선을 합병하고 만주를 차지한 것으로 만족하지 못해서 중국 본토를 공격하고 미국이 개입하지 못하도록 진주만을 공격해서 큰 피해를 줬습니다. 일제는 전쟁하면서 수많은 사람을 죽이고 여성들을 정신대로 보내고 남자들은 강제노동으로 보내었습니다. 그러나 결국 일본 제국주의자들은 원자폭탄 두 방으로 항복하게 됩니다. 우리가 이것을 보면 악한 나라의 악한 통치자가 영원할 것 같지만 하나님의 저울로 달아보아서 이제 안 되겠다고 판단되면 순식간에 멸망시켜버리는 것입니다. 그래서 우리는 악한 통치자나 전쟁을 목적으로 하는 악한 나라를 볼 때 두려워할 것이 아니라 하나님을 더욱 굳세게 의지해야만 할 것입니다.

　나훔 선지자 당시 세계의 악한 나라는 앗수르였습니다. 앗수르는 주위에 있는 많은 나라를 멸망시켰을 뿐만 아니라 수리아와 이스라엘도 멸망을 시켰습니다. 앗수르가 얼마나 잔인하게 이 나라들을 멸망시켰던지 그 번창하던 나라들이 황무지가 되어버렸습니다. 그때 나훔은 하나님의 백성들을 위로하면서 이제 앗수르가 망할 때가 되었다고 예언하면서 조금만 더 참으면 된다고 위로의 말을 했습니다.

1. 하나님의 파괴자

　구약 성경에 보면 가끔 하나님의 파괴자가 등장하는 것을 볼 수 있습니다. 이것은 영어로 보면 그야말로 'destroyer'입니다. 물론 이 하나님의 파괴자는 사람들의 눈에는 보이지 않습니다. 그러나 이 세상에서 아무리 강한 군사력을 가지고 있고 많은 군대를 가지고 있다 하더라도, 하나님의 파괴자가 한번 뜨면 거기는 쑥대밭이 되고 마는 것입니다.

나훔 선지 당시 앗수르를 대항할 수 있는 나라는 없었습니다. 앗수르는 한번 출동했다고 하면 상대방 나라를 싹쓸이했습니다. 사람들은 다 죽이고 남은 자는 포로로 잡아오고 은이나 금이나 양식을 한없이 긁어모아 왔습니다. 그래서 앗수르는 농사를 지을 필요가 없었습니다. 왜냐하면 주위 나라를 공격하기만 하면 얼마든지 많은 금이나 은이나 양식들을 가득히 가져올 수 있었기 때문입니다. 그런데 앗수르가 보지 못하는 것이 있었습니다. 그것은 바로 하나님의 파괴자가 대기하고 있다는 사실이었습니다. 하나님의 파괴자가 한번 출동을 하면 아무리 강한 나라도 망할 수밖에 없는 것입니다.

나 2:1, "파괴하는 자가 너를 치러 올라왔나니 너는 산성을 지키며 길을 파수하며 네 허리를 견고히 묶고 네 힘을 크게 굳게 할지어다"

이 세상에 개망나니 같은 악한 통치자가 나타나서 온 세상을 시끄럽게 하고 사람들을 죽이고 전 세계를 자기 것으로 만들려고 해도 하나님은 가만히 두고 보십니다. 이것이 우리에게는 이해가 되지 않습니다. 왜 하나님은 이런 악한 통치자가 온갖 못된 짓을 하는 것을 내버려 두시고, 또 전쟁을 일으켜서 수많은 사람을 죽게 하는 악한 행동을 내버려 두실까 도무지 이해가 되지 않습니다. 사실 이것은 우리 예수 믿는 사람들에게 가장 어려운 숙제입니다.

믿는 우리가 풀어야 할 숙제 중에는 왜 하나님을 믿는 자에게 복이 오지 않고 고난이 오는가 하는 것입니다. 왜 믿는 자에게 암이 생기고 경제적인 어려움이 오고 악한 자로부터 고통을 당해도 하나님은 내버려 두시는가 하는 것입니다. 이것은 아무리 이해하려고 해도 이해가 되지 않습니다. 거기에다가 악한 사상을 가진 지도자가 나타나서 국민을 선동하고 반대자들을 탄압하며 어떤 때는 전쟁을 일으켜서 사람들을 죽이는데도 하나님은 내버려 두시는 것입니다. 우리는 이것을 이해할 수 없습니다.

그런데 하나님은 이런 악한 자들을 통해서 하나님의 백성들을 연단하시며 그들을 깎아서 보석으로 만드십니다. 우리로 하여금 현실을 보게 하시고 겸손하면서도 따뜻한 사람이 되게 하시는 것입니다. 이것이 어느 정도 되고 나면 하나님의 파괴자가 등장하게 됩니다.

그래서 나훔 선지는 니느웨를 향하여 비꼬는 말을 하고 있습니다. "너는 산성을 지키며 길을 파수하며 네 허리를 견고히 묶고 네 힘을 크게 굳게 할지어다." 나훔 선지는 지금 파괴자가 올라왔으니까 산성도 지키고 길에서 검문도 철저하게 하고 힘을 굳게 해서 전쟁 준비를 잘해보라고 합니다. 그러나 이런 말이 앗수르의 귀에 들어갈 리가 없습니다. 왜냐하면 지금까지 모든 군대를 다 이겼고 자기들을 상대할 나라가 없어서 그런 준비를 할 필요가 없었기 때문입니다.

이때 이스라엘의 두 모습이 나타나게 됩니다.

나 2:2, "여호와께서 야곱의 영광을 회복하시되 이스라엘의 영광 같게 하시나니 이는 약탈자들이 약탈하였고 또 그들의 포도나무 가지를 없이 하였음이라"

이스라엘 백성들에게는 두 가지 얼굴이 있습니다. 하나는 '야곱의 영광'이요 다른 하나는 '이스라엘의 영광'입니다. '야곱의 영광'이라는 것은 세상을 따라가는 영광을 말합니다. 즉 세상의 화장품들을 덕지덕지 발라서 천박한 영광을 말하는데, 이것은 아첨하고 뇌물을 바쳐서 부나 생명을 유지하는 것입니다. 그런데 하나님의 백성들이 정신을 차릴 때가 있습니다. 그때는 세상 영광은 다 지워버리고 죽자 살자 하나님께만 매달리게 되는데 이때 야곱이 천사와 씨름하던 영광이 임하게 되는 것입니다.

야곱이 하나님과 겨루어 씨름에서 이겼는데, 그때 하나님은 "네가 하나님과 사람으로 더불어 힘을 겨루어서 이겼기 때문에 아무도 너를 이길 수가 없다"고 말씀하셨습니다. 이때 지금까지 숨어있던 나라들이 일어나기 시작하는데 약탈하던 앗수르를 약탈하게 됩니다. 그리고 그들의 포도나무 가지를 다 꺾어버리기 때문에 그들은 포도주를 마실 수 없습니다. 그래서 그들은 절대로 기분을 낼 수 없습니다. 왜냐하면 포도주가 없기 때문입니다.

이차대전 때 독일은 프랑스의 많은 미술품을 도둑질해갔습니다. 특히 그들이 도둑질해가려고 했던 것이 프랑스의 포도주였습니다. 그런데 프랑스 사람들은 그 포도주를 땅속에 기가 막히게 감추어두어서 포도주를 지키는 데 성공했다고 합니다. 이 세상에 강한 자가 있지만 숨어있는 강한 자가 또 있습니다. 그들이 바로 숨은 이스라엘입니다.

2. 니느웨 성의 멸망

니느웨 성은 이 당시 세계에서 가장 크고 화려한 성이었습니다. 그리고 이런 성 안에 적이 들어온다는 생각은 그 누구도 상상하지 못했습니다. 그러나 어느 날 갑자기 붉은 군대가 들어와서 달리기 시작했습니다. 바로 바벨론 군대였습니다.

> 나 2:3, "그의 용사들의 방패는 붉고 그의 무사들의 옷도 붉으며 그 항오를 벌이는 날에 병거의 쇠가 번쩍이고 노송나무 창이 요동하는도다"

하나님께서 어느 날 갑자기 이제 니느웨 성이 끝났다고 말씀하실 때 그동안 어디에 숨어있었는지 모르지만 그 군대가 니느웨 성 안에 들어오게 되는 것입니다. 그들은 방패도 붉었습니다. 그리고 군인들의 옷도 붉은색이었습니다. 그리고 그들이 줄을 맞추어서 니느웨 성을 행진하는데 마차 병거의 쇠들이 번쩍번쩍했습니다. 그리고 군인들이 들고 있는 노송나무 창들이 요동했습니다. 그런데 원문에는 '노송나무 창'이라는 말이 없습니다. 그냥 '노송나무'로 되어있습니다. 어쩌면 쳐들어온 군대는 노송나무를 베어서 자신들을 위장하고 공격해 왔을 것입니다.

예를 들면 셰익스피어의 《맥베드》를 보면 마녀들이 '여자가 낳은 자는 너를 죽일 수 없을 것이라'고 맥베드를 속입니다. 그리고 버넘 숲이 당신 성으로 오기 전에는 절대로 망하지 않는다고 속입니다. 맥베드는 마녀들이 한 말만 믿고 있었습니다. 그런데 자기가 죽였던 왕의 아들이 쳐들어왔는데 그는 자연분만한 사람이 아니라 제왕절개로 태어난 아들이었습니다. 그리고 적들은 쳐들어오면서 버넘 숲의 나뭇가지를 잘라서 머리 위에 들고 조금씩 조금씩 성을 향하여 다가왔습니다. 맥베드는 숲이 움직인다는 것은 말이 되지 않는다고 큰소리를 치는데, 부하가 버넘 숲이 바로 성문 앞까지 움직여 왔다고 합니다. 그 말에 놀라서 맥베드가 성벽으로 가보니까 진짜 버넘 숲이 성문 앞까지 온 것이었습니다. 그때야 비로소 멕베드는 자기가 마녀들의 말에 속았다는 것을 알게 됩니다. 그러나 그것은 마녀의 말에 속은 것이 아니라 자기 허영심과 욕심에 속았던 것입니다.

결국 이 세상에 악한 자는 자기 자신이 스스로 속는 것입니다. 왜냐하면 이 세상에는 주인이 있기 때문입니다. 그리고 영광을 받으실 분이 있는 것입니다. 하나님은 이 세상의 주인이시고 영광을 받으실 분이십니다. 그리고 인간은 다 수명이 있습니다. 아무리 독재 권력자라 하더라도 천년만년 살 수 없습니다. 그리고 아무리 군사력을 강하게 만들어도 속에서 일어나는 분열과 반역을 막을 수는 없습니다. 그러나 악한 독재자들은 인간만 보기 때문에 자신의 권력과 부하들의 아첨에 도취되어서 자기 마음대로 설치다가 어느 순간 반역의 칼이나 총에 맞아 죽기도 하고 어떤 때는 생각하지도 못했던 추위나 폭탄에 맞아서 멸망하고 마는 것입니다.

　그동안 절대 권력을 누리고 있던 니느웨는 어느 한순간 난리가 나게 됩니다.

　나 2:4, "그 병거는 미친 듯이 거리를 달리며 대로에서 이리저리 빨리 달리니 그 모양이 횃불 같고 빠르기가 번개 같도다"

　니느웨 성 안에 들어온 적의 병거들은 일단 최고의 속도를 내서 달립니다. 그 이유는 이 성 안에 있는 부자나 귀족이나 왕족들을 빨리 죽이기 위해서입니다. 그래서 적의 병거들은 미친 듯이 달리게 됩니다. 그래서 수많은 사람이 그 병거나 병거에서 찌르는 창에 찔려서 죽게 됩니다. 그 병거들은 멈추는 법이 없습니다. 그들은 닥치는 대로 달리면서 사람들을 찔러 죽였습니다. 여기서 번쩍 저기서 번쩍하기 때문에 번개와 같고 횃불 같다고 표현했습니다. 즉 숨은 자들도 다 찾아내어서 찔러 죽이는 것입니다.

　나 2:6-7, "강들의 수문이 열리고 왕궁이 소멸되며 정한 대로 왕후가 벌거벗은 몸으로 끌려가니 그 모든 시녀들이 가슴을 치며 비둘기 같이 슬피 우는도다"

　니느웨는 강으로 둘러싸여 있는 도시였습니다. 그래서 니느웨를 공격하려면 먼저 강을 건너야만 했습니다. 그런데 적들은 이미 수문이 어디에 있는가를 알고 수문을 열어버리니까 물이 다 빠져버렸습니다. 적들은 오히려 수문으로 들어와서 더 빨리 니느웨를 불질러 버렸습니다.
　본문에 보면 "정한 대로 왕후가 벌거벗은 몸으로 끌려가니"라고 했습니다. 여기서 '정한 대로'라는 것은 하나님의 말씀하신 대로를 의미합니다. 그리고 왕후가 벌거벗은 몸으로 끌려간다고 했는데 원문에는 '왕후'가 없습니다. 그래서 두 가지로 해석할 수 있습니다. 하나는 니느웨의 모든 귀족 부인을 말하는 것입니다. 왕후는 물론이고 공주나 모든 귀족 부인이 벌거벗은 채로 끌려가니까 시녀들이 가슴을 친다는 것입니다. 그리고 또 하나는 니느웨 자체를 '그녀'라고 볼 수 있습니다. 즉 니느웨 성 안에 있는 모든 부와 사람들이 다 끌려간다는 해석입니다.

3. 니느웨의 지나친 욕심

사람들은 자기가 꼭 필요한 것만 가지기보다는 좀 더 여유 있게 가져서 풍족하게 살고 또 미래를 대비하려고 하는 본능이 있습니다. 그러나 너무 많은 돈을 가지고 너무 많은 재물을 쌓는 것은 결국 좋은 것이 아닙니다. 왜냐하면 이런 자들은 재물을 신으로 삼는 자들이고, 재물을 위해서 자기 인생을 바치는 자들이기 때문입니다.

니느웨의 욕심은 끝이 없었습니다. 그들은 성 밖을 물로 채워서 섬처럼 만들어놓고 그 안을 어마어마한 금과 은으로 채웠습니다. 나중에 니느웨가 망한 후에 거기서 나오는 금과 은을 보니까 끝이 없었습니다.

> 나 2:8-10, "니느웨는 예로부터 물이 모인 못 같더니 이제 모두 도망하니 서라 서라 하나 돌아보는 자가 없도다 은을 노략하라 금을 노략하라 그 저축한 것이 무한하고 아름다운 기구가 풍부함이니라 니느웨가 공허하였고 황폐하였도다 주민이 낙담하여 그 무릎이 서로 부딪히며 모든 허리가 아프게 되며 모든 낯이 빛을 잃도다"

니느웨는 물이 모인 못 같이 방어를 했습니다. 그래서 어느 나라 군대도 배를 타지 않고는 공격할 수 없었습니다. 그런데 수문을 열어서 물을 빼버리니까 모두 도망치는데 아무리 장군이 서라고 해도 돌아보는 사가 없었습니다. 왜냐하면 자기라도 살아야 하기 때문입니다. 그리고 사람들은 은과 금을 들고 가고 무서워서 떨고 하느라고 무릎이 부딪히고 허리가 아프게 되었습니다. 나라가 망하는데도 금을 챙겨 달아나느라고 허리가 아프게 된 것입니다.
　하나님은 니느웨를 사자족이라고 했습니다. 앗수르는 실제로 자기들을 사자 그림으로 상징하곤 했습니다. 그런데 이들은 새끼 사자들을 키우기 위해서 너무 많은 동물을 잡아와서 시체로 굴을 채웠던 것입니다. 사자 새끼라면 자기 스스로 사냥하는 법을 배워야 하는데 암사자나 수사자가 짐승을 물어오니까 그것을 다 먹지 못해서 굴 안에는 시체 썩는 냄새가 진동했습니다.

　나 2:12, "수사자가 그 새끼를 위하여 먹이를 충분히 찢고 그의 암사자들을 위하여 움켜 사냥한 것으로 그 굴을 채웠고 찢은 것으로 그 구멍을 채웠었도다"

　아무리 사자라고 해도 적당하게 먹을 만큼만 사냥하고 다른 동물들이 살 수 있도록 내버려 두어야 하는데 니느웨는 그렇지 못했습니다. 새끼들을 잘 키우고 호강을 시키려고 하니까 보이는 대로 짐승을 사냥해서 굴에 넣어서 결국 굴 입구가 막히게 되고 새끼들이 굴에 들어갈 수도 없게 되었습니다. 이와 마찬가지로 니느웨는 적당하게 금과 은을 모아야 하는데 쌓을 곳이 없을 정도로 빼앗아오니까 벌써 하나님의 눈에 멸망의 대상으로 낙인이 찍히고 만 것입니다.
　요즘도 나라가 아무리 강하다 해도 코로나바이러스가 창궐하니까 밖에 나오지도 못하고 있습니다. 마스크 쓰는 것이 답답하다고 해서 그냥 해수욕을 한 사람들에게 집단감염 사태가 발생하고 있습니다. 코로나가 퍼지니까 항공모함도 소용이 없고 미사일도 소용이 없습니다.

앗수르의 원래 모습은 이런 것이었습니다.

나 2:13, "만군의 여호와의 말씀에 내가 네 대적이 되어 네 병거들을 불살라 연기가 되게 하고 네 젊은 사자들을 칼로 멸할 것이며 내가 또 네 노략한 것을 땅에서 끊으리니 네 파견자의 목소리가 다시는 들리지 아니하리라 하셨느니라"

니느웨는 각 나라에 파견자를 보내어서 금이나 은을 요구했습니다. 그러면 각 나라는 살기 위해서 금과 은을 다 긁어모아서 보내었습니다. 그러나 하나님의 정한 때가 되었을 때 다른 나라를 공격하던 그 병거는 다 불타게 되고 젊은 엘리트들은 칼에 맞아 죽게 되었습니다. 그리고 그들이 노략질한 것은 전부 다른 나라에 빼앗겨서 없어지게 됩니다.

하나님께서 악한 나라가 다른 나라를 공격하고 금은을 빼앗고 사람을 죽이도록 내버려 두시는 이유는 그들이 자기 권력에 도취되게 만드시려는 것입니다. 이들이 실컷 자기 권력과 자기 재물에 도취되었을 때 하나님은 파괴자를 보내서서 그들의 모든 사람과 재물과 군사력을 다 빼앗아 가시는 것입니다.

하나님의 백성들도 지나치게 성공하면 자신의 성공에 도취되기 쉽습니다. 그동안 우리 교회는 세상적인 성공에 도취되어 있었습니다. 앞으로는 큰 교회라고 해서 교인들이 꾸역꾸역 몰려들지는 않을 것입니다. 제자훈련 한다고 소그룹모임을 많이 했는데, 이제는 소그룹모임을 하지 못하게 되었습니다. 어떤 개척교회 목회자는 말하기를 교회를 닫아도 망하고 열어도 망한다고 했습니다. 지금 어느 교파에서는 돌아온 교인을 통계 내었더니 40 퍼센트 정도가 돌아왔다고 합니다. 대학교는 학생들이 등록금을 돌려달라고 요구하고 있습니다. 강대국들도 코로나에는 꼼짝하지 못하고 있습니다. 미국도 하루에 만 명씩 확진자가 생겨나고 러시아도 마찬가지입니다. 온 거리를 달리는 것은 앰뷸런스 사이렌 소리뿐입니다.

우리는 적당하게 강해져야 하고 적당하게 돈 버는 것으로 만족해야 합니다. 자녀들을 위하여 아무리 많은 것을 아껴두어도 다 썩어서 쓸 수 없을 것입니다. 지금도 우리에게는 북한의 핵무기 위협이 있고 전쟁의 두려움도 있습니다. 그러나 하나님의 파괴자는 기다리고 있습니다. 우리는 야곱의 세상적인 모습을 버리고 하나님을 의지하는 진정한 이스라엘의 모습이 되시기 바랍니다.

03

악한 강대국의 멸망

나 3:1-19

이 세상에는 천적이라는 것이 있어서 모든 것을 자기 마음대로 하지 못하고 개체수도 일정하게 유지되게 되어있습니다. 예를 들어서 쥐는 번식력이 강하지만 고양이 앞에서는 꼼짝하지 못합니다. 독사도 무섭지만 독수리는 독사를 발톱이나 부리로 쪼아서 잡아먹을 수 있습니다. 요즘 우리나라의 산에서 멧돼지들이 천적이 없어서 너무 번식해서 농가에 피해를 주고 심지어는 도시까지 내려오는 바람에 정부에서는 전문 사냥꾼에게 사냥을 허락하고 있습니다.

우리가 보기에는 미국이나 러시아나 중국 같은 슈퍼강대국은 천적이 없는 것 같습니다. 그래서 이런 강대국들은 옆에 있는 약한 나라들을 공격하기도 하고 그 나라 국민을 탄압해도 누구도 뭐라고 하는 사람들이 없는 것 같습니다. 중국에서도 얼마나 많은 사람이 천안문에서 죽었으며 북한도 얼마나 많은 사람을 정치범 수용소에서 죽였는지 알지 못할 정도입니다. 탈북자들의 말을 들어보면 자주 초등학교 같은 데 사람들을 모아놓고 처형하는 모습을 봤다고 합니다.

우리는 북한 때문에 늘 전쟁의 위기 속에서 불안하게 살아가고 있습니다. 더욱이 북한은 핵무기를 가졌기 때문에 더 위험한 나라가 되었습니다. 우리는 왜 하나님께서 북한 같은 나라를 심판하시지 않고 그냥 두시는지 이해되지 않을 때가 많습니다. 더욱이 남한에서는 북한을 좋아하고 추종하는 사람들이 많은 것 때문에 경제를 더 어렵게 만들고 있습니다. 그런데 사실 북한에 대한 하나님의 판결은 내려져 있습니다.

이천년 전 세계를 지배했던 로마를 무너뜨린 것은 그 무식한 게르만족의 침략이었습니다. 게르만족은 문명이라고는 몰랐습니다. 그들은 겨울에도 나체로 짐승 가죽을 뒤집어쓰고 살았습니다. 그런데 게르만족은 이동시킨 것은 훈족이라는 흉노족이었습니다. 그리고 이들을 이동시킨 것은 몽고족이었습니다. 로마는 게르만족의 이동으로 결국 멸망합니다. 그리고 몽고족은 페스트가 퍼져서 망합니다.

쥐 같은 경우에는 뱀이 천적이고, 멧돼지는 호랑이라든지 사자나 표범이 천적인 것과 마찬가지로 사람이나 나라도 천적이 있는 것입니다. 깡패가 아무리 싸움을 잘한다고 날뛰어도 경찰에게는 꼼짝하지 못하듯이 아무리 강한 나라도 천적이 있는 법입니다.

옛날 유다가 전쟁으로 거의 멸망하려고 할 때 수리아가 앗수르에 의해서 망하고 이스라엘도 앗수르에 의해 망하고 말았습니다. 당시 세계 최강대국은 앗수르였습니다. 그때 하나님께서는 이사야 선지를 아하스 왕에게 보내서 이스라엘이나 수리아나 앗수르를 두려워하지 말고 하나님을 힘써 의지하라고 말씀하셨습니다. 그러나 아하스의 머리로 생각해보기에 다른 나라 어떤 나라에서도 하나님을 인정해주지 않는 데다가 하나님은 눈에 보이지도 않으니까 믿을 자신이 없었습니다. 그래서 아하스는 이사야 선지의 말을 듣지 않고 궁정에 있는 모든 금을 모아서 앗수르에 갖다 바치면서 우리를 이스라엘과 수리아로부터 지켜달라고 부탁했습니다.

그때 앗수르 왕은 좋다고 하면서 수리아와 이스라엘을 멸망시키지만, 거기에 그치지 않고 유다까지 쳐들어와서 많은 성을 무너트리고 예루살렘까지 포위하게 되었던 것입니다. 그때 이사야 선지는 말하기를 예루살렘은 머리부터 발바닥까지 성한 데가 하나도 없다고 하면서 마치 참외밭이나 수박밭에서 참외와 수박을 다 따고 남은 원두막 같다고 했습니다. 얼마 전에 어떤 동영상을 보니까 진짜 머리 꼭대기부터 발바닥까지 이상한 것으로 덮여 있는 환자를 보았습니다. 모든 피부가 죽어서 붙어 있는 것이라고 했는데 팔이나 다리 심지어는 머릿속까지 온통 딱지 덩어리가 붙어 있었습니다.

1. 니느웨의 정체

니느웨는 겉으로 보기에는 전 세계가 부러워할 만한 강대국이었습니다. 니느웨는 아주 오래된 도시였고 금이나 대리석이나 백향목으로 지은 집이 깔려 있었습니다. 그리고 특히 니느웨는 운하를 만들어서 성을 섬처럼 만들었기 때문에 다른 나라에서 쳐들어온다고 해도 운하를 건널 수 없기 때문에 공격할 수 없었습니다. 니느웨는 전 세계에서 노예들을 잡아 와서 성을 건축하는 일을 시켰고 군대는 전쟁하는 훈련을 했습니다. 그래서 다른 나라가 니느웨를 이긴다는 것은 도저히 생각할 수 없었습니다.

나훔 선지는 이것을 아주 실감 나게 기록했습니다.

> 나 3:1, "화 있을진저 피의 성이여 그 안에는 거짓이 가득하고 포악이 가득하며 탈취가 떠나지 아니하는도다"

니느웨는 독재국 중의 독재국이었습니다. 그래서 주위에 있는 많은 나라를 공격해서 사람들을 죽이고 포로로 잡아 왔습니다. 그리고 그 나라가 발표하는 것은 전부 거짓말이었습니다. 그리고 조금이라도 독재자의 말을 듣지 않으면 감옥이나 사자 우리에 집어넣고 계속해서 금이나 돈이나 여자들을 탈취했습니다. 정치인들은 항상 국민을 속입니다. 그리고 어떻게 해서든지 세금이나 강제적인 방법을 사용해서 엄청난 돈을 나라에 바치게 하는 것입니다.

옛날에는 우리나라에서도 대기업은 정부의 밥이었을 때가 있었습니다. 그래서 기업주를 탈세 혐의로 감옥에 가두어놓으면 사회발전을 위해서 많은 재산을 바치는 경우도 있었습니다. 북한에서는 감옥에 가두는 것이 아니라 죽이거나 그렇지 않으면 쥐도 새도 모르게 정치범 수용소에 잡아 가둔다고 합니다.

나훔 선지는 강대국 앗수르에 대하여 피의 성이라고 불렀습니다. 그리고 거짓과 포학이 가득하고 탈취가 떠나지 않는다고 했습니다. 그래서 니느웨 성에는 마차 달리는 소리와 채찍 소리가 그치지 않고 들렸습니다.

> 나 3:2-3, "휙휙 하는 채찍 소리, 윙윙 하는 병거 바퀴 소리, 뛰는 말, 달리는 병거, 충돌하는 기병, 번쩍이는 칼, 번개 같은 창, 죽임 당한 자의 떼, 주검의 큰 무더기, 무수한 시체여 사람이 그 시체에 걸려 넘어지니"

물론 이 장면을 보면 니느웨가 멸망할 때 적들이 니느웨 성 안을 마차로 달리면서 니느웨 사람들을 죽이는 것으로 생각할 수도 있지만, 반대로 니느웨성 안에는 항상 다른 나라에서 사람들을 잡아 와서 죽이는 연습을 했던 것으로 볼 수도 있습니다. 그래서 휙휙 하면서 채찍으로 사람들을 때려서 몰고 와서는 마차를 타고 달려와서 사람들을 칼로 목을 치거나 아니면 번쩍이는 창으로 가슴을 찔러서 죽이는 연습을 늘 하고 있었던 것입니다. 그래서 매일 니느웨에서는 죽은 사람의 시체가 쌓이고 시체가 얼마나 큰 무더기를 이루는지 사람들이 거기에 걸려서 넘어진다고 말하고 있습니다. 어떻게 보면 이것은 로마의 원형경기장 모습을 생각나게 합니다. 로마 사람들은 피에 굶주린 사람들이어서 사람을 죽이는 검투사들의 경기 모습을 구경시켜주어야 했습니다. 그래서 전쟁을 해서 포로로 붙들린 사람들을 원형경기장 안으로 끌고 와서 마차를 타고 달려와서 창으로 찔러 죽이기도 하고 서로 싸워서 죽이게 했던 것입니다.

그런데 나훔 선지는 니느웨가 멋있어 보이는 것은 사실 사기이고 거짓이며, 실제로는 엄청난 추녀인 마녀라고 말하고 있습니다.

나 3:4-5, "이는 마술에 능숙한 미모의 음녀가 많은 음행을 함이라 그가 그의 음행으로 여러 나라를 미혹하고 그의 마술로 여러 족속을 미혹하느니라 보라 내가 네게 말하노니 만군의 여호와의 말씀에 네 치마를 걷어 올려 네 얼굴에 이르게 하고 네 벌거벗은 것을 나라들에게 보이며 네 부끄러운 곳을 뭇 민족에게 보일 것이요"

니느웨는 겉으로 보기에는 너무나도 아름다운 여왕과 같고 귀족 부인 같은 우아한 모습이었습니다. 어깨도 다 드러내고 머리도 멋있게 올리고 아주 얇은 드레스를 발에 끌리도록 입고 부채를 흔들면서 사람들을 쳐다보는 모습은 누구라도 반할 수 있는 아름다운 모습이었습니다. 그러나 니느웨의 정체는 사실 나이는 수백 년 된 마녀 할머니인데 마술을 부리고 화장을 짙게 해서 아주 젊은 여성으로 보이는 것이었습니다.

그런데 하나님께서 니느웨의 마술을 벗기시니까 니느웨는 온통 얼굴이 쪼글쪼글한 마녀였습니다. 그리고 그가 머리에 쓰고 있는 멋진 머리는 가발이었습니다. 누군가가 그 가발을 당기니까 그 안에 있는 마녀의 머리는 대머리였던 것입니다. 그리고 우아한 줄 알았는데 그때부터 입에 담을 수 없는 욕을 퍼붓는데 세상에 온갖 더러운 욕이란 욕은 다 하는 것입니다. 그리고 불량한 아이들이 와서 치마를 드니까 멋진 다리가 아니라 뼈만 남은 해골이 그 안에 들어있었던 것입니다. 이것이 바로 니느웨의 정체였던 것입니다.

니느웨는 다른 말로 표현하면 술집 여자와 같았습니다. 밤에 붉은 조명이 비취는 가운데 멋진 옷을 입고 거리에 나와서 사람들을 유혹하는데 붉은 불빛 아래서 보니까 너무나도 아름다워 보입니다. 그리고 나를 사랑한다고 하고 정말 나를 위해서 모든 희생을 다 해 줄 것 같은 멋진 여자로 보입니다. 그래서 남자들은 그 여자의 아름다움에 속아서 주머니에 있는 돈을 있는 대로 다 털어주었습니다. 그런데 아침이 되어서 자는 모습을 보니까 얼굴에는 덕지덕지 화장품을 발랐는데 너무나도 못생겼고 거기에다가 코를 골고 자고 있는데 정말 구역질이 날 정도로 못생긴 여자였던 것입니다. 사람들은 그때야 속았다는 것을 알고는 그 여자에게 준 돈이 아까워서 구정물을 퍼붓고 개뼈다귀를 집어던지는 것입니다. 그러나 그 속은 인생은 돌이킬 수 없는 것입니다.

우리나라 정치인 중에서도 잘못된 이성관계 때문에 자살하거나 감옥에 가서 인생을 망친 사람들이 많습니다. 어떤 사람은 매년 시로 노벨상 후보에 오를 정도였다고 하는데 술만 마시면 개처럼 행동하는 바람에 인생을 다 망치고 어디에선가 숨어서 살고 있습니다. 이런 사람들은 머리는 좋고 처세에는 능하지만 성경을 몰라서 그렇습니다. 성경에는 죄의 삯은 사망이라고 분명히 강조했습니다. 그리고 음녀를 품에 품는 것은 숯불을 가슴에 품는 것과 같아서 속이 타들어 가 죽게 되는 것입니다.

이렇게 해서 죽은 니느웨를 위하여 애통하는 사람은 아무도 없었습니다.

2. 배우지 못하는 니느웨

　우리에게는 공부하는 두 가지 큰 교과서가 있습니다. 그 하나는 '역사' 입니다. 어떤 사람은 역사는 반복된다고 말합니다. 그러나 사람들은 역사에서 배우지 못하거나 역사를 가르치지 않습니다. 나폴레옹은 1812년에 러시아를 공격해서 모스크바까지 정복했습니다. 프랑스 군대는 모스크바 안에 있는 포도주와 금과 창녀들로 흥청망청 놀았습니다. 그러나 곧 러시아의 겨울이 찾아왔기에 프랑스 군대는 어쩔 수 없어서 후퇴해야 했습니다. 프랑스 군대는 후퇴하면서 반 정도는 얼어 죽습니다.
　그런데 그로부터 백 년 후에 히틀러의 나치 독일이 소련의 스탈린그라드를 공격합니다. 그때도 소련의 겨울이 찾아오고 독일은 우수한 탱크를 가졌지만 소련의 붉은 군대는 눈 속에 수십만 개의 지뢰를 설치합니다. 결국 우수한 독일 군대는 모두 포로가 되고 맙니다. 우리는 우리 주위에 교만해서 망하는 수많은 사람을 봅니다. 그렇지만 자기 자신은 교훈을 삼지 못하고 있습니다.
　수년 전에 앗수르는 애굽을 정복한 적이 있습니다. 그때 애굽의 수도는 '노아몬' 이었는데 테베라고도 불렸습니다. 노아몬은 도시가 운하로 되어있어서 다른 나라가 감히 공격할 수 없었습니다. 그리고 그 옆에는 '붓' 이라든지 '루빔' 같은 동맹국이 있었습니다. 여기서 붓은 지금의 리비아를 말한다고 생각합니다. 노아몬은 철저하게 방어가 잘 된 수도였습니다.
　그런데 앗수르는 애굽을 공격하기 위하여 앗수르에서 배를 들고 갔습니다. 애굽 사람들은 앗수르가 배를 들고 올 줄 몰랐습니다. 결국 노아몬은 앗수르에 의해 함락되었는데 모든 귀족은 포로가 되었고 아이들은 돌에 메어침을 당해 죽었습니다. 그리고 귀족과 왕족은 쇠사슬로 매어서 니느웨까지 끌고 와서 죽였습니다. 앗수르는 자기들이 노아몬을 멸망시켜 놓고서도 교만하면 안 된다는 것을 생각하지 않았습니다. 아무리 성을 운하로 만들어도 자기들이 배를 들고 가서 노아몬을 함락시켰던 것입니다.

앗수르 사람들은 늘 술에 취해 있었습니다. 왜냐하면 다른 나라에서 빼앗은 포도주가 맛이 있었고 또 주위에 감히 자기 나라를 공격할 나라가 없었기 때문입니다. 그러다가 갑자기 공격을 당하니까 니느웨는 술 취한 채로 피난처를 찾는데 보이지가 않았습니다.

또 다른 우리가 공부하는 교과서는 '자연'입니다. 우리는 자연에서 많은 것을 배울 수 있습니다. 성경에는 참새 한 마리도 하나님의 허락 없이는 땅에 떨어지지 아니하며 하나님은 어미 잃은 까마귀 새끼도 먹이신다고 말씀하셨습니다. 밤에 우는 닭은 베드로를 회개시켰고 큰 물고기는 요나 선지를 살렸습니다.

나훔 선지는 니느웨를 나뭇가지에 오래 달려 있는 무화과 열매에 비유하고 있습니다.

> 나 3:12, "네 모든 산성은 무화과나무의 처음 익은 열매가 흔들기만 하면 먹는 자의 입에 떨어짐과 같으리라"

무화과 열매는 굉장히 빨리 상하기 때문에 따자마자 먹어야 합니다. 그렇지 않고 그냥 냉장고에 넣어 두었다가는 썩어서 먹을 수 없습니다. 니느웨가 흔들기만 하면 떨어지는 썩은 무화과나무와 같아서 달려 있을 때는 좋아 보이지만 실제로 먹으려고 보면 먹을 것이 없는 것입니다. 그래서 과일을 먹을 때는 바로 땄을 때 먹는 것이 가장 좋고 빵도 갓 구웠을 때 먹는 것이 가장 맛이 있습니다. 니느웨는 썩은 열매요 상한 빵이었던 것입니다.

그리고 또 하나의 비유는 메뚜기 비유였습니다. 어느 날 니느웨에 재물들이 메뚜기같이 날아와서 쌓였습니다. 그래서 니느웨 사람들은 자기들이 언제나 부자로 살 줄 알았습니다. 상인들이 하늘의 별보다 많았고 젊은 메뚜기들도 하늘을 가득 채우면서 날아다녔습니다. 그런데 어느 날 갑자기 날씨가 추워지게 되었습니다. 그러니까 메뚜기들이 모두 해가 뜨자마자 날아가 버리는데 니느웨의 재물이나 사람이나 모든 것이 이처럼 다 날아가 버렸습니다.

우리는 '역지사지(易地思之)'라는 말을 압니다. 다른 사람의 입장에서 생각해보라는 것입니다. 자기 자신이 하는 행동을 객관적으로 볼 수 있는 눈만 가지고 있어도 망할 짓이나 역겨운 행동은 하지 않을 것입니다. 사람들은 모두 심은 대로 거둔다고 했습니다. 땀을 흘리면서 열심히 일한 사람은 그만큼 행복한 열매를 거둘 수 있지만 쉽게 남의 것을 차지한 사람은 그만큼 쉽게 자기 것을 빼앗기게 되는 것입니다. 이 세상에 아무리 강한 자라 하더라도 천적이 다 있습니다. 사자가 동물의 왕이라고 하지만 늙으면 사냥하지 못하게 되고 결국 하이에나 같은 동물에게 잡혀서 죽게 됩니다.

중국은 세계적인 강국이 되었습니다. 웬만한 물건은 중국에서 만들어서 미국에서 소비한다고 합니다. 그러나 지구온난화로 중국에 35일 이상 엄청난 비가 쏟아졌습니다. 미국은 미국대로 중국의 경제봉쇄로 시장경제가 어려워지게 되었습니다. 미국도 더 이상 소비국이 아닙니다.

우리나라는 마음만 먹고 하면 잘하는데 마음이 패역하고 반항적인 것이 문제입니다. 결국 인간의 천적은 자연이고 하나님이십니다. 인간은 하나님과 화해해야 합니다.

3. 하나님의 몽둥이

하나님은 앗수르를 악한 나라를 때리는 몽둥이로 사용하셨습니다. 물론 요즘은 군대에서나 학교에서 학생들이나 군인들을 몽둥이로 때리면 안 되지만 옛날에는 세상의 우상 숭배자들이나 나쁜 나라들을 하나님이 몽둥이로 때리셨습니다. 그 하나님의 몽둥이가 앗수르였습니다.

그러나 앗수르는 힘 조절이 안 되는 바보와 같았습니다. 그래서 수리아를 때리다가 죽여 버렸습니다. 그리고 북이스라엘도 때리다가 죽여 버렸습니다. 남유다는 때리지 말라고 했는데도 때려서 거의 초주검을 만들어 놓았습니다. 이런 몽둥이는 미친 몽둥이이기 때문에 부수어버리든지 불로 태워버려야 합니다. 왜냐하면 더 이상 쓸 수 없기 때문입니다.

하나님은 앗수르를 더 이상 쓸 수 없었습니다. 왜냐하면 앗수르는 늘 술 취한 운동선수와 같아서 중요한 때는 늘 맞추지 못하다가 사람을 보면 때려서 죽이든지 거의 초주검으로 만들었기 때문입니다. 그래서 하나님은 앗수르를 멸망시키기로 결정을 내리셨습니다.

앗수르는 늦게나마 망하지 않으려고 애를 썼습니다. 그들은 성문을 고치고 산성을 더 튼튼하게 만들었습니다.

> 나 3:13-14, "네 가운데 장정들은 여인 같고 네 땅의 성문들은 네 원수 앞에 넓게 열리고 빗장들은 불에 타도다 너는 물을 길어 에워싸일 것을 대비하며 너의 산성들을 견고하게 하며 진흙에 들어가서 흙을 밟아 벽돌 가마를 수리하라"

그러나 앗수르의 용사들은 이미 힘이 없었습니다. 그들은 이미 술 독에 빠져서 옛날 용사가 아니었던 것입니다. 성문은 불타고 빗장도 불타버렸습니다. 그들이 아무리 물을 퍼놓아도 불을 끌 수 없었습니다.

나 3:18, "앗수르 왕이여 네 목자가 자고 네 귀족은 누워 쉬며 네 백성은 산들에 흩어지나 그들을 모을 사람이 없도다"

앗수르의 지도자가 잔다는 것은 죽어서 땅속에 묻혀 있는 것입니다. 귀족도 누워 쉰다고 하는 것은 이미 죽어서 무덤 속에 있다는 것입니다. 백성들은 흩어지지만 모을만한 리더가 없었습니다.

결국 하나님께서는 앗수르의 상처가 너무 깊어서 고칠 수 없다고 하셨습니다. 앗수르는 고칠 수 없는 병에 걸려 있었습니다. 그것은 바로 교만의 병이었습니다.

나 3:19상, "네 상처는 고칠 수 없고 네 부상은 중하도다"

어떤 사람이 화살에 맞았는데 그 화살이 가슴을 관통하면 고칠 수 없을 것입니다. 앗수르의 병은 교만이었습니다. 그는 늘 자기가 최고라고 생각했는데, 결국 그 상처는 고칠 수 없어서 죽고 말았습니다. 앗수르라는 나라는 없어지고 말았습니다. 우리는 절대로 교만해서는 안 됩니다. 하나님을 나의 천적으로 만들어서는 안 됩니다. 북한을 두려워할 이유도 없고 살인자들에게 잘 해주려고 아부할 필요도 없습니다. 왜냐하면 그렇게 하면 같이 망하기 때문입니다.

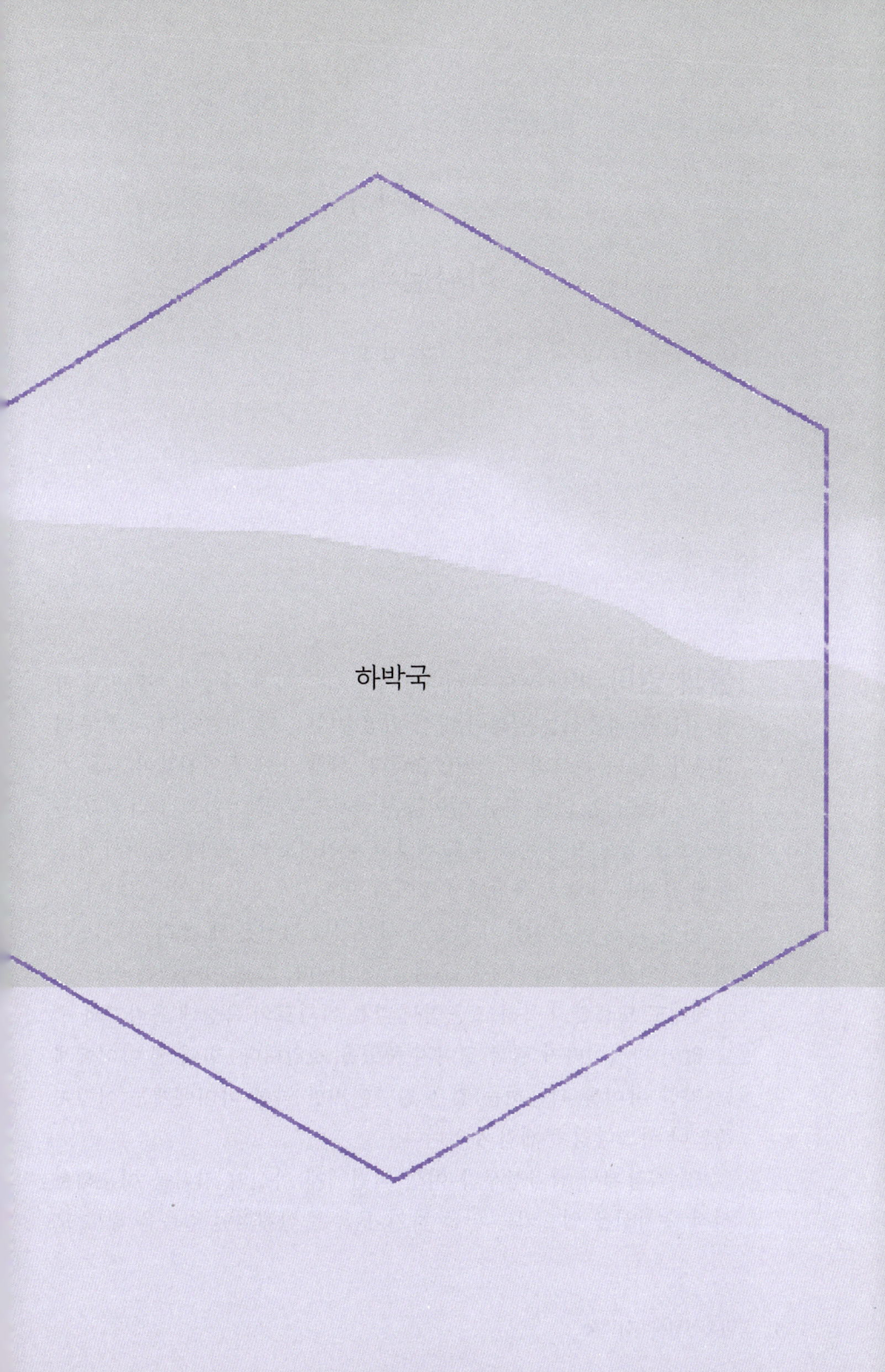

하박국

01
하나님의 침묵

합 1:1-17

불과 얼마 전만 해도 우리나라에서 힘을 가진 자들이 폭력으로 약한 자들을 괴롭히는 일들이 많이 있었습니다. 그 대표적인 사례 중의 하나가 중고등학교의 폭력이었습니다. 학생 중에서 일진같이 힘을 가진 아이들이 힘 없는 약한 아이들을 골목으로 끌고 가거나 다른 건물 옥상으로 끌고 가서 돈과 옷도 빼앗고 때리기도 하는 바람에 피해 학생 중에 편지를 써 놓고 옥상에서 떨어져 죽는 경우도 많이 있었습니다.

아마 그 죽은 아이들의 가슴에 사무쳤던 감정은 왜 우리 사회는 이렇게 정의롭지 못한가 하는 문제일 것입니다. 그런 아이들은 어느 누구에게도 도움받지 못하고 울면서 다른 아파트의 옥상에 올라가서 수도 없이 망설이다가 결국 떨어져 죽었을 것입니다. 힘이 센 아이에게는 약한 아이를 괴롭히는 것은 장난이지만 약한 아이에게는 이것이 죽느냐 사느냐 문제인 것입니다.

또 직장에서 남자상사가 여성 직원에게 자신의 지위를 이용해서 성적 수치심을 일으키는 말을 하거나 혹은 신체적인 접촉을 해도 모든 사람이 당연히 생각한다면 그 직장은 힘이 약한 여성에게는 지옥과 같을 것입니다. 얼마 전에 어느 대학에서 지도교수가 여자 대학원생과 술을 마시면서 술에 취하게 한 후 호텔에 데리고 가서 관계 맺은 것이 밝혀졌습니다. 교수에게는 그 행위가 자신의 한때의 즐거움인지 몰라도 그 여성에게는 한평생 고통스럽게 지내야 하는 괴로움입니다. 이 모든 것은 우월한 지위나 힘을 이용한 불의입니다. 그러나 다른 사람들은 이런 내막을 잘 모르거나 비록 안다고 해도 모르는 체하고 넘어갈 때가 많습니다. 결국 연약한 본인이 죽음을 택하거나 직장이나 논문을 포기하면서 이것을 밝히는 수밖에 없는 것입니다.

구약 선지자 중에서 '정의'의 문제를 두고 가장 고민을 많이 했던 선지자는 하박국 선지자입니다. 그가 사는 예루살렘은 그야말로 폭력의 도시였습니다. 거기에는 제사장도 있고 선지자도 있고 왕도 있고 관리도 있었지만 모든 것을 지배하는 것은 폭력이었습니다. 예루살렘에서 법은 아무 소용없었고 힘을 가진 사람이 약한 자를 두들겨 패는 것이 법이었던 것입니다.

그래서 하박국은 돌아다니면서 "여러분, 폭력은 안 됩니다. 폭력을 중단하세요. 정의로 문제를 해결해야 합니다!"라고 소리를 질렀지만 돌아보는 사람은 한 사람도 없었습니다. 결국 하박국 선지는 하나님께 질문을 던집니다. "하나님, 도대체 어떻게 해서 예루살렘이 이렇게 폭력이 지배하는 사회가 되었습니까?" 그리고 "하나님은 왜 이런 폭력에 대하여 아무런 심판도 하시지 않고 그냥 내버려 두십니까?" 또 "하나님, 이런 폭력의 도시 예루살렘은 앞으로 어떻게 됩니까?"라는 질문을 던졌던 것입니다.

1. 정의가 없는 나라

　한때 예루살렘은 전 세계에서 가장 아름다운 도시로 소문이 났습니다. 그런데 예루살렘의 경치가 좋아서 그런 것이 아니었습니다. 예루살렘이 아름다웠던 것은 그 도시에 정의가 살아 있었기 때문입니다. 예루살렘에서는 강한 자가 약한 자를 학대하지 않았습니다. 그리고 예루살렘 사람들은 이방인이라고 해서 텃세를 부리지 않았습니다. 그리고 밤이라고 해서 강도가 설치거나 여인들이 겁탈당하지 않았습니다. 오히려 사람들은 예루살렘에서 하나님의 말씀을 들을 수 있었고 그동안 잃어버렸던 자기 자신을 되찾을 수 있었습니다. 그래서 사람들은 예루살렘을 참 아름다운 도시라고 칭찬했습니다.

　그런데 예루살렘에 더러운 쓰레기들이 쌓이고 또 쌓이기 시작하더니 어느 순간 예루살렘은 구더기들이나 파리들이 들끓는 쓰레기 천지가 되었습니다. 그래서 말할 때마다 화를 내고 욕을 했고 그렇지 않으면 힘으로 다른 사람들의 물건을 빼앗고 죽이는 더러운 도시로 변하고 말았습니다. 이것을 보고 있던 하박국 선지는 하나님께 부르짖었습니다. "하나님, 제가 아무리 '폭력!' 이라고 부르짖어도 왜 하나님은 돌아보시지 않습니까? 예루살렘은 다시 새로워질 수 없습니까?" 라고 질문을 던졌던 것입니다.

　합 1:2, "여호와여 내가 부르짖어도 주께서 듣지 아니하시니 어느 때까지리이까 내가 강포로 말미암아 외쳐도 주께서 구원하지 아니하시나이다"

　하박국 선지는 예루살렘의 타락을 두고서 하나님께 부르짖으며 기도했지만, 하나님은 응답하시지 않았습니다. 여기에 보면 "내가 강포로 말미암아"라고 되어있지만 원문에는 '강포!' 라고만 되어있습니다

다. 즉 하박국 선지는 강한 사람이 약한 사람을 두들겨 패는 것을 보고 "이것은 폭력이야. 폭력은 안 돼!"라고 소리 질러도 하나님은 약한 자를 도와주지 아니하셨던 것입니다. 그래서 하박국 선지는 정의의 문제에 대하여 하나님의 응답을 받지 못하였습니다.

　우리가 신앙생활을 하면서 가장 풀기 어려운 문제가 바로 이것입니다. 우리가 처음 예수를 믿을 때는 하나님의 사랑 때문입니다. 하나님이 나를 아시고 하나님이 나를 사랑하시는 것이 너무 분명하기 때문에, 하나님이 내 병을 치료하시고 나를 어려움에서 구원해주셨기 때문에 우리는 하나님을 사랑하고 하나님을 믿습니다. 그래서 우리가 신앙생활을 오래 하면 할수록 우리는 더욱 더 많은 하나님의 사랑과 기적을 체험해야 할 것입니다.

　그런데 놀라운 것은 신앙생활을 오래 하면 할수록 더 하나님의 백성들이나 자기 나라 안에서 불의를 보게 된다는 것입니다. 하나님을 믿는 사람들이 거짓말을 예사로 하고, 남의 돈을 가져가기도 하고, 나라도 오직 폭력이 지배하는 것을 보게 됩니다. 그래서 하나님께 아무리 정의로운 사회를 만들어 달라고 기도하고 약한 자를 어려움에서 건져달라고 기도해도 하나님은 듣지 않으시는 것입니다.

　하박국 선지는 예루살렘을 돌아다니면서 여러 곳에서 "이것은 폭력입니다. 여러분은 폭력을 사용하면 안 됩니다!"라고 소리를 질러도 사람들은 오히려 그를 위협하면서 조롱했던 것입니다. 우리도 우리 사회 안에서 불의를 보고 이것은 옳지 않다고 아무리 떠들어도 사람들은 쳐다보지도 않을뿐더러 자기만 두들겨 맞을 때가 많습니다.

　그래서 하박국 선지는 하나님께 기도로 따졌습니다.

합 1:3-4, "어찌하여 내게 죄악을 보게 하시며 패역을 눈으로 보게 하시나이까 겁탈과 강포가 내 앞에 있고 변론과 분쟁이 일어났나이다 이러므로 율법이 해이하고 정의가 전혀 시행되지 못하오니 이는 악인이 의인을 에워쌌으므로 정의가 굽게 행하여짐이니이다"

하박국 선지가 예루살렘에서 보고 있는 것은 뻔뻔스러운 죄악이었습니다. 여기 "패역"이라는 것은 '반항'을 의미합니다. 아무리 옳은 이야기를 해도 말을 비비 꼬아서 반대하는 것입니다. 사람들은 아이나 물건이나 여자를 겁탈하고 폭력을 행사하고 있습니다. 그래서 율법은 있으나 마나 하고 정의는 사라져버렸습니다. 사람들이 불의를 행할 때마다 하나님께서 그들을 심판하셔서 심장마비에 걸려서 죽든지 아니면 벼락이 떨어지든지 해서 죽으면 죄짓는 것을 두려워하고 하나님이 살아계신 것을 깨닫게 될 텐데, 하나님은 아무런 조치도 하시지 않고 침묵을 지키시고 구경만 하시니까 점점 더 인간은 악해지게 된다는 것입니다.

"악인이 의인을 에워싼다"는 것은 악인의 숫자가 의인보다 훨씬 많다는 뜻입니다. 의인은 한두 명인데 악인은 수백 명이니까 말을 이상하게 갖다 붙여서 불의가 정의로 둔갑하게 되는 것입니다. 예루살렘도 원래부터 불의한 도시는 아니었습니다. 그런데 사람들이 살다 보니까 정의보다는 불의가 너무 편한 것입니다. 법보다는 주먹으로 해결하는 것이 훨씬 빠른 것입니다.

얼마 전 어떤 아버지는 딸의 핸드폰을 조사하다가 딸이 성추행을 당했다는 사실을 알고는 남자아이를 나오라고 해서 칼로 찔러 죽이고 자기는 자수를 했습니다. 그때 신문 제목이 주먹이 법보다 더 가깝다는 것이었습니다. 즉 사회가 불의할수록 사람들이 참을 줄 모른다는 것입니다. 그들은 하나님을 기다릴 줄 모르는 것입니다. 그래서 점점 더 많은 불의의 쓰레기들을 예루살렘에 쌓아놓고 있었습니다.

우리가 신앙생활 하면 할수록 '왜 하나님은 불의에 대하여 침묵하시는가?' 하는 문제가 매우 어렵습니다. 이것이 해결되지 않아서 많은 청년이나 교인이 교회를 떠나고 있습니다. 하나님의 정의를 실현

하는 방법을 모르기 때문입니다. 그래서 자기 힘이나 데모나 시위로 해결하려고 힘씁니다.

2. 하나님의 대답

하나님은 오랫동안 하박국의 정의에 대한 질문에 대답하시지 아니하셨습니다. 그래서 하박국 선지는 오랫동안 예루살렘이 점점 더 불의해지고 폭력이 난무하는 것을 보아야 했습니다. 그리고 상당한 시간이 지난 후에 드디어 하나님은 하박국 선지에게 답을 주셨습니다. 그러나 하나님께서 주신 답은 답이 아니었습니다. 이것은 하박국 선지가 생각한 것과는 전혀 다른 것이었습니다.

> 합 1:5-6, "여호와께서 이르시되 너희는 여러 나라를 보고 또 보고 놀라고 또 놀랄지어다 너희의 생전에 내가 한 가지 일을 행할 것이라 누가 너희에게 말할지라도 너희가 믿지 아니하리라 보라 내가 사납고 성급한 백성 곧 땅이 넓은 곳으로 다니며 자기의 소유가 아닌 거처들을 점령하는 갈대아 사람을 일으켰나니"

하박국 선지가 하나님으로부터 원했던 대답은 하나님께서 불의한 사람들을 치서서 죽이든지 아니면 망하게 해서 그들이 율법을 지키고 하나님을 두려워해서 깨끗한 사회가 되는 것이었습니다. 그러나 하나님의 계획은 전혀 그런 것이 아니었습니다. 하나님의 대답은 '전쟁'이었습니다. 그것은 사납고 성급한 갈대아 사람들 즉 바벨론 사람들을 일으켜서 그들이 예루살렘에 쳐들어와서 예루살렘을 불태워버리고 사람들을 다 잡아가는 것이었습니다.

하나님은 바벨론 군대를 표범이나 사자 같은 맹수로 표현하셨습니다.

합 1:7-9, "그들은 두렵고 무서우며 당당함과 위엄이 자기들에게서 나오며 그들의 군마는 표범보다 빠르며 저녁 이리보다 사나우며 그들의 마병은 먼 곳에서부터 빨리 달려오는 마병이라. 마치 먹이를 움키려 하는 독수리의 날음과 같으니라. 그들은 다 강포를 행하러 오는데 앞을 향하여 나아가며 사람을 사로잡아 모으기를 모래같이 많이 할 것이요"

예를 들어서 자기 집이나 친구 집 방안에 누군가가 토한 것이나 혹은 배설물이 있으면 어떻게 해야 하겠습니까? 119 구급대에 전화해서 그것을 치워달라고 해야 하겠습니까? 토한 것이나 배설물 같은 것은 누구든지 그것을 먼저 본 사람이 치워버리면 되는 것입니다. 어떤 교인은 다른 교인 집을 방문했는데 그 교인이 아파서 설거지를 하지 못해 싱크대에 그릇들이 수북하게 쌓여 있었습니다. 그분은 아무 소리도 하지 않고 팔을 걷더니 설거지를 깨끗하게 해주고 방 청소까지 해주었다고 합니다. 이것이 바로 정의라는 것입니다. 어떤 아이가 다른 아이에게 맞아서 울고 있으면 그 아이가 다친 부분에 약을 발라주고 교사나 경찰에 알려서 그 아이가 다시 매 맞지 않도록 도와주는 것이 정의입니다. 그래서 정의라는 것은 옳고 그른 것이 아니라 친절인 것입니다.

그러나 이스라엘 백성들은 배설물은 치울 생각을 하지 않고 옳고 그런 것만 가지고 따지고 자기 이름이나 내려고 했던 것입니다. 그러니까 결국 하나님은 먼 데서 청소부를 부를 수밖에 없었는데 그들이 바로 갈대아 사람들이었습니다. 그들은 전쟁으로 폐허를 만들어서 청소를 해버렸습니다. 그래서 하나님의 백성들은 큰 정의를 가지고 떠들기 전에 자기 주위에 고통당하는 자를 조용히 도와주는 것이 정의입니다. 그런데 자기는 하나님을 믿는다고 하면서 입으로만 떠들면 결국 하나님은 전쟁이라는 방법으로 죄를 청소하는 수밖에 없는 것입니다. 이 갈대아 사람들은 왕이라고 봐주는 것도 없고 장관이라고 해서 봐주는 것이 없었습니다. 왜냐하면 모든 오물과 쓰레기들은 바로 왕실에서부터 나오기 때문입니다.

> 합 1:10-11, "왕들을 멸시하며 방백을 조소하며 모든 견고한 성들을 비웃고 흉벽을 쌓아 그것을 점령할 것이라 그들은 자기들의 힘을 자기들의 신으로 삼는 자들이라 이에 바람 같이 급히 몰아 지나치게 행하여 범죄하리라"

바벨론 군대는 성도 무너뜨리고 왕도 죽여 버리고 장관이나 귀족들도 모두 포로로 끌고 가서 팔아버립니다. 왜냐하면 그들은 법도 없고 힘만 최고라고 생각하기 때문입니다. 여기 "지나치게 행하여"라는 말은 상식이라는 것이 통하지 않는다는 뜻입니다. 결국 유다 백성들이 예루살렘을 더럽힌 결과는 전쟁으로 전부 다 당하고 끌려가는 것이었습니다.

하나님은 이스라엘 백성들에게 분명히 말씀하셨습니다. 그들이 율법을 지키면 가나안 땅은 하나님이 지켜주시지만, 율법을 버리고 가나안 땅을 지키려고 하면 전부 다 잃게 된다는 것입니다. 마찬가지로 우리가 하나님의 말씀을 지키면 재산이나 자녀들이나 모든 나라를 지킬 수 있습니다. 그러나 말씀을 버리고 재산이나 집을 지키려고 하고 자녀들의 공부만 신경 쓰게 된다면 다 잃고 말 것입니다.

3. 하나님의 방어막

하나님의 백성들이 악한 마귀나 힘을 신으로 믿는 자들과 권력을 숭배하는 자들이 우글거리는 세상에서 살아남을 수 있는 것은 하나님이 우리의 방어막이 되어주시기 때문입니다. 그것이 바로 하나님이라는 반석입니다. 아무리 이 세상의 파도가 심하게 몰려와서 덮쳐도 하나님이라는 방어막이 지키고 있으면 안전한 것입니다. 그러나 하나님은 더 이상 예루살렘의 방어막이 되어주시지 않고 오히려 바벨론이라는 쓰나미가 덮칠 것이라고 경고의 말씀을 하시는 것입니다. 그러면 예루살렘 사람들은 다 죽게 될 것입니다.

합 1:12, "선지자가 이르되 여호와 나의 하나님, 나의 거룩한 이시여 주께서는 만세 전부터 계시지 아니하시니이까 우리가 사망에 이르지 아니하리이다 여호와여 주께서 심판하기 위하여 그들을 두셨나이다 반석이시여 주께서 경계하기 위하여 그들을 세우셨나이다"

하나님은 이스라엘 백성들의 반석이셨습니다. 즉 하나님은 이 세상의 악한 파도가 이스라엘로 넘쳐오지 못하도록 막는 둑이었던 것입니다.

우리나라에 아산만 공사는 대단한 것이었습니다. 그 넓은 바다에 큰 돌과 흙을 쌓아서 방파제를 만드는 것이었습니다. 그런데 공사의 끝부분은 파도가 너무 세서 아무리 돌을 넣고 흙을 넣어도 전부 다 바다로 쓸려갔습니다. 그때 공사하던 회사 회장은 큰 유조선을 가라앉혀서 바닷물을 막으라고 지시했습니다. 그대로 했더니 돌이나 흙이 더 이상 떠내려가지 않아서 둑을 완성할 수 있었습니다.

하나님은 바로 이스라엘의 반석이셨습니다. 그래서 이스라엘 백성들은 사망에 이르지 않았습니다. 즉 이 세상에 아무리 악한 나라가 있어도 그들은 징계용이지 멸망용이 아니라는 것입니다. 하나님은 사랑하는 아들을 징계한다고 말씀하셨습니다. 그래서 우리가 하나님의 징계를 당하는 것은 좋은 것입니다. 몸에 병이 난다든지 가난하다든지 사람들에게 잘못하지도 않았는데 욕을 먹는 것은 좋은 것입니다. 왜냐하면 우리가 틀림없이 하나님의 아들이기 때문입니다.

그런데 어느 순간부터 하나님은 이스라엘 백성들을 징계하지 아니하셨습니다. 그들이 틀림없이 죄를 짓는데도 야단치시지 않으셨습니다. 이스라엘 백성들은 이것을 두려워하고 하나님 앞에서 울면서 애통해야 하는데 더 신이 나서 좋아했습니다. 그리고 삐딱하게 제멋대로 행동했던 것입니다. 그러나 이것은 무서운 징벌이었습니다. 왜냐하면 하나님께서 이스라엘 백성들을 버리시는 것이었기 때문입니다. 이것은 "너희들은 이제부터 아들이 아니라 쓰레기들이다. 너희 마음대로 뒹굴어라. 나중에 쓰레기차를 가지고 와서 다 치우겠다"는 의미입니다.

그래도 지금 다행스러운 것은 하나님께서 우리나라를 치시고 계신 것입니다. 정부를 통해서 치시고 북한을 통해서 치시고 미국을 통해서 치십니다. 이것은 하나님이 아직 우리를 버리지 아니하신 것입니다. 어떤 분은 암으로 치시고 어떤 분은 허리로 치시고 어떤 분은 우울증으로 치시는 것은 틀림없는 하나님의 아들이기 때문입니다. 우리는 하나님의 채찍에 기뻐하고 감사하며 우리의 잘못을 회개해야 합니다. 우리의 믿음을 완전히 돌이켜야 합니다.

합 1:13, "주께서는 눈이 정결하시므로 악을 차마 보지 못하시며 패역을 차마 보지 못하시거늘 어찌하여 거짓된 자들을 방관하시며 악인이 자기보다 의로운 사람을 삼키는데도 잠잠하시나이까"

하나님은 눈이 깨끗하시기 때문에 죄라는 것이나 삐딱한 것은 절대로 참지 못하시는 분입니다. 그런데 하나님께서 가만히 계시고 방관하시며 잠잠하시며 침묵을 지키시는 것입니다. 그것은 이스라엘을 백성이 아니라 쓰레기로 보시기 때문입니다. 이번에는 쓰레기를 치우는 차로 코로나가 왔습니다. 어떤 나라에서는 죽은 사람을 다 처리하지 못해서 트럭이 시체를 실어서 구덩이에 쏟아부었습니다.

바벨론 사람들은 사람의 가치를 인정하지 않았습니다. 그래서 그들은 전쟁에서 패한 나라의 사람들을 잡아갈 때 바다의 물고기를 잡듯이 잡아갔고 벌레를 죽이듯이 죽였습니다. 어부가 물고기를 잡을 때 인격을 따지겠습니까? 그리고 벌레를 죽일 때 인격을 생각하겠습니까? 이스라엘 사람들은 자신이 다른 사람의 인격을 생각하지 않았듯이 자신들도 인격이 없는 사람으로 붙들려가거나 죽게 되는 것입니다.

예루살렘이 이렇게 망하게 되는 것은 의인이 없었기 때문입니다. 하나님은 예레미야에게 말씀하시기를 예루살렘 거리에 나가서 의인이 한 명이라도 있는지 찾아보라고 하셨습니다(렘 5:1). 바벨론은 낚시로 물고기를 잡듯이 잡아들였고 투망을 던져서 물고기를 쓸 듯이 잡아갔습니다. 그 이유는 그곳에 의인이 너무 없었기 때문입니다.

의인이 되는 방법은 하나님의 말씀을 믿는 것밖에 없습니다. 우리는 돈을 믿고 세상을 믿기보다 하나님을 믿어야 합니다. 왜 이렇게 예루살렘에 의인이 없어졌을까요? 그것은 그들이 형식주의에 빠지고 세상의 성공에 도취되었기 때문입니다. 우리는 취하면 안 됩니다. 사람이 술에 취하면 아무것도 할 수 없는 것처럼, 세상에 취하고 자신의 성공에 빠지게 되면 물고기처럼 되어서 잡혀가는 것입니다.

예루살렘 사람들은 이런 물고기처럼 되어버렸던 것입니다. 교회나 교인들은 정상적이 되어서 함께 살아야 합니다. 그럴 수 있는 비결은 용광로의 불을 피우는 것입니다. 하나님의 말씀을 가지고 기도의 불을 피우지 않으면 우리나라도 쓰레기통으로 변할 것입니다.

하나님은 이 세상의 교만을 청소하고 계십니다. 우리는 하나님 앞에서 겸손해야 하고 성령의 불을 일으켜야 이 나라를 지킬 수 있습니다.

02

의인은 믿음으로

합 2:1-4

요즘은 빨래를 하려고 하면 쉽게 할 수 있습니다. 자동 세탁기를 사서 그 안에 빨래를 넣고 뜨거운 물을 넣으면 빨래를 돌리고 삶고 헹구는 작업을 전부 세탁기가 다 해주게 됩니다. 그러나 옛날에 저희 어머니들이 빨래하실 때는 빨래 자체가 큰일이었습니다. 빨랫감을 커다란 대야에 넣어서 머리에 이고 시냇가에 가서 편편하게 생긴 큰 돌을 찾아서 그 편편한 돌 위에 빨래를 올려놓고 물로 적시고 비누를 칠해서 비비기도 하고 방망이로 두들겨야 했습니다. 또 옷이 흰색 무명으로 되어있는 것은 집에 가지고 와서 연탄불 위에 올려놓고 삶아야 했습니다. 그리고 때가 충분히 빠지고 난 후에 다시 물에 넣어서 비눗물을 헹구고 햇빛에 말리면 깨끗하게 됩니다. 그러면 그것을 방에 가지고 와서 하나씩 잘 접어서 옷장에 넣으시는 것입니다.

옷을 빠는 것이 이렇게 힘든다면 사회를 깨끗하게 하는 것은 너무나도 어렵습니다. 정치하는 사람들은 전부 입으로는 사회를 개혁해야 하고 부조리를 없애야 한다고 떠들어댑니다. 그런데 나중에 보면 개혁을 주장하던 사람들이 가장 많이 부정을 저지른 것을 볼 수 있습니다. 그들의 학위도 보면 엉터리인 경우가 많고 논문이나 저서도 표절이 많고 또 높은 자리에 있으면서 알게 된 정보를 가지고 땅 투자를 해서 재산이 엄청나게 많은 것을 볼 수 있습니다.

얼마 전에 정부에서 부동산 가격을 잡기 위해서 집을 두 채를 가지고 있는 사람은 한 채를 다 팔라고 했습니다. 그런데 조사해보니까 청와대 수석들이나 장관들이 거의 전부 두 채씩 가지고 있는 것을 알게 되었습니다. 그들은 남들에게는 집 두 채 중의 하나를 팔라고 하지만 자기 집은 절대로 못 판다고 했습니다. 특히 강남에 있는 집은 절대로 못 판다는 것입니다. 권력이 있는 곳에는 저절로 돈이 따라오게 되어 있습니다. 그런데 어떻게 그 돈을 받지 않고 깨끗한 정치를 할 수 있겠습니까?

하물며 종교가 깨끗해져야 하는 것은 너무나도 어렵습니다. 왜냐하면 종교가 깨끗해지려고 하면 양심이 먼저 깨끗하게 되어야 하는데, 양심은 눈에 보이지 않는 데다가 종교인의 감투나 위선적인 행동으로 얼마든지 다른 사람들의 눈을 속일 수 있기 때문입니다. 종교인들도 직책에 따라서 큰 명예가 있는 직책이 있는데 거기에는 돈이 따르게 되어있습니다. 어떤 스님은 딸이 있다고 하고 어떤 목사님은 새벽에 어느 여신도 집에서 나오는 것을 교인들이 봤다고 하고 총회장이 되려고 하면 몇십 억을 써야 한다는 말이 나오는데 어떻게 종교가 쉽게 깨끗해질 수 있겠습니까? 이것은 빨래통에 넣어도 안 되고 방망이로 때려도 안 되고 대야에 넣고 삶아도 안 되는 것입니다.

우리가 신앙생활을 하면서 가지는 의문이 있습니다. 처음에 하나님을 만나고 신앙을 가졌을 때는 그렇게 좋을 수 없는데 신앙생활을 오래 하면 할수록 오래 믿은 사람들이 사랑이 없고 그렇게 화를 잘 내고 편을 만들어서 싸운다는 것입니다. 그리고 또 이해가 안 되는 것이 내 자신이 이런 불의를 겪으면서 하나님께 이 불의를 없애 달라고 아무리 기도를 해도 하나님이 기도를 들어주시지 않는다는 것입니다. 오히려 그런 불의를 지적하면 다른 사람들이 잘난 체한다고 조롱하기도 하고 어떤 때는 잘난 체한다고 집단 따돌림을 당할 때도 있습니다. 우리나라에서도 법원이 가장 골치 아파하는 것이 기독교 계통에서 올라오는 소송이라고 합니다. 거기에는 일체 타협이나 용서라는 것이 없기 때문입니다.

그리고 또 이해가 안 되는 것은 하나님이 만드신 이 아름다운 세상에 전쟁이나 지진과 폭우, 전염병 같은 것이 터져서 많은 사람이 죽거나 고통을 받는 것입니다. 왜 이런 악에 대하여 하나님은 침묵하시는 것일까요?

하나님이 만드신 이 아름다운 세상에 왜 그 무서운 악들이 있으며 그 무서운 살인이나 전쟁이나 재앙에 대하여 하나님은 침묵만 하시는가 하는 의문이 우리에게 있습니다. 우리가 이것을 이해하지 못하면 신앙을 버리든지 하나님을 욕하든지 할 것입니다. 그렇지 않아도 이번 코로나바이러스로 작은 교회는 교인들의 삼분의 일 정도가 없어질 것으로 보입니다. 이제는 큰 교회들도 옛날만큼 교인들이 올 수 없고 또 오지도 않고 있습니다.

하박국 선지자는 구약 선지자 중에서 정의문제에 가장 많은 관심을 가지고 있었습니다. 미국의 하버드대학의 마이클 샌들 교수는 《정의란 무엇인가》라는 책을 써서 엄청나게 팔렸는데 하박국 선지자가 주장한 것이 바로 이 '정의'였습니다. 하박국 선지자는 예루살렘에서 사람들이 폭력을 쓰는 것을 보고 폭력을 쓰면 안 된다고 소리를 쳐도 쳐다보는 사람이 없고 오히려 더 심한 폭력이 행해지고 있었습니다.

하박국 선지는 하나님께 "어떻게 하나님의 도시인 예루살렘이 이렇게 깡패소굴 같을 수 있습니까?"라고 물었더니 한참 후에 하나님께서 "걱정할 것 없다. 내가 전쟁을 일으켜서 예루살렘 사람들을 다 잡아가도록 하겠다."라고 대답하셨습니다. 즉 하나님의 대답은 바벨론 군대로 하여금 쳐들어오게 해서 낚시하듯이 유대인들을 다 잡아가겠다는 것입니다. 하나님의 대답은 하박국이 기대한 대답이 결코 아니었습니다. 하박국이 기대한 것은 율법을 좀 더 철저하게 시행하고 죄를 지은 사람들은 처벌하고 잘못된 제도는 고쳐서 사회를 깨끗하게 하는 것이었습니다.

그런데 하나님의 대답은 전쟁을 일으켜서 유대인들을 다 잡아가든지 죽이면 된다는 것이었습니다. 어떻게 전쟁을 일으켜서 사람을 죽이는 것이 정의에 대한 답이 될 수 있습니까? 그래서 하박국 선지는 당장 전쟁이 터지는 줄 알고 망대에 서서 하나님의 다음 말씀을 기다렸습니다. 하박국 선지의 속은 타들어 갔습니다. '아, 하나님은 예루살렘에 전쟁이 일어나게 하시는구나!' 하는 것을 알게 되었습니다.

합 2:1, "내가 내 파수하는 곳에 서며 성루에 서리라 그가 내게 무엇이라 말씀하실는지 기다리고 바라보며 나의 질문에 대하여 어떻게 대답하실는지 보리라 하였더니"

사실 정의에 대하여 이렇게 열심을 가지고 있으면 순진한 사람입니다. 그리고 그 정의감 때문에 엄청난 상처를 입게 될 것입니다. 왜냐하면 세상은 절대로 정의로워지지 않기 때문입니다.

1. 불의에 대한 성도의 자세

우리가 어렸을 때 자주 이런 말씀을 들었습니다. "우리가 어렸을 때는 안 저랬는데, 요즘 아이들은 너무 나빠졌다." 그런데 나중에 보니까 어른들은 항상 그런 소리를 하신다는 사실을 알게 되었습니다. 왜냐하면 세상은 자꾸 변하고 있기 때문입니다.

우리가 처음 예수를 믿으면 사회 정의나 교회 정의에 대하여 불타는 마음을 가지게 됩니다. 그래서 사회에서는 부정부패가 다 없어지고 공평한 사회가 되며 교회도 교인들에게 헌금을 강조하지 말고 오직 복음만 설교하고 선교나 구제에 열심을 내야 한다고 생각합니다. 그러나 막상 대학을 졸업해서 취직을 해보면 돈이 들어가지 않으면 일이 되지 않습니다. 그리고 교회에서는 계속 헌금하라고 하면서 시간만 나면 교인들이나 직분자들은 놀러만 다니는 것입니다. 그래서 회의에서 순수한 열정으로 우리는 놀러 다니고 먹는 것보다 성경공부나 복음전도에 더 열심을 내야 하는 것이 아닌가라고 말하면 그때부터 공공의 적이 되게 되고 나중에는 본인도 신앙을 버리게 될 때가 많이 있습니다. 그래서 교회에 실망하게 됩니다. 한때 일본에서나 우리나라에서 무교회주의가 유행한 적이 있습니다. 이런 사람들은 기독교를 믿고 예수를 믿지만 교회는 나가지 않는다는 것입니다.

그러나 우리가 세월이 많이 흐르면서 깨달은 것은 총회나 신학교나 교회가 정의로운 적이 없었다는 것입니다. 사회는 정의로운 때가 없었습니다. 그래서 그 후에는 사람들끼리 싸우고 소리 지르고 떠들어도 으레 그러려니 생각하게 되었습니다. 그때 나만 정신을 차리고 그런 사람들과 어울리지 않으면 되는 것입니다. 우리는 불의의 시대에도 하나님의 의로우심을 믿어야 합니다.

이에 하박국 선지는 하나님께 질문했습니다. "사람이 바다에 사는 물고기입니까? 그냥 낚싯바늘로 닥치는 대로 사람들을 잡아가서 구워 먹으면 되는 것입니까? 하나님은 그렇게 하시려고 사람과 이 세상을 만드셨습니까?"

하박국 선지는 속이 타서 망대에도 서고 성루에도 서서 바벨론 군대가 쳐들어오는가 보면서 하나님의 말씀을 기다렸습니다. 그때 드디어 하나님의 말씀이 하박국에게 임했습니다.

합 2:2-3, "여호와께서 내게 대답하여 이르시되 너는 이 묵시를 기록하여 판에 명백히 새기되 달려가면서도 읽을 수 있게 하라 이 묵시는 정한 때가 있나니 그 종말이 속히 이르겠고 결코 거짓되지 아니하리라 비록 더딜지라도 기다리라 지체되지 않고 반드시 응하리라"

하나님께서는 하박국 선지에게 큰 판을 하나 만들어서 거기에 글씨를 쓰라고 하셨습니다. 사람이 달려가면서도 읽을 수 있을 정도니까 큰 간판 크기의 판을 만들어서 글을 쓰라고 하셨습니다. 그리고 하나님이 지금 하시는 말씀은 반드시 이룰 때가 있고 결코 거짓되지 않을 것이라고 하셨습니다. 혹시 인간적인 생각으로 더딘 것처럼 생각되어도 기다리라고 말씀하셨습니다. 그러면 이 불의한 세상 가운데 있는 우리에 대한 하나님의 대답은 무엇입니까?

그것은 "오직 의인은 믿음으로 말미암아 살리라" 하는 말씀이었습니다. 하나님께서 하박국에게 불의가 판을 치고 폭력이 지배하고 거짓이 모든 것을 이기는 시대에 네가 할 일은 불의한 자와 싸우는 조직을 만드는 것도 아니고 정의로운 파벌을 만드는 것도 아니고 지하조직을 만들어 의식화를 시키는 것도 아니라 큰 간판을 하나 만들어서 거기에 '의인은 오직 믿음으로 말미암아 살리라' 는 말을 써놓는 것이었습니다.

물론 그 앞에 몇 마디 말이 더 있기는 합니다.

합 2:4, "보라 그의 마음은 교만하며 그 속에서 정직하지 못하나 의인은 그의 믿음으로 말미암아 살리라"

이 세상에서 사람에게 가장 무서운 것은 사람이 악을 행하고 자기 욕심대로 부정을 행해도 하나님이 침묵하시고 내버려두시는 것입니다. 그것은 바로 하나님께서 인간을 분류하시는 시간이기 때문입니다. 즉 마음이 교만해서 자기 욕심대로 사는 사람과 오직 하나님을 믿는 믿음으로 사는 사람을 분리시키는 시간입니다. 그런데 "의인은 오직 믿음으로 말미암아 산다"는 말이 무슨 뜻입니까? 사실 이 말씀은 성경에서 가장 유명한 말씀입니다. 이 말씀은 믿음으로 의롭다 함을 받는다는 말과 통하는 것입니다.

사람들은 모두 하나님을 믿는다고 말을 하고 종교적인 열심을 냅니다. 그런데 실제로 사는 것을 보면 인간적인 열심이고 욕심이고 자기 명예일 때가 많습니다. 그때 하나님은 믿는 사람들을 교만한 사람의 손에 넘겨서 모든 자랑을 다 빼앗아 가십니다. 그때는 돈도 학벌도 없고 자랑할 것이 아무것도 없습니다. 그가 가지고 있는 것은 딱 성경말씀 하나밖에 없습니다. 그럼에도 불구하고 이 사람들이 하나님의 말씀을 붙들 때 하나님은 이들을 의롭다 하시고 가슴이 뜨거워지고 부흥이 일어나게 하십니다. 이 사람들은 미래에 대해서도 살아갈 방법이 없습니다. 그러나 오직 하나님을 믿는 믿음으로 살아갑니다. 이 세상에 불의가 넘치고 먹을 것과 입을 것이 없어도 하나님이 살게 하시니까 사는 것입니다. 이 사람들에게 부흥이 있고 기도 응답이 있고 기적이 있습니다. 즉 하나님이 나타나시는 것입니다.

하나님은 누구에게 나타나십니까? 그리고 누구의 기도에 응답하십니까? 그것은 불의와 고난 중에 믿음으로 말씀을 붙드는 사람입니다. 물론 우리 생각으로는 좀 늦게 응답될 수 있고 우리 생각으로는 하나님의 응답이 없는 것 같을 수도 있습니다. 그러나 하나님은 반드시 응답하십니다. 그러나 하나님이 침묵하시는 시간 동안 교만한 사람들은 거짓말로 이득을 보고 폭력이나 권력으로 부자가 되고 자기 하고 싶은 대로 하면서 살아갑니다. 그러나 이것 자체가 심판인 것입니다.

우리는 악을 행하는 사람은 왜 빨리 죽지 않는가라고 생각합니다. 그러나 그런 사람은 빨리 죽으면 안 됩니다. 오히려 오래오래 살면서 온 세상의 구경거리가 되어야 하는 것입니다. 우리는 세상에서 불의한 일을 하는 이들을 많이 보았습니다. 그들이 한때는 수십만 명의 지지자들을 거느리기도 하고 돈도 엄청나게 많았습니다. 그러나 세월이 흐르고 보니까 그 지지자들이 그의 거짓을 깨닫게 되어서 다 떠났습니다. 돈도 다 없어지게 되었습니다. 모두 말로가 좋지 못했습니다. 그들은 모두 인생의 정상에서 땅바닥으로 떨어지고 말았던 것입니다. 그것을 보여주는 것이 하나님의 심판입니다.

2. 물이 바다를 덮음같이

유대인들은 자기들만 하나님을 소유하려고 했습니다. 그래서 유대인들은 하나님을 성전에 가두어놓고 온갖 탐욕을 다 부렸습니다. 그런데 이 세상에는 유대인들보다 더 악한 자들이 있었습니다. 그들은 눈에 띄는 것은 전부 바벨론으로 다 끌고 갔습니다.

> 합 2:5, "그는 술을 즐기며 거짓되고 교만하여 가만히 있지 아니하고 스올처럼 자기의 욕심을 넓히며 또 그는 사망 같아서 족한 줄을 모르고 자기에게로 여러 나라를 모으며 여러 백성을 모으나니"

예루살렘을 공격하는 바벨론은 모두 술 취한 사람들이었습니다. 그래서 그들은 끝없는 욕심을 부렸고 세상에 있는 것은 전부 다 바벨론으로 가져갔습니다. 그러니까 바벨론에는 세상의 모든 것이 다 있었습니다.
  어떤 사람의 취미는 집 앞에 재활용품으로 내놓은 것을 골라서 가져가는 것이었습니다. 그래서 소파도 가져가고 아기 유모차도 가져가고 옷도 가져가고 여행용 가방도 가져가고 책도 버린 것을 가져갔습니다. 이 사람의 눈에는 다른 사람들이 버린 것이 전부 보물로 보였던 것입니다. 그래서 그 집은 남들이 버린 이상한 물건으로 가득 차게 되었습니다. 그의 부인은 짜증이 나서 이 못 쓰는 것을 버리라고 해도 화를 내면서 다 쓸 데가 있어서 가져온 것이라고 했습니다. 그러나 실제로 하나도 쓰지 않았습니다.

하나님의 백성들은 필요없는 것이나 쓸데없는 것들을 다 남에게 주거나 버려도 됩니다. 그리고 딱 하나만 챙기면 됩니다. 그것은 바로 하나님의 성경입니다. 그러나 이스라엘 백성들은 이와 반대로 했습니다. 가장 중요한 것 하나를 버리고 쓸데없는 것을 가득 가졌던 것입니다. 우리가 이 세상에 가지고 있는 것은 다 우리의 것이 아닙니다. 이 세상에 있는 모든 것은 잠시 빌려 쓰고 돌려주어야 할 것들입니다. 그래서 빨리 쓰고 남에게 주어야 합니다. 그러나 술 취한 자들은 쓸데없는 것들을 잔뜩 가지고 있습니다. 결국 그들은 자기 나름대로는 행복하게 살려고 노력을 많이 합니다. 그래서 높은 곳에 집을 짓고 부당한 이익을 많이 취하고 많은 민족을 죽였습니다. 그러나 그는 피로 성을 건설했고 불의로 성을 건축했습니다. 그들이 모은 모든 것들은 불탈 것들밖에 되지 않았습니다.

다른 민족들은 성경을 배우기 시작했습니다. 그런데 유다 백성들이 술 취한 자같이 바벨론으로 끌려가면서 가치 있는 것을 딱 하나 가지고 갔습니다. 그것은 바로 구약성경이었습니다. 세상 다른 민족들은 그 성경을 보고 눈이 번쩍 뜨였고 '세상에 이런 귀한 말씀이 다 있었는가!' 라고 말을 했습니다.

결국 유다 백성들이 바벨론으로 끌려간 것은 하나님의 말씀을 온 세상에 퍼트리기 위해서였습니다.

합 2:14, "이는 물이 바다를 덮음 같이 여호와의 영광을 인정하는 것이 세상에 가득함이니라"

바벨론 사람들은 세상의 보물들을 모두 다 바벨론으로 가져간 것 같았는데, 그것들은 모두 쓰레기에 불과했고 결국 하나님을 아는 지식이 온 세상에 전파되게 되었습니다. 바벨론을 통해서 하나님의 말씀이 예루살렘에서 바벨론으로 흘러가고, 알렉산더에 의해서 세계가 그리스어를 쓸 때 성경이 그리스어로 번역되게 되고, 로마가 온 세계로 길을 닦았을 때 사도 바울이 그 길을 통해서 복음을 전하게 되었던 것입니다. 우리나라도 교회 없는 동네가 없을 정도입니다.

예루살렘의 불의는 예루살렘에 있는 촛대를 바벨론과 전 세계로 옮기는 과정이었습니다. 우리는 다른 것은 다 빼앗겨도 촛대를 빼앗기면 안 됩니다. 하나님은 에베소 교회에게 촛대를 옮기리라고 말씀하셨습니다. 중국에 하나님의 말씀이 없으니까 홍수의 물이 온 중국을 덮어버리고 전 세계에 하나님의 말씀이 없으니까 코로나가 뒤덮고 있는 것입니다.

3. 이스라엘 백성들의 순결

옷에 잉크가 묻으면 잘 지워지지 않습니다. 특히 옛날에 하얀 교복을 입었을 때 옷에 김칫국물이라도 튀면 그것이 빠지지 않아서 아주 촌스럽게 보이곤 했습니다.

마찬가지로 사람들의 나쁜 습관도 생각만큼 쉽게 없어지지 않습니다. 우리가 길을 가다 보면 담배 피우는 것이 그렇게 폐에 좋지 않다고 해도 상당히 많은 사람이 담배를 피우고 있습니다. 학생들은 게임의 습관을 버리지 못해서 엄마와 매일 싸우는 것을 볼 수 있고 스마트폰을 사용하지 않으면 불안해서 견딜 수 없다고 말하고 있습니다. 도박하는 사람은 도박을 끊는 것이 그렇게 어렵고 술에 중독이 된 사람들은 술을 끊는 것이 어려워서 나중에 폐인이 되어버리는 것입니다. 왜 이런 것이 끊기가 어려운가 하면 이것이 그 사람의 삶과 정신의 한 부분이 되어버렸기 때문입니다.

이스라엘 백성들에게 가장 끊기 어려운 것은 우상숭배였습니다. 물론 이스라엘 백성들이 처음부터 좋아서 우상숭배를 한 것은 아니었습니다. 그들은 다른 민족들은 어떻게 사는지 알아보고 싶은 호기심에서 우상숭배를 시작했던 것입니다. 그러나 나중에는 우상숭배에 깊이 빠지게 되어서 여러 나라의 우상을 받아들이게 되고 음행과 폭력까지 배우게 되었습니다. 그런데 이런 습관들이 한번 생기고 난 후에는 하나님이 그렇게 선지자를 보내어 징계하시고 이방인들을 보내어서 때리시고 해도 고쳐지지 않았습니다. 이스라엘 백성들에게서 우상은 절대로 끊어지지 않았습니다.

결국 유다 백성에게서 우상이 없어지기 위해서는 그들이 포로가 되어서 무려 70년 동안 바벨론에서 노예로 고생해야만 했습니다. 유다 백성들은 처음에는 바벨론 사람들이 하는 것이 참 멋있어 보였는데, 실제로 바벨론에 가서 보니까 바벨론 사람들이 하는 것은 미친 짓들이었고 정말 더럽고 음란한 짓들이었습니다.

합 2:15-16, "이웃에게 술을 마시게 하되 자기의 분노를 더하여 그에게 취하게 하고 그 하체를 드러내려 하는 자에게 화 있을진저 네게 영광이 아니요 수치가 가득한즉 너도 마시고 너의 할례 받지 아니한 것을 드러내라 여호와의 오른손의 잔이 네게로 돌아올 것이라 더러운 욕이 네 영광을 가리리라"

유다 백성들은 바벨론을 흉내 내면 좋은 것인 줄 알았는데 실제로 가보니까 술 취한 짓들이었고 음란한 짓들이었고 아주 수치스러운 짓들이었습니다.

옛날에 아주 음란한 영화를 찍던 배우가 있었습니다. 그 배우의

과감한 노출은 그를 세계적인 배우로 만들었습니다. 그러나 그의 음란한 영화의 생명은 길지 못했습니다. 왜냐하면 그는 늙어갔고 나중에 암에 걸려서 고생하다가 쓸쓸하게 죽었기 때문입니다. 그래서 남들이 하지 않는 짓은 자기도 안 하는 것이 좋습니다.

합 2:18, "새긴 우상은 그 새겨 만든 자에게 무엇이 유익하겠느냐 부어 만든 우상은 거짓 스승이라 만든 자가 이 말하지 못하는 우상을 의지하니 무엇이 유익하겠느냐"

이스라엘이 바벨론에게 망하게 하신 것은 그들에게서 우상을 없애시려는 세탁 기간이었습니다. 이 기간은 하나님께서 바벨론을 통해서 유다 백성들을 두들기고 때 빼고 비누칠하고 삶고 헹구는 기간이었습니다. 이렇게 하는데 많은 사람이 죽고 70년이나 소요되었습니다. 유다 백성들이 하나님의 말씀으로 스스로 우상을 버릴 수 있었더라면 바벨론이 쳐들어올 필요도 없었고 예루살렘이 망할 필요도 없었고 바벨론에 포로되어 갈 필요도 없었습니다. 그러나 자기 스스로 우상을 없애지 못하니까 바벨론이 와서 우상을 떼 준 것이었습니다.
하나님은 우리 가운데 유일한 하나님으로 계시기를 원하십니다.

합 2:20, "오직 여호와는 그 성전에 계시니 온 땅은 그 앞에서 잠잠할지니라"

예루살렘이 성전이 되지 못하고 재활용 쓰레기로 가득하니까 하나님이 바벨론을 사용하여 청소하신 것입니다. 그러나 어떤 환경에 있든지 묵묵히 말씀으로 나가는 자는 그 가운데 하나님이 계시기 때문에 잠잠하면 됩니다. 왜냐하면 때가 되면 하나님께서 쇠몽둥이로 악인들을 내리치실 것이기 때문입니다. 결국 하나님은 악한 자들의 최후를 보게 하실 것입니다. 우리가 아무리 어려워도 하나님을 인정하고 기다리기만 하면 하나님의 역사가 나타납니다. 우리에게 있는 더러운 찌꺼기들을 하나님의 말씀으로 떼버리면 하나님은 영원히 우리와 함께 계실 것입니다. 하나님의 성전을 지키고 진리의 촛대를 지키는 성도들이 다 되시기 바랍니다.

03

하나님은 계획이 있었다

합 3:1-19

어느 집에서 어미 개가 강아지를 여러 마리를 낳았습니다. 그런데 어미 개가 새끼들에게 젖을 먹이면서 태어난 지 하루나 이틀밖에 되지 않은 강아지 한 마리를 깔아서 거의 죽게 되었습니다. 그 강아지가 숨 쉬지 않는다는 것을 발견한 주인아저씨는 살리기 위해서 가슴 부근을 자꾸 쓰다듬었고 강아지 입에 자기 입을 대고 숨을 불어 넣었습니다. 그러나 강아지는 금방 살아나지 않았습니다. 그래도 아저씨는 포기하지 않고 가슴을 자꾸 쓰다듬고 강아지 입에 숨을 자꾸 불어 넣었습니다. 그렇게 한지 십여 분만에 그 강아지는 발가락을 꼼지락거리기 시작했습니다. 그리고 잠시 후에 숨을 쉬기 시작했습니다. 강아지는 거의 죽었다가 다시 살아나게 되었습니다.

저는 옛날 여름에 바닷가에 자주 갔었는데 바닷가에 가면 깊은 물에 들어갔다가 빠지는 아가씨나 청소년들을 볼 때가 있습니다. 사람이 물에 빠지면 구조대가 배나 구명보트를 몰고 빨리 가서 물에 빠진 사람을 건져내온 후에 모래사장에 눕혀놓고 가슴을 두 손으로 누르기 시작합니다. 그래도 숨을 쉬지 않으면 물에 빠진 사람 입에 대놓고 마우스 투 마우스로 숨을 불어 넣습니다. 물에 빠진 지 얼마 안 되는 사람은 심폐소생술을 시행하면 조금 있다가 물을 토해내면서 정신이 돌아오게 됩니다. 이런 사람들은 현장에서 심폐소생술을 해야지 아무 조치 없이 병원에 데리고 가면 가는 동안에 죽어버리게 됩니다. 어떤 집에서 아버지가 갑자기 숨을 쉬지 않고 쓰러졌을 때 초등학교 5학년 딸이 학교에서 배운 심폐소생술을 해서 아버지를 살린 경우도 있습니다. 그 아이는 정말 아버지를 죽음의 입구에서 건져낸 자랑스러운 딸이었습니다.

이런 식으로 숨을 쉬지 않고 죽어가는 사람을 다시 살리는 작업을 '소생시킨다(Revitalize)'고 합니다. 여기서 'Vital'은 생명이나 활력을 의미합니다. 우리 기독교에서 가장 좋아하는 단어 중의 하나가 '부흥'이라는 단어입니다. 부흥이라는 말은 영어로 'Revival'인데 어떤 사람이나 단체나 어떤 정신이 침체되어서 죽어가는 것을 다시 살려놓는 것을 말합니다.

한때 이탈리아에서는 자기 나라에서 가장 큰 유람선이 있었는데 선장이 운전을 잘못하는 바람에 이 유람선이 모래톱에 걸려서 비스듬히 넘어졌습니다. 그래서 배가 넘어지면서 물에 빠졌는데 여러 사람이 물에 빠져 죽기도 하고 다치기도 했습니다. 물에 빠져 있는 이 배를 도로 일으켜 세우려고 하면 새 배를 만드는 비용의 세 배나 든다고 합니다. 그런데 이탈리아의 자존심은 그들의 자랑인 그 최고의 유람선을 바다에 빠트려 둘 수 없었습니다. 그래서 세 배의 돈을 들여서 그 배를 도로 일으켜 세웠습니다. 그러나 그 유람선은 다시 세워진 후에 폐선이 되었다고 합니다. 자동차나 배나 물에 한 번 빠지고 나면 전자장비가 훼손되기 때문에 정상적으로 운전하기에 너무 위험하다고 합니다.

이와 같이 침체된 사회나 사람을 살리는 것은 새로 만드는 것의 세

배 이상의 에너지가 필요하게 됩니다. 침체된 섬유 산업을 다시 살리고 침체된 교회를 다시 활기 있게 하며 죽어가는 대학교를 다시 살리는 데는 몇 배의 노력과 돈이 드는 것입니다. 그러나 부흥의 결과는 참 아름답습니다. 부흥의 결과는 번영이고 축복이고 아름다운 모습이 나타나게 되는 것입니다.

우리에게는 코로나라고 하는 너무나 큰 전염병이 들어왔습니다. 초창기에 이 병을 치료할 수 있는 약은 없고 유일한 방법은 격리하고 마스크를 쓰는 것밖에 없었습니다. 교회나 교인들이 할 수 있는 것은 아무것도 없었습니다. 우리가 할 수 있는 것이라고는 어느 나라가 백신을 개발해서 이 병을 쫓아주도록 기다리는 것밖에 없었습니다. 그 동안에 우리에게는 침체가 찾아오게 되었습니다. 사회나 학교나 기업체도 침체되었지만 교회도 침체되고 목사나 교인들에게도 영적인 침체가 찾아오게 되었습니다. 그리고 '우리는 할 수 있는 것이 아무것도 없다'는 패배의식이 우리 마음에 자리를 잡게 되었습니다.

하박국 선지가 예루살렘을 보니까 얼마나 도시가 말씀이 없고 타락했던지 모든 것을 폭력으로 해결하고 있었습니다. 즉 목소리 큰 사람이 주인공이고 끝까지 우기는 사람이 임자였던 것입니다. 그리고 돈이 없거나 힘이 없는 사람들은 밀려도 한참 끝으로 밀리고 그나마 가진 것도 빼앗기는 수밖에 없었습니다. 하박국 선지가 이 문제를 가지고 하나님께 기도하니까 하나님은 그 해답은 전쟁이라고 말씀하셨습니다. 즉 곧 바벨론 군대를 쳐들어오게 해서 사람들을 죽게 하고 남은 사람들은 바벨론으로 끌고 가면 된다고 하신 것입니다. 하박국 선지는 영적으로 타락한 예루살렘에 대한 하나님의 해답이 전쟁으로 인한 멸망이라고 하니까 도무지 이해할 수 없었습니다.

그래서 하박국 선지는 깊은 병이 오게 되었고 뼈까지 썩게 되었다고 고백하고 있습니다.

합 3:16, "내가 들었으므로 내 창자가 흔들렸고 그 목소리로 말미암아 내 입술이 떨렸도다 무리가 우리를 치러 올라오는 환난 날을 내가 기다리므로 썩이는 것이 내 뼈에 들어왔으며 내 몸은 내 처소에서 떨리는도다"

저희 교인 중에 한 번씩 위경련을 앓는 분들이 있습니다. 이런 분들은 간혹 위가 미친 듯이 발작하는데, 그 고통을 견디지 못해서 떼굴떼굴 구르다가 결국 구급차를 타고 병원에 가서 며칠 주사를 맞고 겨우 다시 살아나게 됩니다. 그런데 화병이나 심한 우울증에 걸려보면 위만 경련을 일으키는 것이 아니라 창자나 심장과 위 전체가 발작하게 된다고 합니다. 그때는 어떤 것을 먹어도 소화가 되지 않습니다. 물을 마셔도 소화가 되지 않고 음식을 먹으면 몇 시간 동안 위에 그대로 가만히 있게 되는데 그러면 정말 참을 수 없게 됩니다. 그런 고통이 계속되니까 어떤 사람은 창문으로 뛰어내려서 자살을 해버리는 것입니다.

뼈에 썩는 것이 들어왔다는 것은 음식을 먹지 못하고 면역성이 좋지 못하니까 뼈에 결핵균 같은 것이 들어가서 고름 같은 것이 나오는 상태를 말합니다. 이때는 사람이 거의 뼈만 남게 되고 근육이 없어서 떨려서 일어서지를 못합니다. 이런 사람들의 얼굴을 보면 완전 해골같이 되어있는 것입니다.

하박국 선지는 예루살렘의 타락에 너무 상처를 받고 절망해서 깊은 화병에 걸려 거의 피골이 상접해서 죽음 일보 직전까지 가게 되었던 것 같습니다. 그런데 하박국은 그런 고통 가운데서 하나님의 새로운 말씀을 듣게 되었습니다. 그것은 바로 하나님에게는 계획이 있다는 것이었습니다. 그것은 바로 유대를 살리는 계획이었고, 부흥의 계획이었습니다.

1. 하나님의 계획

하박국은 온몸의 창자가 떨려서 음식물을 먹지 못하고 물까지도 마시지 못하는 절망 가운데서 하나님의 새로운 이야기를 듣게 되었습니다. 그것은 바로 하나님이 이스라엘을 다시 부흥시키겠다는 말씀이었습니다. 하박국 선지는 이 말씀을 들었을 때 일단 자기 영혼이 다시 살아나는 것을 느낄 수 있었습니다. 그리고 이스라엘에는 참 소망이 있다는 것을 알게 되었습니다.

> 합 3:2, "여호와여 내가 주께 대한 소문을 듣고 놀랐나이다 여호와여 주는 주의 일을 이 수년 내에 부흥하게 하옵소서 이 수년 내에 나타내시옵소서 진노 중에라도 긍휼을 잊지 마옵소서"

하박국 선지는 하나님에 대한 어떤 소문을 듣게 되었습니다. 여기서 "소문"이라는 것은 여러 사람이 하는 이야기를 들었다는 것입니다. 이 여러 사람은 모두 하나님에 대하여 신실한 믿음을 가진 자들이었습니다. 이 사람들이 기도하고 고민하던 가운데 하나님으로부터 응답받은 내용은 전부 비슷한 것이었습니다. 그것은 하나님께서 죽어가는 이스라엘을 다시 심폐소생술을 해서라도 다시 살리신다는 말씀이었습니다.

지금 예루살렘이나 유다 사람들은 어떤 상태에 있습니까? 모두 바다에 빠진 사람들처럼 숨을 쉬지 않고 있습니다. 그들은 그냥 두면 죽을 수밖에 없습니다. 하박국도 이런 모습을 몇 번 보고 나니까 너무 충격을 받아서 우울증이 오고 화병이 와서 이제는 자신도 죽을 것 같았습니다. 물론 당장 죽는 것은 아니지만 숨을 제대로 쉴 수 없고 화가 자꾸 치밀어 오르고 미래에 대한 희망은 없었습니다. 그런데 하나님이 이스라엘을 그냥 버리지 아니하시고 심폐소생술을 해서 다시 일으켜 살리신다는 것이었습니다.

하나님이 이스라엘을 다시 부흥시키기만 하시면 하박국 선지는 걱정할 것이 없었습니다. 그래서 하박국 선지는 하나님께 "주의 일을 이 수년 내에 부흥하게 하옵소서"라고 기도를 하게 됩니다. 이 수년 내에 썩어 있는 이스라엘을 다시 소생시켜 달라고 기도하고 있습니다. 수년 내에 이스라엘이 다시 살아나게 하시고 아무리 이스라엘이 못된 짓을 하더라도 하나님은 긍휼을 잊지 말아달라고 간절히 기도하고 있습니다.

사실 하나님께서 이스라엘을 다시 부흥시키는 것은 어려운 일이 아닙니다. 우리가 몸이 아파서 다 죽어가다가도 병원에 가서 바른 진찰을 하고 약을 먹고 주사를 맞으면 얼마든지 다시 일어날 수 있는 것입니다. 전에 어떤 분은 요도에 담석이 끼어서 너무 아파서 떼굴떼굴 굴렀다고 합니다. 이때 병원에 바로 갔는데, 초음파로 그 담석을 깨어 버리니까 그다음 날 아무 일도 없었던 것처럼 퇴원해서 정상적인 생활을 했다고 합니다.

마르틴 루터도 담석이 있었는데 그때는 담석을 깨는 의료 장비가 개발되기 전이어서 거의 죽다 살아났다고 합니다. 그때 어떤 사람이 맥주를 마시면 담석이 빠진다고 해서 루터는 맥주를 많이 마셨는데 배만 엄청나게 부르고 계속 아파서 죽을 것 같았습니다. 그때는 루터가 로마 천주교의 소환을 받아서 스트레스를 가장 많이 받을 때였습니다. 아마 그때 루터는 '나는 이제 죽는다'라는 소리를 자꾸 했던 것 같습니다. 그래서 한때 루터가 죽었다는 소문이 퍼지기도 했습니다. 그때 교인들이 치유를 위해 간절하게 기도했고 갑자기 담석이 빠지게 되었다고 합니다. 이때 루터는 소변을 6리터나 보았다고 했는데, 그리고 루터는 다시 살아나게 되었습니다.

하나님께서 우리나 이스라엘 백성들을 소생시키는 것은 간단합니다. 우리에게 대놓고 성령의 입김으로 한번 세게 불면 우리는 죽어가다가도 즉시 숨을 쉬면서 살아나게 됩니다. 그러나 이스라엘이나 우리나 하나님께서 숨을 쉬시는 데 방해되는 것이 있습니다. 이스라엘 백성들에게는 그것이 우상숭배였고 하나님에 대한 불신이었습니다. 우리에게는 세상을 너무 사랑하는 것과 하나님의 말씀에 대한 불신입니다. 이스라엘 백성들이 폭력이나 떼를 쓰는 것으로 모든 문제를 해결하려고 한 것은 하나님에 대한 신뢰가 없었기 때문입니다. 그러니까 결국 폭력이 나오고 욕설이 나오게 되는 것입니다.

이스라엘 백성들에게서 우상이 없어지고 하나님의 말씀을 신뢰하는 데는 바벨론에 끌려가고 난 후 70년이라는 시간이 걸렸습니다. 그리고 하나님께서 숨을 이스라엘에게 부셨던 것입니다. 그렇지 않으면 아무리 하나님이 숨을 부셔도 딴 데로 새버리기 때문에 허파에 바람이 들어가지 않는 것입니다. 그래서 하박국은 하나님께 이 수년 안에 부흥하게 해 달라고 했지만, 이스라엘 백성들의 머리와 가슴과 손과 발에 우상이 들어가 있었기 때문에 우상의 물을 빼는데 70년이라는 시간이 걸렸던 것입니다.

오늘 우리는 침체의 늪에 빠져 있습니다. 우리는 공기보다도 늪의 썩은 냄새와 메탄가스와 썩은 물을 더 많이 마시는 바람에 숨을 제대로 쉬지 못하고 있습니다. 미래에 대하여 희망도 없고 기쁨도 없고 살아야 할 이유도 없는 가운데서 숨을 제대로 쉬지 못하고 있습니다. 우리가 살아나려고 하면 말씀의 맛을 보아야 하고 죽을 각오를 하고 말씀의 줄을 붙들어야 하는데 지금 우리 팔의 힘은 슬슬 빠지고 있는 것입니다. 이때 하나님 말씀의 밧줄을 세게 붙잡고 몸을 한번 위로 끌어올리면 쑥 올라오면서 숨을 쉴 수 있게 됩니다.

우리는 70년까지 걸릴 필요가 없습니다. 우리는 수년 내에 다시 얼마든지 살아날 수 있습니다. 단지 우리는 미래에 대하여 너무 많이 염려하기 때문에 힘을 내지 못하고 있는 것입니다. 우리가 사는 곳은 사면이 산으로 막힌 도시입니다. 그리고 우리 주위에 있는 나라들은 전부 대하기 어려운 나라밖에 없습니다. 지금 세계에서 강대국들이 다 어려운 지경에 있습니다. 그러나 하나님의 나라는 건재합니다. 하나님의 나라는 항상 경기가 좋다고 합니다. 그래서 하나님의 나라와 문을 열어버리면 우리는 얼마든지 모든 것이 다시 다 살아날 수 있는 것입니다.

하박국은 잠시 성경을 묵상했습니다.

합 3:3-5, "하나님이 데만에서부터 오시며 거룩한 자가 바란 산에서부터 오시는도다(셀라) 그의 영광이 하늘을 덮었고 그의 찬송이 세계에 가득하도다 그의 광명이 햇빛 같고 광선이 그의 손에서 나오니 그의 권능이 그 속에 감추어졌도다 역병이 그 앞에서 행하며 불덩이가 그의 발 밑에서 나오는도다"

여기서 '데만'과 '바란'은 에돔에 있는 산을 말합니다. 이스라엘 백성들이 출애굽해서 광야를 돌 때 동쪽 해 뜨는 방향으로 갔습니다. 이스라엘 백성들은 낮에는 너무 덥기 때문에 밤에 많이 걸었습니다. 그러나 밤에는 돌이나 길이 보이지 않고 추웠고 자기들이 어디로 가는지 알 수 없었습니다. 고난을 겪는 분들의 가장 큰 걱정은 이 고난이 죽을 때까지 계속되는 것이 아닐까 하는 것입니다. 즉 한번 어두운 터널에 들어가면 죽을 때까지 이 고난의 터널에서 나오지 못하고 계속 캄캄한 데를 걸어가야 하는 것이 아닐까 하는 두려움이 있게 됩니다. 그런데 하나님의 백성들에게는 고난의 터널이 끝날 때가 있습니다. 그리고는 환한 바깥세상이 보이게 되는 것입니다.

그것이 바로 데만에서 떠오르는 아침 해이고 바란에서 떠오르는 해였던 것입니다. 이때 하늘에는 붉은 노을이 찬란하게 펼쳐지는데 추위와 어두움이 물러가고 하나님의 찬송이 온 하늘에 가득 차 있는 것을 느끼게 되는 것입니다. 역병은 하나님의 발 앞에서 나옵니다. 그래서 하나님은 역병을 내실 수도 있고 발로 밟으실 수도 있는 것입니다. 역병과 반대되는 것은 불덩이입니다. 이것은 바로 더위일 수도 있고 부흥의 불덩이일 수도 있습니다. 즉 하나님의 백성들에게서 영적인 부흥만 일어나면 역병과 불덩이는 없어지게 됩니다. 왜냐하면 이 모든 것은 애굽의 것이기 때문입니다.

이스라엘 백성들은 하나님의 능력을 보았습니다.

> 합 3:6, "그가 서신즉 땅이 진동하며 그가 보신즉 여러 나라가 전율하며 영원한 산이 무너지며 무궁한 작은 산이 엎드러지나니 그의 행하심이 예로부터 그러하시도다"

하나님이 서 계시기만 해도 땅은 진동해서 떨게 됩니다. 하나님의 시선에 산들이 무너지게 됩니다. 하나님의 시선 앞에 인간의 힘은 아무 보잘것이 없는 것입니다. 그러므로 우리는 다시 하나님 말씀의 줄을 꼭 잡아야 합니다. 그리고 우리 속에 있는 독가스는 내뿜고 하나님의 숨을 들이마셔야 합니다. 그러면 우리는 얼마든지 다시 살 수 있습니다.

2. 하나님의 열정

하박국 선지는 잠시 더 하나님의 말씀을 묵상했습니다. 그랬더니 이스라엘은 너무나도 위대한 하나님의 구원의 역사를 가지고 있다는 것을 알게 되었습니다.

> 합 3:7, "내가 본즉 구산의 장막이 환난을 당하고 미디안 땅의 휘장이 흔들리는도다"

'구산'은 메소포타미아 왕 '구산 리사다임'을 말합니다. 이스라엘 백성들이 우상을 받아들이고 섬겼을 때 처음에는 모든 것이 잘 되는 것 같더니 곧 구산 리사다임이 와서 이스라엘을 지배했습니다. 그때 하나님이 숨을 불어넣으시니까 옷니엘이 사사가 되어서 구산 리사다임을 쫓아버렸습니다(삿 3:7-10). 미디안 때 이스라엘 백성들은 7년 동안 죽을 고생을 했습니다. 그러나 하나님이 다시 숨을 불어넣으시니까 기드온이 일어나서 오직 삼백 명으로 십만 명이 넘는 미디안 군대를 쳐서 죽였습니다(삿 7장).

그러나 하나님 구원의 절정은 역시 하나님이 홍해를 가르시는 것이었습니다. 옛날에 용사가 병거를 타고 냇가를 건너가면 그 바퀴의 힘에 의해서 물이 갈라졌습니다. 하박국 선지는 홍해가 갈라지는 것이 그냥 갈라지는 것이 아니라 하나님이 이스라엘을 위해서 급하게 병거를 모시니까 그 바퀴의 힘에 의해 홍해가 갈라지는 것으로 보았습니다.

> 합 3:8, "여호와여 주께서 말을 타시며 구원의 병거를 모시오니 강들을 분히 여기심이니이까 강들을 노여워하심이니이까 바다를 향하여 성내심이니이까"

홍해의 바닷가에서 이스라엘 백성들은 갈 길을 알지 못해서 우왕좌왕하고 있는데 뒤에서는 애굽 군대가 병거를 타고 추격해오고 있습니다. 그때 여호와께서는 홍해 건너편에서부터 급하게 병거를 몰아서 홍해를 갈라서 오셨던 것입니다. 그때 하나님은 마치 바다에 대해서 화를 내시는 것처럼 달려오셨습니다. 하나님은 여호수아가 요단강을 건널 때도 그렇게 말을 타고 달리셔서 강을 마르게 하셨던 것입니다.

그리고 하나님께서 말을 달리시다가 활을 쏘시니까 그 광채가 너무 놀라워서 태양이 멈추고 달이 멈추었습니다.

합 3:11, "날아가는 주의 화살의 빛과 번쩍이는 주의 창의 광채로 말미암아 해와 달이 그 처소에 멈추었나이다"

이것은 바로 기브온에서 있었던 일이었습니다. 여호수아가 가나안 족속들과 전쟁하다가 하늘을 향해서 손을 들고 기도했을 때 태양은 멈추었고 달도 멈추었습니다(수 10:6-14).

합 3:13, "주께서 주의 백성을 구원하시려고, 기름 부음 받은 자를 구원하시려고 나오사 악인의 집의 머리를 치시며 그 기초를 바닥까지 드러내셨나이다"

하나님은 자기 백성을 구원하시는데 느긋하게 하시지 않습니다. 하나님은 굉장히 성격이 급하신 분입니다. 그래서 하나님의 백성들 즉 성령의 기름부음 받은 자를 구원하시기 위해서 적의 집은 기둥머리를 치셔서 집이 폭삭 무너지게 하시고 모두 깔려서 죽게 하십니다. 하나님은 원수의 집을 대강 부수는 것이 아니라 밑바닥까지 부수어서 기초까지 다 드러나게 하시고 창으로 그 전사들의 머리를 찌르셔서 망하게 하시는 것입니다.

3. 하나님만 가진 신앙

우리는 이 세상에서 할 수 있는 대로 무엇인가 많이 가지는 것을 행복하다고 생각합니다. 우리는 좋은 아파트와 좋은 차를 가지고 좋은 학위와 직장을 가지고 돈을 많이 가지면 부족한 것이 없이 행복할 것입니다. 그런데 최근에 이 세상에서 권력과 돈과 명예를 다 가진 사람들이 여자 문제에 걸려서 자살하거나 혹은 망신을 당해서 모든 명예를 잃고 심지어는 감옥에까지 가는 것을 보면서 결국 사람은 이 세상에 있는 돈이나 명예로는 만족할 수 없다는 것을 알게 됩니다.

이 세상에서 사람이 돈으로 해결할 수 없는 것들이 많이 있습니다. 예를 들어서 우리의 건강은 돈으로 해결할 수 없습니다. 사람이 돈을 가지고 있다고 해서 늙지 않을 수 없습니다. 사람이 돈을 가지고 있다고 해서 과거가 깨끗해지지 않습니다. 그리고 돈을 많이 가지고 있다고 해서 빗나간 자식의 마음이 돌아오는 것도 아닙니다. 더욱이 돈을 가지고는 자신의 미래를 확실하게 알 수도 없습니다.

그런데 돈이 없는 것보다는 있는 것이 훨씬 낫습니다. 사람이 돈이 없으면 다른 사람이 무시합니다. 그리고 돈이 없으면 풍족하게 살 수 없고 좋은 집이나 차를 살 수도 없습니다. 그러나 돈이라는 것은 어느 정도 이상 있으면 더 이상 쓸모가 없습니다. 그 돈은 나와 상관없이 은행에 들어가 있든지 아니면 땅이나 집에 묶여 있습니다. 그때부터 돈은 아무리 많아도 나와는 상관이 없습니다. 단지 생각만 많이 가지고 있다는 만족감을 가질 뿐입니다.

그런데 하나님의 백성들에게 이상한 것은 돈이 많으면 많을수록 하나님과의 관계는 자꾸 멀어지게 된다는 것입니다. 돈이 많으면 하나님을 의지하고 말씀을 붙들기보다는 어떻게 하면 이 돈을 지키며 이 돈을 더 쓸 곳이 없는가 하는 생각을 자꾸 하게 된다는 것입니다. 결국 돈은 이 세상을 사는 수단이지 목적이 될 수 없습니다. 돈이 많은 사람은 명예가 있고 다른 사람의 존경을 받을지는 모르지만 진정으로 자신의 실체를 가진 것은 아닙니다.

우리가 막상 높은 산에 올라가 보면 거기에는 다른 사람도 없고 춥고 눈만 있고 땅은 미끄러운 것처럼, 돈도 우리를 진정으로 행복하게 만들어주지는 못합니다. 우리에게 돈이 있다가 없어지면 굉장히 슬플 것입니다. 우리에게 명예가 있다가 없어지면 너무나도 허전할 것입니다. 그래서 나이가 드신 분에게는 퇴직이라는 것이 큰 쇼크가 될 수 있습니다. 그런데 어떤 때는 내가 아무것도 가진 것이 없지만 하나님이 내 마음속을 꽉 채울 때가 있습니다. 이것은 일반적으로 누구나 경험할 수 있는 것은 아닙니다. 이것은 오직 하나님의 백성들에게만 해당되는 것입니다.

하나님이 내 안에 들어오시기 위해서 가진 것 다 빼앗아 가시고 자랑거리를 다 없어지게 하신 후 하나님이 내 안에 들어오시는 것입니다. 그때 우리는 마치 변화산에 올라간 것과 같습니다. 아무도 없는 산에서 예수님과 함께 있는데 예수님이 빛이 나시고 모세와 엘리야가 있고 하나님의 음성이 들리는 것입니다. 그때 베드로는 "여기가 좋사오니 여기에 초막 셋을 짓되 하나는 주님을 위하여 하나는 모세를 위하여 하나는 엘리야를 위하여 짓고 살자"(마 17:4)라고 했습니다. 그것은 이것보다 더 행복할 수 없다는 고백입니다. 베드로는 거기서 당장 죽어도 아까울 것이 없을 정도로 행복했던 것입니다.

하나님의 백성들에게는 바로 이 비밀이 있습니다. 즉 아무것도 없이 하나님만 가졌을 때 너무나도 행복하고 너무나도 만족스럽고 너무나도 충분해서 당장 죽어도 부족한 것이 없다는 것입니다. 우리가 돈이 없고 가진 것이 없는 상태에서 하나님의 말씀을 믿으면 우주의 주인 즉 하나님을 가지게 되는 것입니다. 하나님께서 우리에게 원하시는 것은 세상의 다른 것은 다 포기하고 하나님만 가지라는 것입니다.

결국 이 세상에서 가장 부요한 사람은 하나님을 가진 사람입니다. 그런데 우리가 하나님을 가지려고 하면 다른 쓸데없는 것들을 많이 버려야 합니다. 왜냐하면 이 세상에 있는 많은 것을 가지고는 하나님을 가질 수 없기 때문입니다. 예를 들어서 어떤 아이가 두 손에 무엇인가를 잔뜩 쥐고 있다면 그 아이는 새로운 것을 받을 수 없을 것입니다. 그 아이는 손에 쥐고 있는 것을 버리든지 남에게 주어야 더 좋은 새로운 것을 받을 수 있을 것입니다.

하박국은 한번 생각을 해보았습니다.

합 3:17, "비록 무화과나무가 무성하지 못하며 포도나무에 열매가 없으며 감람나무에 소출이 없으며 밭에 먹을 것이 없으며 우리에 양이 없으며 외양간에 소가 없을지라도"

어떤 사람이 무화과나무를 심었는데 열매가 몇 개 열리지 않았습니다. 무화과 열매가 많이 맺혀야 팔아서 돈을 벌 텐데 말입니다. 포도나무를 심었는데 열매가 하나도 없었습니다. 감람나무에도 열매가 없어서 기름을 짤 수 없습니다. 양은 누군가가 빼앗아가는 바람에 양이 한 마리도 없었습니다. 심지어는 소도 누군가가 빼앗아 가버렸습니다. 이 사람은 완전히 망한 사람이었습니다. 세상적으로 이 사람은 분명히 가난하고 희망이 없고 기뻐할 수 없습니다.

그런데 이 사람이 세상적인 것을 잃어버리고 나니까 그의 마음에 하나님의 성령의 바람이 불기 시작했습니다. 그동안 욕심으로 꽉 차서 제대로 보지 못했던 것들이 보이기 시작했습니다. 그는 어느 순간 하나님이 자신의 가슴에 들어와 계신 것을 알게 되었습니다. 그는 아무것도 없는데 기쁨이 생겼습니다. 왜냐하면 모든 것을 바로 볼 수 있는 눈이 생겼기 때문입니다. 그리고 하나님이 그를 침체로부터 구원해주시고 절망으로부터 구원해주셨습니다. 그는 미래를 걱정할 필요가 없었습니다. 왜냐하면 하나님이 나의 미래를 만들어주시기 때문입니다.

그래서 이 사람은 노래하기 시작했습니다.

합 3:18, "나는 여호와로 말미암아 즐거워하며 나의 구원의 하나님으로 말미암아 기뻐하리로다"

하박국 선지는 자기가 모든 것을 다 잃어버리고 빼앗겨도 하나님만 가지게 되었을 때 얼마나 마음이 행복하고 든든한지 깨닫게 되었습니다. 우리가 세상 것을 많이 가졌을 때는 하나님의 능력이 나타나지 않았는데 모든 것을 잃었을 때 하나님만 가지게 되었고 하나님의 능력이 온전히 나타나게 되었습니다.

우리가 아무것도 없이 하나님의 말씀을 붙잡았을 때 어느 순간 하나님이 내 마음에 오셔서 내 마음을 가득 채우실 때 하나님이 얼마나 크시고 위대하신지 이 세상에 있는 것들은 대단한 것이 아니라는 사실을 알게 됩니다.

하박국은 큰소리로 외쳤습니다.

합 3:19상, " 여호와는 나의 힘이시라"

하나님은 우리의 힘이 되시는 것입니다. 하나님이 우리의 힘이 되실 때 우리는 만족할 수 있습니다. 하나님이 우리의 힘이 되실 때 우리는 자기 자신의 참된 모습을 되찾을 수 있습니다. 하나님이 우리의 힘이 되실 때 우리는 무엇도 두렵지 않습니다. 그리고 하나님은 또 모든 필요한 것을 다 주십니다. 돈과 명예도 주시고 지식도 주십니다. 하나님을 가지고 다른 것을 가지는 것은 죄가 되지 않습니다. 그런데 하나님을 대신해서 다른 것을 가지는 것은 망하는 길입니다. 그것은 마치 브레이크 없는 자동차를 탄 것과 같습니다. 하나님이 우리의 힘이 되셔서 그분으로 충만히 채우시기를 바랍니다.

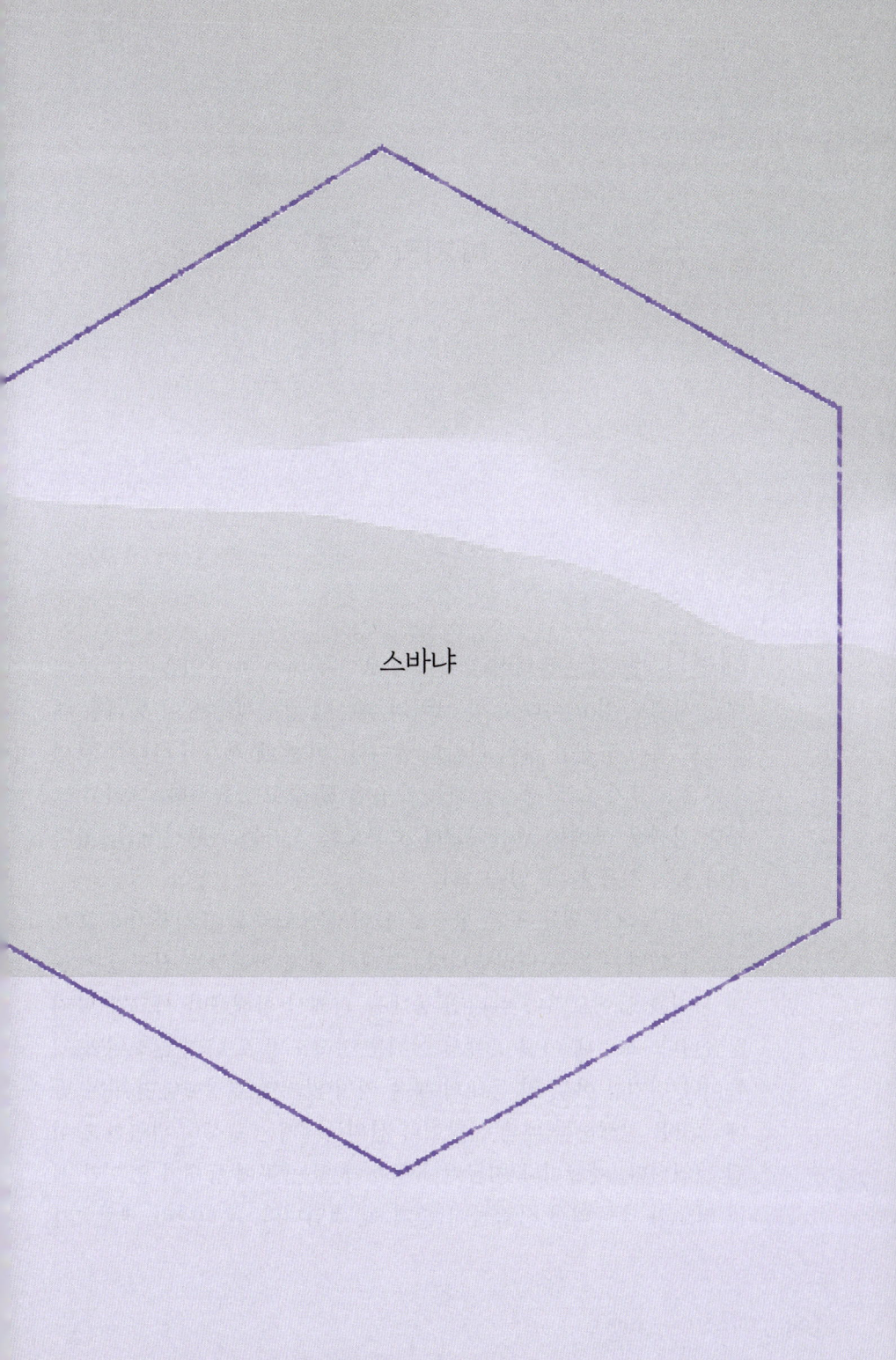

스바냐

01

마지막 불꽃

습 1:1-18

해운대에 있는 동백섬 끝자락에 보면 등대가 하나 있습니다. 등대에는 시계도 있고 바다도 잘 보이기 때문에 관광객들은 이 등대를 배경으로 해서 사진을 많이 찍기도 합니다. 어떤 때 거기서 바다를 보면 수많은 요트가 요트 경기를 하는 모습을 볼 수도 있습니다. 그리고 그 등대 가까운 곳에는 광안대교나 오륙도를 오가는 관광선이 늘 왔다 갔다 하는 것을 볼 수 있습니다.

대개 등대가 있는 곳은 항구로 들어가는 입구를 표시하거나 혹은 암초가 있다는 것을 나타냅니다. 그래서 밤에 항해하는 선장들은 등대 사이를 들어오거나 아니면 등대를 피해서 항해해야 사고가 나지 않습니다. 그런데 어떤 곳에서 이제는 사고도 별로 나지 않으니까 기름이나 전기를 아낄 겸 등대의 불을 켜지 않기로 결정했다면 아마 밤에 그곳을 항해하는 배의 선장이나 선원들에게는 굉장히 위험한 일이 될 것입니다. 옛날이나 지금이나 암초가 있는 곳에 등대가 없으면 배는 암초와 충돌해서 사람들이 죽게 될 것입니다. 우리나라 세월호가 바다에 빠질 때도 그곳은 조류가 빠르니까 속도를 느리게 운전하라는 표시가 있었더라면 그 배는 뒤집히지 않았을 것입니다. 이와 같이 바다에는 등대나 해도라는 것이 아주 안전에 중요한 역할을 합니다.

그래서 하나님께서는 이스라엘 백성들에게 부흥의 불을 주셨습니다. 이 부흥의 불이라는 것은 하나님 진노의 재앙이 오지 못하도록 이곳에 하나님의 백성들이 있다는 것을 표시해주는 등대의 불이었습니다. 그래서 부흥의 불이 있는 이상 이스라엘에는 재앙이 잘 발생하지 않았습니다. 그러나 이스라엘의 우상숭배자들은 항상 이 부흥의 불이라는 것이 시대에 뒤떨어지는 것이고 시간과 돈 낭비라고 해서 항상 부흥의 불을 끄자고 떠들었습니다.

스바냐서라고 하면 우리는 무슨 내용이 기록되어 있는지 제대로 알지 못합니다. 왜냐하면 3장밖에 되지 않는 데다가 내용이 특별한 것도 없고 거의 다 하나님이 재앙을 내리시겠다는 경고의 말씀으로 되어있기 때문입니다.

일본은 올림픽으로 굉장히 빛을 볼 수 있을 때에 코로나로 일체 관광객들이 끊어지고 지금도 코로나 환자들이 창궐하고 있습니다. 그리고 후쿠시마 원전의 방사능은 많은 쌀과 바닷물고기들과 야채와 과일들을 오염시켜놓고 있습니다. 그러므로 우리는 스바냐의 예언이나 요한계시록의 예언이 완전히 케케묵은 옛날 예언이라고 말할 수 없습니다.

1. 마지막 불꽃 세대

스바냐에 대하여 가장 특이한 것은 그가 요시야 왕 시대에 하나님의 말씀을 전한 선지자이고, 히스기야 왕의 현손인 왕족이었다는 사실입니다.

습 1:1, "아몬의 아들 유다 왕 요시야의 시대에 스바냐에게 임한 여호와의 말씀이라 스바냐는 히스기야의 현손이요 아마랴의 증손이요 그다랴의 손자요 구시의 아들이었더라"

어린이나 청소년들을 데리고 캠프파이어를 할 때 나무를 잔뜩 쌓아놓고 그 위에 석유를 뿌린 후 불을 붙이면 불이 환하게 주위를 비춰 게 됩니다. 그러면 벌레도 와서 타 죽고 맹수도 오지 않고 분위기도 좋기 때문에 아이들이 노래도 부르고 춤도 추면서 신나게 놉니다. 그러다가 밤이 너무 깊어져서 아이들이 방에 들어가서 잠을 자야 할 때가 되면 이것이 마지막 불이라고 하면서 남아 있는 석유를 다 붓습니다. 그러면 또 불이 확하고 붙다가 곧 불이 시들해지면 아이들은 방에 들어가서 잠을 자고 교사들은 삽으로 흙을 가지고 와서 잔불을 끄게 됩니다. 그러나 등대의 불은 어떤 일이 있어도 꺼서는 안 됩니다. 왜냐하면 밤에 어느 시간에 배가 그 옆을 지나갈 줄 모르기 때문입니다.

유다에서 마지막 등불을 일으킨 왕은 요시야였습니다. 스바냐는 바로 그 요시야 왕 때 선지자였습니다. 보통 왕의 후손 같으면 그 시대에 귀족이었고 왕족이었기 때문에 외국에 가서 유학하고 또 외국과 장사해서 돈을 벌거나 혹은 높은 자리에 앉아서 권력을 휘두를 것입니다. 그러나 스바냐는 왕의 후손이지만 하나님의 말씀이 임했기 때문에 선지자가 되었습니다. 요즘으로 치면 목회자가 된 것입니다.

그런데 그 당시 왕이었던 요시야는 아주 특별한 사람이었습니다. 사실 유다는 요시야의 고조할아버지였던 아하스 왕 때 이미 망했다고 할 수 있습니다. 아하스는 앗수르의 제단을 흉내 내서 우상에게 제사하고 우상숭배가 극심했기 때문에 아하스 때 망하는 것이 정석이었습니다.

그런데 아하스의 아들 히스기야 때 이상한 바람이 불었습니다. 그것은 바로 성령의 바람이었습니다. 히스기야 왕은 아버지 아하스가 만든 모든 우상을 부수고 쓰레기장에 버렸습니다. 그것만 해도 보름이 걸렸습니다. 그리고 철저하게 하나님만 섬겼습니다. 그래서 히스기야 때 앗수르 군사 십팔만 오천 명이 쳐들어왔지만 하룻밤 사이에 한 천사가 내려와서 그들을 다 죽이고 앗수르 왕은 도망쳐버렸습니다. 또 히스기야는 죽을병에 걸렸지만 눈물의 기도를 해서 병이 기적적으로 낫기도 했습니다. 그런데 히스기야가 일으켰던 부흥의 불길을 그 아들 므낫세가 철저하게 부수어버리고 꺼버립니다. 그래서 므낫세 때 유다의 멸망은 틀림없는 일이 되고 말았습니다.

그런데 므낫세가 부하들에게 죽임을 당하고 그 아들 요시야를 왕으로 세웠는데 요시야가 꺼져가는 예루살렘의 부흥을 또다시 일으킵니다. 그래서 예루살렘의 부흥은 꺼져가다가 또다시 불이 붙고 꺼져가다가 다시 불이 붙었는데 그 요시야 때가 예루살렘의 마지막 불꽃이었습니다.

요시야는 제사장들에게 아버지 므낫세가 성전 안을 너무 더럽혀 놓았기 때문에 성전의 더러운 쓰레기들을 치우고 부서진 데를 수리하라고 시켰습니다. 그래서 제사장들이 성전의 부서진 곳을 수리하던 중에 성전 안에 깨어진 곳이 있어서 그 안을 들여다보았더니 그 안에 두루마리 성경이 감추어져 있었습니다. 어떤 제사장이 므낫세가 미친 듯이 성경을 불태우니까 그중의 한 권을 성전 깨어진 부분에 감추어 놓았던 것입니다. 그래서 제사장은 성전에서 두루마리 성경을 찾았다고 왕에게 보고했습니다.

요시야 왕은 그 두루마리 성경을 가져오라고 해서 자기 앞에서 읽게 했는데, 우상숭배를 하면 예루살렘이 망한다는 모세의 율법이었습니다. 요시야는 자기 옷을 찢고 여선지 훌다에게 신하를 보내어 하나님의 뜻이 무엇인지 물어보게 했습니다. 훌다는 결혼한 여선지였는데 그 남편은 찬양대 가운을 정리하는 사람이었습니다. 훌다는 하나님의 말씀을 요시야에게 전하면서 예루살렘이 망하는 것은 피할 수 없다고 했습니다. 그 대신 요시야가 하나님 앞에서 믿음이 정직하기 때문에 요시야가 살아있는 동안은 하나님이 지켜주시겠다고 약속하셨습니다.

이제 살아날 방법은 분명했습니다. 요시야가 또 부흥의 불을 일으키고 빨리 죽지 않도록 조심하면 되는 것이었습니다. 요시야는 예루살렘에 있는 모든 우상 쓰레기들을 끌어내서 소각장에 버리고 불로 태웠습니다. 그리고 그때 이미 북쪽 이스라엘은 망하고 난민들이 살고 있었는데, 요시야는 거기까지 가서 우상들을 다 태우고 우상 숭배했던 거짓 선지자들의 뼈까지 불태우고 우상의 제단에 뿌렸습니다.

그런데 성경의 놀라운 것은 이미 몇백 년 전에 하나님은 요시야라는 사람이 나타나서 우상 숭배하는 제사장들의 뼈를 불태워서 이 단 위에 뿌릴 것이라고 예언한 것이었습니다. 열왕기하 23장에 그 내용이 자세히 나옵니다. 요시야가 황량하게 망한 이스라엘에 가서 한 무덤을 보게 되었습니다. 그래서 신하들에게 이 무덤이 웬 무덤이냐고 물어보니까 몇백 년 전에 요시야라는 왕이 와서 우상 숭배한 제사장들의 뼈를 불태워서 이 단에 뿌린다고 예언한 선지자의 무덤이라고 했습니다. 바로 그 자리에 진짜 요시야가 서서 우상 숭배했던 거짓 제사장들의 뼈를 불태워서 단 위에 뿌리고 있었던 것입니다.

그런데 그 죽은 선지자도 대단한 사람이었습니다. 성경에 이름은 남아 있지 않지만 그는 이스라엘에 처음으로 금송아지 우상을 세운 여로보암 왕이 거기서 분향할 때 "제단아 제단아 여호와께서 이와 같이 말씀하시기를 다윗의 집에 요시야라 이름하는 아들을 낳으리니 그가 네 위에 분향하는 산당 제사장을 네 위에서 제물로 바칠 것이요 또 사람의 뼈를 네 위에서 사르리라 하셨느니라"고 예언했습니다. 뼈를 불살라 단에 뿌린다는 것은 그들이 영원히 지옥에 가게 된다는 뜻이었습니다.

그랬더니 금송아지를 만든 왕 여로보암이 '저 놈 잡아라'고 소리를 지르는데 그 팔이 굽혀지지 않았습니다. 그래서 여로보암이 그 선지자에게 팔이 굽혀져서 정상이 되게 해 달라고 부탁합니다. 그 선지자가 기도하니까 왕의 팔이 굽혀졌습니다. 그러나 하나님은 그 선지자에게 일체 대접을 받지 말고 다른 길로 돌아오라고 하셨는데, 이 선지자는 늙은 선지자의 말에 속아서 음식을 먹고 오다가 사자에게 물려 죽습니다.

부흥은 능력의 시대이고 축복의 시대이고 기적의 시대인 것입니다. 그러나 이스라엘 백성들은 하나님의 불을 싫어했습니다. 그래서 틈만 나면 왕이나 귀족들이 그 불을 끄려고 했습니다. 요시야는 마지막 예루살렘의 불꽃이었고 그가 살아 있는 동안에는 유다는 유지가 되었습니다. 그런데 요시야는 너무 빨리 죽게 됩니다. 왜냐하면 백성들이 하나님의 말씀을 믿지 않았기 때문입니다. 왕을 지켜주지 않고 오히려 전쟁터에 나가라고 충동질하는 바람에 자기와 상관없는 애굽과 앗수르의 전쟁에 나갔다가 칼에 맞아 죽습니다. 그리고 22년 후에 예루살렘은 완전히 멸망하게 됩니다.

2. 장자권을 잃어버린 이스라엘

하나님께서는 스바냐 선지를 통해서 하나님은 땅 위에 있는 모든 것을 다 멸망시키겠다고 말씀하셨습니다. 그리고 구체적으로 짐승들과 공중의 새와 물속에 있는 물고기와 사람들까지 모두 멸절시키겠다고 하셨습니다.

> 습 1:2-3, "여호와께서 이르시되 내가 땅 위에서 모든 것을 진멸하리라 내가 사람과 짐승을 진멸하고 공중의 새와 바다의 고기와 거치게 하는 것과 악인들을 아울러 진멸할 것이라 내가 사람을 땅 위에서 멸절하리

라 나 여호와의 말이니라"

하나님께서는 예루살렘의 부흥의 불이 꺼져가니까 왕족인 스바냐 선지를 보내서 "내가 사람과 짐승과 공중의 새와 물고기와 하나님께 거치는 것과 악인들을 다 진멸하겠다"고 말씀하셨습니다. 이것은 노아 홍수보다 더 심각한 것이었습니다. 노아 홍수 때는 물속에 있는 물고기들은 죽지 않았는데 이번에는 물고기들까지 다 죽이시겠다는 것입니다.

여기에 보면 "거치는 것"이라는 말이 나옵니다. 이것은 바로 장애물을 말하는데 왔다 갔다 할 수 없도록 막는 것을 말합니다. 바로 우상을 가리킵니다. 우상이라는 것은 아무것도 아닙니다. 정말 그것은 돌에 불과하고 나무나 쇳덩이에 불과합니다. 그러나 하나님은 유다 백성들이 완전히 우상숭배에 빠짐으로 부흥의 불이 꺼졌을 때 생명이 있는 모든 것을 다 멸망시키겠다고 말씀하셨습니다. 그 이유가 무엇입니까? 바로 유다 백성들이 하나님의 장자이기 때문입니다. 하나님의 장자는 천사보다 하나님께 더 가까운 자들이었습니다. 하나님께서는 장자들이 하는 것을 보시고 모든 생명체를 다 살리기도 하시고 다 죽이기도 하십니다.

그런데 하나님이 장자들을 만나려고 하시니까 만나지 못하게 막는 것이 있었습니다. 그것은 바로 우상이었습니다. 대개 기업체 회장이나 장관을 만나러 가면 그 앞을 막는 사람들이 있습니다. 그들은 비서나 경비들입니다. 그들이 약속되어 있는지 확인한 후에 스케줄에 들어있으면 허락합니다. 언젠가 우리 교회도 시장 비서실에서 비서가 직접 선물을 들고 왔는데 약속이 되어있지 않다고 해서 돌려보낸 적이 있습니다. 그때 그 비서는 속으로 놀라면서 '와, 동부교회 목사가 얼마나 대단하기에 시장 비서가 직접 선물을 들고 왔는데도 못 만나게 하고 돌려보내느냐?'라고 생각했을 것입니다. 목사는 가장 멀리해야 할 사람이 정치인이고 기자들입니다. 유명하면 유명할수록 세속화가 되는 것입니다.

저는 우리나라의 유명한 목사가 자기 교회에 한 정치인이 온 것을 소개하면서 자기 입으로 자신이 거짓 선지자라는 것을 밝히는 것을 보았습니다. 그는 그 정치인이 교회에 온 것을 대단하게 이야기하면서 청문회에서 얼마나 대답을 재치 있게 잘하는지 자기는 그 사람에게 안수기도를 받아야겠다고 말하기도 했습니다. 그리고 그분이 국회의원에 떨어졌을 때 자기가 가서 하나님은 당신을 그냥 두지 않고 몇 번 크게 쓰실 것이라고 했는데 이번에 큰 자리에 갔으니까 앞으로 자기는 점쟁이 길로 가야 하겠다고 했습니다. 정말 그는 자기 입으로 자기가 엉터리 목사라는 것을 이야기하는 것이었습니다.

하나님은 유다 백성들을 하나님의 맏아들로 약속하셨습니다. 그래서 온 세상이 썩어도 맏아들만 정신을 바로 차리면 가능성이 있기 때문에 살려두시는 것입니다. 그러나 하나님이 보시기에 맏아들이 썩어서 가능성이 없으면 이 세상 전체가 썩었고 가능성이 없다고 보시는 것입니다. 이것은 마치 국민이 아무리 축구를 잘해도 대표선수들이 경기에서 지면 그것은 나라 전체가 진 것과 같은 것입니다.

요즘 우리나라가 잘하는 것이 있습니다. 그 하나는 코로나바이러스 방역입니다. 세계 최고 수준입니다. 그리고 우리나라 반도체는 세계 최고입니다. 또 우리나라 가스 운반선 제조도 세계 최고 수준입니다. 그러나 이런 것들이 우리나라를 지켜주는 것이 아닙니다. 하나님의 교회가 하나님의 장자입니다. 우리는 장자 역할을 하고 있습니까? 우리가 우상과 음행을 멀리하며 부흥을 위해서 기도하고 불을 일으키고 있습니까? 그러면 전쟁이나 멸망은 일어나지 않을 것입니다.

하나님은 유다와 예루살렘이 멸망하는 이유를 말씀하셨습니다.

습 1:4, "내가 유다와 예루살렘의 모든 주민들 위에 손을 펴서 남아 있는 바알을 그 곳에서 멸절하며 그마림이란 이름과 및 그 제사장들을 아울러 멸절하며"

왜 유다 백성들은 그렇게 죽으라고 바알을 섬겼을까요? 그것은 잘난 체하고 싶은 욕심 때문이었습니다. 바알은 그리스 식으로 말하면 제우스 신입니다. 지금도 마찬가지이지만 학문의 물을 먹었다는 사람이 그리스의 신들의 이름을 인용하면서 이야기하면 '저 사람, 유식하구나'라고 인정해줍니다.

저도 이번에 그리스 비극이나 희극을 다시 읽으려고 책들을 샀습니다. 우리 교회에 계시다가 전남대 교수로 가신 미혼 집사님이 그리스 비극을 정리하는 굉장히 좋은 책을 쓰셨습니다. 그래서 전화로 그 책 참 훌륭하더라고 하면서 나도 그리스 비극을 읽으려고 한다고 말했습니다. 그랬더니 그 집사님이 "목사님, 그 책들 다 불사르세요. 전부 엉터리예요. 그리스 문학은 제가 공부할 테니까 목사님은 성경을 읽으셔야지요."라고 말하는 바람에 바로 그 책에서 손을 뗐습니다. 저는 적어도 지금은 읽을 때가 아니구나 생각했습니다.

유다 백성들은 이방인들에게 유식하게 보이고 싶었습니다. '그마림'도 다른 민족 신이고, 별들도 카시오피아라든지 안드로메다라든지 전설을 가진 신들이고, 말감도 신이었습니다. 과연 이런 것들이 문화냐 아니면 우상숭배냐 판단하는 것은 쉬운 일이 아닙니다.

우리 교회 한 자매가 우리나라의 토속 연극을 가지고 박사 논문을 썼습니다. 그런데 우리나라 토속 연극은 탈춤을 지나서 나중에는 전부 무당굿으로 가더라는 것입니다. 그래서 제가 그 논문을 안 썼으면 좋겠다고 말하니까 그 자매는 논문 주제를 바꾸어서 2년 정도 늦게 박사학위를 받았습니다. 아직 한국에는 이런 귀한 청년들이 남아 있습니다.

하나님은 유다 백성들의 어리석음을 책망하셨습니다.

습 1:6, "여호와를 배반하고 따르지 아니한 자들과 여호와를 찾지도 아니하며 구하지도 아니한 자들을 멸절하리라"

우리는 유다 백성들이 하나님을 믿지 않는 것을 보고 간음했다고 하는 것이 이해되지 않을 것입니다. 그러나 이것은 하나님과의 약속입니다. 이스라엘 백성들의 신앙은 하나님과의 결혼이었습니다. 그리고 하나님은 유다 백성들에게 왜 하나님을 찾지 않느냐고 책망하십니다. 하나님은 모든 것을 다 주시려고 준비하고 계신데 왜 달라고 하지 않느냐고 책망하시는 것입니다. 예를 들어서 어떤 여자가 대재벌 아들과 결혼했는데 왜 다른 남자에게 돈을 달라고 하고 왜 다른 남자를 만나려고 하느냐는 것입니다.

예수님은 뭐라고 말씀하셨습니까? "구하라 그리하면 너희에게 주실 것이요 찾으라 그리하면 찾아낼 것이요 문을 두드리라 그리하면 너희에게 열릴 것이니"(마 7:7)라고 말씀하셨습니다. 그런데 왜 구하지도 않고 찾지도 않고 두드리지도 않느냐고 책망하시는 것입니다. 그 대신 이 백성들은 다른 사람의 집 문을 두드리고 있다는 것입니다. 그러니까 거지가 될 수밖에 없고 정신이상자가 될 수밖에 없는 것입니다.

유다 백성들은 에서처럼 장자권을 버렸습니다. 그래서 그는 축복도 빼앗겨버렸습니다. 오늘 우리는 하나님의 장자입니다. 세상이 아무리 시끄러워도 하나님은 장자의 말을 들으십니다. 우리는 에서처럼 팥죽 한 그릇에 장자권을 팔아먹어서는 안 됩니다. 별을 보고 아름답다고 하면 되지 왜 거기에 절을 하느냐는 것입니다. 태양이 뜨는 것을 보고 하나님이 참 장엄하시구나 하면 되는 것이지 왜 거기다 대놓고 두 손을 비비며 절을 하느냐 하는 것입니다.

우리에게도 신앙은 결혼입니다. 즉 우리는 그리스도와 약혼 관계에 있는 사람들입니다. 그리고 우리는 온 세상의 장자입니다. 그래서 우리는 세상에 있는 것들이나 돈이나 다른 철학이나 종교에 빠져들면 안 됩니다. 왜냐하면 우리는 그리스도의 순결한 신부이기 때문입니다. 만약 결혼할 신부가 이 남자 저 남자를 만나고 다니거나 춤을 추러 다닌다면 순결한 신부가 되지 못할 것입니다.

3. 외국물을 먹은 사람들

옛날에는 외국인과 만나서 대화하는 사람을 보면 대단하다고 생각했습니다. 그러나 지금은 워낙 유학한 사람들이 많아서 그런지 외국어를 잘하는 사람들이 많습니다. 제가 서울에서 목회할 때는 교회는 작아도 영어를 잘하는 사람들이 많아서 외국인을 데리고 와서 옆에 앉혀 놓고 술술술 통역하는 사람들이 많았습니다. 그런데 본문에 나오는 유다의 왕족이나 유명한 사람들도 자식들을 외국 여자와 결혼을 시켰습니다. 그러니까 그 자식들이 반은 외국인이었던 것입니다. 그들은 전부 자기주장이 강했고 하나님의 성전은 놀러오는 곳이 되었습니다.

습 1:7, "주 여호와 앞에서 잠잠할지어다 이는 여호와의 날이 가까웠으므로 여호와께서 희생을 준비하고 그가 청할 자들을 구별하셨음이니라"

외국물을 먹은 사람들은 신전에서 소리를 지르고 떠드는 것이 그들의 예배였습니다. 특히 포도주를 마시고 광란의 축제를 벌였습니다. 그들은 여호와의 성전은 하나님의 말씀을 듣는 곳이라는 것을 몰랐습니다.

습 1:8-9, "여호와의 희생의 날에 내가 방백들과 왕자들과 이방인의 옷을 입은 자들을 벌할 것이며 그 날에 문턱을 뛰어넘어서 포악과 거짓을 자기 주인의 집에 채운 자들을 내가 벌하리라"

    귀족들이나 왕자들은 외국에서 살았기 때문에 이미 옷도 다른 나라 사람들의 옷을 입고 다녔습니다. 그리고 그들은 하나님의 성전에 들어올 때도 조용히 들어오지 않고 문턱을 뛰어넘어 들어와서 사람들을 때리거나 거짓말을 하곤 했습니다. 즉 외국물을 먹은 자녀들은 하나님의 성전에 오는 이유가 사람을 만나러 오든지 아니면 자기 이익을 챙기기 위하여 오는 것이었습니다. 그래서 하나님은 더 이상 성전에서 떠들지 말라고 말씀하셨습니다. 왜냐하면 성전은 사람들이 떠드는 곳이 아니라 하나님의 말씀을 듣는 곳이었기 때문입니다.
    그리고 하나님의 성전을 더럽힌 자들은 복을 받는 것이 아니라 하나님의 심판을 받을 것입니다. 하나님께서는 하나님의 잔치에 초대할 자와 음식이 다 준비되었다고 했습니다. 음식은 유다 백성들이고, 초대된 자들은 새들과 들짐승이었던 것입니다. 새들이 유대인들의 살을 뜯어 먹는 잔치를 벌이게 됩니다.
    그런데 그 장소가 10절에 보면, '어문'으로 물고기를 가져오는 문이고, '제 이 구역'이었습니다. 여기가 서울로 말하면, 바로 8학군이고 강남지역이고 부자들이 사는 동네였던 것입니다. 11절에 나오는 '막데스'도 부자들이 사는 곳이었고, 은을 거래하는 자들이 끊어졌다고 하는 것은 돈이 다 쓸데없이 되었다는 뜻입니다. 은행들이 다 망해버렸기 때문에 거기에 저금한 것도 휴지가 된 것입니다.

습 1:18, "그들의 은과 금이 여호와의 분노의 날에 능히 그들을 건지지 못할 것이며 이 온 땅이 여호와의 질투의 불에 삼켜지리니 이는 여호와가 이 땅 모든 주민을 멸절하되 놀랍게 멸절할 것임이라"

하나님의 진노 앞에서 돈은 결코 도움이 되지 않았습니다. 하나님이 미리 평화를 지켜주셔야지 전쟁이 터지면 돈은 아무 데도 쓸 데가 없습니다. 그러나 여기에 우리에게 희망을 주는 단어가 있습니다. 그것은 바로 "여호와의 질투의 불"이라는 단어입니다. 하나님은 여전히 우리를 사랑하고 계신 것입니다. 그래서 이 모든 재앙은 하나님의 질투의 불이 붙은 것입니다. 우리가 하나님께 머리 뽑힐 각오를 하고 돌아오면 하나님은 우리를 다시 받아주시고 이 모든 재앙이 사라지게 하실 것입니다.

하나님의 왕자의 자존심을 찾으십시다. 하나님을 찾고 하나님을 구하고 하나님께 필요한 것을 달라고 간구하십시다. 세상 사람들에게 잘 보이는 것보다 하나님 앞에서 진실한 성도가 되시기 바랍니다.

02

기회는 있다

습 1:12-2:3

예전에 한 교인이 응급실에 의사로 근무하고 있었는데, 응급실에 온 한 환자가 숨을 쉬지 않았습니다. 그래서 그분이 심폐소생술을 했는데 아무리 해도 심장이 뛰지 않았습니다. 보통 사람들 같으면 일이 십 분 하다가 소생이 안 되면 환자를 포기했을 텐데 이분은 2시간이나 심폐소생술을 했다고 합니다. 그런데 놀랍게도 그때 그 환자의 심장은 다시 뛰기 시작하면서 살아나게 되었습니다. 보통 때처럼 일이 십 분 심폐소생 하다가 포기했으면 틀림없이 죽었을 텐데 교인이었던 그 의사는 믿음을 가지고 자기가 할 수 있는 한 심폐소생술을 해서 결국 사람을 살려내는 데 성공했던 것입니다.

사람은 기회가 있을 때 그 기회를 놓치지 않고 그것을 포착해서 사람을 살리는 것이 중요하고, 회사나 나라를 살리는 것이 중요합니다. 태풍이 오려고 할 때는 날아갈 수 있는 물건들을 묶어두는 것이 중요하고 홍수가 나려고 할 때는 댐의 물도 조절하고 둑의 높이도 더 높여서 튼튼하게 쌓고 차들도 높은 곳에 옮겨놓는 것이 중요합니다. 하수

구도 평소에 정비해 놓는 것이 중요합니다. 그렇지 않고 가만히 있다가 폭우를 맞게 되면 물이 넘쳐서 둑이 무너지고 강이 넘치고 산사태가 나서 죽게 되는 것입니다.

사람들은 자기 앞에 있는 미래를 알지 못하기 때문에 주어진 기회를 살리지 못하고 대비를 잘하지 못합니다. 예를 들어서 어떤 사람이 자기가 어떤 길을 가면 교통사고를 당해서 죽을 것을 분명히 안다면 누가 아무리 그 길로 가자고 해도 가지 않을 것이고 아예 집에서 나오지도 않을 것입니다. 그러나 사람은 자신의 미래를 알 수 없기 때문에 갑작스러운 재난이 닥쳤을 때 죽든지 어려움을 당하게 됩니다. 그렇지만 하나님의 백성들은 하나님의 말씀을 따라가다 보면 대충 자기 앞에 어떤 일이 일어날 것을 짐작할 수 있습니다. 그래서 하나님의 백성들에게는 얼마든지 살길이 있는 것입니다.

우리는 때때로 '날을 받아놓았다'라는 말을 합니다. 결혼할 사람들은 '결혼날짜를 받아놓았다'고 합니다. 수술받을 사람도 '날을 받아놓았다'고 합니다. 재판받는 사람들도 '날짜가 정해졌다'고 말을 할 것입니다. 군에 입대하는 청년들은 '입영날짜를 받아놓았다'라고 할 것입니다. 아기를 낳아야 하는 엄마들은 '아기 낳을 때가 거의 다 되어간다'라고 말할 것입니다. 이렇게 날을 받아놓은 사람은 그날에 대비해서 미리미리 준비할 것입니다.

하나님께서는 유다 백성들에게 날이 정해졌다고 말씀하셨습니다. 그날은 예루살렘이 공격당하고 망하는 날이었습니다. 그러나 유다 백성들은 그 말을 믿지 않았고 아무 준비도 하지 않고 있었습니다. 그러다가 갑자기 그날이 오니까 그들은 우왕좌왕하고 절망하다가 많이 굶어 죽고 나중에 모두 포로로 끌려가고 말았습니다. 그들은 얼마든지 살 기회가 있었는데 그 기회를 살리지 못했던 것입니다.

1. 하나님은 아무것도 못하시는가?

스바냐 선지는 유다 요시야 왕 때 선지자였는데, 요시야는 유다의 마지막 부흥의 불꽃을 일으킨 왕이었습니다. 요시야 왕의 아버지는 므낫세였는데, 그는 예루살렘을 완전히 우상의 쓰레기장으로 만들어놓았습니다. 그러면 보통 쓰레기의 아들은 쓰레기가 나오는 법인데 요시야는 그렇지 않았습니다. 요시야는 성전에 가득 차 있는 우상들을 쓰레기장에 다 치우라고 명령하면서 성전을 수리하라고 했습니다.

그때 대제사장은 성전을 수리하던 중에 어느 구석 깨어진 데서 이전 왕들이 하나님의 율법 책을 모두 불태울 때 누군가가 감추어둔 두루마리를 찾게 되었습니다. 그래서 대제사장은 왕에게 성전을 수리하다가 여호와의 율법 책 하나를 찾게 되었다고 보고했습니다. 유다가 자신들의 미래에 대하여 어느 길로 가야 할지 모르다가 하나님의 말씀을 찾았다는 것은 캄캄한 어둠 속에서 눈이 뜨이는 것과 같은 일이었습니다.

요시야 왕은 그 율법 책을 가지고 와서 자기 앞에서 읽으라고 명령했습니다. 그런데 그 율법 책에는 이스라엘 자손들이 하나님을 믿다가 우상을 섬기면 나라가 망하고 먼 곳에 포로로 붙들려간다는 내용이 적혀 있었습니다. 그래서 요시야는 좀 더 구체적인 하나님의 말씀을 알아봐야겠다고 해서, 여선지 훌다에게 대신들을 보내어 하나님의 뜻을 물어보게 했습니다. 그랬더니 하나님은 예루살렘이 망하는 것은 사실이라고 말씀하셨습니다.

그러나 하나님께서는 요시야가 하나님의 성전을 수리하고 율법 책을 읽고 옷을 찢고 겸손한 자세를 취했기 때문에 요시야가 살아있는 동안에는 예루살렘이 망하지 않을 것이라고 말씀하셨습니다. 이제 예루살렘 사람들은 망하지 않을 방법을 하나 알았습니다. 그것은 요시야가 살아 있는 동안에는 예루살렘이 망하지 않는다고 약속하셨으니까 요시야를 잘 지켜서 빨리 죽지 않도록 하고 그동안 우상을 다 없애버리고 부흥을 위해서 기도하는 것입니다.

그런데 유다 백성들은 안타깝게도 이 하나님의 말씀 자체를 믿지 않았습니다. 그래서 그들은 하나님은 복도 내리시지 않고 재앙도 내리시지 않는 아무것도 안 하시는 분이라고 생각했습니다. 그들은 하나님은 아무것도 안 하시는 분이시고, 모든 것은 인간의 힘에 의해 결정된다고 생각했던 것입니다.

습 1:12, "그 때에 내가 예루살렘에서 찌꺼기 같이 가라앉아서 마음속에 스스로 이르기를 여호와께서는 복도 내리지 아니하시며 화도 내리지 아니하시리라 하는 자를 등불로 두루 찾아 벌하리니"

그 당시 예루살렘에는 두 부류의 사람들이 있었습니다. 예를 들어서 예루살렘이 구정물 통이라면 위에 국물처럼 떠 있는 사람이 있는가 하면, 고기 뼈다귀나 음식 찌꺼기같이 밑에 가라앉아 있는 사람들이 있었던 것입니다. 여기서 밑에 가라앉아 있는 사람들은 예루살렘에 집과 재물을 가지고 있고 권력이 있는 사람들이었습니다. 그들은 하나님이 중요한 것이 아니라 돈이 중요하다고 했습니다. 즉 돈을 주면 바벨론이나 적들이 물러간다고 한 것입니다.

그런데 위에 떠 있는 국물들은 돈이 없으니까 붙들려가는 것입니다. 유다 백성들은 하나님이 복도 주시지 않고 재앙도 내리시지 않는 아무것도 안 하시는 분이며, 우리가 모든 것을 결정한다고 생각하고 있었습니다. 그러나 이것은 유다 백성들의 오해였습니다. 실제로 모든 것을 결정하는 분은 하나님이셨습니다. 오히려 은과 금이 여호와의 날에 그들을 건지지 못할 것이라고 말씀하셨습니다.

습 1:18상, "그들의 은과 금이 여호와의 분노의 날에 능히 그들을 건지지 못할 것이며"

　유다 백성들의 가장 큰 오해는 자기들이 특별한 백성이라는 것을 잊어버린 것입니다. 이스라엘 백성들에게 종교는 결혼이었습니다. 이스라엘 백성들이 하나님을 믿는 것은 하나님과 결혼한 것이었습니다. 그래서 이스라엘 백성들이 받는 복은 전부 하나님이 주신 것이고, 그들이 당하는 어려움도 하나님이 해결해주셔야 하는 것이었습니다. 이스라엘 백성들이 다른 신을 섬긴다는 것은 간음을 행하는 것이었습니다. 아마도 남편 중에서 자기 부인이나 남편이 바람을 피우는데 좋아하는 사람은 아무도 없을 것입니다. 이혼의 가장 큰 사유는 역시 배우자의 부정입니다. 그리고는 폭력입니다.
　하나님은 이스라엘 백성들의 부정에 대하여 참아오셨습니다. 그러나 이제는 더 이상 참을 수 없었습니다. 우리가 예수 믿는 것도 예수님과 결혼하는 것입니다. 그래서 우리의 모든 인생은 예수님이 책임지시고 예수님이 우리의 인생을 인도하십니다. 우리가 누리고 있고 가지고 있는 모든 것은 예수님이 주신 것입니다. 그런데 우리가 번 돈으로 술집에 팁으로 쓰든지 도박에 쓰든지 아예 하나님에 대한 신앙을 형식적으로 변질시킨다면 이것은 간음하는 것이며 결혼생활을 형식적으로 하는 것밖에 되지 않는 것입니다.
　우리는 사람에게 열광해서도 안 됩니다. 가수나 정치인이나 인기 연예인에 대해서도 열광해서는 안 됩니다. 왜냐하면 우리는 주인이 있는 사람들이기 때문입니다. 우리는 예수님이 아무것도 하시지 않고 가만히 있다고 생각해서는 안 됩니다. 예수님은 우리의 기도를 듣고 계시며 우리의 길을 인도하고 계십니다. 그런데 하나님이나 예수님이 눈에 보이지 않으니까 아예 없다고 생각하거나 아무것도 하지 않는다고 생각하는 자들은 모두 횃불로 찾아내서 징벌할 것이라고 말씀하셨습니다.

습 1:13, "그들의 재물이 노략되며 그들의 집이 황폐할 것이라 그들이 집을 건축하나 거기에 살지 못하며 포도원을 가꾸나 그 포도주를 마시지 못하리라"

예루살렘에 돈이 많은 자는 다 집을 가지고 있고 재물이 많았습니다. 그러나 그것으로 만족하지 못해서 더 집을 짓고 포도원을 가꾸었습니다. 그러나 하나님의 계획에 의하면 재물은 다 털리고 집은 다 황폐하고 새로 지은 집에 살지도 못하고 포도원에서 짠 포도주를 마시지도 못한다고 했습니다. 지금 짓고 있는 집에서 살지 못한다는 것은 망하는 날이 아주 가깝다는 것을 의미합니다. 그런데 이들은 하나님의 말씀 자체를 믿지 않았습니다.

그러나 오직 요시야 왕만은 하나님의 말씀을 믿고 우상을 불태우고 하나님께 예배했습니다. 이것은 비유를 들면 밑에는 온통 쓰레기인데 위에서는 등대의 불을 밝히고 있는 것과 같았습니다. 그러나 그 당시 예루살렘 사람들은 얼마든지 살길이 있었습니다. 그 길은 무엇입니까? 일단 요시야는 살아야 하니까 아무 데도 가지 못하게 하고 밑에 있는 쓰레기를 버리고 하나님의 말씀으로 그것을 대신하는 것입니다. 교만하게 집을 넓히려는 자는 집 짓는 것을 중단하든지 아니면 집을 하나로 만족을 하고, 포도원을 만드는 자도 그것을 빚을 내지 못해서 빼앗긴 자에게 돌려주는 것입니다. 그리고 모든 것을 정의롭게 하고 하나님 앞에서 울면서 기도하는 것입니다. 그러면 충분히 망하지 않을 수 있는 것입니다.

2. 하나님의 측정

코로나가 일어나기 전만 해도 중국은 세계 경제대국이라고 해서 전 세계 약한 국가에 돈을 빌려주고 도시를 지배했고 북한에 쌀을 주고 핵을 만드는 데 도움을 주었습니다. 그러나 갑자기 코로나가 오면서 중국은 수만 명이 죽어 나가고 북한은 어떻게 되었는지 알 수조차 없습니다. 그들은 하나님이 정해놓으신 한 날이 있다는 것을 알지 못하고 있는 것입니다.

옛날 세종대왕 때 만든 측우기를 보면 통으로 되어있는 그릇으로 비가 오는 양을 재었습니다. 이와 마찬가지로 하나님은 이 세상 사람들의 죄를 측량하고 계십니다. 그리고 하나님의 백성들의 죄나 기도도 측량하고 계십니다. 그런데 하나님께서 측량하신 양이 딱 차면 즉시 재앙이 터지게 됩니다. 만일 반대로 하나님의 백성들의 기도가 차게 되면 부흥이 일어나게 됩니다. 그렇지만 하나님의 백성들의 죄가 세상 죄보다 더 빨리 차면 세상 나라가 하나님의 나라를 공격하여 망하게 할 것입니다.

습 1:14-15, "여호와의 큰 날이 가깝도다 가깝고도 빠르도다 여호와의 날의 소리로다 용사가 거기서 심히 슬피 우는도다 그날은 분노의 날이요 환난과 고통의 날이요 황폐와 패망의 날이요 캄캄하고 어두운 날이요 구름과 흑암의 날이요"

지금 하나님 앞에는 세 가지 통이 준비되어 있습니다. 하나는 세상 나라의 악이 차는 통이고, 두 번째는 유다의 의가 차는 통이고, 세 번째는 유다의 악이 쌓이는 통입니다. 그런데 그 당시 가장 빨리 차고 있는 통은 유다의 죄가 차는 통이었습니다. 만일 바벨론의 죄가 유다의 죄보다 더 빨리 찼더라면 바벨론이 망하는 것인데 유다의 죄가 더 빨리 찼던 것입니다. 유다 백성들이 이것을 보는 눈이 있었더라면 죄의 통은 덜 차게 만들고 믿음의 통을 빨리 채웠을 것입니다. 그러면 하나님은 환난의 날을 넘어갈 수 있다고 말씀하셨습니다.

그래서 하나님께서는 스바냐 선지를 통해서 유다는 이미 날을 받아놓았다고 말씀하고 있는 것입니다. 그것은 바로 예루살렘의 전쟁의 날이고 예루살렘이 망하는 날입니다. 이날이 굉장히 가깝고 가깝다고 말하고 있습니다. 즉 하나님의 달력을 보니까 예루살렘의 멸망의 날짜가 몇 주 안 남아 있다는 것입니다. 그러면 전쟁 준비도 해야 하지만 믿음의 준비를 해야 했던 것입니다. 하나님의 달력에도 한 날이 정해져 있는데 그날이 예루살렘 전쟁의 날이고 예루살렘 멸망의 날입니다.

그런데 여호와의 날이라고 부르는 이유는 하나님이 예루살렘의 미래를 얼마든지 바꿀 수 있기 때문입니다. 지금 이날은 용사가 슬피 우는 날입니다. 왜냐하면 동료들이 죽었기 때문입니다. 그리고 분노의 날입니다. 왜냐하면 아이들이 죽고 여자들이 끌려가기 때문입니다. 환란과 고통과 황폐와 패망의 날입니다. 바벨론 군대가 와서 성을 다 부수고 사람들은 굶어 죽고 집은 불태우는 날인 것입니다. 캄캄하고 어두운 날이고 구름과 흑암의 날입니다. 즉 소망이 없고 미래 희망이 없는 날입니다. 그러나 아직은 시간도 있고 기회도 있습니다. 단지 이스라엘 백성들이 그 길을 찾지 못하고 있을 뿐입니다.

습 1:17, "내가 사람들에게 고난을 내려 맹인 같이 행하게 하리니 이는 그들이 나 여호와께 범죄하였음이라 또 그들의 피는 쏟아져서 티끌 같이 되며 그들의 살은 분토 같이 될지라"

여기서 중요한 것은 유다 백성들이 맹인 같이 된다는 것입니다. 길은 있는데 유다 백성들이 앞을 보지 못하는 것입니다. 왜냐하면 그들이 하나님과 약속을 깨트렸기 때문입니다. 그래서 그들의 피는 쏟아져서 말라버렸는데 티끌이 되어서 날아가고, 그들의 살은 흙이 되어 땅에 파묻히는 것입니다. 그런데 유다 백성들이 눈을 뜨기만 하면 살길이 있습니다. 그들이 망하는 이유는 하나님과의 약속을 어겼기 때문입니다. 즉 하나님의 백성인데 세상 사람들이 되어버리니까 망하는 것입니다. 그런데 그들이 하나님 앞에 회개한다면 다시 하나님께 돌아올 수 있는 길이 보이게 됩니다.

습 1:18, "그들의 은과 금이 여호와의 분노의 날에 능히 그들을 건지지 못할 것이며 이 온 땅이 여호와의 질투의 불에 삼켜지리니 이는 여호와가 이 땅 모든 주민을 멸절하되 놀랍게 멸절할 것임이라"

예루살렘이 망하는 것은 "하나님의 질투의 불" 때문입니다. 그러므로 이스라엘 백성들도 세상을 질투하면 되는 것입니다. "우리가 하나님만 사랑하겠습니다. 우리는 망해도 좋습니다. 우리는 굶어도 좋습니다. 우리는 죽어도 좋습니다. 하나님의 백성으로 살겠습니다."라고 고백하면 살길이 생기는 것입니다.

3. 하나님의 백성들이 살길

지금 예루살렘 사람들이 살 수 있는 시간은 얼마 남아 있지 않습니다. 그러나 하나님은 그들이 살 수 있는 길을 가르쳐주셨습니다. 그것은 그들이 하나님 앞에 모이는 것입니다.

습 2:1, "수치를 모르는 백성아 모일지어다 모일지어다"

하나님께서는 유다 백성들을 향해 수치를 모르는 자들이라고 말씀하셨습니다. 사람이 처음에 죄를 지으면 수치심을 느끼지만 자꾸 죄를 지으면 수치심이 없어집니다. 하나님께서는 유다 백성들이 수치심이 아직 생기지 않아도 무조건 하나님께 돌아오라고 했습니다. 왜냐하면 지금은 그럴만한 시간이 없기 때문입니다. 유다 백성들이 뻔뻔스러운 모습이지만 하나님께 돌아오기만 하면 살길이 생기는 것입니다.

유다 백성들은 죄를 지으면서도 하나님은 모를 것이라고 생각하고 있었습니다. 예를 들어서 어떤 사람이 토요일에 실컷 도박을 하고서도 주일에는 거룩한 모습으로 앉아 있다면 그는 수치를 모르는 백성입니다. 토요일에 술집에서 실컷 음란한 짓을 하다가 주일 교회에 점잖게 앉아 있다면 그는 수치를 모르는 자입니다. 하나님은 그런 사람들도 다 모이라고 했습니다. 그래서 가장 먼저 하나님을 인정하는 기도부터 하라는 것입니다. 그리고 자신들이 하나님의 백성인 것을 인정하라는 것입니다.

습 2:2, "명령이 시행되어 날이 겨 같이 지나가기 전, 여호와의 진노가 너희에게 내리기 전, 여호와의 분노의 날이 너희에게 이르기 전에 그리할지어다"

하나님의 명령이 시행되기만 하면 날짜는 겨 같이 날아가게 됩니다. 순식간에 여호와의 날이 임하는 것입니다. 그리고는 하나님의 진노와 분노가 남김없이 그들 위에 퍼붓게 됩니다. 그래서 모여서 기도를 하기만 하면 살길이 생기는 것입니다. 기도의 불만 붙으면 환란의 바람이 바뀔 수 있는 것입니다.

습 2:3, "여호와의 규례를 지키는 세상의 모든 겸손한 자들아 너희는 여호와를 찾으며 공의와 겸손을 구하라 너희가 혹시 여호와의 분노의 날에 숨김을 얻으리라"

하나님은 이 세상을 겸손한 사람 때문에 지켜주시는 것입니다. 그런데 누가 과연 겸손한 자입니까? 그들은 하나님의 말씀을 지키는 자입니다. 그런데 실제로 우리의 욕심이 발동하면 하나님의 말씀을 지키기 어렵습니다. 그러나 우리는 우리 자신을 설득해서 욕심을 작게 만들어야 합니다. 작은 것으로 우리는 만족해야 합니다. 그리고 하나님을 찾아야 합니다. "하나님은 어디 계십니까? 엘리야의 하나님은 어디 계십니까?" 이렇게 우리가 하나님을 찾을 때 하나님은 우리 안에 계시며 예배 안에 계시며 하나님의 말씀 안에 계시는 것입니다.

하나님은 공의와 겸손을 찾으라고 말씀하셨습니다. 무엇이 과연 공평한 것인지 그리고 무엇이 과연 겸손한 것인지 찾으라고 하셨습니다. 우리는 자신을 숙일 수 있어야 합니다. 그리고 같은 편이고 친하다고 해서 잘 봐주면 안 됩니다. 내가 싫어하는 사람이라고 해서 미워하면 안 됩니다. 물론 우리는 인간이기 때문에 좋아하는 사람이 있습니다. 그러나 어떤 사람이 미워한다고 해서 너무 싫어하면 안 됩니다. 적어도 우리는 미운 자도 이해하려고 노력해야 합니다. 그때 하나님은 우리를 분노의 날에서 숨겨주실 것입니다.

아직 우리에게는 기회가 있습니다. 그 기회를 살리는 법은 부흥을 위해서 기도하는 것입니다. 부흥을 위해서 기도하는 것은 영원히 헛되지 않습니다. 많은 사람이 가는 길은 멸망의 길이라고 했습니다. 우리는 좁은 길을 가야 합니다. 너무나도 좁은 길이어서 내 등이 긁히고 모든 짐을 다 버려야 하는 고난의 길입니다. 그 길로 끝까지 갈 때 우리는 전쟁도 피하고 재앙도 피하고 하나님의 복을 받게 될 것입니다.

03

유아독존

습 2:4-15

우리나라 출신의 어떤 교수가 미국 중부지방에 있는 어느 대학의 교수로 있었습니다. 그의 전공이 동양철학이었기 때문에 학생에게는 별로 인기가 없는 분야였습니다. 그리고 그 학교에는 한국 학생도 별로 없었다고 합니다. 이 교수가 하루는 불경을 가르치기 위해서 칠판에다가 '천상천하 유아독존(天上天下 唯我獨尊)'이라는 말을 써놓고 그것을 설명했다고 합니다. 그런데 갑자기 학생들이 서로 좋아하고 하이 파이프를 하면서 자기들이 아주 좋아하는 말이라고 했습니다. 이 교수는 이해가 되지 않았습니다. '천상천하 유아독존'이라는 말은 영어로 상당히 이해하기 어려운 말이고 너무 재미없는 수업이 될 것 같았는데, 학생들이 그것을 다 알고 있고 제일 좋아하고 있다는 것이었습니다.

그래서 그 교수는 학생들에게 어떻게 이 어려운 말을 알게 되었느냐고 물어보았습니다. 그랬더니 학생들은 왜 그것을 모르느냐고 하면서 한국의 걸그룹 2NE1의 노래 가사라고 하더랍니다. 그때 이 교수는 미국 중부의 작은 대학에서 미국 학생들이 한국 걸그룹의 노래를 줄줄 외우고 있다는 것을 보고 한류가 정말 장난이 아니라는 것을 알게 되었다고 합니다. 그래서 이 교수는 한류 때문에 갑자기 인기 있는 교수가 되었고, 그 가을에 학생들이 뽑는 그 대학에서 가장 인기 있는 교수로 뽑혔다고 합니다.

한번은 제가 중국 시안에 갔을 때 커피숍 아가씨가 한국말로 '안녕하세요?'라고 인사를 했습니다. 그래서 제가 그분에게 '한궈런'(한국인 조선족)이냐고 물어보았더니 자기는 중국 사람인데 한국 가수들 누구누구를 좋아한다고 했습니다. 그런데 저는 그중에서 아는 사람이 하나도 없었습니다. 우리 세대는 가수를 좋아해 봐야 양희은이나 송창식 정도이고, 저는 김광석 거리 옆에 있으면서도 한 번도 이 사람의 노래를 들어본 적이 없었습니다.

그리고 가수 싸이가 영국의 옥스퍼드대학생들 앞에서 영어로 연설하는 것을 들어본 적이 있습니다. 옥스퍼드대학생들은 그에게 열광하고 있었습니다. 파리에서도 싸이는 수만 명의 사람 앞에서 '오빠는 강남 스타일' 노래를 불렀습니다. 어떤 미국 회사의 한 매니저는 싸이의 팬이었는데, 그는 한국 직원만 보면 말춤을 춰보라고 하면서 '오빠는 강남 스타일'이 도대체 무슨 뜻이냐고 물었다는 것입니다.

본문 스바냐 2장 15절을 보면 "이는 기쁜 성이라 염려 없이 거주하며 마음속에 이르기를 오직 나만 있고 나 외에는 다른 이가 없다 하더니"라고 했는데, 이 말이 바로 '천상천하 유아독존'을 의미하는 것입니다. 우리가 '천상천하 유아독존'을 실감하려면 에베레스트 산을 올라가야 할 것입니다. 지구에서 최고로 높은 그 산꼭대기에 올라가면 거기에는 진짜 하늘과 땅 사이에 자기 한 사람밖에 없습니다. 사람들은 그 맛을 느끼기 위해서 그렇게 죽으라고 에베레스트 산을 올라가는 것 같습니다.

그런데 요즘 스위스에 난리가 났습니다. 알프스에서 가장 높은 산은 몽블랑인데 하얀 산이라는 뜻을 가지고 있습니다. 몽블랑은 만년설이 있어서 항상 꼭대기가 하얀색입니다. 그런데 이제는 지구온난화로 그 빙하가 녹아내리고 있다고 합니다. 그래서 저도 걱정이 있습니다. 저에게 몽블랑 볼펜이 있는데 끝이 흰색으로 되어있습니다. 그 몽블랑의 만년설이 없어지면 볼펜 색을 까맣게 해야 하나 고민 중입니다.

스바냐서는 유다의 마지막 부흥의 불꽃을 일으켰던 요시야 왕 때 기록된 말씀입니다. 그런데 스바냐는 자기가 히스기야의 현손이라는 사실을 밝히고 있습니다.

> 습 1:1, "아몬의 아들 유다 왕 요시야의 시대에 스바냐에게 임한 여호와의 말씀이라 스바냐는 히스기야의 현손이요 아마랴의 증손이요 그다랴의 손자요 구시의 아들이었더라"

스바냐는 자기 고조할아버지 히스기야 때 유다에 있었던 부흥의 이야기를 들었습니다. 그때 하나님의 능력이 얼마나 컸는지 예루살렘을 치러왔던 앗수르 군대가 한 천사에 의해서 하룻밤 사이에 십팔만 오천 명이 죽었습니다. 그리고 병에 걸려서 피골만 남았던 히스기야가 하나님의 말씀으로 살아나게 되고 15년을 더 살게 됩니다. 그렇지만 그 후 예루살렘의 부흥은 사라지고 요시야가 유다의 마지막 불꽃을 일으켰습니다. 그러나 왕만 하나님의 말씀을 가지고 부흥을 일으켰지 백성들은 여전히 우상숭배와 세상에 빠져 있었습니다.

그래서 하나님께서는 2장 1절에 "수치를 모르는 백성아 모일지어다 모일지어다"라고 명령하고 있습니다. 왕이 하나님의 말씀을 듣고 옷을 찢고 기도하고 부흥을 일으키면 백성들은 얼굴에 부끄러운 표시라도 있어야 하는데, 전혀 그런 기색이 없이 뻔뻔스러운 모습을 하고 있다는 뜻입니다. 백성들은 세상 길이 하나님의 길보다 좋다고 생각했습니다. 그래서 요시야 왕을 보호하지 않고 충동질해서 자꾸 전쟁을 하게 만들어서 요시야 왕은 결국 길가메쉬에서 전사하게 되고 유다는 바벨론에 의해서 망하게 됩니다.

하나님은 유다 백성들에게 요시야가 살아있는 동안은 나라를 지켜주겠다고 약속하셨는데 백성들은 요시야를 지켜주지 않았던 것입니다. 왜냐하면 그들은 하나님의 말씀의 길보다는 세상 길이 더 성공적이라고 생각했기 때문입니다. 그래서 그들은 요시야가 자꾸 전쟁터에 나가서 나라를 넓히고 큰 나라를 만들기를 원했습니다. 유다 백성들은 하나님의 말씀을 듣는 것은 아무것도 하지 않는 무능한 것이라고 생각했습니다. 그러나 하나님의 백성들의 부흥은 세상에 빛을 비추는 등대였습니다. 그래서 예루살렘이 멸망하면서 그 주위에 있는 나라들도 모두 망하고 말았습니다.

1. 그리스 문화의 나라

옛날 최고 문화의 나라는 그리스였습니다. 그리스는 땅이 척박했지만 그런 문명을 꽃피웠으며 더욱이 강국 페르시아와의 전쟁을 두 번이나 이김으로 최고의 문명국이 되었습니다. 그리스는 땅이 척박했기 때문에 외국에 식민지를 많이 건설했습니다. 그래서 두로나 카르타고, 심지어는 스페인에까지 식민지를 건설했습니다.

그런데 그리스의 섬나라에서 팔레스타인으로 흘러들어온 나라가 블레셋이었습니다. 그래서 블레셋은 당연히 모든 것이 그리스식이었습니다. 블레셋은 다섯 개의 도시국가로 이루어졌지만 전쟁이나 종교의식을 같이했습니다. 그리고 올림픽 같은 체육대회도 공동으로 했습니다. 그래서 블레셋은 모든 의식에서 이스라엘보다 앞섰고 더욱이 군사력까지 강했습니다. 그런데 블레셋이 이기지 못하는 유일한 나라가 유다였습니다. 그 이유는 유다에는 여호와라는 하나님이 그들을 지키고 계셨기 때문입니다.

블레셋은 여러 번 유다와 전쟁을 하다가 혼이 났습니다. 어떤 때는 우박이 떨어지기도 하고 어떤 때는 비가 쏟아지기도 했습니다. 그리고 어떤 때는 다윗이라는 소년이 나와서 골리앗 같은 장수를 물맷돌로 죽이기도 했습니다. 그런데 정작 유다 백성들이나 이스라엘 사람들은 블레셋을 부러워했습니다. 왜냐하면 그들은 유다와 비교할 수 없는 문화를 가지고 있었기 때문입니다. 그래서 유다 백성들은 늘 바알이라는 신을 믿으려고 했는데, 바알이 그리스에서는 제우스였던 것입니다. 지금도 학자 중에서 그리스 신화나 철학을 한마디씩 하면 사람들은 그가 굉장히 유식하다고 생각합니다.

우리나라도 돈 있는 사람들의 자녀는 국제학교를 보내려 하고 할 수 있으면 외국에 유학 가서 외국어도 배우고 외국 학문도 배우는 것이 좋다고 생각합니다. 그런데 실제로는 그 당시 외국 학문이나 외국의 문명을 살려주는 것은 이스라엘의 부흥이었습니다. 이스라엘에 부흥의 불이 일어나면서 민주주의도 꽃피고 문명도 발전하고 주위 나라들이 모두 잘살게 되는 것입니다. 예를 들어서 바닷가의 등대가 불을 잘 밝히면 지나가는 배도 안전하게 되고 사고가 나지 않는 것입니다.

그런데 하나님의 백성들은 자신들의 정체성을 가지기 참 어려웠습니다. 하나님의 백성들은 자기들이 영적으로 부흥함으로 다른 나라 사람들을 도와주고 복을 받게 해주어야 하는데, 도리어 자기들이 세상 나라 사람들이 되려고 했던 것입니다. 그래서 유다 사람들은 부흥의 불같은 것은 귀찮다고 해서 그 부흥의 불을 꺼버렸습니다. 즉 요시야가 나갈 필요도 없는 전쟁에 나가서 죽어버렸던 것입니다.

그리고 이어서 제일 먼저 나타났던 현상은 블레셋의 불이 꺼지는 것이었습니다. 이상하게 블레셋이 힘을 잃게 되고 주위 나라들이 하나 둘 망하기 시작하더니 다 망해버렸습니다.

습 2:4, "가사는 버림을 당하며 아스글론은 폐허가 되며 아스돗은 대낮에 쫓겨나며 에그론은 뽑히리라"

여기에 블레셋의 도시들이 차례로 나옵니다. '가사'는 누군가가 쓰시다가 쓰레기통에 버려버립니다. 그분이 바로 하나님이셨습니다. 하나님은 가사를 버리셨습니다. '아스글론'은 쓰레기통이 되었습니다. '아스돗'은 대낮에 쫓겨납니다. 폭우가 쏟아지든지 아니면 태풍이 불든지 해서 사람들이 전부 도망치는 것입니다. 그리고 '에그론'은 그야말로 나무가 뿌리째 뽑히듯이 뽑혀버렸습니다. 왜냐하면 등대의 불이 꺼졌기에 이런 잡상인들이 필요가 없었기 때문입니다. 이스라엘이 살아야 다른 나라도 사는데 이스라엘이 불을 꺼버리니까 다른 나라도 살 수 없는 것입니다.

습 2:5, "해변 주민 그렛 족속에게 화 있을진저 블레셋 사람의 땅 가나안아 여호와의 말씀이 너희를 치나니 내가 너를 멸하여 주민이 없게 하리라"

하나님의 말씀이 채찍같이 블레셋 사람들을 치시니까 블레셋 사람들이 거기 살아남을 수 없었습니다. 이스라엘이 있어야 세상에 위로가 되는 하나님의 말씀이 주어지는데 등대의 불을 꺼버리니까 하나님의 말씀이 그대로 채찍이 되어버린 것입니다.

여기서 우리는 하나님의 백성들의 운명과 세상 사람들의 운명이 다르다는 것을 알아야 합니다. 하나님의 백성들은 하나님의 말씀으로 사는 자들입니다. 우리가 하나님의 말씀으로 살아야 세상이 하나님의 채찍을 맞지 않습니다. 그러나 하나님의 백성들이 세상 나라가 되면 세상은 완전히 하나님의 채찍에 맞는 것입니다. 지금 전 세계가 코로나의 채찍으로 경제가 주저앉아버렸습니다. 이것은 하나님의 백성들의 책임입니다. 우리는 정부와 싸울 필요가 없습니다. 우리는 세상을 욕할 필요가 없습니다. 왜냐하면 우리에게 부흥의 불이 있어야 세상이 살 수 있기 때문입니다.

2. 부자 나라의 운명

'모압과 암몬'은 지리적으로 아주 유리한 위치에 있는 나라였습니다. 그들은 요단강 동쪽에 있고 사해 동쪽에 있고 또 반대쪽에는 사막이 있었기 때문에 공격하기에 어려웠습니다. 그리고 거기에는 초장이 비옥했기 때문에 양털 수입만 해도 어마어마했고, 포도도 많이 열렸기 때문에 포도주 수입도 만만치 않았습니다.

우리나라 사람들이 호주에 가면 하나씩 받아오는 선물이 있습니다. 그것은 바로 양털 이불입니다. 호주 남부에 가면 양들이 아주 많습니다. 그리고 뉴질랜드는 사람 수보다 양의 숫자가 훨씬 많습니다. 비행기를 타고 가다 보면 푸른 풀밭 위로 이 같은 것들이 기어가는 것이 보이는데 그것이 모두 양입니다.

모압과 암몬은 경제적으로 풍족한 나라였습니다. 그래서 이스라엘 백성들은 이런 부자나라를 또 부러워했습니다. 그래서 이스라엘 백성들은 그곳의 신인 그모스라든지 밀곰 같은 우상을 숭배했습니다. 그런데 사람들이 돈이 많으면 어떻게 되겠습니까? 대개 돈이 많으면 좋은 옷을 입고 좋은 집을 짓고 좋은 차를 타고 살겠지만 그것으로 만족이 안 됩니다. 그래서 결국 그들이 빠지게 되는 것이 동성애입니다. 미국에는 얼마나 많은 사람이 동성애에 빠져 있는지 모릅니다. 일단 남자들끼리 친하다 하면 동성애라고 보면 되는 것입니다. 동성애자들끼리 같이 살기도 하고 이웃집이 이사 오면 같이 가서 인사하기도 합니다.

그런데 우리나라도 동성애자들이 많이 생겨서 이제는 유명하게 된 킹스클럽에 전국에서 몰려가서 코로나 확진에 걸리기도 했습니다. 어떤 분이 말씀하시기를 자기는 이태원에 오래 있었는데, 전에 교회가 꽤 있었답니다. 그런데 세월이 흐르면서 교회가 하나씩 문을 닫더니 게이 술집으로 바뀌더라는 것입니다. 그리고 지금은 교회가 하나도 없게 되었다고 했습니다.

부산에 아주 유명한 사창가 골목이 있었습니다. 그런데 거기에 교회가 있었습니다. 제가 그 교회에서 부흥회를 한 적이 있었는데 모두 은혜를 많이 받았습니다. 지금은 많이 없어지고 러시아인을 대상으로 하는 옷가게들이 많이 생겼다고 합니다. 부산에 제가 다니던 초등학교는 옛날에 부자들이 다니던 학교였습니다. 그런데 지금은 러시아 어린이들이 많이 다닌다고 합니다. 그 아이들의 이름도 무슨 스키라고 하는 이름이 많은데 이들은 러시아말은 전혀 하지 못하는 러시아 혼혈 어린이들이라고 합니다. 그런데 이런 것은 동성애보다는 훨씬 낫습니다.

> 습 2:9, "그러므로 만군의 여호와 이스라엘의 하나님이 말하노라 내가 나의 삶을 두고 맹세하노니 장차 모압은 소돔 같으며 암몬 자손은 고모라 같을 것이라 찔레가 나며 소금 구덩이가 되어 영원히 황폐하리니 내 백성의 남은 자들이 그들을 노략하며 나의 남은 백성이 그것을 기업으로 얻을 것이라"

소돔과 고모라도 하늘에서 유황불이 떨어지기 전에는 마치 에덴동산과 같았다고 했습니다. 너무나도 비옥하고 잘 사는 곳이었고 문명도 발전한 곳이었습니다. 그런데 사람들이 잘살게 되면 찾아오는 것이 권태입니다. 결국 그들은 권태를 이기지 못해서 남들이 하지 않는 짓을 하기 시작했는데 그것이 바로 동성애였습니다. 그러다가 어느 날 갑자기 하늘에서 유황불이 내리면서 모든 생명체는 다 죽고 사람도 죽고 동물도 죽고 죽음의 바다만 남았습니다. 거기 물은 너무 짜기 때문에 물고기들이 전혀 살지 못합니다.

그 많은 사람 가운데 오직 롯과 두 딸만 구원을 받았는데 롯의 아내는 뒤를 돌아보는 바람에 소금기둥이 되고 말았습니다. 지금 사해에는 소금만 있습니다. 이처럼 우리가 하나님의 말씀으로 사는 것이 옳을 뿐 아니라 세상을 살리는 길이 되는 것입니다. 그러나 하나님의 백성들이 세상을 두려워해서 세상을 따라간다면 세상 사람들은 삶에 만족이 없어지게 됩니다. 그래서 자살하고 우울증이 생기고 동성애에 빠지는 것입니다.

요즘 돈은 많은데 만족이 없는 사람들이 많이 있습니다. 이 사람들은 몇 십억 원 하는 스포츠카를 가지고 밤에 어디를 나가서 시속 300킬로로 달린다고 합니다. 그런데 너무 과속하다 보니까 자기들끼리 충돌해서 그 비싼 차들이 다 부서지고 사람들도 다치거나 죽게 된다고 합니다. 사람들은 성공만 중요한지 알았지 그 뒤에 오는 권태가 얼마나 무서운지 모르는 것입니다.

또 요즘 수상한 것이 화산입니다. 지질학자들은 일본의 화산들이 자꾸 폭발하는 것을 보고서 후지산이나 백두산도 안전하지 않다고 주장합니다. 북한은 핵 실험을 많이 했는데 백두산의 폭발을 굉장히 겁을 낸다고 합니다. 하여튼 여호와를 믿는 것이 가장 바른 길이요 우리가 사는 길인 것입니다.

습 2:11, "여호와가 그들에게 두렵게 되어서 세상의 모든 신을 쇠약하게 하리니 이방의 모든 해변 사람들이 각각 자기 처소에서 여호와께 경배하리라"

3. 군사 최강국의 나라

　신문에서 미국의 죽음의 백조가 날아왔다는 기사를 본 적이 있습니다. 죽음의 백조는 미군의 B-1B 폭격기를 말하는데 이 비행기 한 대에 어마어마한 폭탄을 실을 수 있고 핵무기까지 실을 수 있다고 합니다. 이 비행기 하나가 떠서 공격하면 나라 하나는 완전히 폐허가 되어버리고 만다고 합니다. 우리나라도 핵무기가 있으면 얼마나 안심이 되겠습니까? 그래서 북한은 핵무기를 가지고 있기 때문에 큰소리를 치고 있습니다. 그런데 사실 북한은 핵무기를 만드느라고 인민들 삼백만 명을 굶겨 죽였습니다. 만약 세상에 하나님이 안 계시다면 핵무기나 죽음의 백조를 가지는 것이 최고일 것입니다. 그러나 하나님이 계시면 그런 무기들도 사실 큰 의미가 없습니다.
　옛날 유다 당시에 앗수르는 세계 최고의 군사력을 가지고 있는 나라였습니다. 앗수르는 마음먹기만 하면 어떤 나라도 정복할 수 있었습니다. 앗수르는 수리아도 망하게 하고 이스라엘도 망하게 하고 구스나 애굽도 망하게 했습니다. 그래서 이스라엘 백성들은 언제나 앗수르 같은 군사적인 나라를 부러워했습니다. 그들은 '우리도 저런 나라같이 강한 군사력이 있다면 공격도 당하지 않고 평안하게 살 수 있을 텐데'라고 생각했습니다.
　앗수르는 그야말로 천상천하 유아독존의 나라였습니다. 그런데 천상천하 유아독존 위에 존재하는 분이 있었습니다. 바로 하나님이십니다. 하나님은 천사 한 명을 보내어서 앗수르 군대 십팔만 오천 명을 죽게 하셨습니다. 우리가 그것을 믿는다면 무엇을 두려워하겠습니까?

　습 2:13, "여호와가 북쪽을 향하여 손을 펴서 앗수르를 멸하며 니느웨를 황폐하게 하여 사막 같이 메마르게 하리니"

하나님에게 앗수르는 임시로 쓰는 몽둥이에 불과했습니다. 앗수르는 우상 숭배하는 나라들을 두들겨 패는 몽둥이였던 것입니다. 그러나 하나님은 앗수르를 향해서 예루살렘은 건드리지 말라고 했습니다. 왜냐하면 그때 그 나라에는 히스기야가 있었고 이사야가 있었기 때문입니다. 그러나 앗수르 왕 산헤립은 그 말을 듣지 않고 예루살렘을 공격하고 있는 욕, 없는 욕을 다 퍼붓다가 하룻밤에 십팔만 오천명이 죽고 나중에는 나라가 바벨론에 의해서 망하고야 말았습니다. 하나님은 니느웨가 사막이 될 것이라고 하셨습니다. 즉 아무도 살지 않는 곳이 된다는 것입니다.

습 2:14, "각종 짐승이 그 가운데에 떼로 누울 것이며 당아와 고슴도치가 그 기둥 꼭대기에 깃들이고 그것들이 창에서 울 것이며 문턱이 적막하리니 백향목으로 지은 것이 벗겨졌음이라"

여기 '당아'는 펠리컨이라고 해서 턱이 불룩한 물고기를 잡아먹는 새인데, 평소에 물고기 실컷 잡아먹고 기둥 끝에서 쉬고 있습니다. 그리고 고슴도치는 아주 조심성이 많은 쥐과 동물인데 너무 사람이 없으니까 돌아다니고 있다고 했습니다. 강이나 시내에서 새들이 물고기 잡아먹는 것을 보면 재미있습니다. 새들은 마치 나무토막같이 움직이지 않고 가만히 있다가 물고기를 날카로운 부리로 집어서는 돌려서 머리부터 삼킵니다.

천상천하 유아독존은 좋지 않습니다. 왜냐하면 하나님이 잠시 힘을 빌려 주셨는데 영구적으로 자기 것으로 생각하고 교만하기 때문입니다.

습 2:15, "이는 기쁜 성이라 염려 없이 거주하며 마음속에 이르기를 오직 나만 있고 나 외에는 다른 이가 없다 하더니 어찌 이와 같이 황폐하여 들짐승이 엎드릴 곳이 되었는고 지나가는 자마다 비웃으며 손을 흔들리로다"

앗수르는 기쁨의 성이었습니다. 즉 흥청망청 술 마시고 돈 쓰는 나라였습니다. 앗수르 사람들은 자기만 있고 다른 나라들은 없다고 생각했습니다. 그러나 이제는 들짐승의 나라가 되고 다른 사람들이 지나가면서 비웃고 손을 흔듭니다. 사람이나 나라가 아무리 강해도 하나님보다 더 강할 수는 없습니다. 하나님은 이 세상의 강한 나라들이 교만해질 때 하늘에서 비웃으시는 것입니다.

세계 최강대국은 미국입니다. 그러나 미국은 코로나 세계 일위가 되었습니다. 그러나 그들은 아직 마스크를 끼지 않는 사람들이 많다고 합니다. 코로나는 아주 고약하고 무섭기 때문에 큰 나라, 작은 나라 봐주지 않습니다. 오직 마스크 끼는 나라만 봐주는 것입니다.

우리는 하나님 앞에서 겸손해야 합니다. 그리고 세상 나라를 두려워하지 말고 다른 나라를 부러워할 필요도 없습니다. 우리는 하나님의 부흥의 불을 지켜서 세상 나라들을 살리는 교회가 되어야 할 것입니다.

04

하나님이 함께 계심

습 3:14-20

어린 자녀에게 가장 행복한 시간은 부모가 모두 집에 있어서 아이들과 함께 놀아주는 시간일 것입니다. 혹시 집에 예쁜 강아지가 있어서 카펫 위에서 같이 놀아준다면 더 행복한 시간이 될 것입니다. 그런데 미국의 어떤 집에서 부모가 없는 동안에 6살 오빠와 4살 여동생이 놀이터에서 놀고 있었는데, 갑자기 큰 개가 여동생을 물려고 덤벼들었습니다. 그것을 보고 오빠는 여동생을 지키기 위하여 여동생 위에 엎드렸고 그 큰 개는 오빠의 얼굴과 머리를 물어뜯었습니다. 곧 어른들이 와서 이 남자아이를 병원에 데리고 가서 상처를 치료했는데 무려 90바늘을 꿰매야 했습니다. 그 소년은 "만일 우리 둘 중의 하나가 죽어야 한다면 여동생이 아니라 바로 내가 죽어야 한다고 생각했다."고 말을 했습니다.

이 어린이는 인터넷을 통해서 유명해지게 되었습니다. 이 아이가 가장 존경하는 사람은 캡틴 아메리카였습니다. 그 영화주인공은 이 아이의 이야기를 듣고 이 아이야말로 진짜 캡틴 아메리카의 자격이 있다고 해서 그가 쓰는 솥뚜껑같이 생긴 방패를 선물로 보내주었습니다. 그리고 세계 권투 챔피언 협회에서도 챔피언 벨트를 보내주면서 '너야말로 진짜 챔피언이다' 라는 말을 해주었다고 합니다.

옛날 우리나라 화장실은 재래식 화장실이었습니다. 그런데 시골에서는 화장실로만 쓴 것이 아니라 거기에 돼지를 키웠습니다. 물론 거기에 살던 사람들은 익숙하니까 상관이 없겠지만 손님이 화장실에 들어갔는데 밑에서 돼지들이 꿀꿀거리면서 쳐다본다면 엄청 놀랄 것입니다. 물론 지금은 화장실에서 키우지는 않지만 그런 돼지는 아주 연하고 맛있다고 합니다.

프랑스 파리에서 가장 유명한 왕궁이라면 베르사유 궁정을 들 수 있을 것입니다. 그런데 베르사유 궁정은 겉으로는 아주 아름답고 웅장하게 지어졌지만 옛날 처음 지어졌을 때는 난방 장치가 없었습니다. 벽난로가 있다고 해도 식사시간에는 엄청 추웠던 것입니다. 그래서 왕도 식사를 할 때 물이나 포도주가 언 것을 먹었다고 합니다. 그리고 또 베르사유 궁정이 처음 만들어졌을 때는 화장실도 없었다고 합니다. 그러니까 파티를 할 때 여성들이나 남자 귀족들이 급하면 계단 구석이나 방구석 같은 데서 실례를 하는 수밖에 없었던 것입니다. 여성들은 드레스가 넓으니까 일 보는 데 문제가 없지만 남성들은 밖으로 나가야 했습니다.

하나님은 이스라엘 백성들 가운데 계시기를 원하셨습니다. 그러나 이스라엘 백성들은 마치 사나운 개와 같았습니다. 그리고 이스라엘 백성들 안에는 더러운 오물이 가득 차 있었습니다. 그래서 하나님께서는 이스라엘 백성들을 깨끗하게 하시는데 70년 이상이 걸렸습니다. 유다 백성들 안에 우상이 다 없어졌을 때 하나님은 이스라엘 백성들 안에 오셨습니다. 그때 이스라엘 백성들은 하나님을 만날 수 있었고 천국의 아름다움을 체험할 수 있었습니다.

1. 사나운 짐승들과 더러운 성읍

사람들은 예루살렘에 대하여 더럽고 포학한 성읍이라고 불렀습니다. 왜냐하면 예루살렘 안에는 더러운 우상들이 너무 많았고 사람들이 사나웠기 때문입니다.

습 3:1, "패역하고 더러운 곳, 포학한 그 성읍이 화 있을진저"

옛날에 사람들은 예루살렘을 '거룩한 성'이라고 불렀습니다. 그래서 우리 교회는 일 년에 몇 번 정도는 아름다운 음성을 가진 소프라노가 '거룩한 성'이라는 찬송을 부릅니다. '나 어제 밤에 잘 때 한 꿈을 꾸었네'라고 시작하는데, 이것은 단순한 꿈이 아닙니다. 하나님의 나라는 깡패나 사기꾼이나 인신매매범이 없고, 사자와 어린양이 함께 뛰놀며 어린아이가 독사 굴에 손을 넣어도 물리지 않는 나라인 것입니다. 이것은 예배드릴 때 실제로 우리에게 일어나는 일입니다.

예루살렘은 누군가 새로 찾아와도 차별이나 텃새가 없었습니다. 교회들마다 텃새가 있는 곳이 많은데 그것은 바로 이 더러운 오물 중의 하나입니다. 교회는 돈이 많은 자나 가난한 자나 나이가 어린 자나 많은 자나 새로 믿는 자나 믿은 지 오래 되는 자나 아무런 차이가 없어야 하는 것입니다. 그리고 모든 사람에게 정직하고 친절해야 깨끗한 성이 될 수 있습니다.

그런데 예루살렘도 오래 있다 보니까 '패역'한 성이 되었습니다. 패역하다는 것은 반항적이라는 것입니다. 예루살렘 사람들은 다른 사람이 하는 모든 일에 시비를 걸었습니다. 사람들이 이야기하면 다 해결될 수 있는데 모든 것을 삐딱한 눈으로 보고 싸우려고 했던 것입니다. 그리고 실제로 '더러운' 성이었습니다. 왜냐하면 아무도 청소를 하려고 하지 않았기 때문입니다. 그리고 예루살렘은 '포학한' 성이었습니다. 사람들이 모두 사나웠던 것입니다.

제가 어렸을 때 교인 중에 나이가 아주 많은 노인이 있었습니다. 이분은 치매가 있어서 사람들을 잘 알아보지 못하셨습니다. 그런데 이분은 어떤 아이가 인사를 해도 두 손을 모으고 정중하게 인사하셨습니다. 저는 그것이 재미가 있어서 그 할아버지를 볼 때마다 인사했는데 인사할 때마다 그분은 두 손을 모으고 인사를 하셨습니다. 그때 저는 그런 생각을 했습니다. '아, 저분은 천국에 이미 가 있는 분이구나' 라는 생각이었습니다.

그런데 교회에 목사님의 조카가 있었습니다. 그 사람은 깡패 같았고 아무에게나 욕을 했습니다. 한번은 주일 예배를 마치고 교회에서 내려오는데 술에 만취되어서 택시 운전사가 더 못 간다고 해서 욕을 막 하고 있었습니다. 그리고 그 사람의 부인은 참 미인이었는데 술만 마시고 가면 부인을 두들겨 팼습니다. 그는 정말 그 부인과 살 가치가 없는 사람이었습니다.

이 모든 것은 예루살렘 사람들이 하나님의 교훈을 받지 않는데 이유가 있었습니다.

습 3:2, "그가 명령을 듣지 아니하며 교훈을 받지 아니하며 여호와를 의뢰하지 아니하며 자기 하나님에게 가까이 나아가지 아니하였도다"

사람의 정신적인 타락은 씻어지지 않습니다. 음란한 마음이나 도박하는 마음이나 남을 때리는 마음이나 사나운 마음은 씻어지지 않습니다. 그런데 이런 더러운 마음을 씻는 딱 하나의 방법이 있습니다. 그것은 바로 하나님의 말씀으로 마음을 씻는 것입니다. 마치 며칠 굶은 사람이 밥을 먹듯이 정신없이 하나님의 말씀을 먹고 하나님을 가까이하고 하나님을 의지해야 합니다. 우리가 이 세상에 살다보면 코로나는 아무 것도 아닙니다. 너무나도 어려운 변수들이 많은데 일단 하나님을 믿어야 합니다. 사람들이 무슨 소리를 하든지 하나님을 의지해야 합니다.

그런데 만일 내가 잘못 알고 있으면 하나님이 다시 영감을 주시는데, '이렇게 하는 것은 어떠냐?' 라고 하시면서 새로운 지혜를 주시는 것입니다. 그러나 이스라엘 백성들은 자기들이 더럽다는 것을 알기 때문에 아예 하나님을 가까이하지도 않고 하나님을 믿지도 않았습니다. 우리가 하나님을 믿지 않으면 온갖 생각을 다해야 하고 온갖 걱정을 다해야 합니다.

하나님은 이스라엘을 떠나셨습니다. 그 이유는 이스라엘 백성들이 맹수와 같았기 때문입니다. 그래서 이스라엘과 유다는 다 망했습니다.

습 3:3, "그 가운데 방백들은 부르짖는 사자요 그의 재판장들은 이튿날까지 남겨 두는 것이 없는 저녁 이리요"

백성의 지도자들은 사자들이었습니다. 그들은 엎드리고 있다가 약한 사람이 지나가면 덤벼들어서 뼈까지 뜯어 먹었습니다. 그리고 재판장은 하나님의 말씀으로 잘 가르쳐주어야 하는데 이리와 같았습니다. 이리 대여섯 마리는 소 한 마리를 다 먹는다고 합니다. 그런데 예루살렘 재판장은 사람으로 하여금 새 사람이 되게 하는 것이 아니라 하루만에 작살을 내버리는 매우 사나운 이리였습니다.

습 3:4, "그의 선지자들은 경솔하고 간사한 사람들이요 그의 제사장들은 성소를 더럽히고 율법을 범하였도다"

예루살렘 선지자들은 간사했고 아주 경솔했습니다. 제사장들은 사람들이 성전에 어떤 우상을 갖다 두면 좋다고 하면 갖다 두었습니다. 예루살렘의 오물은 하나님의 말씀을 듣지 않는 것이었고 이방인들이 섬기는 우상들이었습니다. 예루살렘은 난폭한 것과 우상들로 가득 차 있었습니다.

그런데 하나님은 어떤 분이십니까?

습 3:5, "그 가운데에 계시는 여호와는 의로우사 불의를 행하지 아니하시고 아침마다 빠짐없이 자기의 공의를 비추시거늘 불의한 자는 수치를 알지 못하는도다"

하나님은 불의와 거짓말이나 교만을 참지 못하시고 우상을 참지 못하시는 분이십니다. 하나님은 완전히 깨끗한 분이십니다. 하나님은 빛이시고 사랑이시고 자비하신 분이십니다. 그런데 이스라엘 백성들은 자신들이 얼마나 부끄러운 자들인지 알지 못했습니다. 그래서 하나님은 이스라엘 백성들을 떠나셨습니다. 그래서 예루살렘은 70년 동안 버려져 있었고 유다 백성들은 포로로 붙들려가서 채찍에 맞으면서 강제노동을 해야만 했습니다.

2. 깨끗하게 하시는 하나님

하나님께서는 처음부터 이스라엘 백성들과 함께 계시기를 원하셨습니다. 그러나 이스라엘 백성들은 하나님의 가치를 몰랐습니다. 그래서 이스라엘 백성들은 애굽에서 400년 동안 종살이하면서도 하나님의 가치를 알지 못했습니다. 이때 한 아이가 태어났습니다. 이 아기는 사실 살 수 없었는데 기적적으로 살게 된 아이였습니다. 이때 애굽의 바로는 모든 이스라엘의 남자아이는 다 나일강에 던져서 악어 밥이 되게 하라고 했습니다.

그런데 모세의 어머니는 믿음이 있었습니다. 그래서 아기를 몰래 석 달을 키우다가 갈대상자에 넣어서 나일강에 있는 갈대 사이에 두었습니다. 그때 마침 애굽 바로의 공주가 목욕하러 왔다가 상자를 보고 시녀에게 가지고 오라고 하니까 그 안에 아기가 있었는데 마침 그때 울었습니다. 아기는 배가 고팠던 것입니다. 공주는 그 아기를 자기 아들로 삼았습니다. 이 아기는 공주의 아들이 되어서 맛있는 것은 다 먹고 칼싸움도 배우고 보석이란 보석은 다 가지고 공부도 최고의 박사들로부터 배웠습니다. 그러나 이 아이는 그런 것으로 만족할 수 없었습니다. 그래서 그는 노예였던 이스라엘 백성들을 돕고 싶었는데 악질인 노예 감옥이 이스라엘 백성들을 못살게 구니까 그 사람을 죽이게 되고 도망을 가게 되었습니다.

이렇게 모세는 무려 40년을 미디안 광야에서 떠돌아다니다가 시내산에서 살아계신 하나님의 말씀을 듣게 됩니다. 모세의 마음속에 있던 허영과 교만과 방탕이 없어지고 마음이 깨끗해지는데 40년의 세월이 걸렸습니다. 그리고 그는 지팡이 하나 들고 애굽에 와서 바로와 대결해서 이스라엘 백성들을 해방시켰습니다. 그 지팡이는 능력의 지팡이였습니다. 모세가 지팡이를 던지면 뱀으로 변했는데 독사를 잡아먹는 뱀이 되었던 것입니다. 그리고 모세가 지팡이를 들 때마다 개구리나 파리나 불우박이나 흑암의 재앙이 일어났습니다. 마침내 이스라엘 백성들의 앞길을 막는 홍해를 갈라지게 했습니다. 그리고 광야에서 이스라엘 백성들이 마실 것이 없을 때 반석을 쳐서 생수가 쏟아지게 했습니다.

그러나 이스라엘 백성들은 가나안 땅을 정복한 후 생활이 안정되면서 하나님의 말씀을 멀리하고 이방인들을 가까이하기 시작했습니다. 그래서 사람이 성공한다든지 안정된다든지 하는 것이 아주 무서운 것입니다. 사람이 안정되면 권태가 찾아오고 그 후에는 죄가 찾아오게 되는 것입니다.

예루살렘 백성들도 자기들 안에 있는 교만과 우상이 없어지는데 70년이란 세월이 걸렸습니다. 그것을 위해서 하나님은 예루살렘의 망대와 모든 집과 성을 다 부수어버리셨습니다.

습 3:6, "내가 여러 나라를 끊어 버렸으므로 그들의 망대가 파괴되었고 내가 그들의 거리를 비게 하여 지나는 자가 없게 하였으므로 그들의 모든 성읍이 황폐하며 사람이 없으며 거주할 자가 없게 되었느니라"

하나님께서는 예루살렘을 파괴하면서 그와 비슷한 생각을 가지고 있던 주위의 나라도 모두 다 파괴하셨습니다. 하나님께서는 사실 우상 숭배하는 나라만 부수려고 하셨는데 이스라엘 백성들이 제일 열심히 우상 숭배하는 바람에 가장 먼저 파괴하게 되었습니다. 하나님께서는 악하고 강한 나라들을 몽둥이로 사용하셔서 하나님의 백성들의 마음에서 교만과 우상이 없어질 때까지 때리시는 것입니다.

하나님께서는 이스라엘 백성들이 언제든지 하나님을 섬기며 하나님의 말씀을 배우기만 하면 망하지 않도록 하려고 하셨는데, 이스라엘 백성들은 고집이 너무 세었습니다.

습 3:7, "내가 이르기를 너는 오직 나를 경외하고 교훈을 받으라 그리하면 내가 형벌을 내리기로 정하기는 하였지만 너의 거처가 끊어지지 아니하리라 하였으나 그들이 부지런히 그들의 모든 행위를 더럽게 하였느니라"

하나님은 얼마든지 미래 계획을 바꾸시는 분이십니다. 하나님은 이스라엘 백성들 안에 들어가셔서 그들에게 모든 축복과 상급을 주시려고 생각하셨지만 이스라엘 백성들은 세상 죄에 대해서 너무 호기심을 강하게 가졌습니다. 그래서 그들은 자꾸 멸망의 길을 찾아갔습니다. 하나님께서는 성전에서 발견된 두루마리 성경책을 통해서 유다가 망할 것이라고 말씀하셨지만 그럼에도 하나님은 그들이 살 수 있는 길을 마련해 놓으셨습니다. 그러나 이스라엘 백성들은 고집이 얼마나 센지 한번 망하는 길을 간다고 했으면 끝까지 가야 직성이 풀렸던 것입니다.

사실 우리가 세상 사람들처럼 자기가 하고 싶은 대로 하지 못하고 하나님의 말씀대로 지켜야 한다면 너무나도 억울할 것입니다. 또 세상 학문이 옳든지 틀리든지 일단 새로운 것이니까 얼마나 신기하며 사람들이 알아주고 또 우상을 문화의 눈으로 보면 얼마나 인간의 힘이 위대하게 보입니까? 그리고 믿지 않는 자들이 음란하게 자기 멋대로 사는 것을 보면 신기하게 보이기도 할 것입니다. 이스라엘 백성들은 그것을 끊을 수 없었습니다. 우리는 하나님을 찾아야 이 무서운 상태에서 벗어나고 사망과 멸망에서 벗어날 수 있습니다. 그러나 이스라엘 백성들은 세상 재미의 길에서 벗어나기 싫어했습니다.

습 3:8, "나 여호와가 말하노라 그러므로 내가 일어나 벌할 날까지 너희는 나를 기다리라 내가 뜻을 정하고 나의 분노와 모든 진노를 쏟으려고 여러 나라를 소집하며 왕국들을 모으리라 온 땅이 나의 질투의 불에 소멸되리라"

우리는 사람들이 이렇게 많으니까 나 하나쯤 슬쩍 빠져서 죄를 지어도 하나님은 모르시겠지라는 착각을 할 때가 많습니다. 그러나 하나님은 한 사람의 자기 백성도 잊지 않으십니다. 여러분이 만약 레고 같은 것을 할 때 블록이 하나만 없어져도 벌써 알 것입니다. 또 책이 아무리 많아도 한 권만 없어지면 벌써 알 것입니다. 하나님은 한번 택하신 백성은 그가 하나님을 피하여 땅끝까지 도망을 가도 찾아내십니다. 그래서 우리 안에 있는 모든 더러운 것을 다 토해내게 하시고 우리의 사나운 이빨과 발톱을 다 제거하신 후에 우리를 만나시는 것입니다.

3. 우리 안에 계신 하나님

우리의 모든 문제는 하나님이 우리와 함께 계시려고 하시기 때문에 생기는 것입니다. 만일 하나님께서 우리를 인간으로 만드신 후에 무슨 짓을 하든지 내버려두셨다면 우리는 아무 문제가 없습니다. 우리는 우리 마음대로 살다가 죽어서 지옥에 가든지 말든지 하면 되는 것입니다. 그런데 하나님은 꼭 우리 안에 오시려고 하셨습니다. 하나님은 태양보다 더 크시고 우주보다 더 크신 분입니다. 그분이 우리 안에 오시면 우리는 모두 다 깔려서 죽을 것입니다.

만약 우리가 핵 원전을 집 안에 두고 산다면 너무나도 불안할 것입니다. 부산은 물 때문에 늘 애를 먹는데 대구에서 내려간 물을 부산에서는 정수해서 먹습니다. 그런데 부산은 기장 쪽에 어마어마한 돈을 들여서 바닷물을 정수해서 민물로 만드는 장치를 만들었습니다. 그러나 그 가까운 곳에 고리 발전소가 있어서 혹 핵물질이 들어갈까 봐 사용하지 않고 있습니다. 우리나라 정부도 얼마나 핵에 민감한지 모릅니다. 만약 핵 발전소가 폭발하면 그 인근에 있는 모든 사람은 다 죽을 것이고 땅은 불모의 땅이 될 것입니다. 그런데 우리는 하나님을 모시고 사는 사람들로 정해져 있습니다.

하나님은 이스라엘 백성들을 고생시킨 후에 제일 먼저 입술을 깨끗하게 하십니다. 그래서 하나님의 백성들은 욕을 하거나 사나운 말을 하지 않습니다.

습 3:9, "그 때에 내가 여러 백성의 입술을 깨끗하게 하여 그들이 다 여호와의 이름을 부르며 한 가지로 나를 섬기게 하리니"

하나님이 깨끗하게 하신 백성들은 입이 깨끗합니다. 그래서 입에서 냄새가 나지 않습니다. 사람들이 이를 오래 닦지 않거나 말을 많이 하면 입에서 단내가 납니다. 또 담배를 많이 피우거나 술을 마셔도 입에서 좋지 않은 냄새가 납니다. 그런데 하나님 앞에서 가장 썩은 냄새는 거짓말하고 욕을 하는 냄새입니다.

그래서 13절에서 입 냄새에 대하여 설명하고 있습니다.

습 3:13, "이스라엘의 남은 자는 악을 행하지 아니하며 거짓을 말하지 아니하며 입에 거짓된 혀가 없으며 먹고 누울지라도 그들을 두렵게 할 자가 없으리라"

오늘 사람들은 독사와 같이 이빨 밑에 독을 품고 있습니다. 그래서 그런 사람이 하는 말을 들으면 이빨로 독이 들어와서 붓게 되고 나중에는 살이 썩게 되고 잘못하면 죽게 됩니다. 오늘 사람들에게 얼마나 화병이 많은지 모릅니다. 그것이 전부 혀 밑에 있는 독에서 생기는 것입니다. 그러나 고난을 통과한 성도는 혀 밑에 독이 없어집니다.

그리고 노래를 부르게 됩니다. 그 이유는 하나님이 너무 좋기 때문입니다.

습 3:14, "시온의 딸아 노래할지어다 이스라엘아 기쁘게 부를지어다 예루살렘 딸아 전심으로 기뻐하며 즐거워할지어다"

우리가 다이아몬드 같은 큰 보석을 가지게 되면 너무 행복할 것입니다. 그런데 하나님은 우주를 만드신 하나님이십니다. 하나님이 우주를 만드시다가 탄소를 극도로 고열로 데우면 다이아몬드가 만들어지게 되는 것입니다. 우리는 우주를 만드신 하나님을 내 마음에 모시게 되고 우리 집과 교회에 모시게 됩니다. 이제 우리에게는 사자가 없습니다. 이제 우리에게는 이리나 더러운 오물이 없습니다. 그래서 하나님이 우리를 너무나도 좋아하시는 것입니다.

습 3:17, "너의 하나님 여호와가 너의 가운데에 계시니 그는 구원을 베푸실 전능자이시라 그가 너로 말미암아 기쁨을 이기지 못하시며 너를 잠잠히 사랑하시며 너로 말미암아 즐거이 부르며 기뻐하시리라 하리라"

아마 먼 곳에 가셨던 아버지가 어린아이들이 기다리던 집에 와서 먹을 것도 주시고 선물도 주시고 안아주신다면 아이들은 너무나도 기쁠 것입니다. 갈릴리에서 병들고 먹을 것이 없고 귀신들렸던 사람들 가운데 예수님이 오시니까 중풍병도 낫고 나병도 낫고 보리 떡 다섯 개와 물고기 두 마리로 오천 명을 먹이시고 귀신이 다 떠나서 정신병도 치료가 되었습니다. 제자들이 갈릴리 호수를 지나가다가 큰 광풍을 만났지만 예수님이 바람과 파도에게 잔잔하라고 하시니까 잔잔해졌습니다.

우리의 입이 깨끗해지고 하나님을 의지하면 하나님은 우리 가운데 오십니다. 우리에게서 사자와 이리와 오물이 없어지면 하나님이 우리에게 구원을 베풀어주십니다. 하나님은 모든 어려움에서 우리를 건지실 것입니다. 하나님은 우리를 보시고 기쁨을 이기지 못하신다고 했습니다. 하나님은 우리가 너무 좋아서 참지를 못하시는 것입니다. 그렇지만 하나님은 우리를 조용히 사랑하십니다. 왜냐하면 하나님이 우리를 너무 격렬히 사랑하시면 우리가 놀랄 수 있기 때문입니다.

하나님은 우리를 품에 안으시고 즐겁게 노래를 부르실 것입니다. 하나님은 정말 우리를 기뻐하실 것입니다.

그리고 하나님은 우리에게 상을 주실 것입니다.

습 3:19, "그 때에 내가 너를 괴롭게 하는 자를 다 벌하고 저는 자를 구원하며 쫓겨난 자를 모으며 온 세상에서 수욕 받는 자에게 칭찬과 명성을 얻게 하리라"

하나님은 장애인들을 구원하시고 우리를 괴롭게 하는 자들을 다 벌하실 것입니다. 옛날에는 우리가 욕을 먹었지만 이제는 칭찬과 명성을 얻게 하셔서 유명하게 하시고 사람들이 모두 칭찬하게 하실 것입니다. 이 세상은 완전하지 못하지만 우리가 조금 인내하면 하나님의 멋진 계획이 나타나게 될 것입니다. 실망하지 마시고 세상 따라가지 마시고 하나님을 우리 가운데 모시기 바랍니다. 우리 안에 말씀이 있으면 하나님은 우리 안에 계십니다. 마음속에 말씀을 쌓아놓으시기 바랍니다. 그래서 하나님의 사랑을 받으시고 칭찬과 명성을 얻으시기 바랍니다.

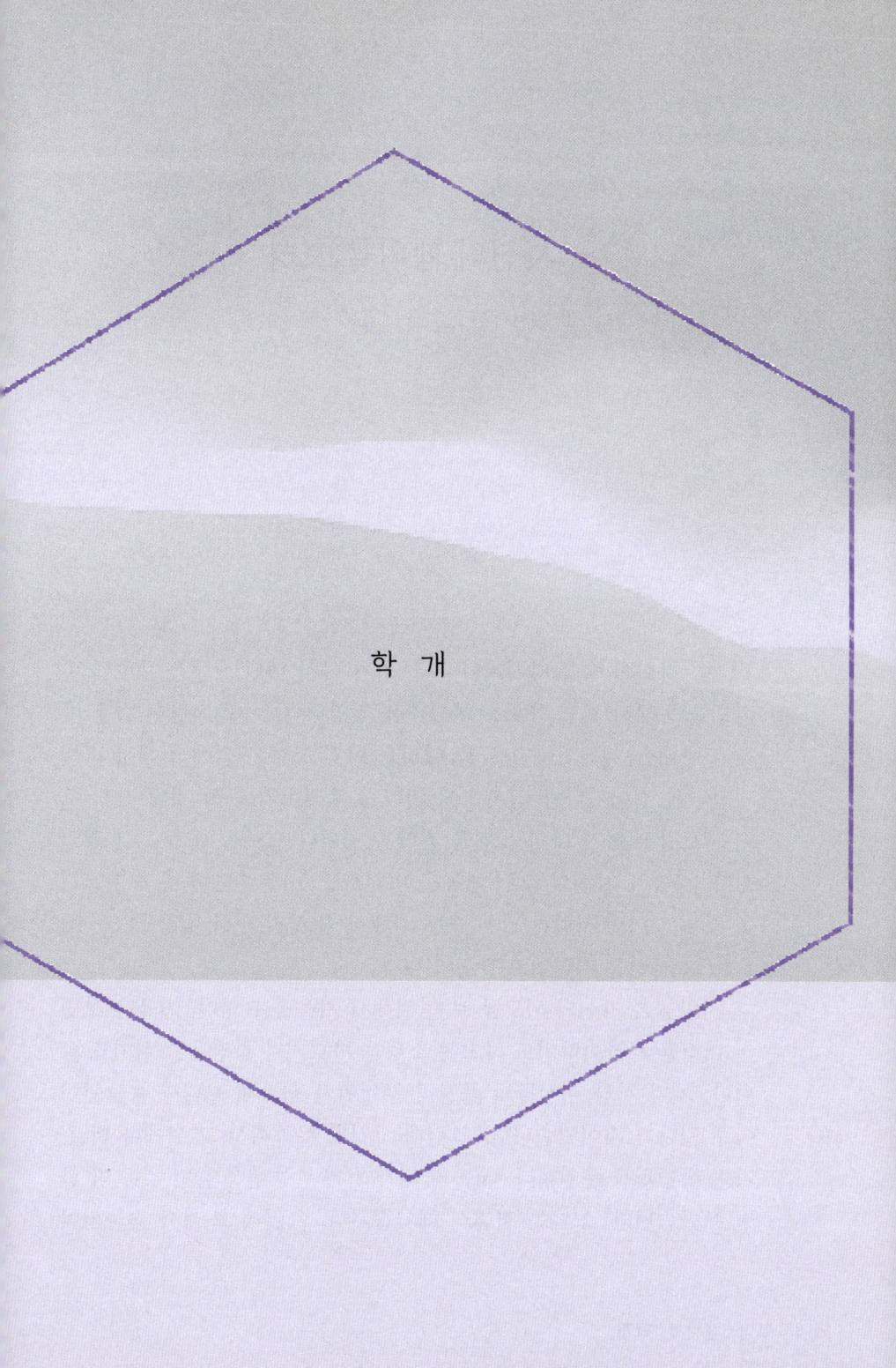

학 개

01

자신의 행위를 보라

학 1:1-15

가끔 자신이 술을 마시거나 혹은 화가 나서 했던 행동을 나중에 비디오를 통해서 보면 참으로 부끄러울 것입니다. 어떤 사람은 술을 마시고 아내를 때리거나 아들을 때리고 어떤 사람은 술에 취해서 비틀거리면서 걸어가다가 전봇대에 머리를 부딪치기도 할 것입니다. 또 어떤 사람은 화가 나서 물건을 집어 던지거나 그릇을 깨기도 할 것입니다. 나중에 자신의 그런 행동을 비디오를 통해 본다면 아주 부끄러울 것이고 어떤 사람은 당시 술에 취해서 잘 생각이 나지 않는다는 식으로 그 자리를 피하려고 할 것입니다.

사람들은 자신의 외모를 보기 위해서 거울을 봅니다. 거울을 보면서 머리를 드라이하기도 하고 립스틱을 바르거나 화장을 고치기도 합니다. 제가 서양 여성들의 특징이 무엇인가 생각해 보니까 속눈썹이 아주 길다는 것이었습니다. 그런데 그것도 부족해서 그 위에다 더 긴 가짜 속눈썹을 붙입니다. 저는 아내가 가짜 속눈썹을 붙인 것을 딱 한 번 보았습니다. 그때는 결혼식 때였습니다. 그런데 그 가짜 속눈썹이 눈을 찔러서 눈을 제대로 뜨지 못했다고 합니다. 그때는 신부 화장을 한 제 아내가 딴 여자처럼 보여서 내가 제대로 결혼하고 있는지 다른 여자와 결혼하는지 헷갈렸습니다.

요즘 트로트가 다시 유행하면서 사람들 사이에 어느 가수가 부른 '테스형'이라는 노래가 인기가 있다고 합니다. 그 노래 가사는 "아 테스 형, 소크라테스 형, 세월은 또 왜 저래"라는 것인데 그 테스 형이 소크라테스를 말하는 것이었습니다. 소크라테스는 '너 자신을 알라'는 유명한 말로 잘 알려져 있습니다. 그러나 실제로는 소크라테스가 그 말을 한 것이 아니고 유명한 델포이에 있는 신전에 적혀 있는 말이라고 합니다.

한번은 소크라테스의 친구가 델포이 신전에 가서 이 세상에서 가장 똑똑한 사람이 누구냐고 물었다고 합니다. 그랬더니 델포이 신전의 무녀들은 "소크라테스보다 더 똑똑한 사람은 없다"고 대답했다는 것입니다. 소크라테스는 그 말을 듣고 이것은 말도 안 되는 소리라고 하면서 델포이 신전의 말이 틀렸다는 것을 증명하기 위해 거리에 나가서 세상에서 똑똑한 학자나 정치인이나 예술가들과 논쟁을 했습니다. 그런데 실제로 논쟁해 보니까 그 사람은 자기 분야에 대하여 잘 알지 못했습니다. 그래서 소크라테스는 그 사람들은 자기보다 덜 똑똑하다는 것을 인정하게 됩니다. 즉 자기는 자기가 모른다는 것을 알고 있는데, 이 사람들은 자기가 모른다는 사실조차 모르더라는 것입니다. 결국 소크라테스는 유명한 사람들을 궤변으로 부끄럽게 했다는 죄명으로 법정에서 사형판결을 받고 독약을 먹고 죽게 됩니다.

우리가 이 세상에서 자기 자신을 안다는 것은 참 어려운 일입니다. 우리는 이 세상 살면서 자기를 찾아야 할 텐데 세상 어디를 가도 자신을 찾을 수 없습니다. 또 사람이 자기를 찾는 것만큼이나 어려운 것이 시기를 깨닫는 것입니다. 대개 시기를 깨닫는 사람이 정치나 사업에 성공합니다. 어떤 때는 투자를 하기만 하면 어마어마하게 수입을 올리는 때가 있습니다. 그때는 성공할 수 있습니다. 그러나 어떤 때는 먹고 살려고 그렇게 몸부림을 쳐도 결국 가진 돈만 다 날리고 빈 털터리가 되는 경우도 많이 있습니다.

본문은 이스라엘이 망하고 바벨론에서 70년 동안 포로생활을 한 후 드디어 그 일부가 예루살렘에 돌아왔을 때의 일입니다. 이때 이스라엘 백성들은 멋진 집을 짓고 열심히 농사를 지었지만 남는 것이 아무것도 없었습니다. 그들은 마치 구멍이 뚫어진 지갑에 돈을 넣는 것처럼 투자하는 족족 다 없어져 버리고 말았습니다. 그래서 하나님께서는 너희의 행동을 돌아보라고 말씀하셨습니다. 즉 너희들의 행동이 하나님이 보시기에 정말 복 받을 행동을 했는지 한번 생각해 보라는 의미입니다.

1. 유다 백성들의 모습

유다 백성들의 모습은 겉으로 보기에는 화려하고 아름다웠습니다. 그 이유는 집들이 멋있었기 때문입니다.

> 학 1:4, "이 성전이 황폐하였거늘 너희가 이 때에 판벽한 집에 거주하는 것이 옳으냐"

요즘은 집들을 참 멋있게 짓습니다. 그래서 아파트 바닥에 대리석을 깔기도 하고 벽지를 고급으로 사용하기도 하고 창문에는 멋진 커튼을 붙이기도 합니다. 그리고 집만 멋있는 것으로는 만족이 되지 않기 때문에 비싼 외제 차를 사서 타고 다니기도 합니다. 저희 아파트 주차장에는 아주 멋진 외제 오픈카 BMW가 있는데 한 번도 움직이는 것을 본 적이 없습니다. 아무리 좋은 차라도 움직이지 않고 그냥 세워놓기만 하면 헌 차가 될 텐데 그 차는 언제나 거기에 세워져 있기만 한 것입니다. 물론 사람이 멋진 집에서 살고 멋진 외제 차를 타는데 누가 뭐라고 할 사람은 없습니다.

그러나 중요한 것은 그 사람의 인간됨이고, 더 중요한 것은 그 사람의 마음속에 진정한 만족과 행복이 있어야 한다는 것입니다. 사람이 좋은 집에 살고 좋은 차를 가지고 있지만 늘 마음이 불안하고 이 세상을 살아야 할 의미를 알지 못한다면 그 사람은 결코 행복하다고 할 수 없을 것입니다.

유다 백성들은 70년 동안 바벨론에서 포로 생활하다가 갑자기 해방이 되어서 그토록 그리던 고국으로 돌아왔습니다. 그리고 그들은 모두 돈이 있었기 때문에 집들을 아주 멋지게 지었는데 그들의 집은 모두 '판벽'한 집이었습니다. 이것은 그들의 집의 벽이 흙이나 통나무로 되어 있는 것이 아니라 아주 멋진 그림들이 새겨진 나무들로 만들어졌다는 뜻입니다. 유다 백성들은 고국으로 돌아왔고 모두 멋진 집에 살고 있었지만 그들의 마음속에는 진정한 만족이 없었습니다. 하나님께서는 유다 백성들이 자신의 외모만 볼 것이 아니라 진정한 자신의 모습을 보기를 원하셨던 것입니다.

이스라엘 백성들의 속사람은 아주 초라했습니다.

학 1:6, "너희가 많이 뿌릴지라도 수확이 적으며 먹을지라도 배부르지 못하며 마실지라도 흡족하지 못하며 입어도 따뜻하지 못하며 일꾼이 삯을 받아도 그것을 구멍 뚫어진 전대에 넣음이 되느니라"

유다 백성들은 농사를 많이 지어보려고 많은 씨를 뿌렸습니다. 이것이 가능했던 이유는 바벨론에서 돌아온 사람들이 적었으므로 땅은 얼마든지 있었기 때문입니다.

그런데 아무리 많은 씨를 뿌려도 씨가 땅속에서 썩어버려서 열매를 맺는 것이 별로 없었습니다. 유다 백성들은 음식을 많이 먹어도 배가 부르지 않았습니다. 유다 백성들의 배는 구멍이 뚫어졌는지 물을 아무리 많이 마셔도 시원하지 않고 늘 컬컬하고 답답한 것이 있었습니다. 유다 백성들은 옷을 입어도 따뜻하지 않았습니다. 확실히 이들의 몸에 무슨 병이 있는 것이었습니다. 음식이 당기지 않고 먹고 싶지도 않고 먹어도 소화가 안 되고 물을 마셔도 시원하지 않고 아무리 옷을 입어도 몸이 춥다면 이것은 몸이 건강하지 못한 것입니다.

유다 백성들은 몸만 병든 것이 아니라 그 주위 환경도 병들어 있었습니다. 그래서 아무리 씨를 많이 뿌려도 씨가 싹을 내지 못하고 땅속에서 다 썩어버리고 장사를 해보려고 돈 자루에 돈을 가득 넣었는데 그 자루에 구멍이 뚫어진 것을 보지 못해서 길에서 다 흘려버렸던 것입니다.

미국이나 우리나라에서도 사람들이 움직여야 물건을 사든지 말든지 할 텐데 워낙 코로나가 심하니까 직장인들이 실직하거나 아니면 오랫동안 재택근무만 해야 하니까 경제가 살아날 수 없는 것입니다. 그래서 미국 신문에 난 기사를 보니까 애플사나 페이스북 같은 미국의 유명한 회사들도 모두 몇 조원의 재산 피해를 입었다는 것입니다.

또 명절 때에도 지방에 계신 어른들이 서울에 있는 아이들에게 내려오지 말라고 했다는 것입니다. 괜히 아이들이 왔다 갔다 하면서 병에 걸리면 이것은 오지 않는 것보다 못하기 때문입니다. 그래서 이번 기회에 아예 제사가 완전히 없어졌으면 좋겠다는 생각이 듭니다. 여기서 우리가 알 수 있는 것은 우리가 진정으로 행복한 생활을 하려면 하나님이 복을 주셔야 한다는 것입니다.

그래서 하나님께서는 유다 백성들에게 이런 말씀을 하십니다.

학 1:7, "만군의 여호와가 말하노니 너희는 자기의 행위를 살필지니라"

하나님께서는 하나님의 백성들에게 지금 자신이 어떤 모습을 가지고 살아가고 있으며, 너희들의 삶이 어떤 우선순위를 가지고 살아가고 있는지 살펴보라고 말씀하고 있습니다. 유다 백성들에게는 자신을 볼 수 있는 거울이 없었습니다. 그래서 그들은 자신이 어떻게 생겼는지도 모르고 닥치는 대로 살아가고 있었습니다. 그런데 그 결과는 아무것도 남은 것이 없이 빈털터리였던 것입니다. 그들은 몸도 건강하지 못했고 사회도 건강하지 못했던 것입니다.

2. 우리가 알지 못하는 때

바다에서 고기를 잡는 사람에게는 '물 때' 라는 것이 있습니다. 이것은 물고기들이 몰려올 때를 말하는 것입니다. 어떤 때는 멸치가 몰려올 때가 있습니다. 그때는 그물만 치면 그물에 멸치가 가득 잡힙니다. 그런데 물고기 잡는 사람이 게을러서 그때를 놓치면 아무리 바다에 나가서 그물을 던지고 낚싯줄을 던져도 잡히는 것이 없는 것입니다. 옛날에는 시장에 가면 정말 고등어가 쌌습니다. 그래서 고등어가 가진 별명이 바로 국민생선이었던 것입니다. 그러나 요즘은 고등어가 모두 다른 곳으로 가버려서 고등어를 잡기가 어려워졌습니다. 옛날에는 갈치 떼가 몰려오면 온 바다가 은빛으로 번쩍번쩍했는데 지금은 갈치가 없어져서 저 먼 외국에서 잡은 것을 냉동시켜서 수입해 온다고 합니다.

예수님께서는 이런 말씀을 하셨습니다. "너희들이 하늘을 보면 일기는 잘 분별할 줄 알면서 어떻게 하나님의 시대를 분별하지 못하느냐?"고 책망하신 것입니다(마 16:3). 즉 저녁에 하늘이 붉으면 날이 좋겠다 하고 아침에 하늘이 붉고 흐리면 오늘은 날이 궂겠다고 하면서, 지금이 어느 때인지는 왜 분별을 하지 못하느냐고 책망하신 것입니다. 지금은 과연 어떤 때입니까? 하나님의 축복이 임하는 때입니까? 아니면 하나님의 축복이 물러가고 있는 때입니까?

본문 말씀에서 아주 중요한 것은 바로 1절입니다.

학 1:1, "다리오 왕 제이년 여섯째 달 곧 그 달 초하루에 여호와의 말씀이 선지자 학개로 말미암아 스알디엘의 아들 유다 총독 스룹바벨과 여호사닥의 아들 대제사장 여호수아에게 임하니라 이르시되"

여기서 가장 중요한 것은 바로 "다리오 왕 제이년"이라는 때입니다. 이때를 볼 수 있는 것보다 더 중요한 것은 없습니다.

지금 유다 백성들은 어떤 형편에 있습니까? 유다 백성들은 우상숭배에 중독되었다가 나라가 망하고 무려 70년 동안 바벨론에서 포로 생활을 했습니다. 그래서 중독이라는 것은 정말 무서운 것입니다. 사람이 무엇에 한번 중독되면 자기 힘으로는 끊을 수가 없습니다. 술이나 마약에 중독되거나 도박에 중독되면 자기 힘으로는 끊을 수 없습니다.

유다 백성들은 바알이라고 하는 우상에 중독되어서 결국 예루살렘이 망하고 바벨론에 끌려가서 70년 동안 노예 생활을 했습니다. 유다 백성들이 70년 동안 고생하면서 하나님 말씀의 소중함을 깨달았습니다. 그때 갑자기 바벨론이 망하면서 메대와 바사의 고레스 왕이 유다 백성들에게 본국으로 돌아가서 성전을 건축하도록 하라는 조서를 내렸습니다.

그래서 유다 백성들은 돈 한 푼 내지 않고 정말 하나님의 은혜로 포로에서 풀려나서 그렇게도 그리고 사모하던 예루살렘으로 돌아오게 되었습니다. 유다 백성들이 예루살렘에 돌아와 보니까 예루살렘 성전 터는 거대한 쓰레기더미가 되어있었고, 예루살렘 성은 무너져서 흔적만 겨우 남아 있었습니다. 이때 유다 백성들은 이 거대한 쓰레기

더미를 치우고 성전을 짓기 위해서 공사를 시작했습니다.

그런데 이때 성전 건축을 방해하는 사람들이 나타납니다. 그 사람들은 사마리아 사람들이었습니다. 이들은 이방인이었는데 유다 백성들이 없는 동안 거기서 살았습니다. 그리고 자기들 나름대로는 하나님을 믿는다고 믿었는데 순 엉터리였습니다. 이들은 유다 백성들이 성전을 지으려고 하니까 자기들과 같이 짓자고 했습니다. 그런데 유다 백성들은 너희들의 신앙은 엉터리이고 이단이기 때문에 같이 지을 수 없다고 하면서 거절했습니다.

그랬더니 사마리아 사람들은 유다 백성들이 성전 짓는 것을 방해하기 시작했습니다. 그들은 드디어 메대와 바사 왕에게 조서를 보내서 유다 백성들이 예루살렘에 돌아와서 성전을 지으려고 하는데 이것은 왕을 반역하려고 하는 것이기 때문에 중단시켜야 한다고 모함했습니다. 그런데 그때 이미 처음 성전을 지으라고 허락했던 고레스 왕은 죽고 아닥사스다라는 젊은 사람이 왕이 되었는데 그 사람은 고레스의 명령을 알지 못해서 사마리아 사람들의 말만 듣고 유다 백성들이 성전을 짓지 못하게 하라고 명령을 내렸습니다. 왕이 명령을 내리니까 유다 백성들은 꼼짝하지 못하고 성전 짓는 것을 16년 동안이나 중단할 수밖에 없었습니다.

그래서 유다 백성들은 성전을 짓지 못하고 자기 집을 짓고 자기 농사를 짓고 장사를 해서 돈을 벌려고 했지만 되는 일이 아무것도 없었습니다. 유다 백성들은 아무리 노력을 해도 농사도 안 되고 장사도 안 되고 삶의 만족도 없었던 것입니다.

이때야말로 우리가 하나님을 바라볼 때입니다. 그동안 우리나라는 눈부실 정도로 발전했습니다. 그래서 산업과 무역도 잘 되고 미국이나 러시아나 영국에서도 삼성이나 LG라고 하면 알아줬습니다. 그러나 어느 순간부터 우리나라는 아무것도 되는 것이 없게 되었습니다. 우리나라는 하나님의 축복에서 멀어지고 있었습니다. 전도는 안 되고 교회는 많은 문제로 사회적인 비난거리가 되었습니다.

그러나 무엇보다 중요한 것은 우리가 시대를 읽을 수 있는 눈을 잃어버린 것이었습니다. 유다 백성들은 성전을 짓기 위해서 목숨을 걸고 예루살렘에 왔는데 왕이 반대하니까 성전 짓는 것을 포기하고 자기 먹고사는 일부터 하고 있었던 것입니다. 그러는 동안에 아예 성전 짓는 것을 포기하고 무려 16년이라는 세월이 흘러가고 말았습니다. 유다 백성들은 16년 동안 전혀 발전이 없었습니다.

그러다가 드디어 다리오 왕 이년이 되었습니다. 다리오 왕 이년이 도대체 무엇입니까? 이것은 그냥 보통 또 다른 새로운 한 해가 아닙니까? 그렇지 않았습니다. 다리오 왕 이년은 하나님만 아시는 한 해였습니다. 그것은 바로 유다 백성들이 대부흥을 일으킬 수 있는 해였던 것입니다.

그래서 이때 학개 선지자가 나타나서 유다의 지도자들과 백성들에게 "너희가 도대체 무엇을 하고 있느냐? 왜 하나님의 성전은 쓰레기더미로 버려놓고 자기 먹고 사는 일에만 전념하고 있느냐? 그 결과 너희들이 잘된 것이 있는지 자기 행위를 한번 살펴보라"고 외치기 시작했습니다. 사실 인간적으로 학개 선지의 이 말은 말이 안 되는 것이었습니다. 그 이유는 성전을 짓지 말라고 한 것은 페르시아 왕의 명령이었기 때문입니다. 그리고 그 왕의 명령은 아직 풀리지 않고 있었습니다. 만약 이스라엘 백성들이 지금 성전을 짓는다면 왕의 명령을 거역하는 것이 됩니다. 그러나 학개는 유다 지도자들에게 왕의 명령이 중요하냐 하나님의 명령이 중요하냐고 하면서 일단 하나님의 명령에 한 번 순종해보라고 했습니다.

우리에게는 우리가 알지 못하는 하나님의 달력이 있습니다. 예수님께서도 가나 혼인잔치에 가셨을 때 그 집의 포도주가 떨어졌는데 마리아가 포도주가 없다고 하니까 "여자여 나와 무슨 상관이 있나이까 내 때가 아직 이르지 아니하였나이다"(요 2:4)라고 말씀하셨습니다. 그런데 마리아가 그 집 하인들에게 예수께서 무슨 일을 시키든지 그대로 하라고 하니 예수님께서 물로 포도주를 만드셨습니다. 우리가 믿으면 하나님의 달력은 빨리 넘어가게 됩니다. 그래서 금방 하나님의 때가 오게 됩니다.

3. 유다 백성들의 순종

유다 백성들은 하나님의 성전은 완전한 나무를 가지고 멋있게 지어야 한다고 생각했습니다. 그러나 학개 선지는 그렇지 않다고 했습니다. 하나님의 성전은 반드시 멋있게 지어야 하는 것은 아니라고 했습니다. 그래서 나무가 없으면 산에 올라가서 나무를 베어다가 사용하고 돌이 없으면 땅속에 옛날 성전 돌이 파묻혀 있으니까 불에 탄 돌이지만 꺼내어서 기초를 삼으면 된다고 했습니다.

> 학 1:8, "너희는 산에 올라가서 나무를 가져다가 성전을 건축하라 그리하면 내가 그것으로 말미암아 기뻐하고 또 영광을 얻으리라 여호와가 말하였느니라"

이제 유다 백성들은 학개 선지의 말을 듣고 용기를 내서 왕의 허락이 없었지만 성전을 건축하기 시작했습니다. 유다 백성들은 땅을 파서 모든 불탄 쓰레기들을 제거하고 땅속에 묻혀 있는 돌을 파내었습니다. 그리고 산에 가서 나무를 잘라다가 대패질을 했습니다. 우리나라는 산에 가면 큰 나무가 많아서 얼마든지 잘라서 집을 지을 수 있습니다. 그러나 이스라엘은 큰 나무가 없기 때문에 산에 간다고 해서 나무가 있는 것이 아니었습니다. 그들에게는 산이라고 해봐야 작은 언덕이었고 아마 헬몬산까지 가야 나무를 구할 수 있었을 것입니다.

그러나 이스라엘 백성들은 하나님의 말씀에 순종했습니다. 그러니까 당장 예루살렘 주위에 있는 사마리아 사람들이 반대하기 시작했습니다. 그들은 지금 이 공사하는 지도자들의 명단을 다 적어서 또 페르시아에 공문을 보내어 유대인들이 왕의 허락도 없이 성전공사를 하고 있다고 고발했습니다.

이번에도 비대면 예배를 드리라고 정부가 지시했는데, 어떤 교회에서는 대면 예배를 드리니 전화로 시에 신고하는 사람들이 많이 있었습니다. 정부가 이렇게 예배드리라 저렇게 예배드리라 지시할 수 없습니다. 단지 교회는 전염병의 확산을 막기 위해서 서로 협조하는 것이며 사람들을 덜 불안하게 하는 것입니다. 그러나 좌우간 지금 정부는 전국의 몇만 개 교회에게 대통령이나 정부 관리들이 드리라 말라 지시를 했던 것입니다.

사마리아 사람들이 고발하니까 "왜 너희는 왕의 허락도 없이 성전을 짓느냐?"고 하며 왕이 조사를 했습니다. 그래서 유다 백성들은 우리는 살아계신 하나님을 섬기는 자들인데 우상숭배를 하는 바람에 바벨론에 포로가 되었고 70년이 지난 후에 고레스 왕이 성전을 지으라고 허락했다고 대답했습니다. 그러자 다리오 왕은 정말 그런 공문이 있는지 왕의 문서보관소에 있는지 조사해보라고 했습니다. 그랬더니 놀랍게도 왕의 문서보관소에는 그 공문이 없는데 왕의 여름궁에 보관되어 있던 그 문서가 발견되었습니다. 다리오 왕 이년은 부흥의 해였고 축복이 회복되는 해였던 것입니다.

하나님은 유다 백성들에게 이렇게 말씀하셨습니다.

학 1:9, "너희가 많은 것을 바랐으나 도리어 적었고 너희가 그것을 집으로 가져갔으나 내가 불어 버렸느니라 나 만군의 여호와가 말하노라 이것이 무슨 까닭이냐 내 집은 황폐하였으되 너희는 각각 자기의 집을 짓기 위하여 빨랐음이라"

하나님이 유다 백성들의 복을 불어버렸기 때문에 그들은 가난할 수밖에 없었습니다. 부자가 돈이 아무리 많아도 하나님께서 한번 불어버리면 다 날아가 버립니다. 또 어떤 사람이 아무리 건강하다 해도 하나님이 한번 불어버리면 병자가 되게 됩니다. 하나님은 유다 백성들에게 너희는 하나님을 먼저 생각해야 하고 생활이 어려울수록 더 하나님을 생각해야 때를 알 수 있다고 말씀하셨습니다.

이제 이스라엘 백성들이 학개의 말을 듣고 감동했습니다. 그리고 그들은 감동만 한 것이 아니라 죽음을 각오하고 순종했습니다. 그때 하나님은 유다 백성들에게 중요한 약속을 하셨습니다. 그것은 바로 하나님이 그들과 함께하신다는 것이었습니다.

학 1:13하, "여호와가 말하노니 내가 너희와 함께 하노라"

그리고 하나님의 말씀이 담대하게 선포되니까 지도자와 백성들의 마음이 감동했습니다.

학 1:14상, "여호와께서 스알디엘의 아들 유다 총독 스룹바벨의 마음과 여호사닥의 아들 대제사장 여호수아의 마음과 남은 모든 백성의 마음을 감동시키시매"

하나님의 백성들이 감동하면 마음이 하나가 되고 뜻이 모아지며 하나님의 능력이 나타나게 됩니다. 오늘 우리는 함께 모이는 것이 성전을 짓는 것입니다. 예수님은 우리가 겨자씨 한 알 만한 믿음만 있으면 산을 명하여 여기서 저기로 옮겨지라 하면 옮겨질 것이라고 말씀하셨습니다(마 17:20). 하나님의 이런 큰 역사가 나타나는 성도들과 중직자들이 다 되시기 바랍니다.

01 자신의 행위를 보라

02

진동하리라

학 2:1-9

우리나라는 지진이 잘 일어나지 않았는데, 요즘은 가끔 일어나는 지역이 있는 편입니다. 지진이 일어나면 벽에 걸어 놓았던 거울이 떨어져서 깨어지기도 하고, 찬장 속에 들었던 그릇이나 찻잔들이 떨어져 박살이 나기도 합니다. 좀 심한 곳에서는 벽이 부서져서 떨어지거나 건물이 기울어지는 바람에 무서워서 집에 들어가지 못하고 운동장 같은 곳에 만든 임시 거처에서 몇 달 동안 지내시는 이들도 있습니다. 땅만 좀 흔들려도 이 정도인데 만일 하늘과 땅이 흔들리고 바다가 흔들린다면 이것은 전 세계가 다 흔들리게 되는 것입니다. 그러면 집도 부서지고 화산도 터지고 바다도 해일이나 쓰나미가 몰려와서 땅을 덮을 것입니다.

헨델의 〈메시야〉에 보면, 남성 베이스가 학개서 본문을 가지고 '흔들리라'라는 곡을 부릅니다. "조금 있으면 내가 흔들리라. 하늘과 땅과 육지와 바다를 흔들리라." "세상 모든 나라를 흔들리라"고 노래를 부릅니다. 이때 중요한 것이 바이브레이션입니다. '흔들리라아아아'라고 부릅니다. 그리고 중요한 것이 하나님은 온 세상을 흔들어서 부수는 것으로 끝나는 것이 아니라 "모든 나라의 보배가 이를 것이라"고 말씀하신다는 것입니다. 즉 하나님은 온 세상에 있는 은도 내 것이고 금도 내 것인데, 이런 것들로 만들어진 것은 다 부수어버리고 하나님의 보배를 우리에게 주신다는 것입니다.

요즘 우리는 중국과 일본과 우리나라는 물론 전 세계가 흔들리는 것을 볼 수 있습니다. 지금 전 세계는 코로나19바이러스로 감염되어서 꼼짝하지도 못하고 있습니다. 보통 때 같으면 프로야구나 프로축구 경기를 하면 많은 관중이 빈자리 하나 없이 꽉 들어찰 텐데 지금은 코로나 때문에 관중이 없습니다. 그 대신 그림이나 사진으로 만들어 놓은 사람을 세워 놓고 무관중 경기를 하고 있습니다. 입장하는 사람이 없으면 손해 보는 입장료는 얼마나 많겠습니까? 그러나 관객을 한 명도 받을 수 없는 형편입니다. 심지어는 교회에도 교인들이 없습니다. 도서관에도 학생들이 없습니다. 비행기는 한때 한 대도 뜨지 못하고 전부 비행장에 묶여 있어야 했습니다.

지난여름에 중국은 정말 폭우로 진동했습니다. 중국 남부 지방에 60일 동안 비가 퍼붓는 바람에 모든 집이 침수되고 어마어마한 강이 탁류가 되어서 흘러갔습니다. 다리도 부서지고 빌딩도 부서지고 산들도 무너져 내렸습니다. 우리나라에도 폭우가 있었고 북한은 완전히 폭우로 폐허가 되어버렸다고 합니다. 그리고 그사이 태풍이 몇 개나 왔습니다. 태풍은 또 피를 몰고 왔습니다. 또 미국의 캘리포니아 지역에 큰 화재가 났을 때 LA에 사는 교인에게 물어보니 하늘이 온통 붉은색이나 오렌지색이었다고 합니다. 그것이 바로 산불의 색깔입니다.

사람들은 이 모든 재앙이 지구의 기후 변화 때문이라고 합니다. 지구가 조금 더워지는데 이렇게 엄청난 재앙이 일어나서 하늘과 땅과 바다를 진동시키고 있는 것입니다. 그러나 하나님께서는 지구온난화 때문이 아니라 우리의 죄 때문에 하늘과 바다와 육지를 진동시키겠다고 말씀하십니다. 그리고 하나님은 나중에 모든 것을 부수겠다고 경고하십니다. 마치 철장으로 질그릇을 부수듯이 모든 것을 부수겠다고 말입니다.

1. 아무것도 할 수 없는 하나님의 백성

학개 선지자 때는 유다 백성들이 바벨론 포로에서 돌아왔을 때입니다. 이때 유다와 전 세계를 지배하고 있던 왕은 페르시아의 다리오 2세였습니다. 물론 페르시아 왕은 하나님을 믿지 않는 왕이었습니다. 처음 유다 백성들은 예레미야의 예언대로 포로에서 벗어나서 예루살렘으로 돌아와서 미래의 큰 꿈을 안고 성전을 짓기 시작했습니다. 그러나 예루살렘 주위에는 유다 백성들이 성전을 건축하는 것을 시기하는 민족이 많았습니다. 이들은 페르시아 왕에게 공문을 보내서 유다 백성들이 예루살렘에 돌아와서 성전을 짓고 있는데, 이들이 성전을 지으면 왕에게 세금도 내지 않고 반역을 할 것이라고 모함을 했습니다. 그러니까 이때 아닥사스다 왕은 공문을 내려서 유다 백성들이 성전을 짓는 것을 중단시키라고 명령을 내렸습니다.

그래서 그후 유다 백성들은 무려 16년 동안이나 성전을 짓지 못했습니다. 유다 백성들은 성전을 짓지 못하니까 할 수 없이 농사를 지었습니다. 그리고 장사를 했고 자기 집을 지었습니다. 그러나 유다 백성들은 잘되는 것이 하나도 없었습니다. 농사를 지어도 모두 쭉정이만 걷혔고, 돈을 모았지만 어디에 구멍이 뚫어졌는지 모인 것이 하나도 없었습니다. 그들은 아무리 먹어도 배가 부르지 않았고 아무리 물을 마셔도 시원하지 않았습니다. 또 아무리 옷을 껴입어도 몸이 따뜻하지 않았습니다.

유다 백성들은 솔로몬 때 같이 자기 나라라면 얼마든지 사람을 모아서 두로에 있는 백향목을 베어 와서 큰 성전을 지었겠지만, 지금의 나라의 왕은 페르시아 왕이었습니다. 그들이 함부로 페르시아 왕에게 대들었다가는 전멸할 수밖에 없을 것입니다. 그래서 유다 백성들은 할 수 있는 것이 아무것도 없었습니다. 그들은 가난했고 배가 고팠으며 추웠습니다. 그리고 성전 짓는 것도 마음대로 할 수 없었습니다.

이때 유다 백성들은 달력이 두 가지 종류가 있다는 것을 알지 못했습니다. 하나는 이 세상 달력이고, 다른 하나는 하나님의 달력이었습니다. 이 세상 달력에는 이 세상 왕의 계획이 적혀 있지만, 하나님의 달력에는 하나님의 계획이 적혀 있었습니다. 그들의 달력에는 "다리오 왕 이년"이라고 되어있었고 다른 표시는 없었습니다. 그러나 하나님의 달력에는 "다리오 왕 이년 하나님 말씀의 능력과 성전 짓기 시작"이라고 적혀 있었던 것입니다. 이것을 아무도 알지 못했습니다. 그러나 하나님은 학개 선지자에게 하나님의 계획을 알려주셨습니다. 즉 올해는 하나님 말씀의 부흥의 해이고 성전을 다시 짓기 시작하는 해라는 것이었습니다.

그래서 학개 선지는 담대하게 백성들 앞에 섰습니다. "너희들은 지금 도대체 무엇을 하고 있느냐? 지금은 하나님 말씀의 부흥의 해이고 성전을 지을 때라"고 소리쳤습니다. 그리고 "너희들이 지금까지 농사를 지어도 소득이 없고 양식을 먹어도 배부르지 않고 물을 마셔도 목마르고 옷을 입어도 추운 것은 하나님의 말씀을 듣지 못했기 때문이라"고 강조했습니다. 겨울에 햇빛이 비춰지 않는 그늘에 있으면 두꺼운 옷을 입어도 춥고 무엇을 먹어도 체하고 물을 마셔도 이가 시려서 마실 수 없을 것입니다. 군인이 훈련병으로 있을 때는 아무리 잠을 자더라도 계속 졸리고 밥을 아무리 많이 먹어도 배가 고프고 두툼한 옷을 입어도 춥습니다. 그 이유는 그들이 하기 싫은 것을 억지로 하기 때문입니다.

요즘 지금 우리 교회의 형편이 그렇습니다. 코로나 때문에 정부에서 교회에서 비대면 예배를 하라고 하니 그대로 할 수밖에 없습니다. 그러다가 또 대면으로 하되 사회적 거리를 유지하라고 하면 그대로 유지해야 합니다. 그러는 동안에 교회 나오는 교인들은 반 정도나 될까요. 그렇다고 해서 장사가 잘되는 것도 아니고 사업이 잘 되는 것도 아닙니다. 아이들은 학교를 갔다가 안 갔다가 하고 가더라도 3분의 1만 가기도 합니다. 또 세상 사람들은 교회가 코로나를 전염시키는 곳이라고 생각하고 있습니다. 이것이 바로 밤인 것입니다.

그러나 이때 학개 선지는 유다 백성들에게 "너희가 하나님의 달력을 한번 본 적이 있느냐? 지금은 성전을 지을 때이고 하나님의 말씀을 먹을 때라"고 목소리를 높였습니다. 이때 백성들은 "우리가 성전을 짓기 싫어서 안 짓는 줄 아느냐? 왕이 짓지 말라고 하니까 못 짓는 것이라"고 핑계를 대며 답변했습니다. 그때 학개 선지는 하나님의 말씀을 믿고 한번 해보라고 권유했습니다. 그래서 유다 백성들은 죽을 각오를 하고 무조건 성전 짓는 일을 시작했고, 하나님의 말씀을 듣기 시작했습니다. 그때 이상한 일이 일어났습니다. 아무도 이들의 성전 짓는 것을 방해하지 못했고, 오히려 성전을 지으라고 명령을 내렸던 고레스의 공문이 기적적으로 발견되어서 더 당당하게 지을 수 있었던 것입니다. 그리고 유다 백성들이 하나님의 말씀을 들을 때 이상하게 배가 불렀고 춥지 않았고 목마르지 않았습니다.

그것에 대해서 학개 선지는 이렇게 말했습니다.

학 2:5, "너희가 애굽에서 나올 때에 내가 너희와 언약한 말과 나의 영이 계속하여 너희 가운데에 머물러 있나니 너희는 두려워하지 말지어다"

학개 선지는 하나님의 백성들은 하나님의 말씀을 들을 때 하나님의 영이 임한다고 했습니다. 하나님의 영이 임하기만 하면 아무리 강한 나라도 꼼짝하지 못하고 하나님의 기적이 임하니까 아무것도 두려워하지 말라고 했습니다. 우리가 세상 통치자들의 말을 들으면 시키는 대로 하지 않으면 큰일 날 것 같습니다. 그러나 무조건 하나님의 말씀을 들으면 정반대로 세상 권력자들이 꼼짝하지 못하게 되는 것입니다. 그래서 유다 백성들은 마음 놓고 성전도 지었고 배도 부르게 되었습니다.

2. 세상을 진동시키는 하나님

하나님께서는 유다 백성들이 성전을 짓기만 하면 온 세상을 진동시킬 것이라고 말씀하셨습니다. 왜냐하면 이 세상 모든 것은 거짓된 것 위에 세워져 있고, 사람들은 이 세상의 거짓된 것을 절대적으로 알고 믿고 있기 때문입니다.

> 학 2:6-7, "만군의 여호와가 이같이 말하노라 조금 있으면 내가 하늘과 땅과 바다와 육지를 진동시킬 것이요 또한 모든 나라를 진동시킬 것이며 모든 나라의 보배가 이르리니 내가 이 성전에 영광이 충만하게 하리라 만군의 여호와의 말이니라"

그런데 하나님께서 이렇게 하늘과 바다와 육지와 세계를 진동시키는 것은 실체가 아닙니다. 왜냐하면 이미 그리스도께서 온 세상을 진동시켰는데 사람들이 깨닫지 못하고 있기 때문입니다.

그리스도는 우주를 만드신 하나님의 아들이십니다. 그가 이 세상에 오신 것 자체가 우주를 진동시키는 것입니다. 그런데 그가 이 세상에서 십자가 위에서 죽으시고 지옥 밑창까지 끌려갔을 때는 아무것도 아닌 것 같았고 너무 비참한 것 같았습니다. 그러나 그는 지옥에서 살아나셨습니다. 왜냐하면 죄가 하나도 없었기 때문입니다. 그는 지옥을 다 부수었습니다. 그는 마치 철장으로 질그릇을 깨트리듯이 사망을 깨트리고 죄를 깨트리고 마귀의 머리를 부수었습니다. 그리고 자신의 피를 가지고 하늘에 가셔서 하나님으로부터 오케이 사인을 받으셨습니다.

이제 그리스도는 한 손에 쇠몽둥이를 가지고 온 세상과 마귀를 두들겨 부수실 준비를 하고 계신 것입니다. 예수님은 이미 지옥을 진동시키셨습니다. 그리고 하늘과 땅도 진동시킬 것입니다. 예수님은 죄에 빠져 있는 우리로 하여금 하나님 앞에 갈 수 있도록 터널을 뚫어 놓으셨습니다. 그래서 우리는 믿음으로 하나님께 나아가기만 하면 됩니다.

사도 바울은 말하기를 지금은 은혜의 날이고 구원의 때라고 했습니다(고후 6:2). 지금 이때는 자꾸 인간적인 생각이나 하고 인간적인 머리를 굴리지 말고 하나님의 말씀대로 한 걸음을 움직일 때입니다. 그렇게 하기만 하면 홍해가 갈라지고 요단강이 갈라지는 기적이 일어날 것입니다.

3. 만국의 보배이신 예수님

우리가 이 세상에서 가장 귀하다고 생각하는 것은 무엇일까요? 아마 권력이라고 말할지 모릅니다. 그래서 권력을 가진 사람은 나라 전체를 마치 자기 것인 양 마음대로 모든 것을 결정하고 있습니다. 그다음에는 돈이나 금이라고 말할 것입니다. 물론 우리는 이 세상 현실을 무시해서는 살 수 없습니다. 우리에게는 은과 금도 중요하고 권력이나 지식도 중요합니다.

그런데 놀라운 것은 하나님께서 세상을 한번 흔드시니까 권력이나 돈이 소용없는 것입니다. 본문에 나오는 '은'이 바로 돈인데 돈으로 할 수 있는 것이 아무것도 없습니다. 금값도 비싸다는 것뿐이지 금으로 사람을 살리거나 바이러스를 없앨 수 없습니다. 지금 우리나라는 집 문제 때문에 난리입니다. 은행 이자율이 제로에 가까우니까 그 돈이 다 어디로 가겠습니까? 그 돈이 집으로 다 쏠리니까 집값을 잡으려고 별 웃기는 일을 다 하고 있습니다.

그런데 이들이 모르고 있는 것이 무엇입니까? 은이나 금은 다 하나님의 것이라는 점입니다.

학 2:8, "은도 내 것이요 금도 내 것이니라 만군의 여호와의 말이니라"

이 세상에 있는 돈이나 금은 다 하나님의 것입니다. 그런데 하나님은 왜 은을 주시고 금을 주셨을까요? 그것은 우리가 죽을 때까지 잘 먹고 잘살라고 주신 것이 아닙니다. 하나님께서는 그것을 가지고 생계에 매이지 말고 하나님께 오라고 주신 것입니다. 건물을 지을 때는 외부에 철봉 같은 것으로 보조지지대를 만들어 사용하지만 다 짓고 나면 치워버립니다.

이와 마찬가지로 이 세상에 있는 은과 금은 하나님의 길을 만들기 위한 보조 재료입니다. 하나님께서는 그것들을 다 만드시고 나면 불어버리실 것입니다. 하나님께서 한번 불어버리면 돈도 없어지고 금도 다 사라지고 맙니다. 하나님께서 한 번 더 불어버리시면 사람들도 다 날아가서 죽든지 병에 걸려서 죽고 맙니다.

이 세상에 영원히 없어지지 않는 보배는 오직 예수님밖에 없습니다. 우리가 예수님을 붙들고 있으면 날아가지도 않고 썩지도 않고 죽지도 않을 것입니다.

학 2:7, "또한 모든 나라를 진동시킬 것이며 모든 나라의 보배가 이르리니 내가 이 성전에 영광이 충만하게 하리라 만군의 여호와의 말이니라"

하나님은 온 세상을 그 입의 입김으로 불어버리실 것입니다. 그러면 돈도 날아가고 금도 날아가고 권력이나 항공모함이나 미사일이나 어마어마한 것들이 다 날아갈 것입니다. 그리고 마지막에 남는 것은 초라한 성전입니다. 즉 예수님을 주인으로 모신 성전만 남게 된다는 것입니다.

노아는 세상의 문명을 부러워하지 않고 하나님 말씀에 순종하여 방주를 만들었다가 하나님이 온 세상을 진동시킬 때 살아남았습니다. 그 방주에 탔던 가족과 짐승이나 새들만 살아남았습니다.

지금 우리가 가지고 있는 힘과 능력은 사람들이 보기에는 초라하고 고집스럽고 어리석습니다. 이 세상을 향해 하나님이 한번 불기만 하면 세상에 있는 돈이나 금은 다 날아가고 사라질 것입니다. 그러나 영원히 없어지지 않는 보배는 지옥을 흔들고 하늘을 흔들었던 예수님의 십자가 보혈밖에 없습니다.

하나님은 말씀하셨습니다.

학 2:9상, "이 성전의 나중 영광이 이전 영광보다 크리라"

지금은 하나님의 말씀을 들을 때이고 하나님을 향하여 첫걸음을 옮길 때입니다. 모든 것이 완전해져야 움직이겠다고 생각하면 늦습니다. 그것은 불신앙입니다. 하나님의 말씀을 들을 때 약은 생각을 다 버리고 용기를 내어서 하나님을 향해 첫걸음을 옮기시기 바랍니다. 그러면 길이 열리고 기적이 일어날 것입니다.

이 세상의 최고의 보배는 창조자이신 예수 그리스도입니다. 그는 우주도 만드시고 지식도 만드시고 모든 생명체도 만드셨습니다. 사도 바울은 예수 그리스도를 아는 지식이 너무 고상하기 때문에 예전에 자기가 자랑하던 지식이나 사람들에게 인정받은 모든 것을 배설물로 여긴다고 했습니다(빌 3:8).

우리는 하나님의 달력을 알아야 합니다. 우리가 하나님의 말씀을 들을 때는 부흥의 때입니다. 이때 하나님을 향하여 용기를 내면 하나님의 축복이 나타나게 됩니다.

03

학개의 수수께끼

학 2:10-23

여름에 음식 먹을 때는 조심해야 하는데, 회나 생굴 같은 익히지 않은 음식은 특히 주의해야 합니다. 한번은 귀한 손님을 정성껏 대접하기 위해서 음식 메뉴에 생굴을 추가시켜서 생산지에서 특별주문을 했습니다. 그런데 그 생굴을 먹은 사람들 모두 식중독에 걸려서 먹은 음식을 토하고 설사하고 심한 복통으로 자지 못하고 병원 응급실에 실려 가서 링거 주사를 맞아야만 했습니다. 특히 요즘은 지구온난화로 우리나라 바다 수온이 높아져서 생굴 안에 비브리오 균이 있어서 끓이지 않고 먹는 사람은 식중독에 걸린다고 합니다.

그때도 당국에서 이 생굴을 그냥 먹으면 비브리오 식중독에 걸릴 수 있다고 발표했다는데 그것을 파는 사람이나 음식 준비하는 사람이 주의하지 않아서 여러 사람이 고생했던 것입니다. 특히 회 같은 경우에는 회 자체는 괜찮아도 사용하는 도마나 칼에 균이 묻어 있으면 그 도마나 칼을 사용해서 생선을 자른 회를 먹은 사람들은 전부 식중독에 걸리게 된다고 합니다.

보통 사람들은 축구나 야구 같은 경기에 열광합니다. 그런 경기는 역동적이고 스릴이 넘치고 재미가 있기 때문입니다. 그러나 관객 중의 일부는 그 경기를 놓고 도박하는 사람들도 있습니다. 물론 이것은 불법입니다. 그런데 더 나쁜 것은 선수 중에서 이런 사람들에게 매수되어서 돈을 받는 것입니다. 그래서 이길 수 있는 경기를 일부러 져준다든지, 골인을 시킬 수 있는데 일부로 헛발질을 한다든지, 투수가 일부러 볼을 자꾸 던져서 점수를 잃게 된다든지 하는 것입니다. 물론 이런 경우는 거의 없습니다. 그런데 이것이 나중에 들통나게 되면 그 선수는 선수 자격을 박탈당하고 영구제명이 되어서 실업자로 지내게 되는 것입니다. 왜냐하면 그렇게 경기 진행이 깨끗하지 못하면 관중이 그런 경기를 보러 오지 않을뿐더러 그 경기 전체가 망하게 되기 때문입니다.

요즘 우리나라 전 세계에 코로나라는 전염병으로 사실 모든 산업이나 활동이 마비되어 있습니다. 오케스트라 독창회도 모이지 못하고 운동경기에 그 많던 관객들이 아무도 들어가지 못하고 있는 형편입니다. 교회에서는 예배도 중단되기도 하고 아니면 몇 명만 카메라 앞에서 예배드리고 그렇지 못한 분들은 인터넷으로 영상예배를 드리기도 합니다. 심지어 대학에서도 학교에서 수업하지 못하고 인터넷으로 진행하고 있습니다.

이 전염병에 특별히 주의해야 하는 이유는 이 병의 바이러스가 다른 바이러스에 비해 전염 속도가 천 배 이상 빠르다는 점입니다. 그래서 밀폐된 공간 안에 단 한 사람의 확진자가 있어도 그 방에 있는 사람들 거의 다 걸린다고 보아야 합니다. 단지 이 바이러스를 막을 수 있는 길이 딱 하나 있습니다. 그것은 바로 마스크입니다.

이때 한 선지자가 사람들에게 수수께끼를 냈습니다. "코로나에 걸리지 않은 건강한 사람이 시장에 가서 수박도 만지고 가방도 만지고 구두도 만지고 또 사우나에 가서 목욕도 하고 음식점에 가서 음식도 먹는다면, 그 사람이 만진 것이 코로나를 이기는 힘을 가질 수 있겠느냐?"라고 물었습니다. 그러면 사람들이 "별 미친 사람을 다 보겠네? 그가 신이 아닌 이상 어떻게 병에 걸리지 않은 사람이 물건을 만지고 사람을 만났다고 해서 병이 다 나을 수 있겠느냐?"라고 반문할 것입니다. 건강한 것은 자기가 건강한 것이고 다른 사람을 건강하게 하지는 못합니다. 다른 병든 사람을 낫게 하려고 하면 백신이나 치료제를 개발해서 그 사람의 몸 안에 주사를 놓아서 항체를 만들어야 병이 나을 수 있는 것입니다.

그래서 그 선지자가 다시 수수께끼를 냈습니다. 만일 코로나에 걸린 사람이 음식점에 가서 사람들을 만나서 떠들고 침 튀기면서 이야기했다면 그 사람을 만난 사람들이 코로나에 걸리겠느냐고 물은 것입니다. 사람들은 이 선지자가 너무나 당연한 질문을 한다고 할 것입니다. 이 바이러스가 전염력이 다른 바이러스의 천 배나 된다는데 그 사람이 간 곳을 지나쳐 간 사람도 거의 전부 그 바이러스에 감염이 된다는 것입니다. 예를 들어서 그 사람이 식당에서 식사했는데 비슷한 시간에 그 식당에서 식사한 사람은 그 사람을 만나지 않았어도 병에 걸릴 수 있고 그 사람이 앉았던 자리에 앉은 사람도 모두 그 병에 걸릴 수 있기 때문입니다. 그래서 방역 당국에서는 모든 사람에게 문자를 보내어서 어느 식당이나 카페를 이용한 사람들은 가까운 보건소에 가서 검사받으라고 통보하는 것입니다.

본문 말씀은 구약의 학개 선지자가 성전 건축하기를 중단하고 자기 농사만 짓는 이스라엘 백성들에게 낸 수수께끼 같은 질문입니다.

1. 학개 선지자의 수수께끼

학개 선지는 바벨론 포로에서 돌아온 유다 백성의 제사장들에게 매우 알쏭달쏭한 수수께끼 같은 질문을 했습니다. 이스라엘 백성들은 이런 말을 '마샬'이라고 합니다. 즉 그 뜻이 알쏭달쏭할 뿐 아니라 그 안에 들어있는 내용이 비밀스럽다는 뜻입니다. 그래서 우리가 이 '마샬'을 풀면 아주 큰 비밀을 알게 되고 보물을 찾게 되지만, 이것을 풀지 못하면 아무것도 안 되고 미래를 향해 앞으로 나아갈 수 없는 것입니다.

학 2:10-12, "다리오 왕 제이년 아홉째 달 이십사일에 여호와의 말씀이 선지자 학개에게 임하니라 이르시되 만군의 여호와가 말하노니 너는 제사장에게 율법에 대하여 물어 이르기를 사람이 옷자락에 거룩한 고기를 쌌는데 그 옷자락이 만일 떡에나 국에나 포도주에나 기름에나 다른 음식물에 닿았으면 그것이 성물이 되겠느냐 하라 학개가 물으매 제사장들이 대답하여 이르되 아니니라 하는지라"

"다리오 왕 제이년"은 겉으로 보면 다른 해와 다를 것 없는 똑같은 해였습니다. 그러나 하나님의 달력에 의하면 성전을 짓는 해이고, 부흥이 일어나는 해이고, 축복이 임하는 해였던 것입니다. 유다의 제사장들이 먹을 수 있는 고기는 오직 하나님께 화목제나 속죄제로 바쳐진 제물이었습니다. 유다의 제사장들은 다른 고기는 먹을 수 없었습니다. 그것도 제사장이나 제사장의 가족들만 먹을 수 있었습니다.

그런데 하나님께 바쳐진 고기가 있었습니다. 하나님께 바쳐진 고기라는 것은 희생 동물의 배 안에 있는 기름이나 콩팥만 불에 태우고 나머지는 제사장이 먹었는데, 그 고기를 말합니다. 이 고기는 거룩한 고기이고 아무나 먹을 수 없었습니다. 그래서 하나님께 제사드린 것은 제사장이 고기를 분배 받아서 옷에 싸서 가져왔습니다. 그런데 그 제사장이 고기를 쌌던 옷자락이 떡에도 닿고 국에도 닿고 올리브 기름에도 닿게 되었습니다.

그때 학개 선지가 제사장들에게 물었던 것은 이렇게 거룩한 고기를 쌌던 옷자락이 국이나 떡이나 기름에 닿았을 때 그 국이나 떡이나 기름이 거룩해질 수 있겠느냐는 것이었습니다. 즉 옷자락만 닿았다고 해서 그 떡이나 국을 먹으면 사람들이 건강해지고 죄를 이기고 축복을 받고 능력을 받겠느냐는 것이었습니다. 그것에 대하여 제사장은 아니라고 했습니다. 사람들이 능력을 받고 새 힘을 얻는 것은 국이나 떡이 옷자락에 닿았다고 해서 되는 것이 아니라 각자가 하나님 앞에 나가서 제사 드리고 죄 씻음을 받아야 새 힘을 얻을 수 있다는 것입니다.

예를 들어서 어떤 사람이 교회도 나가지 않으면서 은혜를 받고 싶은데 교회에 나가는 부인이나 아이의 옷을 걸어주고 신발을 신발장에 넣어준다고 해서 거룩해질 수 있겠느냐는 것입니다. 그것은 안 되는 것이지요. 자기 자신이 직접 하나님 앞에 나아가서 말씀을 듣고 은혜를 받아야 하는 것입니다.

제 형님 중의 한 분은 교회에 나가는 것을 싫어하셨습니다. 그런데 제가 초등학생 시절에 교회에 갔다 오면 그 형은 "오늘 목사님이 뭐라고 설교하시더냐? 그 금 부스러기라도 좀 내놓아라"고 했습니다. 그러면 저는 설교 들은 내용을 형에게 이야기해 주곤 했습니다. 형은 교회는 가지 않았지만 그래도 설교를 듣고 싶어 했습니다. 아마 설교 듣는 것은 조금 거룩해질 수 있을지 몰라도 옷이나 걸어주고 신발이나 정리해주는 것으로는 거룩해질 수 없는 것입니다.

그래서 이번에는 학개 선지가 끔찍한 수수께끼를 또 냈습니다.

학 2:13-14, "학개가 이르되 시체를 만져서 부정하여진 자가 만일 그것들 가운데 하나를 만지면 그것이 부정하겠느냐 하니 제사장들이 대답하여 이르되 부정하리라 하더라 이에 학개가 대답하여 이르되 여호와의 말씀에 내 앞에서 이 백성이 그러하고 이 나라가 그러하고 그들의 손의 모든 일도 그러하고 그들이 거기에서 드리는 것도 부정하니라"

만일 어떤 사람이 시체를 만졌습니다. 그런데 그 시체를 만진 손을 가지고 떡도 만들고 음식도 만들고 하나님께 제사도 바치면 그 떡이나 그 음식이나 제사가 온전할 수 있겠느냐는 질문입니다. 만일 그 죽은 사람이 전염병에 걸린 사람이라면 그 시체를 맨손으로 만진 사람이 손을 씻지도 않고 음식을 만들고 떡도 만들었다면 그것을 먹은 사람은 전부 전염병에 걸릴 것입니다. 그래서 전염병에 걸린 시체를 옮기는 사람은 전부 방호복을 입고 입을 가리고 시체를 담는 가방에 넣어서 화장장으로 가서 태워야 할 것입니다. 그때는 가족도 올 수 없고 아무도 올 수 없습니다.

그래서 이 질문을 받은 제사장은 대답합니다. 전염이 되지 않아도 전염병은 무서운 전염력이 있기 때문에 시체를 먼지거나 환자를 만진 상태에서 다른 사람을 만나거나 음식을 만지거나 예배를 드리면 다른 사람들도 모두 다 병에 걸리게 된다고 했습니다.

하나님께서는 무서운 말씀을 하셨습니다. 그것은 지금 유다 백성들이나 제사장들이 모두 전염병균이 득실득실하기 때문에 그들이 하는 모든 농사나 공부나 장사가 병에 걸린 상태에서 이루어지고 있다고 말씀하셨습니다. 그래서 농사도 병에 걸렸고 공부도 병에 걸렸고 공장도 병에 걸렸고 식구들도 병에 걸렸기 때문에 하나님의 복이 오지 않는다고 강조했습니다.

학 2:16-17, "그 때에는 이십 고르 곡식 더미에 이른즉 십 고르뿐이었고 포도즙 틀에 오십 고르를 길으러 이른즉 이십 고르뿐이었었느니라 만군의 여호와가 말하노라 내가 너희 손으로 지은 모든 일에 곡식을 마르게 하는 재앙과 깜부기 재앙과 우박으로 쳤으나 너희가 내게로 돌이키지 아니하였느니라"

해방 후에 지리산에는 빨치산들이 많이 있었습니다. 이들은 목욕하지 않기 때문에 몸에는 이가 엄청나게 많아서 겨드랑이나 사타구니에 손을 한번 넣었다가 꺼내면 이가 한 주먹씩 잡히곤 했다고 합니다. 그런데 이 이들이 사람이 죽으면 귀신같이 알아내서 그 사람의 몸을 떠난다는 것입니다. 그래서 몸에 있던 이들이 하얗게 옷 위로 올라온다면 그 사람은 틀림없이 죽은 것입니다. 아마 이도 죽은 사람의 피는 맛이 없든지 아니면 몸이 식는 것을 아는 것 같습니다.

그런데 유다 백성들은 지금까지 죽은 것을 붙잡고 있었던 것입니다. 그것이 무엇입니까? 그것은 바로 우상이었고 돈이었고 이 세상의 성공이었던 것입니다. 우리는 죽은 것을 붙들고 있으면 복을 받을 수 없습니다. 우리가 죽은 것을 붙들고 있으면 새로운 인생을 살 수 없습니다. 죽은 것을 붙들고 있으면 결과가 비참할 수밖에 없는 것입니다. 죽은 것을 만졌던 손으로 아무리 떡을 굽고 농사를 짓고 장사를 해도 찾아오는 것은 깜부기 재앙이나 우박재앙이나 전염병이므로 그 삶이 아름다울 수 없는 것입니다.

2. 하나님의 백성이 복을 받는 비결

하나님께서 유다 백성들을 볼 때 참 안타까운 것이 있었습니다. 그것은 그들이 바로 하나님께 나아오면 되는데, 그들은 하나님께 나아오기보다는 떡을 쌌던 옷자락을 만지려고 하고, 그 옷에서 떨어지는 부스러기를 먹으려고 하고, 전염병에 걸려서 죽은 환자를 만진 손으로 떡을 만들고, 자녀나 사람들을 만나고 농사를 짓는 것이었습니다. 유다 백성들에게 필요한 것은 하나님의 백신 주사를 맞고 치료제 주사를 맞아서 몸 안과 피 안에 죄를 이기고 불신앙을 이기고 전염병을 이기는 능력을 가지는 것이었습니다.

물론 신약성경에 보면 부스러기를 먹고도 낫고 옷자락을 만지고도 병이 나은 사람이 있었습니다. 어떤 한 이방인 여자는 딸이 귀신들렸는데 예수님에게 딸을 고쳐달라고 하니까 예수님은 개에게 떡을 줄 수 없다고 하셨습니다. 이때 여자가 예수님께 "개라도 주인의 상에서 떨어지는 부스러기는 먹습니다"라고 하자, 예수님은 감동받으셔서 "가라, 네 믿음이 너를 구원하였느니라"고 하시며 그 이방 여자의 딸을 고쳐주셨습니다(마 15:21-28).

또 어떤 여자가 12년 동안 혈루중에 걸렸는데 아무리 의사를 찾아다녀도 병은 낫지 않고 더 심해지고 돈이 다 없어졌습니다. 그 여자는 예수님의 소문을 듣고 예수님께 직접 고쳐달라고 말은 하지 못하겠고 그분의 옷자락이라도 만지면 병이 낫겠다고 믿고 그 옷자락을 만졌는데 예수님에게서 자동적으로 능력이 나가면서 그 여자의 병이 고쳐졌습니다. 그것은 바로 그 옷을 입은 분이 하나님의 아들이셨기 때문입니다. 예수님은 그 여자에게 "네 믿음이 너를 구원하였느니라"고 하셨습니다(마 9:18-22).

예수님은 이미 이 세상에 오셨습니다. 그리고 예수님은 어디든지 계십니다. 그 증거로 예수님은 성령을 보내셨습니다. 하나님의 말씀이 증거되기만 하면 성령이 임하고 우리는 깨끗해지는 것입니다.

그런데 하나님께서는 유다 백성들이 그렇게 고생하면서도 하나님께로 돌아오지 않는다고 안타까워하셨습니다.

> 학 2:17, "만군의 여호와가 말하노라 내가 너희 손으로 지은 모든 일에 곡식을 마르게 하는 재앙과 깜부기 재앙과 우박으로 쳤으나 너희가 내게로 돌이키지 아니하였느니라"

하나님의 능력이 없으니까 곡식은 말라버렸습니다. 그리고 깜부기 재앙이 임하고 우박이 내려서 곡식이 다 죽고 말았습니다. 그런데 유다 백성들은 하나님께로 돌아올 줄 몰랐습니다.

그런데 하나님은 유다 백성들이 복 받는 비결을 가르쳐주셨습니다.

학 2:18-19, "너희는 오늘 이전을 기억하라 아홉째 달 이십사일 곧 여호와의 성전 지대를 쌓던 날부터 기억하여 보라 곡식 종자가 아직도 창고에 있느냐 포도나무, 무화과나무, 석류나무, 감람나무에 열매가 맺지 못하였느니라 그러나 오늘부터는 내가 너희에게 복을 주리라"

유다 백성들에게는 하나님의 능력이 아주 작은 싹처럼 솟아나는 것이 있었습니다. 그것은 바로 성전의 기초석이었습니다. 이스라엘 백성들은 하나님이 말씀하니까 순종해서 엄청나게 쌓여 있던 쓰레기 더미를 들어내고 그 밑에 깔려 있던 성전 기초석을 찾아냈습니다. 그리고 거기에 첫 돌을 얹었습니다.

그런데 놀라운 것은 그때부터 곡식이 자라고 병이 치료되고 이스라엘을 괴롭히던 사람들이 없어지기 시작했습니다. 바로 이 성전은 예수님을 나타내는 것이었습니다. 성전의 기초석은 예수님의 옷자락이었습니다. 유다 백성들은 그 날짜까지 잊을 수 없었습니다. 그 날짜는 바로 '아홉째 달 이십사일'이었습니다. 그날부터 유다 백성들은 복을 받기 시작했고 운명이 달라지기 시작했습니다.

온 우주를 만드신 하나님의 아들이 이 세상에 온 것은 복중의 복입니다. 그분의 옷자락만 만져도 살고 그분의 떡 부스러기만 먹어도 우울증이 치료되고 자살하려고 했던 사람들이 살게 됩니다. 그런 그분이 우리를 위해 피를 흘려주셨습니다. 우리가 그 피를 주사 맞으면 영원히 살게 됩니다. 우리는 하나님의 피로 주사를 맞아야 영원히 살 수 있고 영원한 복을 받을 수 있지 시체를 만진 손으로 이것저것을 만진다고 해서 전염병이 치료되는 것은 아닙니다.

3. 세상을 진동시키는 하나님

우리에게 가장 무서운 것은 세상이 흔들리는 것입니다. 얼마 전에 지진이 일어났을 때 사람들이 텔레비전을 보든지 자고 있었는데 갑자기 꽝 하는 소리가 나더니 아파트가 흔들리기 시작했다고 합니다. 아마 좀 더 진도가 강한 지진이 났더라면 아파트가 무너질 수도 있었을 것입니다. 지진이 일어나는 이유는 땅 깊은 곳에 있는 지각이 서로 충돌하고 부딪치기 때문입니다. 이것이 바다에서 일어나면 쓰나미가 됩니다.

그런데 이러나저러나 지구의 온도가 올라가면서 기후변화로 세계적으로 이상 기온이 생기고 우리나라에도 전염병이 많이 오고 있습니다. 옛날에는 겨울이 아주 추웠기 때문에 곤충의 알이 다 죽었는데 지금은 겨울에 춥지 않아서 그런지 엄청난 파리나 말벌 떼나 메뚜기 떼가 발생하고 있습니다. 하나님께서는 유다 백성들이 성전의 기초를 찾아서 첫 돌을 놓을 때 그들에게는 복이 임하겠지만, 세상은 온 하늘과 땅이 흔들리는 재앙의 시작이 될 것이라고 경고하셨습니다.

학 2:20-22, "너는 유다 총독 스룹바벨에게 말하여 이르라 내가 하늘과 땅을 진동시킬 것이요 여러 왕국들의 보좌를 엎을 것이요 여러 나라의 세력을 멸할 것이요 그 병거들과 그 탄 자를 엎드러뜨리리니 말과 그 탄 자가 각각 그의 동료의 칼에 엎드러지리라 만군의 여호와가 말하노라 스알디엘의 아들 내 종 스룹바벨아 여호와가 말하노라 그 날에 내가 너를 세우고 너를 인장으로 삼으리니 이는 내가 너를 택하였음이니라 만군의 여호와의 말이니라 하시니라"

유다 백성들은 예루살렘의 성전을 떠난 지 70년이 되었습니다. 그들은 70년 동안 이방의 통치를 받았습니다. 그들은 그동안 죽은 자들의 통치를 받고 그들의 옷을 입고 있었던 것입니다. 이스라엘 백성들은 70년 동안 예배를 드리지 못했습니다. 바벨론 사람들이 예배를 드리지 말라고 했기 때문입니다. 그러나 유다 백성들이 하나님의 말씀을 듣고 성전 기초를 찾은 날 하나님은 세상을 흔들 것이라고 하셨습니다. 왜냐하면 이 날이 하나님의 백성들에게는 축복의 날이요 세상은 흔들리는 날이기 때문입니다.

성전 기초는 하나님과 세상의 사닥다리가 연결되는 날입니다. 우리는 예수님을 통해서 하나님과 연결됩니다. 그래서 우리에게는 하늘의 복이 부어집니다. 우리는 세상 복을 가지고 걱정하지 마시기 바랍니다. 하늘의 복이 오면 세상 복은 저절로 오게 되어있습니다. 그러나 세상 나라는 땅에 지진이 오고 하늘에서는 번개와 폭우가 쏟아집니다. 그들이 믿었던 모든 것이 다 떠내려가는 것입니다.

하나님은 스룹바벨을 하나님의 인장 반지로 삼겠다고 하셨습니다. 즉 하나님의 인감도장입니다. 하나님은 스룹바벨을 통해서 모든 것을 허락하겠다고 하셨습니다. 예수님은 베드로에게 하늘의 열쇠를 주시겠다고 말씀하셨습니다. 오늘 우리 교회와 성도들이 하나님의 인장 반지요 하늘의 열쇠인 것입니다. 우리 도장이 찍혀야 모든 일이 일어날 수 있습니다. 그래서 우리는 이 세상에서 무서워할 것이 없습니다.

예수님의 피로 주사를 맞은 자들 그리고 하나님의 성전을 찾은 자들은 영원히 복을 받을 것입니다. 그러나 시체를 붙들고 사는 자들은 다 죽을 것입니다. 오늘 예배에서 성전을 찾으시기 바랍니다. 그리고 하나님의 인감도장이 다 되시기 바랍니다.

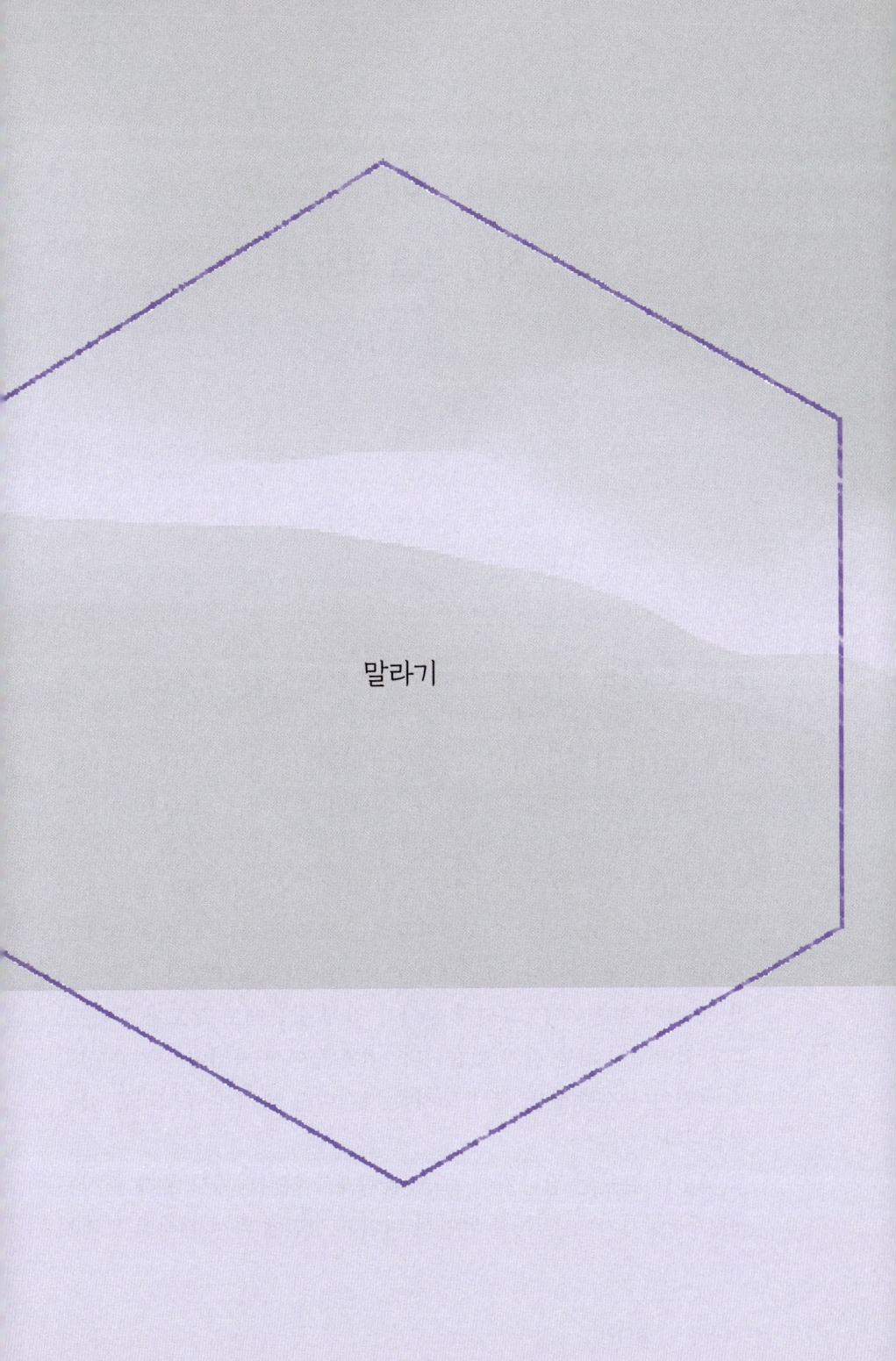

말라기

01

성전 문을 닫으라

말 1:1-14

멀리 도시로 떠난 자식들이 모처럼 고향에 있는 부모님을 찾아온다고 하면 부모님은 새벽부터 자식이나 손자 손녀들이 보고 싶어서 아예 문밖에 나와서 서성거리면서 기다리십니다. 도시에서도 아예 문을 열어 놓고 기다릴 것입니다. 지난번 추석에는 코로나바이러스 때문에 부모님이 자녀들에게 집에 오지 말고 너희들끼리 지내라고 말씀하셨습니다. 그래서 길가에 보면 현수막에 '이번에는 고향에 오지 말거라'는 포스터도 있고 '불효자는 고향에 갑니다'라는 현수막이 붙어 있기도 합니다. 그런데 생각보다는 시골에 코로나가 많이 퍼진 것 같지 않습니다. 그런데 자녀가 집에 왔는데도 부모가 문을 잠그고 열어주지 않을 때가 있습니다. 예를 들어서 자식이 사기를 쳤거나 살인이나 성추행을 해서 도저히 자식이라 하기에 부끄러울 때일 것입니다.

그런데 본문인 말라기에 보면, 놀랍게도 하나님께서 유다 백성들에게 "누군가가 성전 문을 닫아서 너희가 성전에 와서 제사를 드리지 못하게 했으면 좋겠다"고 말씀하시는 것입니다. 하나님께서 얼마나 유다 백성들의 얼굴을 보기 싫었던지 그들이 성전에 들어오지 못하도록, 내 자식이라는 소리를 하지 못하도록 성전의 출입문을 잠가두었으면 좋겠다는 것입니다.

그런데 그런 일이 최근 우리에게 일어나게 되었습니다. 그것은 코로나바이러스가 교회를 중심으로 퍼진다고 해서 정부에서 교회 문을 닫고 비대면으로 예배를 드리게 한 것입니다. 사실 비대면으로 가정에서 예배를 드리면 처음에는 정장하고 정성껏 드리려고 하지만 시간이 갈수록 누워서 드리기도 하고 나중에는 안 드리게 되기도 하는 것입니다. 결국 이것은 교인이 예배당에 들어와서 예배드리는 것을 금지하는 것입니다. 그러나 이것은 대면이냐 비대면이냐 하는 것이 중요한 것이 아니라 이제 하나님께서는 더 이상 너희들의 얼굴을 보고 싶지 않으니까 성전의 촛대를 다른 곳으로 옮기고 싶다는 표시라고 할 수 있는 것입니다.

요한계시록에 보면 예수님께서 에베소 교회를 향해 너희들이 첫 사랑을 잃어버렸다고 하시면서 촛대를 다른 데로 옮기겠다고 말씀하시는 것을 볼 수 있습니다. 우리는 영국에 가면 촛대가 옮겨진 교회를 볼 수 있습니다. 옛날 백 년 전만 해도 그 예배당에는 교인들이 꽉꽉 찼습니다. 그들은 한 시간이나 하는 설교를 기쁨으로 들었습니다. 그러나 촛대가 옮겨지니까 그 예배당에는 교인들이 없습니다. 겨우 할머니 열 명 정도 앉아있을 정도이고 그 예배당은 이슬람 사원으로 팔려간 것을 볼 수 있습니다. 부흥의 촛대가 옮겨지면 모든 나쁜 것들이 다 생겨납니다. 자살과 동성애와 살인과 성추행과 폭행이 넘치게 되는 것입니다.

예를 들어서 어떤 청년이 처녀를 사랑했습니다. 그래서 사랑의 편지도 보내고 책도 사주고 데이트도 했습니다. 그리고 어느 날 청년은 처녀에게 "내가 너를 사랑한다"고 고백했습니다. 그런데 처녀는 쌀

쌀해지면서 "그것은 나를 사랑한 것이 아니야. 너는 너무 가난해."라고 말한다면 두 사람이 사랑하는 기준이 다른 것을 알 수 있습니다. 반대로 어떤 처녀가 남자를 좋아했습니다. 그래서 과자나 빵도 자기 손으로 직접 구워서 주고 사랑의 편지도 보내고 이 남자와 결혼해서 행복하게 살 것을 꿈꾸고 있습니다. 그래서 어느 날 처녀는 남자에게 "내가 너를 사랑해."라고 말했습니다. 그랬더니 그 남자는 "그것은 나를 사랑하는 것이 아니야. 나를 사랑하려고 하면 더 예뻐야 하고 돈을 나에게 많이 주어야 해."라고 대답한다면 이것은 사랑에 대한 두 사람의 생각이 너무 다른 것을 보여주는 것입니다.

미국에서는 결혼식도 하지 않고 남녀가 동거하는 경우가 많습니다. 그러다가 여자가 임신하게 되어서 남자에게 조심스럽게 "나 임신했어."라고 말을 합니다. 그때 이 여자를 정말 좋아하는 남자 같으면 너무 좋아하면서 "우리 당장 결혼식을 올리자."라고 말을 할 것입니다. 그런데 진심으로 이 여자를 사랑하지 않는 남자 같으면 "누가 네 마음대로 임신하라고 했어? 우리 형편에 아이까지 어떻게 키운단 말이야. 나는 너는 떠나겠어!"라고 하면서 집을 박차고 나가버린다면 그 남자는 여자를 이용한 것밖에 되지 않는 것입니다.

오늘 본문을 보면, 하나님께서는 유다 백성들에게 "나는 너희들을 옛날부터 사랑했어."라고 말씀하셨습니다. 그랬더니 유다 백성들이 자리에서 펄쩍 뛰면서 "하나님, 무슨 소리를 그렇게 하십니까? 하나님은 우리를 한 번도 사랑하신 적이 없습니다."라고 대답하고 있습니다. 이것은 하나님의 생각과 유다 백성들의 생각이 너무나도 다른 것을 보여줍니다.

말라기는 구약성경의 마지막 성경입니다. 말라기는 '나의 사자'(My Messenger)라는 뜻입니다. 말라기는 이 책을 쓴 선지자의 이름일 뿐 아니라 말라기서의 전체 주제이기도 합니다. 말라기 이후로 신약의 세례 요한이 등장할 때까지 이스라엘에 선지자는 오지 않았습니다. 그런데 바로 보냄을 받은 그 선지자 세례 요한은 하나님의 메신저입니다. 그리고 그다음에 오시는 분은 하나님 자신입니다. 하나님의 아들이시지만 그분은 하나님이십니다. 하나님이 이 세상에 오시면 이 세상은 어떻게 변하게 될까요? 그분은 하나님의 아들이시지만 온 우주를 만드신 분이십니다. 그분이 오시면 이 세상은 어떻게 변하게 될까요?

1. 유다 백성들의 불만

하나님은 유다 백성들에게 "내가 너희를 처음부터 줄곧 사랑해왔다."고 말씀하셨습니다. 그런데 유다 백성들은 화를 벌컥 내면서 "하나님이 언제 우리를 사랑하셨다고 그런 말씀을 하십니까? 하나님은 한 번도 우리를 제대로 사랑하신 적이 없으십니다."라고 대답하는 것입니다. 유다 백성들이 자기들은 하나님의 사랑을 한 번도 받은 적이 없다고 대답하는 이유가 어디에 있을까요? 그것은 그들이 자신의 처지를 잘사는 다른 나라와 비교했기 때문입니다.

하나님을 한번 생각해봅시다. 하나님은 어떤 분입니까? 하나님은 우주를 만드신 분입니다. 하나님은 지구를 만드시고 태양과 별들을 만드셨습니다. 그리고 은하계를 만드셨습니다. 우리는 우주의 끝이 어디에 있는지 아직 알지 못합니다. 좌우간 하나님은 어마어마하게 크신 분입니다.

예를 들어서 어떤 학생이 레고 블록을 가지고 여러 날 걸려서 파리의 에펠탑을 만들었다고 합시다. 그 학생은 그 레고로 만든 에펠탑보다 훨씬 위대한 학생입니다. 전에 제가 문구점에서 종이를 풀로 붙여서 만드는 앵무새를 설교에 쓰기 위해서 샀습니다. 그런데 그 앵무새가 얼마나 복잡한지 일본의 머리 좋은 학생도 그 앵무새를 완성하는 데 서너 시간쯤 걸린다고 했습니다. 그런데 우리가 아는 한국 학생에게 시키니까 30분만에 완전한 앵무새를 만들었습니다. 그것을 보고 저는 한국 학생이 얼마나 머리가 좋고 얼마나 손재주가 뛰어난지 알 수 있었습니다.

일전에 어떤 이단의 명단이 든 컴퓨터를 코로나 때문에 경찰이 가져갔는데 며칠이 지나도 그것을 풀지 못했습니다. 그런데 우리나라 어떤 중학생에게 시키니까 30분 만에 비밀을 풀어가지고 명단을 다 확보했다고 했습니다. 우리 한국 학생들은 머리가 얼마나 뛰어난지 모릅니다.

그런데 하나님은 그 거대한 우주를 만드셨습니다. 우리가 만일 그런 하나님의 존재를 바로 안다면 어떻게 해서든지 하나님께 가까이 가려고 할 것입니다. 그 엄청나게 크고 위대하신 하나님이 우리에게 관심을 가지고 계신 것입니다. 그 위대한 하나님이 우리를 사랑하기까지 하시는 것입니다.

그런데 유다 백성들은 자기들이 하나님의 사랑을 한 번도 받아 본 적이 없다고 대답했습니다. 그 이유가 무엇일까요? 그것은 유다 백성들이 자기들보다 잘사는 나라들과 처지를 비교했기 때문입니다.

성경에는 없지만 유다 백성들은 자신들의 처지를 페르시아와 비교했을 것입니다. 페르시아는 당시 최고의 부자나라였습니다. 우리가 듣던 음악 중에 〈페르시아의 시장에서〉라는 음악도 있지 않습니까? 페르시아의 양탄자는 세계 최고였습니다. 페르시아에는 중국의 비단과 종이, 나침판과 폭약이 수입되고 있었습니다. 또 수학이 발달하여서 그때 벌써 '0'의 개념을 가지고 있었습니다. 페르시아의 화학은 연금술이라고 해서 쇠로 금을 만들려고 했습니다. 그 당시 페르시아에는 그리스에서는 플라톤 때문에 없어졌던 아리스토텔레스의 책들이 있었습니다. 페르시아의 이야기에는 〈아라비안나이트〉 같은 것이 있었습니다. 이처럼 페르시아는 최고의 강대국이었는데 로마도 이기지 못했습니다.

그러나 유다에는 성전 외에는 쓰레기밖에 없었습니다. 유다는 또 에돔과 자신들을 비교했습니다. 에돔은 유다와 같이 바벨론에게 망했지만 돌로 된 성이었습니다. 그래서 그들은 황폐한 곳을 빨리 쌓아서 다른 나라가 감히 침략할 수 없는 성을 만들었습니다. 거기에서는 농사와 목축도 잘 되었고 성도 안전했습니다. 그러나 유다는 안전한 것이 아무것도 없었습니다.

그러나 유다 백성들이 깨닫지 못했던 것이 무엇입니까? 하나님은 가장 사랑하는 자를 태어나기도 전부터 택하셔서 그들에게 하나님의 말씀을 주시고 예배를 드리게 하신다는 사실이었습니다. 우리가 창조주와 통하는 방법은 바로 하나님께서 주신 말씀입니다. 그래서 야곱과 에서는 쌍둥이 형제였고 세상적으로 보면 에서가 훨씬 더 강했고 성공한 것처럼 보였지만, 하나님은 야곱을 사랑하셨고 에서는 미워했다고 말씀하셨습니다. 즉 하나님 말씀의 가치를 모르고 예배의 가치를 모르는 자들은 성공한 것 같지만 저주받은 자들입니다. 하나님은 에돔이 아무리 성을 쌓아도 허물어버릴 것이고, 그들은 영원한 진노를 받은 백성이라 할 것이라고 했습니다.

2. 제사장의 무지

이스라엘 백성들은 소나 양이나 염소를 잡아서 하나님께 제사를 드렸습니다. 그러나 하나님이 그 고기를 드시거나 소나 염소의 피를 마시는 것이 아니었습니다. 소나 염소의 피를 마시는 것은 야만적인 것입니다. 제사장은 소나 양을 잡아서 껍질을 벗기고 그 배 속에 있는 기름을 불에 태웁니다. 그러면 하나님은 그 기름이 타는 냄새를 맡으시고 제사를 받으시는 것입니다. 우리가 냄새를 맡는다는 것은 아주 가까운 사이에서 일어나는 일입니다. 사랑하는 남녀가 데이트할 때 남자는 여자의 머리에서 나는 샴푸 냄새나 옷에서 나는 향수 냄새를 맡고 기분이 좋아집니다. 또 우리가 고깃집에 가서 고기를 구워 먹으면 옷에서 고기 탄 냄새가 나게 됩니다.

마찬가지로 이스라엘 백성들이 이 세상에 살다 보면 몸에서 돈 냄새와 미움의 냄새, 욕을 한 냄새, 더러운 냄새들이 나게 됩니다. 그런데 그들이 하나님 앞에 나와서 진실한 마음으로 제사를 드리면 그 더러운 악취가 향기로운 냄새로 바뀌게 되어서 하나님이 우리를 좋아하시게 되고 가까이 하시게 되는 것입니다. 이것은 우리가 예배를 드릴 때도 마찬가지입니다. 우리는 세상에서 사는 동안 돈을 밝히고 다른 사람을 미워하고 시기하면 악취가 나는데 우리가 영과 진리로 예배를 드리면 이런 악취가 향기로 변하면서 하나님이 우리에게 가까이 오시게 됩니다. 그래서 우리가 하나님께 기도하는 모든 것이 다 응답되는 것입니다. 그래서 예배는 하나님이 우리를 가까이하시고 하나님과 하나 되게 하는 큰 축복입니다.

유다 백성들이 바벨론에서 돌아오고 난 후에도 제사장들은 수준이 별로 좋지 못했습니다. 그런데 세월이 백 년쯤 흐르고 나니까 정말 제사장의 수준이 떨어지게 되었습니다. 그들은 돈을 좋아하고 고기를 좋아하고 먹고 노는 것만 좋아하면서 성경을 읽을지도 모르는 제사장이 된 것입니다. 그래서 그들은 하나님께 고기나 떡을 바치는 것을 아주 아까워했습니다. 그들은 제사를 그냥 멀쩡한 떡을 바치고 소나 양을 죽여서 불에 태워 없애는 것이라고 생각했습니다. 그래서 제사장은 기왕 태워서 없어지는 떡가루나 소나 양이라면 아무것이나 바쳐도 상관없다고 생각했습니다. 그들은 숫자만 맞으면 되는 것이지 굳이 좋은 것을 드릴 필요가 없다고 생각한 것입니다.

그래서 이들은 하나님께 떡을 바칠 때도 그 떡을 만드는 밀은 아주 오래되어서 곰팡이 핀 것으로 만들었습니다. 왜냐하면 좋은 밀은 자기가 가지고 싶었기 때문입니다. 그래서 성전에서 파는 떡은 곰팡이 핀 썩은 떡이었습니다. 그리고 그들은 양이나 소를 바칠 때도 그냥 태워서 없애는 것인데 굳이 좋은 것을 죽일 필요가 없다고 생각했습니다. 그래서 그들은 하나님께 바치는 양이나 소는 다리가 저는 것이나 병든 것이나 눈이 보이지 않는 것을 바쳤습니다. 왜냐하면 그냥 태워서 없어지는 것인데 굳이 좋은 것을 바치는 것은 아까웠기 때문입니다. 그 대신에 제사장들은 좋은 소나 양을 자기들이 가졌습니다. 이 제사장들은 하나님이 살아계시며 얼마나 크시고 위대하신 분인지 알지 못했습니다. 그리고는 하나님께 기도하기를 우리에게 은혜를 주소서라고 기도했던 것입니다.

하나님께서는 이스라엘 제사장들에게 "그 눈멀고 다리를 저는 소나 양을 사람에게 선물로 줘봐라. 좋아하겠는지."라고 물어보셨습니다. 또 "병들어서 서 있지도 못하는 양을 총독에게 선물로 줘봐라. 과연 그 사람이 그것을 받을 것인지."라고 말씀하셨습니다. 오히려 하나님은 사람들보다 더 예민하신 분입니다. 하나님은 숫자를 보시는 것이 아니라 중심을 보시는 분입니다.

물론 우리가 인간인 이상 하나님으로부터 복을 받는 것은 좋지만 하나님께 바치는 것은 아까울 수 있습니다. 그러나 우리는 그런 인색한 마음을 설득해야 하는 것입니다. 그리고 하나님은 그런 위선적이고 거짓된 제사를 받을 마음이 없으니까 너희 중에 누군가가 성전 문을 닫아서 그 헛된 예배를 드리지 못하게 했으면 좋겠다고 했습니다.

그런데 진짜 교회 문이 닫혔습니다. 전쟁 때도 아니고 지진이 일어난 것도 아닌데 예배당 문은 닫혔고 예배는 한 달 이상 중단되었습니다. 이것은 물론 전염병을 예방하는 조치로 볼 수 있지만 하나님이 우리의 촛대를 옮기려고 하시는 경고로도 생각할 수 있습니다. 어떤 분은 이를 놓고 기도하면서 하나님께서 알곡과 가라지를 구별하려고 하신다는 말을 하시기도 했습니다. 그동안 우리 기독교는 하나님을 두려워하기보다는 하나님을 의식하는 기독교였습니다. 즉 사람의 눈에 멋있게 보이려고 하는 기독교였던 것입니다. 이것은 결국 하나님을 무시하는 것이고 하나님을 업신여기는 것밖에 되지 않는 것입니다.

3. 하나님이 바라시는 것

하나님은 유다의 제사장들에게 이렇게 책망하셨습니다.

말 1:6, "내 이름을 멸시하는 제사장들아 나 만군의 여호와가 너희에게 이르기를 아들은 그 아버지를, 종은 그 주인을 공경하나니 내가 아버지 일진대 나를 공경함이 어디 있느냐 내가 주인일진대 나를 두려워함이 어디 있느냐 하나 너희는 이르기를 우리가 어떻게 주의 이름을 멸시하였나이까 하는도다"

물론 우리가 하나님이 유다의 제사장들에게 하시는 말씀을 들으면 책망하시는 것처럼 들립니다. 그러나 이 말씀 속에 놀라운 비밀이 들어있습니다. 그것이 무엇입니까? 하나님이 우리 아버지라는 것입니다. 우리는 하나님을 내 아버지라고 생각하고 아버지를 대하듯이 하나님을 가까이하면 되는 것입니다. 우리는 기도할 때도 아버지에게 이야기하듯이 하면 되는 것입니다.

그리고 하나님은 우리의 주인이십니다. 종이 얼마나 잘났고 못났느냐 하는 것은 중요하지 않습니다. 왜냐하면 주인이 그 종을 샀기 때문입니다. 우리는 종이기 때문에 모든 것을 책임지지 않습니다. 우리가 못생겼거나 일을 잘못하는 것이나 모두 다 주인의 책임입니다. 왜냐하면 주인이 나를 택했고 나를 샀기 때문입니다.

그래서 사람이 교회 일이나 이 세상일을 자신이 주인이라고 생각해서 모든 것을 결정하고 자기 의견대로 밀어붙인다고 하면 그 사람은 주인입니다. 그때 하나님은 "네가 그렇게 잘난 주인이라면 나는 도대체 무엇이냐?"라고 말씀하실 것입니다. 우리는 무지하고 못생긴 종입니다. 그러므로 하나님이 하라고 하시는 대로 하면 됩니다. 그러면 다른 사람들이 아무리 욕을 해도 그것은 주인에게 하는 욕이 되는 것입니다.

그런데 드디어 촛대는 유다에서 이방 땅으로 옮겨지게 됩니다.

말 1:11, "만군의 여호와가 이르노라 해 뜨는 곳에서부터 해 지는 곳까지의 이방 민족 중에서 내 이름이 크게 될 것이라 각처에서 내 이름을 위하여 분향하며 깨끗한 제물을 드리리니 이는 내 이름이 이방 민족 중에서 크게 될 것임이니라"

하나님은 유대인들의 성전의 문을 닫으라고 말씀하셨습니다. 왜냐하면 그들의 제사는 더러운 제사였기 때문입니다. 이제 하나님은 촛대를 예루살렘에서 이방 땅으로 옮기십니다. 그래서 누구든지 예수 그리스도의 피로 씻음받고 깨끗한 마음으로 자기 자신을 제물로 드리는 자들의 제사를 하나님께서 받으시겠다고 말씀하셨습니다. 오늘 우리는 자신의 몸과 인생을 하나님께 제사로 드려야 합니다. 나의 인생이 따로 있고 하나님의 인생이 따로 있는 것이 아닙니다. 내 인생이 바로 하나님의 제물인 것입니다. 그때 하나님은 이곳에 임하셔서 성령으로 우리를 치료하시고 우리 가운데 임재하셔서 우리의 모든 기도를 들으실 것입니다.

아마 한때 우리는 '해 뜨는 데부터 해지는 데까지'라는 복음송을 엄청나게 불렀을 것입니다. "해 뜨는 곳에서부터 해지는 곳까지의 이방 민족 중에서 내 이름이 크게 될 것이라." 이 복에 의하여 우리가 하나님의 성전이 되었는데, 또 그 촛대가 딴 데로 가려고 하고 있습니다. 우리가 그 촛대를 붙드는 비결은 하나님이 얼마나 크신 분인지 아는 것입니다.

하나님은 우주보다 훨씬 크신 분입니다. 이 하나님께서 우리에게 관심을 가지고 계시고 우리를 사랑하신다고 말씀하십니다. 얼마나 엄청난 일입니까? 이때 우리는 그분의 말씀을 들으면 됩니다. 예배드리면서 향기가 나면 됩니다. 그래서 하나님의 이름이 우리 가운데서 크게 되기를 바랍니다. 우리에게 하나님의 이름만 남아 있기를 바랍니다.

02

생명의 약속

말 2:1-9

저희 교회에는 부부 사이에 신장이식을 한 부부가 몇 분 계십니다. 부인이 자신의 콩팥을 남편에게 주신 분도 있고, 남편이 자신의 콩팥을 부인에게 주신 분도 있습니다. 이분들의 사랑에 대해서 아무도 뭐라고 말할 수 없을 것입니다. 이분들이야말로 자신의 가장 소중한 생명을 나누어 가진 부부이기 때문입니다. 저는 이분들이야말로 참 위대한 사랑을 나눈 분이라고 생각합니다.

아마 신장에 병이 들어서 몸의 불순물이 잘 여과되지 않아서 손발이 붓고 얼굴이 붓기도 하는 분이 부인이나 남편에게 이런 말을 했을 것입니다. "이제는 내 신장이 너무 나빠져서 병원에서 하는 투석으로는 별로 좋아지지 않는 것 같아. 내 생명이 길지 못할 것 같으니 내가 죽은 후에도 너무 낙심하지 말고 용기 있게 사세요." 그때 건강한 부인이나 남편은 말했을 것입니다. "그런 걱정은 하지 마세요. 나에게 콩팥이 하나 더 있으니까요. 이것을 이식하면 당신은 얼마든지 오래 살 수 있답니다." 그리고는 그 두 분이 모두 병원에 입원했습니다. 콩팥이 병든 분은 잠시 마취를 하고 깨어났는데 이분의 뱃속에는 싱싱한 새 콩팥이 들어가 있는 것입니다. 이분들은 지금 정말 모두 정상인과 똑같이 전혀 표시 나지 않게 교회도 다니고 생활도 하십니다.

그런데 신문에 보니까 환자가 없어져서 병원에 난리 난 적이 있었습니다. 한 아버지가 신장이 좋지 못해서 아들의 신장을 이식받기로 하고 모든 준비를 다 끝난 상태였습니다. 그런데 수술하기 전날 밤에 아들이 사라져버린 것입니다. 아마 아들의 아내가 와서 아들을 설득한 것 같습니다. "아버지는 이미 연로하시고 사람은 콩팥이 두 개 다 필요하기 때문에 있는 것인데 그것을 언젠가는 다른 병으로도 돌아가실 아버지께 줘버리면 나는 혼자 어떻게 사느냐?"고 하면서 모든 욕은 내가 다 먹을 테니까 도망을 가 있으라고 해서 콩팥을 기증하겠다는 아들이 사라져 버린 것입니다. 병원 의사의 말로는 딸 중에서 기증자가 없어지는 경우는 거의 없다고 합니다. 그러나 아들 중에는 자주 기증자가 없어지는 경우가 생긴다고 합니다.

어떤 어머니는 아들이 교통사고로 죽어서 그 심장을 다른 청년에게 기증했습니다. 그 심장을 기증받은 청년은 건강하게 살았습니다. 그때 죽은 청년의 어머니가 그 기증받은 청년에게 "잠시 당신 가슴에 내 손을 얹을 수 있게 해 달라."고 했다는 것입니다. 그리고 그 어머니는 그 청년의 가슴에서 아들의 심장이 뛰는 소리를 한참 들었습니다. 그리고는 "내 아들의 심장이 여기서 살아있구나."라고 하면서 우시더라는 것입니다.

전에 어느 대학 병원의 흉부외과 교수를 만났습니다. 그분은 수없이 많은 사람의 심장을 이식하는 데 성공한 분이었습니다. 그런데 이분은 예배시간 전에 어떤 여인에게 심장 이식하는 수술을 하고 왔는데 그 심장은 도둑질하다가 떨어져서 죽은 어떤 남자의 심장이라고 했습니다. 그래서 제가 그 교수에게 멀쩡한 여자에게 도둑의 심장을 달아주면 도둑질할 마음이 자꾸 생기느냐고 하니까 그럴 리는 없다고 대답했습니다.

평소에 지방에 있는 보건소는 그렇게 바쁘지 않은 곳입니다. 그곳은 독감이 유행해서 주민들이 예방 주사를 맞으러 오거나 혹은 간염 검사하러 올 때가 사람들이 많은 편입니다. 그러나 최근에는 우리나라뿐만 아니라 전 세계에서 가장 바쁜 곳이 바로 보건소가 되었습니다. 그 이유는 너무나도 많은 사람이 코로나19 바이러스의 감염 여부를 검사받기 위하여 보건소로 몰려 오기 때문입니다. 너무 많이 몰려오니까 우리나라 보건소에서는 새로운 방법을 고안해 내었습니다. 바로 드라이브스루 검사방식입니다. 즉 검사받을 사람은 차 안에 있고 감사원들이 차 창문을 통하여 면봉을 가지고 콧구멍에 넣어서 코로나 균이 있는지 여부를 조사하는 방식입니다.

말라기서는 구약의 마지막 예언서입니다. 말라기의 주제는 '나의 사자'입니다. 즉 언젠가 하나님의 메신저가 이 세상에 오게 될 것입니다. 그리고는 바로 하나님의 아들이 이 세상에 오시게 되는 것입니다. 하나님의 아들이 이 세상에 오시게 되면 이 세상은 어떻게 변하게 될까요? 하나님의 아들은 온 세상의 악한 자들을 철장으로 두들겨 부수실까요? 그 전에 하나님은 레위족과 맺은 언약이 있었습니다. 그것은 바로 생명과 평화의 약속입니다. 하나님의 아들은 하나님의 영원성이 들어있는 간이나 심장이나 혈액이나 콩팥을 우리에게 이식해주셔서 우리를 살게 하실 것입니다.

1. 저주 받은 제사장

우리는 예배를 어떻게 생각을 합니까? 최근 우리나라에 코로나-19라는 전염병이 퍼지면서, 예배는 정부에서 행정명령으로 모이게 할 수도 있고 모이지 못하게 금지할 수도 있는 종교 행사가 되었습니다.

그래서 우리도 몇 주간 예배를 비대면으로 드린 적이 있습니다. 이것은 교인들이 교회에 와서 예배드리는 것이 금지된 것을 의미합니다. 사실 전염병이 돌 때는 사람들이 많이 모이는 예배를 줄이거나 삼가는 것이 전염병 예방에 필수적인 것은 틀림없습니다.

그런데 여기서 우리는 옛날에 이스라엘 백성들이 예배를 어떻게 드렸는지 알 필요가 있습니다. 이스라엘 백성들이 하나님께 예배를 드릴 때는 소나 양이나 염소를 제사장에게 가지고 온 후 제물의 머리에 두 손을 얹고 자기 죄를 고백합니다. 그리고 제사 드리는 사람은 소나 양이나 염소의 목을 찔러서 피를 뺍니다. 그리고 난 후에 제사 드리는 사람은 소나 양이나 염소의 배를 갈라서 그 안에서 간과 콩팥과 기름을 빼냅니다. 그리고 창자나 위 같은 것을 고기와 함께 따로 보관합니다.

이스라엘 백성들이 드리는 예배에는 제물을 다 태워버리는 번제도 있지만 속죄제나 화목제 같은 경우에는 제단 위에서 간과 콩팥과 내장 기름을 불에 태웁니다. 물론 그 기름을 태우는 냄새가 그렇게 향기롭지는 않을 것입니다. 그러나 하나님은 그 고기의 간이나 콩팥이나 내장 기름이 죄를 만들어낸다고 생각하시는 것입니다. 즉 간이나 콩팥이 불순물을 제대로 여과시키지 못해서 이런 내장 기름이 생겼다고 보시는 것입니다. 하나님은 이런 내장을 태우는 냄새를 사랑하십니다. 왜냐하면 옛날 간이나 콩팥이나 기름을 태워서 없어지고 싱싱한 하나님의 깨끗한 간이나 콩팥이 이식되고 기름은 다 없어지기 때문입니다.

우리는 제사 드리기 전에 돈을 사랑하고 사람들을 미워하고 탐욕대로 모든 것을 다 하는 썩은 냄새가 나고 있었다면 이제는 향기로운 새 냄새가 나는 사람이 되는 것입니다. 그래서 예배라는 것은 좋은 설교를 듣는 것이 아니라 사람이 변하는 시간입니다. 그리고 간 경화중이나 심장 경화중이나 신장염 같은 중병이 치료되는 시간입니다.

그리고 제사 후 짐승의 가죽은 벗겨서 제사장이 가지는 경우도 있고 불로 태우는 경우도 있습니다. 이때 가죽은 죄가 나타난 결과인 것입니다.

죄가 우리 피부에 들러붙어서 우리의 감각을 다 죽입니다. 그런데 제사가 우리의 양심을 살리고 면역성을 높이고 예민한 감각을 살려주는 것입니다. 그러나 신약시대에 와서는 짐승을 죽여서 제사를 드리지 않습니다. 그래서 어떤 사람은 예배를 재미있는 이야기나 강연을 들으러 오는 줄로 착각합니다. 그러나 우리는 우리 자신을 제물로 바치기 위해서 예배를 드리는 것입니다.

우리는 영과 진리로 예배를 드리는데 하나님의 말씀이 칼이지 않습니까? 하나님의 말씀이 우리 가슴을 찌르면 우리는 두 가지 감각을 느끼게 됩니다. 하나는 뜨거운 불입니다. 즉 불에 빨갛게 달구어진 칼이 우리 양심을 찌르는 것입니다. 그때 우리는 아파하고 부끄러워합니다. 그리고 우리의 얼굴은 수치심으로 벌겋게 달아오르게 됩니다. 그리고 또 다른 감각은 시원하다는 느낌입니다. 마치 탱탱 불은 고름이 터져서 뿌리까지 뽑혔을 때 그 시원함과 같습니다. 즉 하나님의 성령이 우리 마음을 시원하게 하시는 것입니다. 이것이 신약시대에 우리가 드리는 예배입니다. 그러면 우리는 살게 됩니다.

그런데 이스라엘 제사장들은 예배의 의미보다는 고기 즉 돈에 더 신경을 썼습니다. 그들은 이스라엘 백성들의 양심이 말씀으로 찔림 받아서 깨끗해지는 것보다는 자기에게 돌아올 고기 즉 돈에 더 신경을 썼던 것입니다.

그래서 하나님은 이스라엘 제사장들을 저주했다고 말씀하셨습니다.

말 2:1-3, "너희 제사장들아 이제 너희에게 이같이 명령하노라 만군의 여호와가 이르노라 너희가 만일 듣지 아니하며 마음에 두지 아니하여 내 이름을 영화롭게 하지 아니하면 내가 너희에게 저주를 내려 너희의 복을 저주하리라 내가 이미 저주하였나니 이는 너희가 그것을 마음에 두지 아니하였음이라 보라 내가 너희의 자손을 꾸짖을 것이요 똥 곧 너희 절기의 희생의 똥을 너희 얼굴에 바를 것이라 너희가 그것과 함께 제하여 버림을 당하리라"

예배는 하나님의 축복입니다. 그러나 하나님의 말씀이 없는 예배는 축복이 아니라 저주입니다. 하나님은 말씀이 없는 제사장들을 이미 저주했다고 말씀하셨습니다. 그러면 그들의 모든 축복은 저주가 되어서 나타나게 되는 것입니다. 짐승을 잡으면 위 안에 남은 음식 찌꺼기가 나옵니다. 그것을 똥이라고 합니다. 하나님은 이 똥을 제사장들의 얼굴에 발라서 똥과 같이 버림을 당할 것이라고 했습니다.

양계장에 가면 닭똥을 긁어서 쌓아놓는데 냄새가 보통 지독한 것이 아닙니다. 하나님은 제사장들을 그런 닭똥 쌓은 곳에 머리를 박게 한 후 얼굴에 바른다는 것입니다. 그러면 그들은 죄 덩어리가 되는 것입니다. 그리고 그들의 자손을 꾸짖을 것이라고 책망하셨습니다. 이들은 후배 제사장들을 말합니다. 이들이 얼마나 실력이 없는지 성경을 읽을 줄도 모르고 기도할 줄도 모르고 제사 드리는 짐승을 태울 줄도 모르는 형편없는 사람들이 제사장이 되었던 것입니다. 이스라엘은 참된 예배가 죽음으로 하나님의 축복이 없어졌습니다. 그 대신 저주나 똥이나 실력 없는 자들만 가득하게 된 것입니다.

2. 하나님의 가능성

하나님은 유다 백성들에게 지금같이 형편없는 제사장이라도 생명을 살리는 유능한 제사장이 될 수 있다고 말씀하셨습니다. 그 방법은 역시 하나님의 말씀을 들으며 하나님의 말씀을 마음에 두어서 하나님의 이름을 영화롭게 하는 것입니다. 하나님은 어떤 분입니까? 온 우주를 만드신 분입니다. 하나님 앞에서 우리는 조그만 쇠파리만큼도 못한 존재들입니다. 그런데 우리가 하나님의 말씀을 듣고 하나님의 말씀을 마음에 새기면 하나님의 사랑을 받을 수 있습니다. 우리는 그 엄청나게 크신 하나님을 '아버지!' 라고 한번 부르고 싶지 않습니까?

하나님께서 예배를 통하여 우리를 깨끗하게 하시고 우리를 살리시는 것은 레위족과 맺은 생명의 약속 때문이었습니다.

> 말 2:4-5, "만군의 여호와가 이르노라 내가 이 명령을 너희에게 내린 것은 레위와 세운 나의 언약이 항상 있게 하려 함인 줄을 너희가 알리라 레위와 세운 나의 언약은 생명과 평강의 언약이라 내가 이것을 그에게 준 것은 그로 경외하게 하려 함이라 그가 나를 경외하고 내 이름을 두려워하였으며"

원래 레위는 죄인이었습니다. 그는 의로운 자기 동생 요셉을 죽이려고 하다가 애굽에 파는 것에 동참했습니다. 레위는 시므온과 같이 자기 여동생을 강간한 세겜 족속에게 거짓말로 할례를 받으면 결혼시켜주겠다 해 놓고 다 죽여 버렸습니다.

그런데 레위족이 새 사람이 된 적이 있었습니다. 그것은 모세가 십계명 돌비를 받으러 시내 산에 올라갔을 때 다른 이스라엘 백성들은 금송아지를 만들어 절하고 춤을 추고 음탕한 행동을 했습니다. 그때 레위족은 이들의 악행에 동참하지 않았습니다. 모세가 산에서 내려와서 보고 두 돌비를 던져서 깨트리고 하나님 편에 선 자는 나오라고 했을 때 레위족들이 나와서 우상숭배한 자기 친구, 친척, 동족들을 찔러 죽였습니다. 그때 하나님께서는 모세에게 레위족이 하나님의 말씀을 자기 동족이나 친구보다 더 사랑한다고 하시면서 레위족과 영원한 언약을 맺겠다고 약속하셨습니다(출 32:29). 그래서 하나님은 레위 족이 이 정신으로 제사 드리고 찬양하고 기도하면 반드시 죽을 자들을 살리겠다고 약속하신 것입니다.

그리고 이 약속은 아론의 손자 비느하스에 의해서 다시 확인되었습니다. 이스라엘 백성들이 모압 여자들에게 유혹받아서 우상의 음식을 먹고 음행을 하고 우상에게 절했을 때 한 사람이 모압 여자를 이스라엘 진중에 데리고 들어와 자기 텐트 안에서 음행했습니다. 그때 비느하스가 따라 들어가서 여호와의 열심으로 그 두 남녀를 창으로 찔러 죽였습니다. 그때 하나님은 비느하스와 영원한 평화의 언약을 맺겠다고 약속하셨습니다(민 25:11).

그러므로 하나님의 종들은 사람들에게 좋은 인상을 주고 사람들의 인기를 끄는 것보다는 하나님 편에 서서 죄와 싸워야 평화가 임하고 병이 없어지고 복을 받게 되는 것입니다.

그래서 하나님은 제사장의 입에 무엇이 있어야 하는지 강조하셨습니다.

말 2:6-7, "그의 입에는 진리의 법이 있었고 그의 입술에는 불의함이 없었으며 그가 화평함과 정직함으로 나와 동행하며 많은 사람을 돌이켜 죄악에서 떠나게 하였느니라 제사장의 입술은 지식을 지켜야 하겠고 사람들은 그의 입에서 율법을 구하게 되어야 할 것이니 제사장은 만군의 여호와의 사자가 됨이거늘"

하나님은 제사장의 입에서 텔레비전이나 유튜브에서 나오는 뉴스를 듣기 위해서 세운 것이 아닙니다. 제사장이 자기 자랑이나 자녀를 자랑하라고 세운 것도 아닙니다. 제사장의 입에는 하나님의 말씀 즉 진리의 법이 있어야 합니다. 그리고 절대로 불법이나 거짓말을 이야기해서는 안 됩니다. 그는 평안함과 정직함으로 하나님과 동행해야 합니다. 그래서 제사장이 있는 곳에는 하나님이 계셔야 하고 하나님이 계신 곳에는 제사장이 있어야 합니다. 그리고 방황하는 많은 사람을 옳은 곳으로 돌아오게 해야 합니다.

또한 제사장의 입술은 지식을 지켜야 합니다. 이 지식은 성경을 말합니다. 사람들은 제사장의 입을 통해 하나님 섬기는 바른 법도를 배워야 합니다. 왜냐하면 제사장은 만군의 하나님의 사자이기 때문입니다. 제사장은 하나님이 보낸 밀사이고 하나님의 메신저이기 때문에 그를 통해 하나님의 말씀만 들을 수 있어야 하는 것입니다.

3. 멸시받는 제사장

이스라엘 제사장은 자신들의 신분을 하나님의 사자로 생각하지 않고 제사를 드려주고 월급 받는 사람으로 생각했습니다. 만약 이것이 사실이라면 이스라엘 제사장은 무당이나 점쟁이와 다를 바가 없는 것입니다. 제사장이라는 타이틀만 가지고 자기 입에서 나오는 대로 떠들어 댈 것 같으면 이것은 무당의 행위입니다. 특히 교인들을 개인적으로 가르치는 사람은 장로입니다. 장로들이 교인들에게 세상에서 사람들이 떠들어대는 것을 이야기할 정도라면 이들도 무당입니다. 무당과 점쟁이가 사람의 인생을 변화시킬 수 없습니다.

말 2:8, "너희는 옳은 길에서 떠나 많은 사람을 율법에 거스르게 하는도다 나 만군의 여호와가 이르노니 너희가 레위의 언약을 깨뜨렸느니라"

제사장은 사람들을 잘못된 길에서 옳은 길로 돌아오게 해야 하는데 사람들을 충동해서 더 잘못된 길로 가게 했습니다. 그렇다면 이들은 금송아지를 섬기는 자들이고 모압 여인과 음행한 자들입니다. 이들은 가족보다 하나님을 더 사랑해야 하는데, 자녀 때문에 하나님의 말씀을 버렸습니다. 아들에게 교회를 물려주기 위하여 법을 깨트리는 목회자도 있고 교단의 총회장이 되기 위하여 헌금을 횡령하는 목회자도 있었습니다. 이런 사람이나 이런 사람을 따르는 자들에게는 평안이 없습니다.

말 2:9, "너희가 내 길을 지키지 아니하고 율법을 행할 때에 사람에게 치우치게 하였으므로 나도 너희로 하여금 모든 백성 앞에서 멸시와 천대를 당하게 하였느니라"

제사장이 하나님의 길을 지키지 않고 사람들의 눈치를 보고 사람에게 치우쳐서 자기 자리를 지키려고 했습니다. 그래서 잘 나가는 것 같았는데 어느 날 사람들이 이 제사장은 엉터리인 것을 알게 되었습니다. 몰래 다른 여인과 관계를 맺고 하나님 성전의 돈을 훔치는 것을 알게 된 것입니다. 또 세상 사람들의 술집에 가서 술을 마시는 것을 알게 된 것입니다. 다른 사람들이 그 사실을 모르고 넘어갈 뻔했는데 음주 단속에 걸리거나 다른 차와 충돌하는 바람에 신문에 기사가 되어 알게 된 것입니다. 하나님의 사자가 신뢰를 잃으면 그동안 쌓았던 모든 존경과 명성과 신뢰를 잃어버리게 되고 사람들 앞에 얼굴을 들지 못하게 됩니다. 부디 사랑받고 존경받는 주의 종들이 되시기 바랍니다.

03

정결한 영

말 2:10-17

얼마 전 지하철에 마스크를 쓰지 않은 사람이 있었습니다. 그 사람은 체격도 좋고 덩치도 큰 사람인데 장사하는 사람처럼 보였습니다. 그 옆에 있는 사람이 그 사람에게 "왜 마스크를 쓰지 않느냐? 지하철에서는 마스크를 써야 한다"고 잔소리를 하니까 이 사람이 화가 나서 욕을 하기 시작하더니 슬리퍼를 벗어서 그 사람을 때리고 주먹질을 했습니다. 그러니까 맞은 사람도 가만히 있지 않고 발로 그 사람을 차니까 결국 지하철에서 큰 싸움이 벌어지게 되었습니다. 지하철에서 마스크를 쓰지 않은 것은 잘못입니다. 잘못된 것을 잘못되었다고 말하는 것은 틀린 것이 아닙니다.

코로나가 오래 끌면서 사람들이 겪는 우울증을 '코로나 블루'라고 하고, 갑자기 불같이 화를 내는 것을 '코로나 레드'라고 합니다. 물론 코로나 전염병에는 사람들이 있는 장소에 갈 때 입에 마스크 쓰는 것이 매우 중요합니다. 마스크만 쓰면 얼마든지 이 전염병을 예방할 수 있지만 그것을 쓰지 않았다고 해서 다른 사람을 때리고 발길질을 하는 것은 아무리 기분이 나빠도 그렇지 정신이 온전한 모습은 아닙니다.

그런데 우리가 하나님 앞에서 참 오해하고 있는 것이 있습니다. 그것은 우리가 하나님의 택한 백성일 뿐 아니라 오늘 이 시대의 이스라엘 백성이라는 점입니다. 우리가 이스라엘 백성들이라는 증거가 있습니다. 그것은 우리나라가 일제강점기에도 그렇고, 6.25전쟁이 끝난 후에도 그렇게 불같은 부흥이 일어난 것입니다. 그리고 물질적으로도 엄청난 복을 받은 것입니다. 우리나라는 새벽기도도 하고 금요 기도도 하고 수요일 저녁, 주일 오후예배도 드리는데 이렇게 예배드리는 나라는 세계에 없습니다. 1970년대에 우리나라 사람들이 여의도 광장에서 백만 명이 넘게 예배를 드릴 때 대부흥의 역사가 있었습니다.

그런데 이스라엘 백성들이 광야생활 40년 죽을 고생을 하면서 경험한 것이 있습니다. 그것은 이스라엘 백성들의 치명적인 약점이었는데 바로 우상숭배와 음행이었습니다. 이스라엘 백성들이 더위도 이기고 굶주림과 목마름도 이겼지만 이방 우상을 섬기고 이방 여자들과 음행했을 때 그 자리에서 백성들이 수만 명씩 쓰러져 죽었습니다. 이제 우리나라는 축복의 도시가 아니라 사망의 그늘에 앉은 나라가 되었습니다. 사람들이 암이나 코로나 같은 병으로 죽어가고 있습니다. 이번에 코로나가 퍼지면서 교회는 잘 모이지도 못하고 헌금도 제대로 드리지 못하고 있습니다. 그런데 하나님께서는 오늘 이스라엘 백성들에게 그 말씀을 하십니다.

말 2:13하, "그러므로 여호와께서 다시는 너희의 봉헌물을 돌아보지도 아니하시며 그것을 너희 손에서 기꺼이 받지도 아니하시거늘"

이 말씀은 하나님께서 이스라엘 백성들이 드리는 예배도 받지 아니하시고 그들이 드리는 헌금도 받지 아니하신다는 뜻입니다. 그것이 오늘 우리에게 나타나고 있습니다. 만약 우리가 이 문제를 심각하게 생각하지 않는다면 우리도 옛날 광야의 이스라엘 백성들처럼 전염병으로 수도 없이 죽고 망할 수밖에 없는 것입니다. 여기서 우리가 조금만 조심하면 모두 살 수 있고 또 가나안 땅의 복을 받을 수도 있습니다.

1. 하나님이 만드신 영

이스라엘 백성들이 시내산 밑에서 금송아지 우상을 만들어서 몰살당할 뻔 했고, 또 모압 광야에서 모압 여인들과 음행했다가 염병으로 다 죽을 뻔했지만 살 수 있었던 것은 '레위의 언약'이 있었기 때문입니다. 레위의 언약이라는 것은 무엇입니까? 이스라엘 백성들이 금송아지 우상을 만들어 놓고 절하고 술 마시고 춤추고 난리를 칠 때 거기에 동참하지 않았던 지파가 있었습니다. 그 지파가 바로 레위 지파였습니다.

그들은 술에 취하지도 않았고 금송아지에 절하지도 않았고 정신을 똑바로 차리고 있다가 모세가 하나님 편에 속한 자는 다 나오라고 했을 때 칼을 차고 나와서 자기 친구나 친척 중에서 술 취하고 우상에 절을 하고 섬겼던 사람들을 칼로 찔러 죽였던 것입니다. 이때 레위족은 자기 친척이나 자기 가족들보다 하나님의 말씀을 더 중요하게 생각했습니다. 그래서 하나님께서는 "내가 레위족과 평화의 언약을 맺었다"고 하시면서 "레위족이 믿음으로 제사 드리면 이스라엘의 죄를 다 용서하겠다"고 약속하셨습니다.

예수님께서는 "누구든지 나를 따라오려거든 자기를 부인하고 자기 십자가를 지고 나를 따를 것이니라"(마 16:24)고 하셨고, "누구든지 자기 부모나 아내나 아들이나 딸을 나보다 더 사랑하면 나의 제자로 적합하지 않다"고 말씀하셨습니다.

하나님께서 처음 인간을 만드실 때 딱 한 사람만 만드셨습니다. 그 사람은 오직 흙으로 만들어진 인간이었습니다. 하나님은 그 흙을 만지셔서 피부가 되게 하시고 신경이 살아있고 그 안에 내장이 있는 사람이 되게 하셨습니다. 그런데 하나님에게 가장 중요한 것은 인간에게 영을 넣어야 살 수 있는데 어떤 영을 넣느냐 하는 것이었습니다. 하나님께는 영이 수없이 많으셨습니다. 그중에는 천사의 영도 있었고 사탄의 영도 있었습니다. 그런데 하나님은 그 많은 영 중에서 딱 하나, 나의 영만을 독특하게 만드셔서 사람이 되게 하셨습니다. 그래서 이 세상에 80억의 사람이 있다고 하지만 나와 똑같은 생각을 하는 사람은 단 한 명도 없는 것입니다.

말 2:15, "그에게는 영이 충만하였으나 오직 하나를 만들지 아니하셨느냐 어찌하여 하나만 만드셨느냐 이는 경건한 자손을 얻고자 하심이라 그러므로 네 심령을 삼가 지켜 어려서 맞이한 아내에게 거짓을 행하지 말지니라"

하나님은 육체만이 아니라 영도 얼마든지 만드실 수 있기 때문에 우리의 머릿속에 영을 몇 개나 넣으실 수 있습니다. 그러나 우리에게 몇 개의 영이 들어가면 미친 사람의 행동이 나올 것입니다. 참 재미있는 것이 쌍둥이들입니다. 일란성 쌍둥이는 외모로 보면 정말 구별이 안 될 정도로 얼굴이 똑같습니다. 그러나 실제로는 성격도 완전히 다른 경우가 많고, 생각하는 것도 정말 서로 다른 것을 볼 수 있습니다. 왜냐하면 하나님은 각자에게 서로 다른 독특한 영을 넣으셨기 때문입니다. 그러므로 우리 인간은 영화에서 보듯이 머리 수술을 해서 다른 칩을 집어넣으면 집어넣은 사람 마음대로 움직이는 로봇이 아닙니다. 우리는 모두 나만의 영을 가지고 있고 이 영이 육체를 떠날 때 우리는 죽게 됩니다.

　하나님께서는 왜 우리 각자에게 그 사람만 가지고 있는 영이나 정신을 넣어주셨을까요? 그것은 하나님께서 경건한 이스라엘을 원하셨기 때문입니다. 그래서 이 세상 어디에 가도 나는 나 한 사람밖에 없습니다. 그리고 나같이 생각하는 사람은 딱 한 사람밖에 없는 것입니다. 우리는 그만큼 하나님 앞에서 특별한 사람입니다. 우리는 로봇이 아니고 하나님의 게임기도 아닙니다. 나는 오직 나 한 사람인 것입니다.

　그런데 하나님께서 우리 안에 넣으신 영 혹은 정신은 깨끗한 영이고 정신입니다. 하나님은 정말 오염되지 않는 영을 우리 안에 넣어주신 것입니다. 이스라엘은 이 영을 하나님의 말씀으로 잘 지키고 키우는 것이 사명이고 그때 절대로 망하지 않고 절대로 죽지 않을 것입니다.

　그러나 이 세상은 정신들이 거의 다 썩었고 우리는 영들이 죽은 세상에서 살고 있습니다. 그래서 우리는 이 세상에 살아가면서 영들이 썩어가고 있습니다. 어린이들은 만화책을 봅니다. 교회 다니는 어린이들은 성경적인 만화책을 봅니다. 그러나 일본의 만화책은 거의 전부 귀신이 나오고 사람을 죽이는 장면이 나옵니다. 저는 일본에 갔다가 토토로라는 오르골을 샀습니다. 그런데 애니메이션을 보면 그 토토로도 시골에 이사 가는데 그 헌 집에 토토로라는 귀신이 살고 있다는 내용입니다.

　또 아이들이 조금 크면 게임을 하기 시작합니다. 게임은 어린이의 머릿속에 좋지 않은 영을 집어넣습니다. 한때 세계적인 게임회사였던 닌텐도가 망하게 되었습니다. 왜냐하면 아이들이 가지고 있는 스마트폰에 게임 앱이 들어 있기 때문입니다. 이것들은 잠시 재미로 했다가 그만두는 것은 죄가 아니지만 밤을 새워가면서 하면 우상이 되는 것입니다. 밤을 새워서 게임을 하면 벌써 하나님을 싫어하는 마음이 생기게 됩니다.

　그리고 대학생이 되고 어른이 되면 벌써 성공이라는 것이 우상이 됩니다. 어떤 여학생은 일류대 출신인데 로스쿨에 들어갔습니다. 그러나 그것으로 만족하지 못해서 밤에 학교 교수실에 몰래 들어가서 컴퓨터에서 중간고사 문제를 복사하고 캐비닛 안에 숨었다가 경비에게 붙들렸습니다. 그 학생의 머리에는 하나님께서 심으신 영이 아니라 변호사가 되어야 한다는 오염된 영이 들어가 있었던 것입니다.

그런데 우리 교회의 가장 큰 문제는 교회의 영이 깨끗하지 못하다는 것입니다. 제 생각으로는 1974년이 분기점인 것 같습니다. 그때 여의도에서 빌리 그레함 목사를 모시고 백만 명이 모이는 대형집회를 했습니다. 그리고 나서는 대형 교회들이 생기기 시작했습니다. 목회자들은 목회 성공의 비결을 알았던 것입니다. 그것은 바로 대치동이라든지 신 개발지에 큰 교회를 짓고 외국 목사를 불러서 세계화를 추진하는 것입니다. 그래서 교인 몇천 명하더니 나중에는 몇만 명의 교회가 되는 것이 목표가 되었습니다. 이것이 바로 금송아지 우상이었던 것입니다.

그때 사람들은 처음부터 그 우상을 알았어야 하는데 지금에 와서야 교회를 아들에게 물려주거나 교회에 말씀이 없어지는 것을 보고 기독교가 타락했다고 욕을 하는데 이것은 이미 오래전부터 진행이 되었던 것입니다. 하나님의 말씀보다 가족이나 돈, 성공이나 총회장 자리를 더 좋아하면 이것은 영이 더럽혀지는 것이고 이스라엘은 망하게 되는 것입니다.

그래서 가끔 드라마 같은 것을 보면 한 사람 속에 몇 개의 영이 들어가 있는 경우가 있습니다. 그래서 어떤 때는 캐티가 되었다가 어떤 때는 엘사가 되었다가 어떤 때는 루비가 되어서 사람을 죽이기도 하고 자기가 한 행동을 전혀 기억하지 못하기도 하는 것입니다. 특히 요즘은 우울증으로 고통받는 사람들이 많습니다. 이 사람 속에는 분노로 폭발하는 또 다른 사람이 들어있는 것입니다. 그리고 이것을 견디지 못하면 옥상에서 뛰어내려서 죽기도 하는 것입니다.

그러므로 우리 영을 지키려면 간단합니다. 어린이나 학생들은 게임을 자제해서 조금만 하는 것입니다. 그리고 청년들은 성공을 인생의 목표로 삼지 않는 것입니다. 그리고 교회는 대형교회가 되는 것보다는 아름다운 교회가 되는 것을 목표로 삼는 것입니다. 그러면 틀림없이 우리나라는 망하지 않고 복을 받을 것입니다.

말 2:10-11, "우리는 한 아버지를 가지지 아니하였느냐 한 하나님께서 지으신 바가 아니냐 어찌하여 우리 각 사람이 자기 형제에게 거짓을 행하여 우리 조상들의 언약을 욕되게 하느냐 유다는 거짓을 행하였고 이스라엘과 예루살렘 중에서는 가증한 일을 행하였으며 유다는 여호와께서 사랑하시는 그 성결을 욕되게 하여 이방 신의 딸과 결혼하였으니"

우리의 아버지는 하나님이십니다. 하나님이 우리의 영을 깨끗하게 만드셨습니다. 그런데 왜 우리는 금송아지를 숭배하고 세상을 숭배해서 조상 레위의 언약을 어기느냐는 것입니다. 우리는 잠실에 있는 123층 건물을 아주 자랑스럽게 생각합니다. 123층은 그냥 123층일 뿐입니다. 그 옆에 있는 롯데어드벤처에는 엄청난 놀이기구들이 있습니다. 그러나 그런 것에 속아 넘어가면 안 됩니다. 어렸을 때는 라디오 안에 정말 사람이 있는 줄 알았습니다. 그리고 동네에 서커스단이 오면 정말 들어가고 싶어 미쳤습니다. 그러나 이 세상에서 가장 재미있는 곳은 예배당입니다. 예배로 우주를 만드신 하나님과 만나는 곳입니다. 세상이 멋있다고 하지만 우주에서는 너무 작은 곳에 불과합니다.

요즘 보면 어렸을 때 집을 잃었다가 유전자 검사로 부모를 다시 만나는 사람들이 많이 있습니다. 그들이 아무리 재미있는 게임을 하고 재미있는 영화를 보았다 하더라도 40년간 헤어졌던 부모를 만나는 것보다는 좋지 못할 것입니다. 우리는 예배를 드리면서 우리 자신을 찾습니다. 세상은 자기를 잃게 만듭니다. 엄마 손도 놓치게 만들고 집에 가는 길도 잃어버리게 만듭니다. 그러나 우리가 세상 욕심만 버리면 하나님을 만나고 우리 자신을 찾을 수 있습니다.

2. 나의 돕는 배필

하나님께서는 처음 남자를 만드셨습니다. 남자는 잘생기고 머리도 좋았기 때문에 모든 동물의 이름을 다 지었습니다. 이름만 짓는다고 해서 다 되는 것이 아니라 계속 그 이름으로 불러주어야 그 동물의 이름이 되는 것입니다. 남자는 모든 동물의 이름을 다 기억했습니다. 그러나 남자는 외로웠습니다. 왜냐하면 자기 생각을 이야기하고 사랑할 수 있는 짝이 없었기 때문입니다. 그래서 처녀들이 결혼할 나이가 지났는데도 결혼할 사람이 없으면 히스테리가 늘게 되고 화도 자주 내게 되는 것 같습니다.

하나님께서 그 남자를 보니까 너무 쓸쓸하게 보여서 불쌍해서 견딜 수 없었습니다. 그래서 하나님은 남자와 결혼할 수 있는 여자를 만들기로 작정하셨습니다. 여자를 이 세상에서 가장 귀하고 아름다운 존재로 만들어야 되겠다고 생각하셨습니다. 그래서 하나님은 남자를 수술하셨습니다. 하나님은 남자를 전신마취해서 깊이 잠들게 하시고 배를 갈라서 갈빗대를 꺼내셨습니다. 그리고 하나님께서는 남자의 깊은 상처를 아물게 하셨습니다. 그리고 하나님은 남자의 갈빗대를 가지고 멋진 여자를 만드셨습니다.

여자는 머리털이 길고 그 몸의 생김새나 구조가 남자와 달랐습니다. 그러나 여자는 너무나 아름다웠습니다. 남자는 여자를 보고 "아, 하나님이 내 갈빗대로 이 여자를 만드셨구나. 이 여자는 내 뼈 중의 뼈요 내 살 중의 살이라"고 고백했습니다. 이것이 남자가 지은 최초의 시였습니다. 그리고 하나님은 남자에게 "나는 너에게 깨끗한 영을 주었다. 너는 오직 한 사람의 여자와 결혼해야 영이 더 깨끗하고 아름다울 수 있다."고 말씀하셨습니다.

사람의 영이 아름답고 깨끗하려면 딱 한 사람의 여자나 남자를 사랑해야 합니다. 그런데 인간에게는 정욕이 넘쳐흐르는 것이 문제였습니다. 그래서 남자나 여자나 잘생긴 사람이나 키가 큰 사람이나 자기에게 잘해주는 사람이 있으면 다 성관계를 가지고 싶은 욕망을 가지게 되었습니다.

창세기에 보면 라멕이라는 사람이 나오는데 이 사람은 두 사람의 부인을 두었습니다. 그런데 그것으로 끝난 것이 아닙니다. 이 사람은 영혼이 더러워지면서 여러 사람을 죽인 것을 볼 수 있습니다. 그리고 노아의 홍수라는 대심판이 오게 되었습니다. 남자와 여자가 사랑하는 것은 쉬운 일이 아닙니다. 성격도 맞아야 하고 자기 자신을 희생해야 합니다. 그래서 남자와 여자가 사랑하는 것은 자기의 껍질을 깨고 자기 그릇을 깨는 일인 것입니다.

그런데 지금 우리나라는 너무나도 남녀관계가 문란하게 되었습니다. 남자나 여자나 결혼하기 전에 성관계를 가지는 것은 물론이고 결혼한 사람들이 사회생활을 하면서 남자나 여자를 만나니까 불륜이 너무 많아지게 된 것입니다.

어느 도시에서 총회가 열렸습니다. 다른 목사님들은 같이 숙소인 모텔로 갔습니다. 그러나 저는 모텔이 싫어서 그 도시에서는 좀 비교적 새로 지은 호텔을 찾아갔습니다. 그런데 관리인이 방을 주지 않았습니다. 그 호텔에 와서 관계만 가지고 가는 사람들이 너무 많으므로 우리에게 방을 주면 손해를 보기 때문입니다. 그래서 그렇지 않은 호텔이 있는지 찾아보니까 없었습니다. 그 도시는 소돔과 고모라였던 것입니다.

우리 교회 의사 선생님은 경고했습니다. 마약을 먹으면 호르몬 천

배가 나오기 때문에 식사를 하지 않게 되고 나중에는 아무것도 흡수되지 않아서 말라 죽는다고 했습니다. 외국의 청소년들은 현실과 게임을 구별하지 못해서 총을 들고 자기 학교에 들어가서 친구나 선생님을 쏘아죽이고 자기도 죽습니다. 라스베이거스에서는 어떤 60대 남성이 총을 들고 옆에 호텔 옥상에 올라가서 가수의 노래를 들으면서 춤을 추는 청년들 200여 명을 총으로 쏘아서 죽이거나 다치게 했습니다. 참 이해가 되지 않는 모습입니다.

그런데 인간이 정상적인 관계로 만족이 되지 않으니까 아무나 성관계를 가지고 자기 부인을 주먹으로 때리고 심지어는 죽이는 일까지 생기고 있습니다. 남자가 여자를 때리는 것은 짐승도 하지 않는 행위입니다. 심지어 우리나라에서는 성직자들의 음란이 아주 심해지고 있습니다. 목회자들은 자기 부인이 있는 사람임에도 불구하고 정욕에 빠져서 교인과 나쁜 관계를 가져서 사회적으로 문제가 되고 있습니다.

자기 자신을 십자가에 못 박아야 음란 귀신에 속아 넘어가지 않습니다. 이제는 마귀가 음란으로는 부족하니까 아예 동성애에 빠지게 해서 남자가 남자를 사랑하고 여자가 여자를 사랑하게 되었습니다. 그 결과 에이즈라고 하는 무서운 병에 걸려도 우리나라에서는 무료로 다 치료를 해주고 있습니다. 결국 인간은 영을 더럽게 만들었기 때문에 하나님의 축복을 받은 후에 망하는 것입니다.

3. 자비로우신 하나님

얼마 전 지방 어느 곳에 홍수가 나서 강둑이 터졌습니다. 그래서 모든 집이 침수되고 집은 지붕만 남았습니다. 그때 그 주위 소들이 헤엄쳐서 지붕 위에 올라가서 홍수를 피했습니다. 그래서 홍수가 끝나고 물이 다 빠진 후에 사람들은 소를 지붕에서 끌어 내렸습니다. 더러운 물을 마셨던 소는 지붕에서 내려온 후 한 마리씩 죽었습니다. 그런데 지붕 위에 올라갔던 소 중에서 새끼를 배고 있던 어미 소는 무사히 새끼를 낳았고 새끼도 건강하게 자랐습니다. 사람들은 이것을 보고 기적이라고 불렀습니다.

우리는 우주에 그 많은 별이 있는데 그중에서 오직 지구에만 물이 많다는 것이 이상하다고 생각되지 않습니까? 지구는 많은 부분이 물로 되어있습니다. 지구 속 한복판에는 용암이 끓고 있지만 그 용암을 아주 단단한 암반층이 싸고 있고 그 위에 물이 있는 것입니다. 그런데 하와이를 가보면 신기한 광경을 볼 수 있는데, 용암이 분출되고 있는 곳입니다. 그곳은 땅속에서 시뻘건 용암이 흘러나오고 있는데 모두 바다로 떨어져서 식는다는 것입니다.

창세기 1장 2절을 보면, 하나님의 영이 수면을 싸고 있다고 했습니다. 그래서 지구에 있는 물은 날아가지 않습니다. 인간의 마음에는 용암같이 시뻘건 정욕이 흘러넘치고 있지만 그 마음은 하나님의 성령이 싸고 계셔서 웬만한 경우가 아니면 터지지 않는 것입니다.

그러나 인간의 정욕은 학교 공부나 세상 성공으로 해결되지 않습니다.

> 말 2:12, "이 일을 행하는 사람에게 속한 자는 깨는 자나 응답하는 자는 물론이요 만군의 여호와께 제사를 드리는 자도 여호와께서 야곱의 장막 가운데에서 끊어 버리시리라"

하나님께서 가장 아끼시는 것은 성결한 영혼입니다. 그러나 우리는 모두 영혼이 타락해 있습니다. 여기서 "깨는 자"는 배운 사람을 말합니다. "응답하는 자"는 강의를 듣는 사람을 말합니다. 공부를 많이 한 사람이나 강의를 듣는 사람이나 소용이 없고 예배를 드려도 소용이 없습니다.

결국 우리를 깨끗하게 하시기 위해서 하나님의 사자, 예수님이 오셨습니다. 우리는 조금씩만 욕심을 죽이면 됩니다. 탐심은 우상숭배입니다. 그렇게 질기고 질긴 욕심도 성경을 읽으면 없어집니다. 하나님의 은혜가 우리를 싸고 있습니다. 우리가 하나님께 거짓말만 하지 않고 사실 그대로 이야기를 하면 다 치료받을 수 있고 용서받을 수 있고 살 수 있습니다. 우리의 영을 찾읍시다. 우리의 양심을 깨끗하게 하는 것이 우리의 영을 찾는 것입니다. 아무리 많은 죄를 지었어도 하나님께 정직하면 모두 용서받을 수 있습니다.

지금 우리나라 목회자나 크리스천은 얼렁뚱땅 넘어가려고 하고 있습니다. 그러면 우리는 이 소돔과 고모라에서 망할 것입니다. 하나님 앞에서 모든 죄를 다 정직하게 말씀드립시다. 그래서 자기 영혼을 찾고 아름다운 인생을 찾으시기 바랍니다.

04

하나님의 오심

말 3:1-6

죄를 지은 사람은 집에 경찰이 찾아오면 놀라서 도망을 치려고 합니다. 왜냐하면 경찰이 진짜 자기를 잡으러 왔을지도 모르기 때문입니다. 그래서 길을 가다가 경찰을 보기만 해도 도망치는 사람은 범죄자일 가능성이 큽니다. 가끔 영화를 보면 마약범들이 마약을 돈과 교환하려고 은밀하게 만날 때 경찰이 현장을 덮치는 장면이 나옵니다. 어떤 때는 경찰이 마약범처럼 위장할 때도 있습니다. 캄캄한 곳에 미리 경찰이 대기하고 있다가 갑자기 환한 서치라이트를 비추고 경찰들이 총을 겨누면 마약범은 도망치려고 이리 뛰고 저리 뛰고 하다가 모두 다 잡히든지 총에 맞든지 할 것입니다.

옛날 우리나라의 지방 관리들이 가장 두려워하는 대상은 바로 '암행어사'였습니다. 암행어사는 높은 관리인데 왕으로부터 직접 받은 마패를 가지고 다닙니다. 그는 어느 지방의 관리가 아주 악한 정치를 하고 있다는 소문을 들으면 출동하게 됩니다. 그는 부하들에게 모두 흩어져서 언제 어느 고을의 읍청에서 만나자고 약속하고 흩어집니다.

그리고 암행어사는 다 떨어진 옷이나 벙거지 모자를 쓰고 악행을 한다는 지방 관청을 찾아갑니다. 그곳에 가보니까 틀림없이 근무를 해야 하는 시간인데도 사또는 기생들을 불러 놓고 술을 마시고 놀고 있고 또 돈을 바치지 않는 사람은 잡아 놓고 감옥에 가두거나 혹은 나무에 묶어 놓고 곤장을 치고 있는 모습을 보게 됩니다. 그때 암행어사는 임금이 직접 주신 마패를 꺼내서 보이면서 '암행어사 출두요!' 라고 소리를 지르는 것입니다. 그러면 먼저 서로 약속하고 대기하고 있던 부하들이 전부 다 '암행어사 출두요!' 라고 소리를 지르면서 대낮에 잔치하는 것을 둘러 엎고 탐관오리들을 심판하게 되는 것입니다.

오늘 사람들은 거의 대개 하나님의 존재를 믿지 않습니다. 사람들은 자기가 자기 인생의 주인이 되어서 하고 싶은 대로 하면서 살아가고 있습니다. 그런데 만일 하나님이 오늘 이곳에 오신다면 어떤 일이 일어나겠습니까? 아마 사람들은 먼저 태양보다 더 밝은 하나님의 빛에 눈을 뜨지 못하고 모두 눈앞이 캄캄해져 버릴 것입니다. 그리고 이 세상에 있는 모든 것이 심지어는 휴지 한 장이나 작은 쓰레기 하나라도 하나님의 불빛 앞에서는 다 보이게 될 것입니다. 그때 인간은 하나님이 없다고 자기 멋대로 산 것에 대하여 벌벌 떨면서 '이제는 정말 내가 죽었구나' 라고 생각할 것입니다.

본문을 보면 이 세상 예루살렘 성전에 하나님이 방문하신다고 했습니다. 그런데 그분이 오시면 아무도 그 앞에 서지 못하고 그분을 감당하지 못한다고 말씀하고 있습니다.

우리가 헨델의 〈메시야〉 5번을 보면 바로 이 구절이 나옵니다. '주 오시는 날 그 누가 당하리요. 주 오시는 날 그 누가 능히 서리요 … 그는 무서운 불과 같을 것이라' 라는 내용이 나옵니다. 하나님이 이 세상에 오실 때 누가 감히 그 앞에 서며 누가 감히 그를 감당할 수 있겠느냐고 노래하고 있습니다. 예수님이 이 세상에 오셔서 예루살렘 성전을 방문할 때 누가 감히 그 앞에 설 수 있겠느냐는 것입니다.

1. 하나님의 사자를 보내심

이 세상 사람들은 하나님이 없다고 믿고 자기 마음대로 살아가고 있습니다. 돈만 있으면 백화점에서 얼마든지 쇼핑하고 여행하고 비싼 호텔에서 잠도 잘 수 있습니다. 그런데 만일 그 순간에 하나님이 찾아오시면 우리는 어떻게 해야 하겠습니까? 모든 인간은 그가 있는 곳에서 불려 나와서 그들의 삶에 대하여 심판받아야 하는 것입니다. 요즘 우리나라에서는 어느 한 곳에 코로나19 확진자가 생겼다고 하면 그와 접촉한 사람은 전부 다 불러내서 코로나 균이 있는지 없는지 즉 양성인지 음성인지 검사하고 있습니다. 어떤 곳에서는 단 한 명의 확진자가 있었는데 몇백 명이 코로나에 감염된 곳도 있었습니다. 그런데 하나님이 오실 때 하나님의 심판이 얼마나 철저한가 하면, 한 사람도 빼놓지 않고 마치 금에 약간의 불순물이라도 섞여 있는지 아니면 빨래에 약간이라도 때가 있는지 조사하는 것처럼 철저하게 조사할 것이라고 말씀하고 있습니다.

그런데 하나님께서는 자비로우셔서 하나님의 아들을 보내실 때 사람들이 조금이라도 준비할 수 있도록 하나님의 사자를 먼저 보낸다고 말씀하셨습니다. 그래서 하나님의 사자가 오셔서 "이제 하나님의 나라가 온다. 이제 하나님의 아들이 오신다."고 하시면 그 이후에는 다시는 기회가 없는 것입니다.

본문을 보면 '사자'라는 말이 두 번 나옵니다. "내가 내 사자를 보내리니"라고 했고 "곧 너희가 사모하는 바 언약의 사자가 임하실 것이라"는 말씀이 나옵니다. 이 두 사자는 너무나도 다른 사자입니다. 앞에 나오는 사자는 하나님의 아들이 오시는 것을 알려주는 사자입니다. 즉 미리 와서 준비하게 하는 사자입니다. 그런데 두 번째 오시는 사자는 하나님 자신이며 하나님의 아들이신 것입니다.

말 3:1, "만군의 여호와가 이르노라 보라 내가 내 사자를 보내리니 그가 내 앞에서 길을 준비할 것이요 또 너희가 구하는 바 주가 갑자기 그의 성전에 임하시리니 곧 너희가 사모하는 바 언약의 사자가 임하실 것이라"

만군의 하나님 여호와가 말씀하셨습니다. 우리나라에서나 어느 나라든지 대통령이 어느 곳에 갈 때는 대통령이 바로 불쑥 가는 경우는 거의 없습니다. 왜냐하면 대통령은 허비할 시간이 없기 때문입니다. 그래서 대통령이 가기 전에 먼저 비서실이나 경호실에서 가서 사람들을 미리 만나고 준비를 해 놓습니다. 그리고 가는 길에 혹시라도 대통령을 암살할 사람이 있을지 모르기 때문에 길을 전부 다 준비해 놓습니다. 그런데 만일 대통령이 가야 할 길에 도로가 움푹 꺼져 있거나 혹은 엄청난 쓰레기가 버려져 있다면 그것을 전부 다 치워서 깨끗하게 할 것입니다. 왜냐하면 대통령이 탄 차는 그 도로에서 서면 안 되고 가장 빠른 길로 쉬지 않고 달려야 하기 때문입니다.

자비로운 하나님께서는 하나님의 아들이 이 세상에 오시기 전에 먼저 하나님의 사자를 이 세상에 보내시겠다고 말씀하셨습니다. 이 사자가 하는 말은 간단합니다. 내 뒤에 엄청난 분이 오신다거나 혹은 내 뒤에 오시는 분이 불로 혹은 성령으로 세례를 주실 분이라고 말한다면 그 사람은 바로 이 사자이고 뒤에 오시는 분은 하나님의 아들이신 것입니다. 하나님의 아들은 하나님과 똑같습니다.

하나님은 "보라 내가 내 사자를 보내리니 그가 내 앞에서 길을 준비할 것이요"라고 했습니다. 하나님의 사자는 하나님 아들의 길을 준비하기 위해서 오는 것입니다. 물론 그 길은 사람들의 마음속에 있는 길입니다. 사람들은 광야와 같은 이 세상에 살면서 길을 잃고 방황하고 있습니다. 사람들은 도대체 어디로 가야 할지 모르고 살아가고 있습니다. 그때 누군가가 나타나서 나는 광야에 외치는 소리라고 하면서 "이 길로 가야 하나님의 아들을 만날 수 있다"고 소리를 친다면 그 사람은 바로 하나님의 아들 오시기 직전의 선지자인 것입니다.

그래서 유대인들은 워낙 세례 요한의 설교가 권세가 있었기 때문에 혹시 그가 메시아인가 해서 그를 찾아가서 "네가 메시아냐?"라고 물었습니다. 그때 세례 요한은 "나는 광야에서 외치는 자의 소리"라고 대답했던 것입니다.

이사야 선지는 "외치는 자의 소리여 이르되 너희는 광야에서 여호와의 길을 예비하라 사막에서 우리 하나님의 대로를 평탄하게 하라 골짜기마다 돋우어지며 산마다, 언덕마다 낮아지며 고르지 아니한 곳이 평탄하게 되며 험한 곳이 평지가 될 것이요"(사 40:3-4)라고 예언하고 있습니다. 사람들은 가난에 찌들고 병으로 고생해서 마음이 골짜기같이 꺼져 있습니다. 어떤 사람들은 마음이 교만해져서 산같이 높아져 있습니다. 그때 하나님의 사자는 와서 꺼진 골짜기 같은 마음은 돋우어주고, 산같이 높아진 마음은 낮아지게 하며, 거친 땅은 평지가 되게 하는 것입니다.

그런데 실제로 어느 날 광야에서 외치는 소리가 있었습니다. "회개하라 천국이 가까이 왔느니라"라고 외치는 사람이 있었습니다. 사람들은 그의 설교를 듣고 모두 요단강에 들어가서 죄를 회개하고 세례를 받았습니다. 유대인들이 세례 요한에게 "네가 누구냐?"고 물었을 때 세례 요한은 "나는 광야에서 외치는 소리"라고 대답했습니다. 그러면 이제 그 뒤에 오시는 분은 하나님이신 것입니다. 그는 사람들을 불로 녹이실 것이며 잿물로 빨 것입니다. 그 앞에서는 아무도 잘났다고 큰소리치지 못할 것입니다.

하나님께서는 반드시 이 세상에 하나님의 아들이 오실 것이라고 말씀하셨습니다. 그런데 그 하나님의 아들에 대하여 "너희가 구하는 바 주"라고 했고 "곧 너희가 사모하는 바 언약의 사자"라고 했습니다. 그렇다면 도대체 누가 하나님의 아들을 보내어 달라고 했고, 누가 하나님의 아들을 사모했을까요? 사람들은 하나님의 아들이 있는 줄도 몰랐습니다. 단지 그들은 구원자를 보내달라고 했을 뿐입니다. 그러나 사실은 우리 모두에게 필요한 사자인 것입니다. 사람들은 모두 죄에 감염되어서 죽어가고 있습니다. 우리 모두에게는 하나님의 아들이 필요합니다. '사모한다' 는 것은 너무 간절히 필요하다는 뜻입니다. 즉 예수님이 오시지 않으면 우리 모든 인간은 영원히 죽을 수밖에 없는 것입니다.

2. 메시야의 연단

전문가들이 금을 만들 때 그냥 땅에서 순금을 파내는 것이 아닙니다. 호주나 남아공이나 금이 나는 광산에서 금 성분이 들어있는 원석을 캐내게 됩니다. 어떤 곳에서는 강바닥에서 모래를 쳐서 작은 사금을 캐낼 때도 있습니다. 그러면 그 자체가 금이 되는 것이 아니라 공장에서는 그 금 원석을 깨트려서 가루가 되게 하고 그것을 뜨거운 용광로에 넣어 녹여서 모든 불순물을 제거하는 것입니다. 그런 과정에서 아주 강한 약품을 쓰기 때문에 금 광산에서 일하는 사람들을 매일 계속해서 그 일을 할 수 없습니다.

또 어떤 사람들이 평소에 입던 옷을 입고 하나님 앞에 서면 자기 눈에는 깨끗한 옷처럼 보이지만 하나님의 그 환한 빛 앞에서는 얼룩져 있고 더러운 때가 붙어있는 거지 같은 옷으로 보이게 되는 것입니다. 그래서 예전에 우리나라 여인들은 빨래할 때 옷을 큰 통에 넣어서 냇가나 강가에 가서 몽둥이로 때려서 때를 뺀 후에 비누칠해서 여러 번 흔들어서 그 비누기가 다 빠지게 합니다. 그리고 난 후에 집에 가지고 와서 그 옷을 다시 대야에 넣어서 뜨거운 물에 삶아서 때와 냄새를 뺀 후에 다듬잇돌 위에 얹어서 수도 없이 때리고 난 후에 숯불을 넣은 다리미로 다려야 밖에 입고 나갈 수 있는 깨끗한 옷이 되는 것입니다.

만군의 여호와께서는 우리 인간에게 필요한 메시야가 오실 때 누가 감히 그 앞에 서겠느냐고 말씀하셨습니다. 우리는 순금인 줄 알았는데 메시야의 눈으로 보니까 금 성분은 너무 적고 전부 돌밖에 없는 잡석인 것입니다. 이런 것을 금이라고 보석상에 갖다 놓았다가는 사기꾼이라고 욕을 먹을 것입니다. 이것들은 전부 버려야 할 것들이었습니다. 우리는 전부 멋있는 옷을 입고 있다고 자랑하고 있는데 메시야의 눈으로 보니까 전부 때 투성이인 더러운 옷들이고 버려야 할 옷들이었습니다.

말 3:2, "그가 임하시는 날을 누가 능히 당하며 그가 나타나는 때에 누가 능히 서리요 그는 금을 연단하는 자의 불과 표백하는 자의 잿물과 같을 것이라"

예수님이 오시는 날 아무도 감히 메시야 앞에 의롭다고 설 수 없습니다. 그 누구도 예수님의 눈을 감당할 수 없습니다. 베드로는 예수님을 만난 후 "주여 나를 떠나소서. 나는 죄인이로소이다"라고 고백했습니다. 모세는 시내 산에서 불타는 떨기나무 가운데서 하나님의 사자를 보고는 옷으로 자기 눈을 가렸습니다. 너무 그 빛이 강렬했기 때문입니다. 사도 요한은 예수님을 보고는 눈이 멀어버렸습니다. 우리가 아무리 도덕군자이고 똑똑한 사람이라 하더라도 다른 사람에 비하여 똑똑하다는 것이지 예수님의 눈으로 보면 잡석이고 더러운 옷의 때에 불과한 것입니다.

그런데 하나님의 아들은 너무나 사랑이 많으셔서 우리가 모두 죽거나 망하지 않게 하셨습니다. 그것은 우리 안에 금을 넣으시고 우리를 정말 옷이 되게 하신 것입니다. 그것은 바로 우리에게 하나님의 말씀을 듣게 하시는 것입니다. 하나님은 우리에게 하나님의 말씀을 듣게 하심으로 우리 안에 진짜 금 성분이 들어가게 하셨습니다. 그리고 예수님은 우리에게 하나님의 말씀을 듣게 하심으로 우리로 하여금 하나님 앞에서 벌거벗은 자가 되지 않게 하셨습니다. 하나님의 말씀을 듣지 않은 자는 모두 하나님 앞에서 벌거벗은 거지들입니다. 사람들은 그가 임금인 줄 알았고 부자인 줄 알았고 학자인 줄 알았습니다. 그러나 알고 보니 그것은 모두 착각이었고 사실은 벌거벗은 거지였던 것입니다.

말 3:3, 그가 은을 연단하여 깨끗하게 하는 자 같이 앉아서 레위 자손을 깨끗하게 하되 금, 은 같이 그들을 연단하리니 그들이 공의로운 제물을 나 여호와께 바칠 것이라"

옛날에 은을 만드는 사람은 은 성분이 든 물체를 그릇에 넣어서 녹입니다. 그러면 밑에는 은이 액체 상태로 녹으면서 가라앉고 위에는 찌꺼기들이 떠오르게 됩니다. 국자 같은 것으로 그 찌꺼기를 걷어내고 또 걷어내어서 순은이 되게 합니다. 처음에 이 은은 깨끗하지 못했습니다. 너무 불순물이 많아서 은이라고 말할 수 없었습니다. 그러나 불에 완전히 녹여서 찌꺼기를 없애니까 깨끗하게 되었습니다.

하나님은 가장 먼저 레위인을 깨끗하게 하셨습니다. 하나님께 예배드리는 자들은 모두 레위인입니다. 레위인은 자기 목숨을 걸고 하나님께 제사를 드리는 자들입니다. 레위인은 자기 생명보다 하나님의 말씀을 더 사랑하는 자들이고 아들이나 딸이나 가족보다 더 하나님의 말씀을 사랑하는 자들입니다.

하나님은 예배드리는 자들을 깨끗하게 하십니다. 왜냐하면 그렇게 하지 않으면 더러운 예물을 드리기 때문입니다. 그들이 "공의로운 제물을 바칠 것이라"고 했는데 옛날 개역성경에는 "의로운 제물을 드릴 것이라"고 했습니다. 죄가 하나도 없는 기도와 시기심이 없는 찬양과 거짓말이 조금도 없는 설교를 바치는 것입니다. 예배는 우리 자신을 하나님께 바치는 시간입니다. 우리의 상한 마음과 깨끗한 양심을 바칠 때 하나님이 그 예배를 받으실 것입니다.

3. 심판하시는 하나님

처음 예수님께서 세상에 오셨을 때 세례 요한이나 사람들은 예수님이 당장 불로 심판하실 줄 알았습니다. 그래서 심지어 세례 요한도 제자를 보내어 "오실 그이가 당신입니까? 다른 이를 기다려야 합니까?"라고 물었던 것입니다(마 11:3). 예수님께서 그때 불로 심판하셨더라면 온 세상은 소돔과 고모라같이 불탔을 것입니다. 왜냐하면 그들은 금도 아니고 은도 아니었기 때문입니다. 그 대신 하나님은 말씀을 주셨습니다.

옛날에 하나님은 유대인들의 제사를 받으실 때가 있었습니다.

말 3:4, "그 때에 유다와 예루살렘의 봉헌물이 옛날과 고대와 같이 나 여호와께 기쁨이 되려니와"

하나님은 옛날 이스라엘 백성들의 조상의 제사를 받으신 적이 있었습니다. 하나님은 아벨의 제사를 받으셨습니다. 아브라함이 이삭을 드리는 제사를 받으셨습니다. 아브라함은 백 세에 낳은 아들 이삭을 하나님께 바치러 갔습니다. 아니, 살아있는 자기 아들을 하나님이 바치라고 한다고 해서 바치는 아버지가 어디에 있습니까? 그러나 그는 하나님께 미친 자였습니다.

이스라엘 백성들은 하나님께 미치는 것을 싫어했습니다. 그들은 모두 정상적인 사람이 되고 싶었습니다. 그들은 모두 광신적이라는 소리를 듣고 싶어 하지 않았습니다. 그 결과가 무엇입니까? 세상 사람들과 똑같아지고 음란하고 거짓말하고 탐욕스럽게 되었습니다.

하나님은 모든 인간은 반드시 심판하실 것이라고 말씀하셨습니다. 그래서 금이 아니고 은이 아니고 하나님 앞에 깨끗한 옷이 아닌 자들은 반드시 심판하실 것입니다.

말 3:5, "내가 심판하러 너희에게 임할 것이라 점치는 자에게와 간음하는 자에게와 거짓 맹세하는 자에게와 품꾼의 삯에 대하여 억울하게 하며 과부와 고아를 압제하며 나그네를 억울하게 하며 나를 경외하지 아니하는 자들에게 속히 증언하리라 만군의 여호와가 말하였느니라"

인간은 미래를 알기 위해서 점을 칩니다. 인간은 미래를 모르는 상태에서 믿음으로 살아야 합니다. 인간은 돈과 권력이 있으면 간음을 합니다. 사람들은 얼마나 정력이 넘치는지 결혼으로 만족하지 못합니다. 거짓 맹세를 예사로 합니다. 국회에서 거짓말하고 방송에서 거짓말하고 SNS에서 거짓말합니다. 책에서 거짓말하고 논문에서 거짓말합니다. 이 세상은 공평하지 않습니다. 가난한 자는 평생 가난하고 자손들까지 가난하고 나그네는 계속 나그네입니다. 하나님을 두려워함이 없습니다. 하나님은 이 때 있는 자들은 영원히 태우실 것입니다. 하나님은 이 가짜 은과 금을 영원히 태우실 것입니다.

그러나 하나님의 말씀을 듣고 믿는 자들은 타서 없어지지 않습니다. 왜냐하면 그 안에 진짜 금이 들어있기 때문입니다.

말 3:6, "나 여호와는 변하지 아니하나니 그러므로 야곱의 자손들아 너희가 소멸되지 아니하느니라"

야곱은 이 세상에서 많은 연단을 받았습니다. 야곱은 형 에서에게 핍박을 받았습니다. 그는 형을 피하여 도망쳤습니다. 야곱은 외삼촌에게 속았습니다. 야곱은 천사와 씨름을 해서 다리 한쪽을 절게 되었습니다. 그는 장애인이었습니다. 그는 어린 아들 요셉을 잃어버렸습니다. 딸이 세겜에서 강간을 당했습니다. 그는 가나안에서 도망 다녀야 했습니다. 그러나 하나님은 야곱의 하나님이 되어주셨습니다.

하나님의 말씀을 듣고 연단 받은 자는 없어지지 않습니다. 그들은 예수님이 가져오신 천국을 누릴 것입니다. "회개하라 천국이 가까이 왔느니라." 세례 요한 이후로 천국은 침략하는 자가 빼앗는다고 했습니다. 천국의 축복을 많이 차지하는 성도들이 되시기 바랍니다. 우리는 절대로 환난으로 없어지지 않습니다. 오히려 더 순수한 정금이 될 것입니다.

05

하나님의 큰 그림

말 3:7-12

이차대전이 끝난 후 샌프란시스코에 있는 많은 기술자는 직장을 잃어버리게 되었습니다. 샌프란시스코에 미국의 거대한 군수공장들이 있었는데 필요가 없게 되었기 때문입니다. 그때 그곳에 있던 스탠퍼드 대학은 사용하지 않고 있던 넓은 토지를 무상으로 내놓으면서 총장은 젊은이들에게 그곳에서 무엇이든지 연구하라고 했습니다. 스탠퍼드 대학이 한 것이라고는 그냥 땅을 빌려준 것뿐이었습니다. 그러나 젊은이들은 그 군수공장에서 사용하던 거대한 컴퓨터를 떼어서 책상 위에 올려놓을 수 있는 데스크탑을 만드는 데 성공했습니다. 그리고 그 데스크탑에 프린트 기능을 연결시켜서 자동적으로 컴퓨터에서 인쇄물이 나오게 했습니다.

애플사는 책상 위의 컴퓨터를 손바닥에 올려놓을 수 있도록 무선으로 소형화하는 데 성공했습니다. 그것의 이름이 I-Pad였습니다. 애플사는 더 연구해서 그 I-Pad를 무선으로 된 작은 전화기로 만드는 데 성공했습니다. 이제는 전 세계에서 스마트폰을 쓰지 않는 나라나 사람은 거의 없을 정도로 스마트폰은 세계의 흐름을 바꾸어놓았습니다. 스탠퍼드 대학이 내놓았던 그 땅이 바로 유명한 실리콘 밸리입니다. 그들은 작은 땅을 내놓았지만 젊은 기술자들은 거기에서 세계를 바꾸는 엄청난 기술을 만들어내었던 것입니다. 이것이 바로 작은 그림과 큰 그림입니다. 만일 스탠퍼드 대학이 그 땅을 아까워해서 내놓지 않았더라면 수많은 실업자가 생기는 것으로 끝났을 것입니다.

처음 교회에 나오는 사람들이 가장 이해하기 어려운 것이 십일조 헌금을 내야 하느냐 말아야 하느냐 하는 것입니다. 언젠가 새 신자가 저에게 교회에 나가면 십일조라는 것을 내야 한다고 하는데 얼마를 내야 하느냐고 물었습니다. 그래서 저는 그분에게 "십일조를 내도 아깝지 않다"고 생각되는 액수를 헌금하라고 말씀드렸습니다. 왜냐하면 모든 헌금은 자원하는 마음으로 드리는 것이지 억지로 드리는 것이 아니기 때문입니다.

어떤 새 신자 두 사람이 헌금을 내야 하느냐 아니냐 하는 것으로 논쟁이 붙었습니다. 헌금을 내지 말아야 한다는 사람의 주장은 하나님은 돈이 필요하지 않다는 것이었습니다. 오히려 헌금 때문에 교회가 타락하니까 교회에 헌금을 내지 말아야 한다고 주장했습니다. 거기에 비하여 다른 사람은 헌금을 내야 한다고 하면서 우리가 극장을 가더라도 입장료를 내는데 어떻게 하나님의 말씀을 들으면서 공짜로 설교를 들을 수 있겠느냐고 주장했던 것입니다.

일본 교회는 참 특이한 점이 있습니다. 그것은 설교자에게 매달 드리는 월급이 있는 것이 아니라 설교를 마칠 때마다 봉투에 약간의 돈을 넣어서 사례한다는 것입니다. 예전에 제가 서울에 있던 교회에서 부목사를 일본에 잠시 보내었는데 이분이 열심이 붙어서 자꾸 설교하려고 하니까 그 교회의 일본분이 '야멧떼구다사이'라고 하면서 설교를 그만했으면 좋겠다고 이야기했다고 합니다. 그 목사님이 설교할 때마다 은혜를 받아서 헌금을 주어야 했기 때문에 그것이 부담된다는 것입니다.

　그래서 그 부목사는 그런 것 아니라고 이해시키고 말씀을 드려도 일본 분들은 그럴 수 없다고 하면서 설교는 참 좋지만 하시지 말라고 하더라는 것입니다. 그래서 일본 교회는 좀처럼 부흥이 되지 않습니다. 그 이유는 작은 것을 아까워하기 때문입니다. 그런 곳에 비하면 한국교회는 정말 부흥기를 맞이해서 마음껏 복음 전하고 선교사도 파송할 수 있는 입장에 있다고 말할 수 있습니다.

　그런데 최근 우리나라에 십일조를 낼 필요가 있느냐 아니면 내지 말아야 하는 문제로 많은 논쟁이 있는 것을 볼 수 있습니다. 왜냐하면 십일조는 구약 이스라엘 백성들의 오랜 율법의 전통이었기 때문입니다. 그런데 예수님 때도 십일조의 관행은 이루어지고 있었습니다. 오히려 유대인들이 얼마나 십일조를 철저히 내었던지 야채나 조미료의 십일조까지 내었습니다. 예수님은 십일조를 낼 필요가 없다고 말씀하시지 않았습니다. 단지 십일조만 내지 말고 더 중요한 정의나 긍휼이나 진실을 버리지 말아야 한다고 강조하셨습니다(마 23:23).

　우리가 본문을 보면, 하나님께서 말라기 선지를 통하여 아주 과격하게 말씀하시는 것을 볼 수 있습니다. 하나님은 십일조를 내지 않는 유대인들에게 '나의 것을 도둑질하고 있다'고 말씀하고 있습니다. 그래서 어떤 부흥사는 십일조를 내지 않는 사람은 도둑이라고 설교해서 가난한 성도들의 마음에 깊은 상처를 주는 경우가 많이 있습니다. 심지어 하나님께서는 유대 백성들에게 "너희의 온전한 십일조를 창고에 들여 나의 집에 양식이 있게 하고 그것으로 나를 시험하여 내가 하늘 문을 열고 너희에게 복을 쌓을 곳이 없도록 붓지 아니하나 보라"고까지 말씀하셨습니다.

　그래서 옛날에 어떤 자매가 이 말씀을 믿었습니다. 그래서 몇 달 동안 열심히 교회에 십일조를 바쳤습니다. 그러나 유감스럽게도 그 자매의 통장은 차고 넘치지 않고 오히려 점점 줄어들었습니다. 그 자매는 드디어 교회 사무실을 찾아왔습니다. 그래서 자신이 하나님의 말씀만 믿고 열심히 십일조를 했는데 점점 더 가난해지니 십일조 한 것을 돌려 달라고 했습니다. 이를 놓고 당회에서 의논하다가 저에게 어떻게 처리해야 할지 물었습니다. 그래서 저는 돌려드려야 한다고 말씀드려서 그분에게 돌려드렸습니다. 왜냐하면 아직 그 자매는 십일조를 낼 정도로 신앙이 자라지 못했기 때문입니다.

1. 하나님이 하셨다

우리가 하나님께 헌금하면 아까운 마음이 있을까요, 없을까요? 우리가 하나님께 헌금하면 아까운 마음이 있습니다. 왜냐하면 우리가 다른 사람에게 돈을 받으면 기분이 좋지만 내 돈을 그냥 남에게 주려고 하면 아까운 것이 당연하기 때문입니다. 우리는 어려서부터 받은 교육이 '돈을 주고 거래를 하는 것'입니다. 그래서 학교에서 선생님에게 "우리가 천 원짜리를 가지고 가서 두부 300원짜리 두 모를 사면 얼마를 거슬러 받아 와야 하는가?" 하는 문제를 통해 돈에 대해 배웁니다. 이때 400원을 받아 와야 공부를 잘하는 학생입니다. 학교에서는 "만일 우리가 천 원짜리 한 장을 가지고 사거리에 가서 가난한 사람에게 그것을 다 줘버리면 얼마나 마음이 기쁠까?"라는 문제를 내지 않습니다. 왜냐하면 그것은 수학이 아니고 윤리나 도덕이기 때문입니다.

옛날에 아브라함이 가나안 땅에 살 때 전쟁이 일어났습니다(창 14장). 그러나 아브라함은 헤브론 골짜기에 깊이 있었기 때문에 전쟁이 난 줄도 몰랐습니다. 그러나 소돔과 고모라 사람들은 적에게 붙들려서 포로가 되고 가진 재물을 다 빼앗겼습니다. 그때 전쟁터에서 도망쳐 온 사람이 아브라함의 조카 롯이 포로가 되었다고 알려주었습니다. 아브라함은 전혀 전쟁을 해본 적이 없는 사람이었습니다. 그러나 그대로 두면 아브라함의 조카 롯과 그의 가족들은 틀림없이 노예가 되어서 팔려갈 것입니다.

아브라함은 롯을 구해야 한다고 생각해서 자기 집에서 자란 목동 318명을 데리고 군인들을 따라갔습니다. 군인들은 넓은 곳에 가니까 포로들을 모두 묶어 놓고 술을 마시고 춤을 추고 고기를 뜯어 먹고 전부 술에 취해버렸습니다. 아브라함은 그때까지 기다리고 있다가 갑자기 들이닥쳐서 군대를 다 쫓아버리고 조카 롯과 빼앗긴 물건을 다시 찾아서 돌아왔습니다.

그때 하나님의 존귀한 종 멜기세덱이 나와서 "아브라함을 이기게 하신 하나님을 찬양할지어다"라고 했습니다. 아브라함이 가만히 생각해보니까 이번 전쟁은 순전히 하나님께서 하신 일이었습니다. 그래서 아브라함은 전리품 중에서 십분의 일을 멜기세덱에게 바쳤습니다. 이것이 성경에 나오는 십일조에 대한 최초의 기록입니다. 즉 아브라함도 싸웠지만 하나님의 천사들이 앞장서서 싸웠기 때문에 아브라함이 이길 수 있었던 것입니다. 그래서 아브라함의 십일조는 아브라함이 하나님의 천사들과 함께 싸웠다는 것을 나타내는 것이었습니다.

그런데 외상으로 십일조를 드린 자도 있었습니다. 바로 야곱이었습니다. 야곱은 형에게 쫓겨서 도망치다가 들판에서 돌베개를 베고 자다가 하나님을 만났습니다. 야곱은 그곳이 너무 좋아서 자기가 베고 자던 돌에 기름을 다 부어버렸습니다. 이제 야곱은 돈도 없고 기름도 없고 아무것도 없었습니다. 그래서 하나님께 약속하기를 "하나님, 제가 무사히 외삼촌 라반의 집에 가는 동안 옷도 주시고 먹을 것도 주시고 나쁜 사람으로부터 보호해주시면 십일조를 바치겠습니다."라고 약속합니다. 이것은 외상으로 한 것입니다. 그리고 야곱은 20년 후에 부자가 되어서 돌아왔습니다. 그런데 야곱은 하나님께 십일조를 바친 것이 아니라 형에게 선물을 바쳤고 나중에는 벧엘로 돌아오지 않으려고 했습니다. 야곱은 가정에 어려움을 당하고 나서야 벧엘로 돌아갔습니다. 그러나 야곱이 십일조를 바쳤다는 말은 없습니다.

그런데 바벨론 포로에서 돌아온 유다 백성들은 오랫동안 십일조를 바치지 않았습니다. 그래서 레위인들이 제대로 먹고 살 수 없어서 모두 고향으로 돌아갔기 때문에 성전 예배가 엉망이 되고 말았습니다. 유다 백성들은 자기들의 양이 줄어들고 소가 줄어드는 것이 아까워서 하나님께 십일조를 바치지 않았던 것입니다. 그러니까 하나님의 마음도 유다 백성들에게 돌아오시지 않았습니다.

말 3:7, "만군의 여호와가 이르노라 너희 조상들의 날로부터 너희가 나의 규례를 떠나 지키지 아니하였도다 그런즉 내게로 돌아오라 그리하면 나도 너희에게로 돌아가리라 하였더니 너희가 이르기를 우리가 어떻게 하여야 돌아가리이까 하는도다"

우리가 적은 수입에서 십일조를 드리는 것은 그렇게 아깝지 않습니다. 만일 우리가 가진 돈이 천 원이 있는데 그중에서 백 원을 하나님께 드리는 것은 쉬울 것입니다. 그런데 우리가 가진 돈이 백억 원인데 그중에서 십억 원을 하나님께 바치려고 하면 아까울 것입니다.

2. 하나님의 기쁨

어린아이는 늘 아버지나 어머니로부터 용돈이나 학비를 받습니다. 왜냐하면 어린이는 돈을 벌지 못하고 부모로부터 용돈을 받지 못하면 아무것도 할 수 없기 때문입니다. 우리가 어렸을 때는 용돈이라는 것이 없었습니다. 그런데 제 반에는 멀리 김해에서 버스를 타고 다니는 학생이 있었습니다. 이 아이는 부모가 버스비 외에도 돈을 조금 더 주었습니다. 왜냐하면 버스를 잘못 타면 다시 갈아타고 와야 했기 때문입니다. 그런데 그 아이는 남는 차비로 늘 엿을 사서 빨고 다녔습니다. 우리도 그 엿을 한번 빨고 싶은데 그런 말을 할 수 없었고 그 아이는 우리에게 그런 기회를 절대로 주지도 않았습니다.

그런데 대개 어린이들은 엄마 아빠에게 감사하는 마음이 있기 때문에 엄마 아빠를 기쁘게 하기 위해서 푼돈을 모읍니다. 그래서 어버이날이 되면 그 돈으로 빵을 사든지 엄마 아버지가 필요로 하는 장갑이나 목도리 같은 것을 사 가지고 선물하면 부모가 얼마나 좋아하는지 모릅니다.

사람에게는 주는 것도 참으로 소중합니다. 받는 사람이 받기만 하는 것이 아니라 자기도 무엇인가 작은 보답을 할 때 감격하게 됩니다. 저는 옛날 전도사 시절에 서울시청 부근의 어느 일식집에서 직원들과 성경공부를 한 적이 있습니다. 몇 달 하다가 제가 대학원으로 돌아가야 해서 더 이상 나갈 수가 없게 되었을 때 그분들은 저에게 따뜻한 점퍼를 사주었습니다. 그때 얼마나 그 점퍼가 따뜻했는지 모릅니다.

자녀 중에서 늘 부모에게 받기만 하려는 자들이 있습니다. 그러면 그 자녀의 마음은 악하게 변하게 됩니다. 그래서 부모는 아이들에게 어른들에게 인사를 하게 시켜야 하고, 또 다른 사람에게 선물을 주는 훈련도 시켜야 합니다. 남에게 기부하는 분들은 계속해서 기부하는 모습을 보게 됩니다. 왜냐하면 기부하는 기쁨이 너무 크기 때문입니다. 우리가 하나님의 사랑을 조금이나마 하나님께 다시 돌려드린다면 하나님은 너무나도 기뻐하실 것입니다. "아, 이제는 우리 아이들이 제대로 크는구나!"라고 하면서 기뻐하십니다. 그런데 남에게 아무것도 줄 줄 모르고 움켜쥐고만 있는 사람은 스크루지 같이 아주 욕심스러운 사람이 될 것입니다. 그런 사람의 마음은 결국 도둑의 마음으로 만들어지게 되는 것입니다

말 3:8, "사람이 어찌 하나님의 것을 도둑질하겠느냐 그러나 너희는 나의 것을 도둑질하고도 말하기를 우리가 어떻게 주의 것을 도둑질하였나이까 하는도다 이는 곧 십일조와 봉헌물이라"

우리 인간은 하나님께서 아흔아홉 개를 주셨는데 한 가지가 부족하면 하나님을 원망하고 불평합니다. 하나님께서 주신 아흔아홉 개에는 감사하지 않는 것입니다. 좋은 학교도 나오고 직장도 좋지만 결혼이 안 되면 불평을 하고, 결혼하고 아이까지 낳았지만 아기가 빨리 말하지 못하면 걱정이 되고, 코로나에는 안 걸렸지만 정부에서 장사하지 못하게 하면 불평이 생기는 것입니다. 우리는 지금 살아있는 것만 해도 대단한 축복입니다. 어린아이들은 살아있기만 하면 남에게 다 줘도 됩니다. 왜냐하면 어린아이에게는 소유의 개념이 없기 때문입니다. 그들에게는 살아있는 것이 가장 기쁘기 때문입니다.

3. 축복을 향한 첫걸음

무엇이든지 생각만 하는 것보다는 무엇이든 시도해보는 것이 중요합니다. 유다 백성들은 하나님께 바치는 것이 아까워서 십일조를 안 바치니까 예루살렘 성전에서 예배가 중단되었습니다. 왜냐하면 레위인들이 일을 하기 위하여 자기 밭으로 가야만 했기 때문입니다. 예배가 중단된 후 밭에는 메뚜기나 깜부기 떼들이 쳐들어오고 비는 오지 않아서 온 땅이 황폐했습니다.

그때 하나님께서는 유다 백성들에게 손해 본다는 생각을 하고 한 번 하나님께 바치는 것을 시도해보라고 권면했습니다. 즉 하나님에 대한 너희 사랑을 입으로만 떠들지 말고 그냥 눈 꾹 감고 가서 바쳐보라고 했습니다. 그래서 하나님께서 너희 창고를 넘치도록 채워주시는지 안 채워주시는지 시험을 해보라고 하셨습니다.

말 3:10, "만군의 여호와가 이르노라 너희의 온전한 십일조를 창고에 들여 나의 집에 양식이 있게 하고 그것으로 나를 시험하여 내가 하늘 문을 열고 너희에게 복을 쌓을 곳이 없도록 붓지 아니하나 보라"

유다 백성들은 자기들의 창고가 두 군데 있다는 것을 알지 못했습니다. 하나는 이 세상에 있는 창고이고, 다른 하나는 하늘에 있는 창고였습니다. 그런데 유다 백성들은 이 세상에 있는 창고만 가득 차면 부자이고 부족한 것이 없는 줄 알았습니다. 그러나 사실 더 중요한 것은 하늘에 있는 창고였습니다. 왜냐하면 하늘의 창고에서 내려오는 것이 있어야 땅에 있는 창고도 가득 찰 수 있기 때문입니다.

지금 우리나라는 땅에 있는 창고는 가득 차 있는데 하늘의 창고는 비어 있습니다. 그러니까 경기가 형편없이 나빠지는 것입니다. 정부에서는 땅에 있는 창고의 돈을 거두어서 가난한 자들에게 나누어주려고 합니다. 물론 부자들끼리 잘먹고 잘사는 것보다는 낫지만 그것도 실패할 정책입니다.

예수님께서도 부자 청년에게 하늘에 있는 창고에 재물을 쌓아두라고 말씀하셨습니다. 중세의 성인 프란체스코는 부요한 상인의 아들이었습니다. 그러나 그는 예수를 믿고 옷 한 벌만 가지고 기도하면서 살았습니다. 겨울이 되면 감기에 걸려서 괴로워했습니다. 그러나 그는 하늘의 부자였습니다. 땅에서 모든 돈을 다 써버리면 하늘에서는 가난한 거지가 될 것입니다.

하나님께서는 유다 백성들에게 한번 시도를 해보라고 했습니다. 이것은 너희 머리로는 도저히 이해가 되지 않는 것이니까 생각하지 말고 눈감고 시도해보라는 권유의 말씀입니다. 그러면 결국 우주의 보석이신 하나님의 아들 메시야가 이 유다 백성들에게 오시게 될 것입니다.

우리는 이것이 믿음이라고 생각되면 시도를 해보아야 합니다. 이것저것 따지면 기회를 놓치게 됩니다. 예수님이 오신 후로 예수님처럼 살기 위해서 재산을 다 팔고 지팡이 하나만 집고 복음 전하러 다니는 사람들이 많이 생기게 되었습니다. 그중에 바나바도 있었고 사도 바울도 있었습니다. 그들이 세계를 변화시켰습니다. 그들은 오직 최소한의 것을 가지고 먹고 살면서 가는 곳마다 복음을 전했습니다.

우리가 하나님을 향하여 첫걸음을 옮기면 하나님이 이 땅을 아름답게 할 것이라고 하셨습니다.

말 3:12, "너희 땅이 아름다워지므로 모든 이방인들이 너희를 복되다 하리라"

지금 전 세계에는 아름다운 땅이 없습니다. 코로나 때문에 모두 엉망이 되었습니다. 사람들은 서로 싸운다고 난리입니다. 우리는 믿음으로 한 발자국을 옮기시기 바랍니다. 그리고 또 한 걸음을 옮기시기 바랍니다.

야고보 사도는 돈을 사랑하는 것이 일만 악의 뿌리라고 했습니다. 하나님께 바칠 수 있는 사람이 다른 사람도 도울 수 있습니다. 우리 성도들의 이런 첫걸음으로 우리나라가 다시 아름다운 나라가 될 수 있기를 바랍니다.

06

예배의 증거

말 3:13-18

우리가 다른 사람에게 전화를 걸 때 가장 중요한 것은 상대방이 내 전화를 받는 것입니다. 그래서 상대방의 전화번호를 누르면 전화가 가는 소리가 납니다. 그리고 그 소리가 끊어지면 상대방이 '여보세요'라고 하면서 그 사람이 전화를 받는 것입니다. 요즘은 전화 받는 것이 너무 귀찮으니까 수신을 거부하는 기능도 있습니다. 어떤 분은 전화가 왔는데 받지 않고 핸드폰을 거꾸로 놓기에 왜 그렇게 하느냐 물었더니 그러면 전화가 자동적으로 끊어진다고 했습니다.

요즘은 상대방이 직접 전화를 받지 않으면 문자 메시지를 보냅니다. 그러면 좀 시간이 지난 후 상대방으로부터 또 문자 메시지가 옵니다. '아, 내가 무슨 일을 하느라고 네 전화를 받지 못했는데 미안' 하면서 '무슨 일이냐?'고 묻습니다. 그래서 친구들 사이에서 가장 큰 잘못은 문자나 카톡까지 보내었는데 아무 답이 없다는 것입니다. 그것을 요즘 사람들은 '내 문자를 씹는다'고 표현합니다. 문자를 보냈는데 답이 없으면 절교까지 가게 되는 것입니다.

저는 성경을 읽으면서 아직도 이해하지 못하는 부분이 많이 있습니다. 그 중의 하나가 하나님이 어떻게 예배를 받으셨다는 것을 아는가 하는 것입니다. 창세기에 보면 아담의 아들 아벨도 제사를 드리고 가인도 제사를 드린 장면이 나옵니다. 그런데 하나님이 아벨의 제사는 받으시고 가인의 제사를 받지 아니하셨습니다. 그래서 가인이 너무 화가 나서 아벨을 들판으로 데리고 가서 때려죽입니다.

그런데 아벨은 어떻게 하나님이 자기 제사를 받으셨다는 것을 알았으며, 가인은 어떻게 하나님이 자기 제사를 받지 않으셨다는 것을 알았을까요? 그때까지만 해도 하나님께서 인간에게 나타나셨으니까 아벨이 제사 드릴 때는 하나님이 나타나서서 고개를 끄덕끄덕하시고 가인이 제사 드릴 때는 고개를 좌우로 돌리셨을까요? 어떤 사람은 아벨이 제사 드릴 때는 연기가 하늘로 똑바로 올라가고 가인이 제사 드릴 때는 연기가 땅으로 내려왔을 거라고 합니다. 그러나 이런 방법은 주로 무당이 종이를 불로 태우면서 하는 방법입니다. 하나님은 엘리야가 제사 드렸을 때 분명히 불로써 응답하셨습니다. 하늘에서 불이 떨어져서 제물과 돌과 물을 다 태워버렸던 것입니다. 이것은 누가 보든지 하나님이 제사에 응답하신 것이었습니다.

예수님께서는 병든 사람들이 나아와서 병을 고쳐달라고 요청했을 때 분명하게 응답하셨습니다. 어떤 때는 네 믿음이 너를 구원하였느니라고 말씀하셨고, 12년 동안 혈루병에 걸렸던 여자가 예수님의 옷자락을 만지고 병이 나았을 때는 "딸아 안심하라 네 믿음이 너를 구원하였다"(마 9:22)라고 말씀하셨습니다. 어떤 때 예수님은 응답하시지 않은 적도 있었습니다.

초대교회 때 사도들이 당국자들의 핍박을 받으면서 기도했을 때 주님은 땅이 진동하는 지진을 통해서 응답하셨습니다. 사도 바울과 실라가 빌립보 옥중에 갇혀서 기도할 때 땅이 흔들리고 옥문이 열리면서 주님은 그들의 예배에 응답하셨습니다. 반대로 아나니아와 삽비라가 거짓된 마음으로 땅을 팔아서 전부가 아닌데도 땅을 판 값 전부라고 속이려고 했을 때, 베드로는 어떻게 성령을 속이려고 하느냐 책망하자 아나니아와 삽비라는 죽었습니다. 사도행전에 보면 고넬료라는 백부장이 있는데 어느 날 천사가 나타나서 그가 드리는 헌금과 기도와 구제를 하나님이 받으셨다고 응답하는 것을 볼 수 있습니다.

우리가 여기서 알 수 있는 것은 적어도 성경 시대에는 하나님께서 음성이나 지진이나 천사를 통하여 예배를 받으셨다는 것을 응답하셨다는 사실입니다. 그런데 오늘 우리는 하나님이 나의 예배를 받으셨다는 것을 어떻게 확인할 수 있습니까?

오늘 사람들은 예배에 대하여 너무나도 가지각색으로 생각합니다. 어떤 사람은 예배가 예수 믿는 사람의 의무라고, 어떤 사람은 예배가 내가 좋은 말씀으로 도움받는 시간으로, 어떤 사람은 신앙적인 강의를 듣는 시간으로 생각합니다. 요즘은 우리나라에서도 열린 예배라고 해서 기독교인이 아닌 사람들이 참여할 수 있도록 세상 노래도 부르고 드라마도 하고 유익한 간증도 하는 예배가 있습니다. 또 어떤 곳에서는 찬양 예배라고 해서 찬양 부르면서 기도나 설교나 축복까지 다 하는 것을 볼 수 있습니다. 요즘은 코로나 때문에 비대면 예배라고 해서 인터넷을 통해서 설교나 찬송을 듣는 위주로 예배를 드립니다.

우리가 하나님께 예배드리는 것은 일방적으로 쇼를 하는 것일까요, 아니면 진짜 하나님이 우리 예배를 받으시는 것일까요? 어떤 분은 교회에 왜 가는지 물어보니까 그 교회 파이프 오르간 소리가 너무 좋아서 간다는 사람도 있고, 꽃꽂이가 너무 예뻐서 그것을 보러 간다는 사람도 있었습니다. 우리는 예배를 왜 드리며 하나님은 진짜 우리 예배를 받으실까요?

1. 우리의 소리를 들으시는 하나님

우리의 귀는 참 복잡하게 만들어져 있습니다. 우리 귀는 귀 바퀴를 통하여 소리를 모은 후에 귀 안으로 소리를 전달합니다. 그러면 이것이 귀 안에 있는 막을 울리면서 뇌로 전달되어서 소리를 듣게 됩니다. 귀에는 달팽이관이 있어서 몸의 균형을 잡기도 합니다. 그래서 나이가 들면 귀에서 이명이라고 해서 어지럼증이 생기기도 하고, 어떤 사람은 귀뚜라미 소리가 들리기도 하고, 높은 데 올라가서 기압이 맞지 않을 때는 멍해질 때도 있습니다.

요즘 사람들이 하는 말 중에 '불멍해멍' 이라는 말이 있습니다. '불멍' 은 불을 멍하게 쳐다보는 것을 말하고, '해멍' 은 바다를 멍하게 쳐다보는 것을 말합니다. 그런데 우리 인간의 귀는 아주 예민하게 만들어져서 많은 소리를 들을 수 있습니다. 특히 음악 하는 사람들은 음에 대하여 더 예민하게 들을 수 있습니다. 의사들은 청진기를 환자의 몸에 대고 그냥으로는 들리지 않는 환자의 심장 뛰는 소리를 듣기도 합니다. 그래서 옛날에는 의사의 상징이 목에 청진기를 걸고 있는 모습이었습니다.

우리는 예배 시간에 교회에 나아와서 기도도 하고 찬송도 하고 설교 말씀도 듣습니다. 그런데 하나님께서 이 모든 소리를 다 들으실까요? 하나님은 이 모든 소리를 다 들으실 뿐 아니라 불평하는 소리나 원망하는 소리까지도 다 들으십니다.

말 3:13, "여호와가 이르노라 너희가 완악한 말로 나를 대적하고도 이르기를 우리가 무슨 말로 주를 대적하였나이까 하는도다"

유다 백성들은 바벨론 포로에서 돌아온 후 아무리 예배를 드려도 하나님의 특별한 응답이 없으니까 예배가 타락하기 시작했습니다. 신앙은 항상 이렇게 되기가 쉽습니다. 처음에 신앙이라고 하는 것은 살아있는 체험입니다. 그러나 시대가 좀 지나면 이것이 제도로 변하게 되고 나중에는 문화 현상이 되어버립니다. 그래서 요즘 우리나라 정부에는 예배를 종교 활동이라고 부릅니다. 유다 백성들도 예배를 하나의 종교 활동으로 생각하니까 제사를 좋은 것으로 드릴 필요가 없었던 것입니다. 그 제물들은 불로 태울 것들이니까 좋은 것이든 나쁜 것이든 상관이 없는 것입니다.

그래서 유다 백성들은 제물을 바칠 때 눈먼 것이나 다리 저는 것을 바쳤고 십일조도 무시했으며 헌금도 제대로 바치지 않았습니다. 그 대신 그들의 일상생활은 이방 여인들과 음란한 생활을 하느라고 다 소비했습니다. 그들은 하나님께 바치는 헌금보다도 팁을 더 많이 썼던 것입니다. 팁이라고 하니까 생각이 나는 것이 있습니다. 성철 스님의 제자 중 한 사람이 신도로부터 돈을 받았습니다. 그래서 큰 스님에게 가서 '오늘 신도로부터 팁을 받았습니다' 라고 하니까 큰 스님이 '이놈아, 그것은 시주라고 하는 거야. 팁이 무엇이냐?' 하면서 야단을 맞았다는 것입니다.

유다 백성들은 팁으로 돈 쓰는 것을 아주 좋아했습니다. 바람피우는 것이나 불륜은 예사였습니다. 이것을 보고 하나님은 자신을 대적하는 것으로 여겼습니다. 그래서 하나님은 말라기 선지를 통해 말씀하셨습니다. "너희들은 왜 예배드린다고 말은 하면서 나를 대적하느냐?"고 하셨습니다. 그랬더니 유다 백성들은 발끈하면서 "우리가 언제 하나님을 대적했습니까? 우리가 하나님께 해드리지 않는 것이 뭐가 있습니까?"라고 하면서 대들었던 것입니다. 그러나 하나님은 무슨 심정으로 예배드리는지 다 알고 계십니다.

예수님은 바리새인들이 사거리에서 기도하는 것을 보셨습니다. 사람들은 저 분들이 얼마나 기도하고 싶으면 길 가다가도 기도를 하는가 생각하겠지만, 예수님은 그들이 기도하는 것을 보여주기 위해서 쇼를 하고 있으며 저런 기도는 자기 상을 다 받은 것이라고 말씀하셨습니다. 어떤 과부가 동전 두 개를 헌금했을 때 예수님은 그 과부가 자기 생활비 전부를 바쳤다는 것을 알고 계셨습니다.

출애굽기 15장에 보면, 이스라엘 백성들이 출애굽한 후 광야에 들어갔을 때 며칠을 걸어도 물을 구할 수 없었습니다. 그때 이스라엘 백성들은 모세와 아론을 원망하면서 우리를 그냥 애굽에 두지, 애굽에는 묘지가 없어서 이 광야에서 죽게 하느냐고 소리를 질렀습니다. 그리고 돌을 던져 모세와 아론을 쳐 죽이려고 할 정도로 분위기가 좋지 않았습니다. 그때 모세는 하나님께서 너희들이 하는 소리를 다 들으셨다고 했습니다.

또 이스라엘 백성들은 모세에게 고기가 먹고 싶다고 원망하며 고기를 달라고 요구했습니다. 모세가 하나님께 "광야에서 무슨 재주로 이 많은 사람이 먹을 수 있는 고기를 구하겠습니까?"라고 물었을 때 하나님은 그 소리도 다 들으셨습니다. 그래서 하나님은 저녁에 메추라기를 수도 없이 날려 보내서 쌓이게 하셨습니다. 그리고 아침에는 이슬과 함께 만나를 주셨습니다. 그러나 하나님은 이스라엘 백성들을 축복하시지 않았습니다. 그래서 고기를 주지 않는다고 원망했던 이스라엘 백성들은 입에 고기를 문 채 죽었습니다(민 11:33). 우리는 하나님께서 우리 기도를 들으시는가, 우리 찬송을 들으시는가 의심할 필요가 없습니다. 진짜 중요한 것은 그것이 정말 진심에서 나온 것이며 들을 가치가 있느냐 하는 것이 중요한 것입니다.

2. 예배는 무익하다는 생각

유다 백성들은 바벨론에 포로로 잡혀갔다가 페르시아 때 돌아왔습니다. 그들은 유다와 예루살렘이 전부인 줄 알았는데 엄청나게 큰 나라가 있다는 것을 알았고, 또 민족마다 다른 종교가 있다는 사실을 알게 되었습니다. 유다 백성들은 그때 세계를 보았던 것입니다. 그리고 우리가 아무리 여호와를 섬겨봐야 아무 소용이 없다고 생각했습니다. 왜냐하면 모든 민족마다 다 섬기는 신이 있고 유다보다 엄청나게 큰 나라들이 많이 있는 것을 보았기 때문입니다.

그래서 유다 백성들이 여호와를 섬기는 것은 정신적인 어떤 지주가 하나 있는 것이 없는 것보다 낫기 때문에 믿는 것이지 여호와만이 참 하나님이라고 믿을 수 없었습니다. 왜냐하면 다른 민족의 신들은 다 엉터리이고 여호와만 참 신이라고 말할 증거가 없었기 때문입니다. 그리고 여호와만 참 신이라면 이스라엘 백성들이 세계를 지배하든지 아주 큰 민족이었어야 하는데 이스라엘 민족은 겨우 포로 민족의 하나에 불과했기 때문입니다. 그래서 유다 민족은 하나님을 믿기는 하지만 실제로 마음속으로는 하나님을 믿는 것이 소용없다고 생각했습니다.

말 3:14, "이는 너희가 말하기를 하나님을 섬기는 것이 헛되니 만군의 여호와 앞에서 그 명령을 지키며 슬프게 행하는 것이 무엇이 유익하리요"

유다 백성들은 하나님의 종교는 그저 유다 민족의 민족 종교에 불과하다고 생각했습니다. 그래서 그들은 하나님을 목숨을 다해서 섬기는 것은 헛된 것이라고 착각했습니다. 유다 백성들은 단지 민족정신을 잃지 않을 정도로만 예배드리면 된다고 생각했습니다. 하나님께서 유다 백성들에게 "너희 목숨을 다하고 힘을 다하고 정성을 다해서 하나님을 사랑하라"고 명령하셨는데 그렇게 할 필요가 없다는 것이었습니다.

유다 백성들이 목숨을 다해서 하나님의 말씀에 순종할 때 유다 백성들의 죄가 사하여지고 하나님의 능력이 나타나게 되어있습니다. 그러나 유다 백성들은 그런 것은 다 거짓이라고 생각했습니다. 그래서 하나님의 명령을 지킬 필요 없고 자기를 괴롭게 해서 안식일을 지킬 필요도 없다고 생각했습니다. 여기서 "자기를 슬프게 행하는 것"은 예배를 드리고 안식일을 지키는 것을 말합니다.

우리는 유다 백성들의 생각을 이해할 수 있습니다. 왜냐하면 유다 백성들의 눈에는 하나님이 보이지 않고 자기들은 하나님을 믿는다고 하지만 가난한 포로에 불과했기 때문입니다. 유다 백성들이 현실을 보니까 하나님을 믿지 않는 자들이 훨씬 더 힘이 있고 잘 사는 것처럼 보였습니다.

말 3:15, "지금 우리는 교만한 자가 복되다 하며 악을 행하는 자가 번성하며 하나님을 시험하는 자가 화를 면한다 하노라 함이라"

유다 백성들이 보기에 겸손한 자들은 강한 자에게 짓밟히기나 하고, 교만한 자가 훨씬 높은 지위를 차지하고, 악을 행하는 자가 돈을 더 잘 벌고, 하나님을 부정하는 자가 이기는 것이었습니다. 여기서 "하나님을 시험하는" 것은 부정하는 것을 말합니다. 그리고 "화를 면한다" 하는 것은 싸움에서 이기는 것을 말합니다. 그러니까 하나님을 잘 믿어봐야 아무 소용이 없더라는 것입니다.

우리가 이 세상을 보면 예배를 잘 드리고 하나님을 잘 믿는다고 해서 성공하는 법은 없습니다. 예수를 열심히 믿고 교회를 착실히 다닌다고 해서 더 성공하는 것도 아니고 더 좋은 학교에 합격하는 것도 아니고 더 결혼을 잘하는 것도 아닙니다. 오히려 이 세상은 하나님이 안 계시다고 해야 이해가 잘 될 정도로 힘을 가진 사람이 성공하고, 머리가 좋은 사람이 합격하고, 힘이 센 사람이 싸움에서 이기는 것을 보게 됩니다. 우리가 이런 것을 보면 아무리 예수를 잘 믿어도 소용없다는 생각이 들 때가 있습니다. 더욱이 젊은이들은 아무리 노력해도 취직이 잘되지 않으니까 교회에 나가는 것보다는 공무원시험 준비를 하거나 다른 취직시험 준비를 하는 것이 더 낫다고 생각하는 것을 보게 됩니다.

그러나 하나님께서는 영과 진리로 예배를 드리는 자를 찾으신다고 하셨고(요 4:24), 마음과 뜻과 정성을 다하여 너희 하나님을 사랑하라고 말씀하셨습니다. 구약 유다 백성들도 바벨론 포로에서 돌아온 후 아무리 열심히 예배를 드려도 하나님의 능력은 나타나지 않고, 이방 나라들이 점점 더 강해지니까 예배에 대한 모든 열정을 잃어버리게 되었습니다. 그러나 하나님이 계시지 않으면 이런 우주 자체가 존재할 수 없고 하나님이 안 계시면 우리는 한순간도 살아갈 수 없습니다. 지구의 온도가 조금만 변해도 폭우가 쏟아지고 허리케인이 몰려오고 얼음 눈이 퍼붓는데 어떻게 하나님 없이 인간이 살아갈 수 있겠습니까?

하나님께서 신약 시대에는 예배를 받으시는데 응답하시는 방법이 다릅니다.

"이는 우리 복음이 너희에게 말로만 이른 것이 아니라 또한 능력과 성령과 큰 확신으로 된 것임이라 우리가 너희 가운데서 너희를 위하여 어떤 사람이 된 것은 너희가 아는 바와 같으니라"(살전 1:5).

즉 우리가 말로만 설교를 듣고 찬송을 부르고 기도하는 것이 아닙니다. 하나님께서는 성령으로 우리 마음을 뜨겁게 하십니다. 우리가 예배를 드리는 것은 우리가 은혜받는 시간이 아니라 하나님을 섬겨드리는 시간입니다. 즉 영어로는 서비스(Service)인 것입니다. 우리가 설교를 듣는 시간은 하나님의 얼굴을 보는 시간입니다.

그런데 하나님께서 받으시는 예배는 말로만 이르지 않습니다. 어떤 능력이 우리에게 임합니다. 즉 모든 불신앙을 이기는 능력으로 하나님이 찾아오시는 것입니다. 두려움이 없어지고 의심이 없어지고 능력으로 찾아오십니다. 그리고 성령의 확신이 우리에게 임하는데 이때 마음이 뜨거워집니다. 그리고 하나님은 우리 마음에 기쁨으로 응답해주십니다. 그래서 예배드리고 난 후에 분노가 생긴다면 응답된 예배가 아닙니다.

그런데 여기서 예배의 놀라운 증거에 대하여 하나님은 말씀해주십니다.

말 3:16, "그 때에 여호와를 경외하는 자들이 피차에 말하매 여호와께서 그것을 분명히 들으시고 여호와를 경외하는 자와 그 이름을 존중히 여기는 자를 위하여 여호와 앞에 있는 기념책에 기록하셨느니라"

그런데 우리에게 참 이상한 일이 일어날 때가 있습니다. 그것은 우리가 정식으로 기도한 것이 아니라 단지 걱정되어서 성도들끼리 이야기하고 어떤 때는 전화로 통화했을 뿐인데 이상하게 조금 지나고 보면 그 일이 이루어지는 경우가 많이 있다는 것입니다. 예를 들어서 어떤 성도가 이사 문제로 걱정하고 있었습니다. 지금 주인이 집값을 올려주든지 아니면 집을 비워 달라고 하는데 그렇다고 해서 따로 특별히 갈 데가 있는 것도 아니었습니다. 그래서 그 문제를 가지고 가까운 성도와 이야기하고 있는데 누군가 어디에 이사 갈 때가 있다고 하는데 금액까지도 딱 맞는 것입니다.

사실은 이것보다 더 놀라운 방법으로 이루어질 때도 많이 있습니다. 그 이유는 진리로 예배를 드리는 자는 하나님께서 서로 대화를 나누는 것까지 기도로 받으셔서 이루어주시기 때문입니다. 그래서 어떤 때는 전화통화 하는 것이 기도가 될 때도 있습니다. 하나님께서는 하나님께 경외하는 자들이 피차 말하는 것을 분명히 들으시고 기념 책에 기록하셔서 응답해 주신다고 말씀하셨습니다. 그래서 어떤 때는 우리가 기도하고 시간이 지나서 기도한 내용을 잊어버렸는데도 응답될 때가 있는 것입니다. 이것이 바로 예배가 살아있다는 증거인 것입니다.

우리가 눈에 보이지 않는 하나님을 믿는 이유가 어디에 있습니까? 하나님이 나에게 사랑으로 찾아오셨기 때문입니다. 우리가 세상만 바라보면 하나님을 믿지 않는 것이 훨씬 편한 것 같지만 우리는 하나님의 사랑을 배신할 수 없습니다. 하나님은 그런 사람을 찾으셔서 그들이 생각하는 것이나 말하는 것이나 전화하는 것까지도 다 이루어주시는 것입니다.

3. 가치가 드러나게 됨

우리는 똑같은 사람이라 하더라도 가치가 똑같다고 생각하지는 않습니다. 예를 들어서 어떤 사람이 알코올 중독자이거나 혹은 마약을 하거나 심지어는 살인을 한다면 우리는 그를 가치 있는 사람으로 생각하지 않습니다. 더욱이 우리는 정치인이라고 하고 심지어는 종교 지도자이고 유명한 가수라 하더라도 거짓말을 하고 명예만 좇는 사람을 가치 있다고 생각하지 않습니다. 그러나 이 세상에 가치 있는 사람들이 있습니다. 자기를 희생해가면서 불타는 집에서 사람을 구출해내는 사람도 있습니다.

얼마 전에 어떤 사람은 앵무새를 키웠습니다. 그런데 그 집에서 불이 났습니다. 주인은 불이 났는데도 모르고 잠을 자고 있었습니다. 그런데 잠결에 들으니까 누군가가 자기 이름을 자꾸 부르더라는 것입니다. '앤디, 앤디, 집에서 나가, 집에서 나가!' 그래서 정신을 차리고 보니까 집에 불이 났고 앵무새가 자기를 깨우고 있더라는 것입니다. 그래서 이 이야기를 들은 사람들은 정말 이것은 이야기책에서나 날 일이라고 하면서 앵무새를 칭찬했다고 합니다.

개들이 다른 사람들에게 으르렁거리는 것은 주로 주인을 보호하려고 그렇게 한다고 합니다. 우리가 하나님을 지킬 필요는 없지만 하나님의 이름이 욕을 먹을 때 으르렁거려야 하는데 우리는 꼬리를 내리고 숨는 경우가 많습니다. 그러나 우리는 무슨 일이 있어도 절대로 하나님의 이름이 욕을 먹게 해서는 안 됩니다.

말 3:17, "만군의 여호와가 이르노라 나는 내가 정한 날에 그들을 나의 특별한 소유로 삼을 것이요 또 사람이 자기를 섬기는 아들을 아낌 같이 내가 그들을 아끼리니"

하나님께서는 하나님을 진심으로 예배하는 자들을 특별한 소유로 삼으신다고 말씀하셨습니다. 이 세상 모든 것이 다 하나님의 것이지만 그중에서도 특별한 하나님의 것이 있습니다. 그것은 비싼 것이고 희귀한 보물입니다. 만약 우리가 하나님이 가장 아끼시는 다이아몬드 목걸이라고 하면 얼마나 좋겠습니까?

하나님께서는 우리를 아들 대하듯이 할 것이라고 하셨습니다. 우리는 피조물이고 결국 버려질 존재인데 하나님은 예배드리는 자를 아들로 삼아서 버리지 않는다고 하셨습니다. 하나님은 그때 우리에게 모든 것을 아낌없이 주시리라고 했습니다. 우리 인간은 모두 다 죽게 되어 있고 죽을 때 아무것도 가져가지 못하는데 한 번 이 말씀을 믿어 보면 어떻습니까?

얼마 전 신문을 보니까 우리나라에 엄청난 보물이 하나 있는데, 어떤 사람이 그것을 훔쳐서 어딘가에 몰래 숨겨 두었다는 것입니다. 그것이 무엇인가 하면 《훈민정음 해례본》이라는 책이었습니다. 그 책의 가치는 약 일조 원 정도 된다고 했습니다. 저는 만약 그 책 하나가 일조 원이 된다면 성경은 수천조 원이 될 것이라고 생각했습니다. 왜냐하면 이 말씀은 영원히 죽을 사람들을 살릴 책이기 때문입니다.

그런데 참 놀라운 것은 하나님께서 그렇게 영생이 있다고 말씀하셔도 사람들은 영생을 믿지 않는다는 것입니다. 아마도 사람들은 코로나를 이기는 백신이 나왔다고 하면 줄을 서서 주사를 맞을 것입니다. 처음에 코로나가 퍼졌을 때 사람들은 마스크를 사려고 우체국 앞에서 줄을 서는데 그 길이 보이지 않을 정도였습니다. 그런데 사람은 하나님이 영생을 주신다고 해도 그것을 믿지 않습니다. 왜냐하면 영생하는 것이 너무 엄청나서 믿기지 않기 때문입니다.

우리 예수 믿는 사람들에게는 죽음이 없습니다. 사람들에게 가장 안타깝고 불쌍하고 고통스러운 것은 죽음 아닙니까? 그러나 우리에게는 죽음이 없습니다. 우리에게 있어서 죽음은 수술받기 위해서 잠시 마취 받는 것에 불과합니다. 우리는 모두 다시 일어날 것입니다. 그것을 믿으면 될 텐데 사람들은 끝까지 믿지 않습니다.

하나님은 우리가 예수 그리스도의 이름으로 기도하면 무엇이든지 다 들어주시겠다고 말씀하셨습니다. 예수님께서는 우리에게 겨자씨만 한 믿음만 있으면 산이 옮겨져서 바다에 빠지라고 해도 그대로 될 것이라고 하셨습니다(마 17:20). 산이 옮겨져서 바다에 빠지는 것은 대지진 때 일어나는 현상입니다. 일본에서는 화산이 폭발해서 산이 바다를 메우는 바람에 섬이 육지가 된 곳이 있는데 그곳이 사쿠라지마입니다.

우리에게는 하나님의 그런 엄청난 능력이 있습니다. 하나님을 경외하는 자는 원자폭탄을 하나씩 가지고 있는 것입니다. 그래서 우리는 핵무기를 두려워하지 않고 코로나를 두려워하지 않습니다. 예수님께서는 갈릴리 호수를 지나면서 광풍을 만나서 죽는 것을 두려워하는 제자들에게 "왜 무서워하느냐? 믿음이 작은 자들아"라고 말씀하셨습니다. 온 천하를 지으신 창조주가 우리와 함께 계시는데 폭풍이나 전쟁을 두려워해서는 안 되는 것입니다. 또 하나님은 그때 의인과 악인을 구별하실 것이라고 말씀하셨습니다.

말 3:18, "그 때에 너희가 돌아와서 의인과 악인을 분별하고 하나님을 섬기는 자와 섬기지 아니하는 자를 분별하리라"

우리 모든 인류는 마지막 순간을 기대하고 있습니다. 하나님의 아들이 오실 때 의인들은 공중에서 주를 맞이하게 됩니다. 이것이 바로 어린 양의 잔치입니다. 그러나 악인들은 미라 같은 상태에서 지옥으로 떨어질 것입니다. 그들은 불에 타고 또 탈 것입니다. 우리가 하나님을 섬기는 것은 너무나도 복된 것입니다. 하나님을 섬기지 않는 자는 자기를 섬기는 우상 숭배자입니다. 그들은 마귀와 함께 영원한 지옥 불에 떨어지게 될 것입니다.

우리가 죽는 것은 잠시 마취되는 것입니다. 우리가 잠을 깼을 때 너무나도 멋진 모습으로 영원히 살게 될 것입니다. 그리고 악한 자는 이 세상에서 잘사는 것이 전부입니다. 그리고 그 후에는 지옥 불밖에 없습니다. 하나님을 예배하지 않던 인간은 영원한 고통 중에 있어야 하고 또 있어야 합니다. 왜냐하면 인간이 가지고 있는 그 병균이 너무 지독해서 그렇게 살처분하지 않으면 온 우주에 퍼지기 때문입니다.

나이가 78세가 된 바이든이 미국의 대통령이 되었을 때 노인들이 엄청나게 희망을 가지게 되었고 나이는 숫자에 불과하다는 말까지 했습니다. 나이가 들어서도 얼마든지 꿈을 가질 수 있고 비전을 가질 수 있습니다. 우리 성도들도 지금보다 더 희망을 가지고 꿈을 가지셔서 최고의 축복을 다 받게 되시기를 바랍니다.

07

치료하는 광선

말 4:1-6

옛날에는 광선이라고 하면 우리 눈에 보이는 빛만 생각했습니다. 그러나 우리 눈에 보이지 않는 빛들이 많이 있습니다. 그것이 몸을 통과하기도 하고 물건을 자르기도 합니다. 얼마 전에 어느 분이 대장암에 걸리게 되었습니다. 옛날 같으면 대장암에 걸리면 칼로 배를 갈라서 아주 큰 수술을 해야만 했습니다. 그러나 요즘은 기술이 발달해서 배에 구멍만 두 개 뚫어서 한쪽 구멍으로는 카메라를 넣고 다른 쪽 구멍으로는 레이저 칼을 넣어서 레이저로 수술을 하니까 아주 간단하고 후유증도 별로 심하지 않고 깨끗하게 수술이 끝난다고 합니다. 그래서 요즘은 암은 물론 뇌종양에도 레이저 광선을 사용하여 수술하는 경우가 많습니다.

 옛날 어떤 중국 사람이 장강에 배를 타고 가면서 원숭이 새끼가 있어서 잡아서 갔습니다. 그것을 보고 원숭이 어미가 새끼를 내놓으라고 그 배를 끝까지 따라오다가 죽었다고 합니다. 사람들은 왜 원숭이 어미가 멀쩡하게 따라오다가 죽었는가 궁금해서 배를 갈라보니까 창자가 다 끊어져 있더라는 것입니다. 그래서 원숭이도 새끼를 빼앗겼을 때 너무 애를 쓰다 보니까 창자가 다 끊어져서 죽는다는 것을 알게 되었습니다. 여기에서 창자가 끊어지는 아픔을 뜻하는 '단장(斷腸)'이라는 고사성어가 나왔습니다.

요즘 우리나라에서는 누군가가 몽둥이로 때리거나 칼로 찌르지 않아도 스트레스를 받아서 돌연사하거나 자살하는 사람들이 많이 있습니다. 그렇지 않으면 스트레스로 공황장애나 우울증으로 고생하는 사람들도 많이 있습니다. 이렇게 스트레스는 굉장히 무서운 병이나 사망의 원인이 되고 있지만 현대를 사는 사람들은 이 스트레스를 피할 수가 없습니다.

이차대전 때 일본 히로시마에 원자탄이 떨어졌을 때 일본 사람들은 하늘에서 불이 떨어졌다고 했습니다. 그리고 순식간에 8만 명 정도의 사람들이 타 죽었습니다. 하늘에서 떨어진 불을 맞은 사람들은 몸이 새카맣게 타 있었습니다. 그런데 요즘 북한도 이런 원자탄을 만들어 우리나라를 위협하고 있습니다.

1. 용광로 같은 세상

본문은 구약성경 맨 마지막에 기록되어 있는 말씀입니다. 이 말씀에 의하면 앞으로 이 세상에는 용광로 불같은 날이 이 세상에 임할 것이라고 경고하고 있습니다. 즉 지구가 점점 데워져서 나중에는 지구 전체가 불덩어리 같이 되는 날이 온다는 것입니다.

> 말 4:1, "만군의 여호와가 이르노라 보라 용광로 불같은 날이 이르리니 교만한 자와 악을 행하는 자는 다 지푸라기 같을 것이라 그 이르는 날에 그들을 살라 그 뿌리와 가지를 남기지 아니할 것이로되"

저희 교회 교인 중에 주물 공장을 운영하는 분이 계십니다. 그분의 공장은 일 년 내내 뜨겁습니다. 왜냐하면 용광로에서 쇠를 녹여야 하기 때문입니다. 용광로에서 뜨거운 불을 피우면 쇠가 녹아서 빨간 액체처럼 됩니다. 그러면 그 붉은 액체를 미리 만들어 놓은 틀에 집어 넣어서 식히면 여러 모양의 쇠로 만든 물건이 만들어지게 됩니다. 그 쇳물로 볼트도 만들고 기계 재료도 만들고 삽이라든지 도끼라든지 모든 종류의 물건을 만들 수 있다고 합니다. 그러나 용광로 때문에 더워서 늘 땀을 흘리고 고생이 많으시지요.

하나님께서는 앞으로 용광로와 같은 날이 오게 될 것이라고 했습니다. 그런 날이 오게 되면 쇠는 녹아서 빨간 쇳물이 되어서 여러 가지 모양의 물건으로 만들어지게 되지만 그렇지 않고 교만한 자나 악을 행하는 자는 불에 타서 없어지게 된다고 했습니다. 그런데 "뿌리와 가지"까지 타서 없어진다고 한 것을 보면 교만한 자나 악을 행하는 자를 식물로 비유한 것을 알 수 있습니다. 교만한 자는 하나님을 인정하지 않는 자입니다. 악을 행하는 자는 자기 정욕이나 야망을 위해서 사는 자입니다. 그들은 세상에 뿌리를 내리고 하늘을 향하여 가지를 뻗습니다. 그러나 용광로 같은 불이 붙으면 뿌리와 가지가 다 불타 없어지게 됩니다.

우리나라도 봄 건조기가 되면 주로 강원도 쪽에서 산불이 많이 납니다. 그때 불이 잘 꺼지지 않는 이유는 뿌리까지 불이 붙기 때문입니다. 강한 바람까지 불게 되면 불을 끌 생각조차 하지 못할 정도로 번지게 됩니다. 나무는 비가 많이 내리고 환경이 좋으면 높이 자라게 됩니다. 그런데 나무의 치명적인 약점은 누군가가 도끼로 나무를 잘라 버리거나 산불이 붙어서 나무를 태워버리면 재만 남게 되는 것입니다. 그러나 의인들은 용광로 같은 불이 붙어도 없어지지 않고 그대로 남게 됩니다.

이 비유를 그대로 사용한 사람이 세례 요한입니다. 세례 요한은

"이미 도끼가 나무 뿌리에 놓였으니 좋은 열매를 맺지 아니하는 나무마다 찍혀 불에 던져지리라"(마 3:10)고 했습니다. 아무리 나무가 무성해도 열매가 맺히지 않으면 도끼로 찍어서 불에 던져 태워버린다는 경고입니다.

하나님은 성경에서 불에 던져져도 사는 사람을 보여주셨습니다. 그들은 바로 사드락과 메삭과 아벳느고입니다. 그들은 느부갓네살의 신상에 절하면 살려준다는 왕의 명령을 거역하여 용광로에 던져졌지만 그들은 불에 타 죽지 않았습니다. 놀라운 것은 그들이 불에 들어갔을 때 불 가운데 한 분이 더 있었던 것입니다. 느부갓네살은 그분이 하나님의 아들이라고 했습니다(단 3:25). 이 세상에서 하나님의 말씀과 믿음으로 산 사람은 용광로 같은 날이 오게 될 때 더 쓸모 있는 도구로 만들어지게 됩니다. 그러나 교만한 자는 다 불에 타서 뿌리까지 없어지게 될 것입니다.

2. 치료하는 광선

하나님은 이 세상에서 가장 가치 있는 사람은 권력자나 부자나 학자가 아니라 하나님을 경외하는 사람이라고 하셨습니다. 여기서 하나님을 경외하는 사람이라는 것은 하나님을 인정하고 사는 사람을 말합니다. 이 세상 사람들은 하나님을 인정하는 사람과 하나님을 인정하지 않는 사람으로 나누어지게 됩니다. 일단 하나님을 인정하지 않는 사람은 눈에 보이는 것이 전부이기 때문에 자기 욕심과 야망과 성공을 위해서 살게 됩니다. 그리고 그들이 이 세상에 사는 목적은 많은 것을 가지는 것이고 사람들의 인정을 받는 것입니다.

그러나 하나님을 인정하는 사람은 자기 마음대로 살지 못합니다. 일단 하나님을 경외하는 사람은 하나님께 예배를 드려야 하고 하나님의 뜻에 맞게 살아야 합니다. 그리고 하나님의 뜻이 무엇인지 몰라서 고생을 많이 하게 됩니다. 우리는 하나님의 뜻대로 살아야 하는데 하나님의 뜻을 모르고 있습니다. 그래서 그리스도인들은 마치 쇳덩어리같이 이리저리 굴러다니면서 사람들에게 구박을 받습니다. 반대로 정욕대로 사는 사람은 나무같이 위를 향해서 길게, 길게 자랍니다. 그러나 용광로 같은 날이 오게 되면 하나님을 경외하는 자는 뻘건 쇳물이 되어서 하나님의 틀에 들어가서 칼이 되든지 망치가 되든지 합니다. 그러나 하나님을 경외하지 않는 자는 불에 뿌리까지 타서 다 없어지게 됩니다.

여기에 보면 우리는 두 가지 태양이 있다는 것을 알게 됩니다. 우선 첫째는 의로운 태양입니다.

> 말 4:2, "내 이름을 경외하는 너희에게는 공의로운 해가 떠올라서 치료하는 광선을 비추리니 너희가 나가서 외양간에서 나온 송아지 같이 뛰리라"

이것이 옛 개역한글 성경에는 "공의로운 해" 대신에 "의로운 해"로 되어있습니다. 하나님은 두 개의 태양을 준비하십니다. 그런데 하나님을 경외하는 자에게는 '의로운 해'가 떠오르는 것입니다. '의로운 해'는 하나님의 말씀의 빛을 비추는 것을 말합니다. 그래서 하나님은 그들에게 "치료하는 광선"을 비추게 합니다. 우리에게 하나님의 말씀을 비출 때 우리에게 레이저 광선이 비추게 되는데 이 레이저 광선은 여러 가지를 치료합니다. 하나님은 치료하는 광선으로 우리의 눈을 치료해서 앞을 볼 수 있게 하십니다.

우리 눈을 뜨게 되면 하나님이 만드신 세계와 하나님의 뜻을 알게 됩니다. 예수님은 참새 한 마리도 하나님의 허락이 없으면 죽지 않는다고 하셨습니다(마 10:29). 그리고 게으른 자는 개미에게 가서 그 지혜를 배우라고 했습니다(잠 6:6). 이사야 선지는 주를 경외하는 자는 독수리의 날개 치며 올라감같이 올라갈 것이라고 했습니다(사 40:31). 베드로는 닭 우는 소리를 듣고 예수님의 말씀이 생각나서 밖에 나가서 통곡했습니다(마 26:75). 그리고 우리 뇌의 혹을 제거하셔서 하나님의 말씀을 알아듣게 합니다.

그리고 이 치료하는 광선은 우리의 양심을 고쳐서 감각이 있게 합니다. 가장 먼저 수치심이 생기게 됩니다. 우리가 죄를 지으면 부끄러운 감정이 생깁니다. 우리는 숨을 쉴 수 있습니다. 그래서 기도를 하게 됩니다. 우리는 만족하는 것이 달라집니다. 이제 우리는 재물을 많이 가져서 기쁜 것이 아니라 하나님이 나에게 계시므로 만족하게 됩니다.

반대로 하나님을 경외하지 않는 자에게 불의의 해는 치료하는 광선이 아니라 사람을 미치게 하고 악한 생각에 빠지게 하고 혈기를 부리고 화나게 만드는 광선입니다. 불의한 해는 마치 카바레의 조명처럼 어둡고 불그스름한 빛입니다. 그 안에는 사람을 중독시키는 광선이 나오게 됩니다. 그래서 악한 광선은 술과 마약에 중독되고 돈과 욕심에 중독되게 합니다. 그런데 이 악한 광선을 쪼이면 힘이 생기는 것이 아니라 기운이 점점 더 빠지게 됩니다. 정신은 더 늙어가게 되고 고집은 더 세지게 됩니다.

그러나 치료하는 광선이 쪼인 사람들은 외양간에서 나온 송아지같이 뛴다고 했습니다. 송아지가 외양간에 오래 갇혀 있으면 답답해서 견디지 못합니다. 그러다가 추위가 좀 물러가고 송아지가 좀 자라게 되면 외양간 문을 열어서 밖에 나가게 합니다. 그러면 송아지는 너무 기뻐서 껑충껑충 뛰면서 뛰어다니는데 얼마나 예쁜지 모릅니다.

우리는 오랫동안 갇혀 있었습니다. 마치 중환자실에서 침대에 손발이 묶인 환자처럼 중환자실 밖을 벗어나지 못했습니다. 화장실도 혼자 가지 못했습니다. 그래서 계속 누워 있어야 했습니다. 그러나 하나님의 빛이 내 마음에 비추면 우리는 병석에서 일어서서 중환자실에서 나오게 되고 자유자재로 살아갈 수 있습니다.

또 우리는 악인을 밟을 것이라고 했습니다.

말 4:3, "너희가 악인을 밟을 것이니 그들이 내가 정한 날에 너희 발바닥 밑에 재와 같으리라 만군의 여호와의 말이니라"

우리에게 의로운 태양이 떠오르기까지 우리는 악한 자의 밥이었습니다. 악한 자는 우리를 잡아먹으려고 했고 짓밟았습니다. 그러나 의로운 태양이 비치고 우리가 진리를 깨닫게 되면 악한 자는 우리 발에 이미 밟힌 것입니다. 악한 자는 우리 발밑의 재밖에 되지 않습니다. 이제는 더 이상 우리에게 덤벼들지 못할 것입니다.

3. 크고 두려운 날

말라기 선지는 앞으로 크고 두려운 날이 올 것이라고 했습니다. 그날이 오면 이 세상은 용광로같이 되어서 악한 자는 불에 탈 것이고, 의인들은 해같이 빛나게 될 것입니다. 그래서 말라기 선지는 호렙산에서 모세가 말한 율법을 기억하라고 했습니다.

말 4:4, "너희는 내가 호렙에서 온 이스라엘을 위하여 내 종 모세에게 명령한 법 곧 율례와 법도를 기억하라"

율법은 하나님께로 가는 길입니다. 우리가 이 길을 따라가면 의로운 태양을 만나게 됩니다. 이스라엘 백성들은 이 법대로 따라가지 않고 법에서 벗어났기 때문에 의로운 태양을 만나지 못했습니다. 그리고 그들은 치료받지도 못하고 불에 탄 재가 되고 말았습니다.

요즘 보면 유대인들을 칭찬하고 노벨상을 많이 받고 경제적으로 미국을 쥐고 있고 정치를 잘한다고 칭찬하는데 그렇게 하면 안 됩니다. 그들은 길에서 벗어난 자입니다. 사실 길에서 벗어난 자들이 그 정도라는 것은 대단한 것입니다. 우리는 하나님의 법, 말씀 그대로 걸어가면 그리스도를 만나게 됩니다. 그리스도는 치료하는 광선이십니다. 우리의 죄를 치료하시고 우리의 죽음을 치료하십니다. 죽음이 치료되었을 때 우리는 망아지같이 뛰게 됩니다. 우리는 아직 그것을 실감하지 못하기 때문에 일부러 악한 자들에게 눌려서 살아가고 있습니다. 이것은 믿음이 부족한 것입니다.

말 4:5, "보라 여호와의 크고 두려운 날이 이르기 전에 내가 선지자 엘리야를 너희에게 보내리니"

앞으로 크고 두려운 날이 오면 어떻게 됩니까? 그리스도께서 악한 자들을 모아 영원히 꺼지지 않는 불에 던지고 알곡은 하나님의 창고에 모아들일 것입니다. 그래서 악한 자들은 전부 다 태워서 지옥에 던져버리고 의로운 자는 영원한 천국에 넣을 것입니다. 그러나 예수님은 불을 던지지 않으셨습니다. 예수님은 오로지 하나님의 말씀을 가르치고 병자들을 고치셨습니다.

그래서 세례 요한은 예수님께 제자를 보내어서 "오실 메시야가 당신입니까, 아니면 다른 사람을 또 기다려야 합니까?"(마 11:3)라고 물었습니다. 이것은 '왜 당신은 이 세상에 불을 던져서 악한 자를 재로 만들지 않으십니까? 그리고 왜 알곡은 하나님의 창고에 넣지 않으십니까?' 라고 물은 것입니다. 예수 믿지 않는 자는 지옥에 던져져 재가 되는 것은 이미 정해진 것입니다.

그러나 예수님이 지금 불을 던져버리면 천국에 들어갈 사람이 너무 적을 것입니다. 우주는 어마어마하게 넓은데 천국에 들어갈 사람이 너무 적은 것입니다. 그래서 예수님은 한 비밀을 가지고 오셨습니다. 그것은 예수님이 십자가에 못 박혀 죽으시고 부활하시면 온 세상의 이방인들까지 천국에 들어가게 하시려는 것입니다. 이것이 일급비밀 중의 비밀입니다. 그러므로 하나님께서 이천년을 기다리지 않으셨더라면 우리는 천국을 구경하지도 못했을 것입니다.

예수님은 크고 두려운 날이 오기 전에 엘리야를 보내시겠다고 했습니다. 엘리야는 이스라엘의 가장 불신 시대에 부흥을 일으켰던 선지자였습니다. 그 엘리야는 세례 요한이었습니다. 그리고 세례 요한 다음에 오시는 분은 하나님의 아들이십니다. 하나님의 아들이 오시는 날이 크고 두려운 날입니다. 그는 모든 인간의 마음속을 다 들여다보십니다.

말 4:6, "그가 아버지의 마음을 자녀에게로 돌이키게 하고 자녀들의 마음을 그들의 아버지에게로 돌이키게 하리라 돌이키지 아니하면 두렵건대 내가 와서 저주로 그 땅을 칠까 하노라 하시니라"

이스라엘 백성들은 마음이 하나님을 떠났습니다. 왜냐하면 세상이 너무 좋았기 때문입니다. 세상에 백화점이 있고 좋은 직장이 있고 좋은 차가 있고 좋은 대학이 있고 좋은 남자가 있고 좋은 여자가 있고 경치 좋은 곳이 있고 고급 아파트가 있습니다. 교회는 예배이고 또 예배이고 또 예배이고 기도이고 찬송하고 아무도 나를 알아주지 않습니다. 그래서 이스라엘은 하나님을 떠나서 세상으로 갔습니다.

엘리야는 능력으로 이스라엘의 마음을 하나님께 돌이키려고 했습니다. 바알 제사장은 450명이 기도하고 난리를 부렸지만 불이 하늘에서 떨어지지 않았습니다. 그러나 엘리야가 기도하니까 하늘에서 불이 떨어지고 3년 반 동안 오지 않던 비가 쏟아졌습니다. 엘리야는 바알 제사장 450명을 기손강가에서 칼로 죽였습니다.

그러나 이제는 하나님이 아니라 아버지입니다. 집을 나간 아들이 방탕하게 살다가 굶어 죽게 되었을 때 아버지께 돌아옵니다. 아버지는 송아지를 잡고 좋은 옷을 입히고 가락지를 끼워줍니다. 아들은 아버지에게 말합니다. "저는 아들이 될 자격이 없습니다. 일용직 종으로 써 주십시오." 그러나 아버지는 "옛날 아들은 죽었고 이제 너는 새 아들로 태어났다."고 하십니다. 아들은 아버지에게는 자존심을 가질 필요가 없습니다. 아들은 아버지께 돌아오기만 하면 모든 죄를 다 용서받습니다. 그리고 아버지는 또 유산을 풍성하게 주십니다. 그러나 끝까지 고집을 부리고 돌아오지 않으면 저주로 치신다고 했습니다. 그것은 영원한 멸망입니다.

우리에게는 하나님의 아들이 이미 오셨습니다. 그는 사는 불을 던지셨습니다. 치료하는 광선을 비추셨습니다. 자신감을 가지고 살아가시기 바랍니다. 기쁨을 가지고 살아가시기 바랍니다. 우리는 코로나에 지지 않고 죽지 않을 것입니다. 오늘도 아버지에게 가서 모든 좋은 것을 다 달라고 간구하시기 바랍니다. 망아지처럼 뛰고 송아지처럼 뛰고 기뻐하시기 바랍니다.